Gesellschaftlicher Wandel in Deutschland

Ein Studienbuch zur Sozialstruktur und Sozialgeschichte

Bernhard Schäfers

Gesellschaftlicher Wandel in Deutschland

Ein Studienbuch zur Sozialstruktur und Sozialgeschichte

4 Übersichten, 43 Tabellen

6., völlig neu bearbeitete Auflage

Mit einem Beitrag von Stefan Hradil

Ferdinand Enke Verlag Stuttgart 1995

Prof. Dr. Bernhard Schäfers
Institut für Soziologie der Universität Karlsruhe (TH)

Die Deutsche Bibliothek – CIP-Einheitsaufnahme:

Gesellschaftlicher Wandel in Deutschland : ein Studienbuch zur Sozialstruktur und Sozialgeschichte / Bernhard Schäfers. Mit einem Beitrag von Stefan Hradil. – 6., völlig neu bearb. Aufl. – Stuttgart : Enke, 1995
5. Aufl. u.d.T.: Schäfers, Bernhard: Gesellschaftlicher Wandel in Deutschland
ISBN 3-432-87956-3
NE: Schäfers, Bernhard; Hradil, Stefan

1. Auflage 1976
2. Auflage 1979
3. Auflage 1981
4. Auflage 1985
5. Auflage 1990

Satz: 8 1/2/9 Times, System Typoscript
Photocomposition Jung, F-67420 Diespach/Plaine
Druck: Druckhaus Götz KG, D-71636 Ludwigsburg

ISBN Enke 3-432-87956-3
ISBN dtv 3-423-04268-0

Vorwort zur sechsten Auflage

Die fünfte Auflage, die im Herbst des Jahres 1990 erschien, wurde vom deutschen Einigungsprozeß des gleichen Jahres überrascht. So finden sich dort, mehr angehängt als integriert, nur einzelne Passagen, die auf die fundamentalen Änderungen der Sozialstruktur Deutschlands eingehen.

Die vorliegende **sechste Auflage** versucht, diesem Mangel abzuhelfen. Hierbei waren nicht nur die aktuellen Grundzüge der Sozialstruktur in den neuen Bundesländern einzubeziehen, sondern – der Anlage des vorliegenden Bandes entsprechend – auch die Strukturen der DDR-Gesellschaft in den hier wichtigsten Bereichen. Nur so kann sichtbar werden, welch ein fundamentaler Wandel seit Herbst 1989 vonstatten geht.

Auch einem weiteren Mangel wurde mit vorliegender Neubearbeitung abgeholfen: Bisherige Auflagen weisen an vielen Stellen auf die Bedeutung des europäischen Einigungsprozesses für die deutsche Sozialstruktur hin. Was fehlte, war eine systematische Darstellung. So bin ich Prof. Dr. STEFAN HRADIL, Institut für Soziologie der Johannes-Gutenberg-Universität Mainz, sehr dankbar, daß er aus seinen Arbeitsgebieten das jetzige Schlußkapitel beisteuert: **Die deutsche Sozialstruktur im europäischen und internationalen Vergleich.**

Die Darstellung ist für das sozialwissenschaftliche Studium und den sozialkundlichen Unterricht konzipiert, als Textbuch, Nachschlagewerk und theorie- und begriffsorientierte Einführung in die Struktur moderner Gesellschaften. Dieser Absicht dienen auch das Sachregister, ein Glossar der nicht im Text erläuterten Begriffe und ein kapitelweise gegliedertes, ausführliches Literaturverzeichnis.

Für Hilfen bei der inhaltlichen und redaktionellen Überarbeitung danke ich Frau YVONNE BERNART, M.A.; für die umfänglichen Schreibarbeiten Frau BARBARA KUPFERSCHMID; für Korrekturarbeiten Frau SABINA MISOCH und meinem Sohn EDUARD.

Karlsruhe, im Februar 1995 BERNHARD SCHÄFERS

Inhaltsübersicht

Inhaltsverzeichnis

Verzeichnis der Tabellen

Verzeichnis der Übersichten

Abkürzungen

BiB	Informationen aus dem Bundesinstitut für Bevölkerungsforschung
BRD	Bundesrepublik Deutschland. Diese Abkürzung ist nicht amtlich; sie wird an einzelnen Stellen aus Zweckmäßigkeitsgründen verwandt
BVerfGE	Bundesverfassungsgerichtsentscheidungen
DDR	Deutsche Demokratische Republik
EG/EU	Europäische Gemeinschaften/ Europäische Union
et al.	et alii (lat.; „und andere")
GG	Grundgesetz; Verfassung der Bundesrepublik Deutschland vom 23. Mai 1949
incl.	inclusiv; einschließlich
KZfSS	Kölner Zeitschrift für Soziologie und Sozialpsychologie
MEW	Karl **M**arx/Friedrich **E**ngels-**W**erke
rde	Rowohlts deutsche Enzyklopädie
Sp.	Spalte (als Seitenangabe in Lexika etc.)
Stat. Jb.	Statistisches Jahrbuch für die Bundesrepublik Deutschland
TB	Taschenbuch
Tsd.	Tausend
u.a.	und andere
u.m.	und mehr
u.ö.	und öfter (bei Auflagen von Büchern)
UTB	Universitäts-Taschenbücher
v.a.	vor allem
ZfS	Zeitschrift für Soziologie

A. Einführung: Grundlagen einer Analyse der Sozialstruktur und des sozialen Wandels

I. Sozialstrukturanalyse als Gesellschaftsanalyse

In der Soziologie zielt der Begriff **Struktur** auf die durch soziale Normen und bestimmte Handlungsmuster (soziale Rollen) gewährleistete relative Dauerhaftigkeit und Regelmäßigkeit sozialer Beziehungen – und damit auf die Erwartbarkeit ähnlicher Abläufe sozialer Prozesse auch in Zukunft. Das gilt für die täglichen Grußformen ebenso wie für Handlungsmuster in Familien, Gruppen, auf dem Markt oder in Organisationen. Alle Elemente, die diese relative Dauerhaftigkeit und Regelmäßigkeit sichern, sind zugleich Elemente der Sozialstruktur.

Grundelemente der **Sozialstruktur** einer Gesellschaft sind daher:

1. die Gesamtheit der sozialen Beziehungsmuster und Regelsysteme in den für die Gesellschaft zentralen Handlungsbereichen bzw. Systemen (ökonomisches und politisches System; Rechts- und Verwaltungsstrukturen; Bevölkerungs- und Haushaltsstrukturen usw.);

2. die sich aus der Verteilung der gesellschaftlich wichtigsten Ressourcen (wie Boden; Kapital; Bildung) ergebenden Klassen- und Schichtungsstrukturen, die Formen **sozialer Ungleichheit** und der **Herrschaftsordnung**.

Die Begriffe Struktur und Sozialstruktur tauchen in allen Paradigmen der soziologischen Theoriebildung auf, in mikro- und makrosoziologischen Ansätzen, in marxistischen und phänomenologischen, in verhaltenswissenschaftlichen und systemtheoretischen. Der Streit um die „richtige" soziologische Theorie liegt jenseits dieser Grundlagen und Grundelemente des Sozialen bzw. derjenigen **sozialen Tatsachen** (*Emile Durkheim*, 1858–1917)*, die das Grundgerüst einer Gesellschaft bilden.

---

* **Zur Zitierweise:** Name des Autors und Erscheinungsjahr des Buches/Aufsatzes stehen in Klammern. Die vollständige Angabe findet sich im Literaturverzeichnis, das kapitelweise gegliedert ist. Grundlegende Werke zur Sozialstrukturanalyse, die für alle Kapitel wichtig sind, finden sich in der Literatur zu dieser Einführung. Vollständige Literaturangaben im laufenden Text werden im Literaturverzeichnis nicht wiederholt.

In diesem Verständnis wurden erste wegweisende Sozialstrukturanalysen zur Gesellschaft der Bundesrepublik vorgenommen, die mit folgenden Namen verbunden sind: *Karl Martin Bolte* und Mitarbeiter (1966), *Friedrich Fürstenberg* (1967), *Ralf Dahrendorf* (1968).

Auch die 1965 erstmalig erschienene „Sozialkunde der Bundesrepublik Deutschland" von *Dieter Claessens, Arno Klönne* und *Achim Tschoepe* sollte in diesem Zusammenhang erwähnt werden (zum Verhältnis von Sozialkunde und Sozialstrukturanalyse vgl. *Bernhard Schäfers,* 1989c; ebenso wäre das Verhältnis der Sozialstrukturanalyse zur Sozialgeschichte und „Gesellschaftsgeschichte" abzuklären; vgl. *M. Rainer Lepsius,* 1981; *Hans-Ulrich Wehler,* 1987).

Die Analyse der Sozialstruktur bestimmter Gesellschaften ist **eine** Form der Untersuchung gesamtgesellschaftlich relevanter Strukturen und Entwicklungsrichtungen. Vier Analyseebenen, die eng miteinander verknüpft sind, lassen sich unterscheiden:

- die sozialstatistischen Aspekte der Sozialstruktur (vgl. hierzu z. B. den seit 1983 erscheinenden „Datenreport: Zahlen und Fakten über die Bundesrepublik Deutschland", den das Statistische Bundesamt herausgibt);
- die Analyse von einzelnen Bereichen der Sozialstruktur (zumeist beginnend mit der Bevölkerungsstruktur einer Gesellschaft), sowohl sozial- und entwicklungsgeschichtlich wie im Hinblick auf aktuelle Handlungs- und Gruppenstrukturen, wichtige Institutionen und Organisationen in diesem Bereich;
- die Analyse typischer Handlungsbedingungen und sozialer **Rollen*** von Individuen und sozialen Gruppen vermittels der Begriffe Klasse, Schicht, **Milieu** (oder Sozialmilieu) und **Lebensstil*** (vgl. *Stefan Hradil,* 1992; *Hans-Peter Müller,* 1992);
- die zusammenfassende Typisierung einer Gesellschaft: die charakterisierende Bestimmung ihrer Staats-, Gesellschafts- und Wirtschaftsordnung, ihrer Klassen- und Schichtungsstruktur und deren Einordnung in **Idealtypen*** möglicher Gesellschaftsstrukturen.

1. Sozialstatistische Aspekte der Sozialstruktur

Wolfgang Glatzer (1989, S. 651) weist darauf hin, daß die amtliche Statistik den Strukturbegriff zur Charakterisierung zahlreicher Sozialbereiche verwendet. Er nennt u.a. die **Altersstruktur**, die **Haushaltsstruktur** (die sehr differenziert Haushalts- und Familienformen – neben den Haushaltsgrößen – erfaßt); weiterhin die **Bildungsstruktur** (Verteilung allgemeinbildender Schul- und Ausbil-

---

* Auf die Mehrzahl der **halbfett** gesetzten Wörter wird im Sachwortverzeichnis verwiesen; sofern erforderlich, werden sie im laufenden Text erläutert. Die zusätzlich mit einem * versehenen Wörter sind im **Glossar** am Ende des Bandes erklärt. Die Lebensdaten wichtiger Personen werden in der Regel nur bei der ersten Namenserwähnung angefügt.

dungsabschlüsse); die **Erwerbs-** und **Berufsstruktur** und die **Einkommensstruktur.**

Für diese und andere Sozialbereiche liefert die amtliche Statistik ein breites Spektrum an „sozialen Indikatoren", die die Basis einer jeden Sozialstrukturanalyse sind.

2. Bereiche der Sozialstruktur und Handlungsfelder

Über die sozialstatistische Betrachtung der Sozialstruktur gehen die Analysen hinaus, die ihr Interesse auf das soziale Handeln und die sozialen Prozesse in gesellschaftlichen Teilbereichen richten. Die Untersuchung von gesellschaftlichen Teilbereichen ist aber zugleich die unumgängliche Vorstufe für weiterführende Fragen, z. B. nach der Klassen- und Schichtbildung der Gesellschaft. In der Regel beschränkt sich die sozialstrukturelle Analyse gesellschaftlicher Teilbereiche nicht auf eine punktuelle Strukturbetrachtung, sondern erstreckt sich auf den längerfristigen Strukturwandel, der mit Hilfe quantitativer Indikatoren und sozialhistorischem Material rekonstruiert wird.

Die Unterteilung der Gesellschaft in Bereiche und Handlungsfelder erfolgt nach verschiedenen Kriterien: Auf einer **systemtheoretischen Ebene** werden Subsysteme unterschieden, z. B. das ökonomische System, das politische System, das soziokulturelle System, das System der sozialen Sicherheit. Auf einer **handlungstheoretischen Ebene** stehen Gruppenstrukturen und Lebensbereiche im Mittelpunkt: z. B. Familie, Arbeitswelt, Freizeitbereich, Bildungseinrichtungen u.a.; eine **soziodemographische Perspektive** stellt die Betrachtung verschiedener Bevölkerungsgruppen in den Mittelpunkt: alte Menschen, Männer und Frauen, Jugend, Kinder. Eine vierte Perspektive nimmt Bezug auf gesellschaftliche Probleme: z. B. Arbeitslosigkeit, Armut, Partizipation, Legitimation.

3. Analyse der Klassen- und Schichtungsstruktur, sozialer Milieus und Lebensstile

In Sozialstrukturanalysen wird dem Phänomen der Klassen- und Schichtbildung und damit dem wichtigsten Merkmal sozialer Ungleichheit große Aufmerksamkeit gewidmet (vgl. hierzu Kap. J). Im Wandel der Schichtstruktur und im Tatbestand der jeweils vorherrschenden und als sozialer Tatbestand thematisierten **sozialen Ungleichheit** (Definition S. 234) ist ein grundlegendes Element der Sozialstruktur einer Gesellschaft und ihres Selbstverständnisses zu sehen.

Diese zentralen Inhalte einer Sozialstrukturanalyse dürfen jedoch nicht mit ihrem gesamten Ansatz gleichgesetzt werden. Sozialstrukturanalyse ist **eine** Form der Gesellschaftsanalyse, bei der der vertikale Aspekt der Sozialstruktur und damit Fragen sozialer Ungleichheit eine große Rolle spielen (zu Ansätzen, in denen der Aspekt ungleicher Sozialstruktur dominant/er ist, vgl. *Stefan Hradil*, 1987; *Rainer Geißler*, 1992).

Zu ergänzen sind die Analysen der Klassen- und Schichtstruktur durch differenzierende Untersuchungen **sozialer Milieus** und **Lebensstile*** (*Berger/Hradil*, 1992; *H.P. Müller*, 1992). Durch die Einbeziehung dieser älteren Begriffe kann nicht nur aus dem „Objektivismus" undifferenzierter Klassen- und Schichtanalysen herausgeführt werden, sondern ergibt sich die Notwendigkeit, den komplexer gewordenen Lebenslagen und Lebensstilen Rechnung zu tragen.

4. Typisierungen von Gesellschaften

Über die Beschreibung und Analyse der einzelnen Elemente und Bereiche der Sozialstruktur hinausgehend, ist in der Typisierung der untersuchten Gesellschaft, der Herausstellung von Basis-Strukturen und allgemein vorhandenen Strukturprinzipien und Wirkfaktoren ein „erkenntnisleitendes Interesse" zu sehen.

Die Bestimmung dieser Struktureigenschaften hängt wiederum mit der Analyse der Eigentums- und Vermögensstruktur und des gesamten ökonomischen Systems zusammen. Welchen Stellenwert das jeweilige Staats- und Verfassungssystem und das politische System für die Beantwortung dieser Fragen und damit die Typisierung von Gesellschaften haben, bedarf ebenso der differenzierenden Analyse. Unstrittig ist jedoch, daß es zwischen den Verfassungs- und Staatsformen einerseits und den Strukturen des ökonomischen Systems und der mit ihnen verknüpften Klassen- und Schichtungsstruktur andererseits nicht nur ein einziges „typisches" Beziehungsmuster gibt.

In der Soziologie ist immer wieder versucht worden, die vorherrschenden, prägenden Strukturen von Gesellschaften mit einem einzigen Begriff plastisch herauszustellen. Dies wurde und wird vielfach in Gegenüberstellung zu einem anderen, zumeist früheren, Gesellschaftstyp vorgenommen und hat, vorsichtig gehandhabt, durchaus eine Leitfunktion für daran anknüpfende differenzierende Analysen.

Für die gegenwärtige Gesellschaft der Bundesrepublik werden zur Typisierung herangezogen: dynamisch, industriell, komplex, bürgerlich, offen, pluralistisch. Zusätzlich werden genannt:

- nivellierte Mittelstands-Gesellschaft (*Helmut Schelsky,* 1912–1984); vgl. hierzu auch S. 237f;
- spätkapitalistische (Klassen-) Gesellschaft;
- **Risikogesellschaft** (nach der resonanzreichen Charakterisierung gegenwärtiger Gesellschaften von *Ulrich Beck* ,1986);
- **asymmetrische Gesellschaft** (*James Coleman*, 1986). *Coleman*s Analyse zielt auf das Ungleichgewicht – die Asymmetrie – zwischen kollektiven Akteuren (Staat, Verbände, Vereine usw.) und dem einzelnen Individuum in allen für die Individuen wichtigen Handlungsbereichen;
- Wissens- und Informationsgesellschaft (*Helmut F. Spinner,* 1994).
- **Erlebnisgesellschaft** (*Gerhard Schulze,* 1992).

Weitere Charakteristika der gegenwärtig industriell, technologisch und kulturell sich beschleunigt wandelnden Gesellschaften, die sich durch Phänomene der **Postmoderne** (zusammenfassend: *Wolfgang Welsch,* 1988; *Heinz-Günter Vester,* 1993) der „Neuen Unübersichtlichkeit" (*Jürgen Habermas*) oder der Individualisierung sozialer Verhältnisse (*Beck,* 1986, S. 121–254) umschreiben lassen, seien hier nur summarisch genannt.

Jeder dieser Begriffe hebt ein anderes Strukturmerkmal als dominant hervor, das sich einmal mehr auf die Wirtschaftsordnung (spätkapitalistisches System), einmal mehr auf Oberflächenerscheinungen des sozialen Verhaltens („nivellierte Mittelstands-Gesellschaft"), einmal mehr auf die Sozialordnung („technokratische Wohlfahrtsgesellschaft") bezieht.

Keiner dieser Begriffe liefert eine ausreichende Basis für eine zusammenfassende Interpretation der Sozialstruktur und des sozialen Wandels der bundesrepublikanischen Gesellschaft. Ihr typologischer und heuristischer Wert soll dennoch nicht bestritten werden.

II. Zur Genese sozialer Strukturen

Fragt man nach der Genese sozialer Strukturen, so sind vor allem drei Ursachen hervorzuheben, die zugleich zentrale Ausgangspunkte der soziologischen Begriffs- und Theoriebildung sind. Nach *Talcott Parsons* (1902–1979) ist ein wichtiger Gesichtspunkt der gesellschaftliche Konsens über bestimmte Werte und Normen, der gemeinsames und zielgerichtetes Handeln überhaupt möglich macht (1954, 1975).

Eine weitere „Quelle" sozialer Strukturen hängt hiermit unmittelbar zusammen: die Frage nach dem Ausmaß von **Herrschaft** und **Zwang** für die in einem sozialen System (einer Gruppe wie einer Gesellschaft) erforderliche Konsensbildung. Theoretiker, die diesen Zusammenhängen große Aufmerksamkeit gewidmet haben, sind z. B. *Thomas Hobbes* (1588–1679) und *Sigmund Freud* (1856–1939), *Karl Marx* (1818–1883) und *Emile Durkheim*.

Nach *Smelser* (1988) gehen sowohl *Hobbes* wie *Freud* von einer vergleichbaren Anthropologie und Psychologie des Menschen aus: Gesellschaft ist nur da möglich, wo die ursprüngliche Triebnatur des Menschen (*Hobbes:* homo homini lupus; *Freud:* Triebstruktur des „Es") gebändigt wird. Soziale Strukturen entstehen in dieser Perspektive also vor allem, um zur Triebnatur des Menschen ein Gegengewicht und eine Kontrollinstanz zu schaffen.

Diese eher pessimistische Auffassung von der Natur des Menschen als Ursprung der sozialen und kulturellen Entwicklung teilt *Karl Marx* nicht. Zur Bildung sozialer Strukturen kommt es dann, wenn Menschen in Wechselwirkung miteinander und der Natur treten: immer bildet sich eine gewisse Form der Arbeitsteilung, der sozialen Gruppierung (später: der Klassenbildung) und der damit verbundenen Eigentumskontrolle heraus.

Ähnlich ist die Betrachtungsweise von *Georg Simmel* (1858–1918), der das **Gesetz der sozialen Differenzierung** auf die „Verschränkung der sozialen Kreise" in der Perspektive bezog, daß die Differenzierungsprozesse zugleich die Individualisierungsprozesse fördern (1890). Daß *Simmel* hierbei – anders als *Marx* – von einem **programmatischen Individualismus** ausging, kann einige Gemeinsamkeiten im Hinblick auf die Genese sozialer Strukturen nicht verdecken.

Die bisher betrachteten „Quellen" der Genese sozialer Strukturen gehen von einer **makrosoziologischen Perspektive** aus, die um die sozialen Phänomene bzw. Grundtatbestände von Herrschaft und Zwang, Arbeitsteilung und Klassenbildung und die Institutionalisierung grundlegender funktionaler Erfordernisse des „Gesellschaftsbetriebs" gruppiert sind.

Smelser weist auf eine dritte „Quelle" der Genese sozialer Strukturen hin: Sozialstruktur als Resultat aggregierter Effekte der Interaktion von Menschen. An drei Theoriegebäuden expliziert er diesen verhaltens- und handlungstheoretischen Zugang: der klassischen ökonomischen Theorie mit ihrem Markt-Modell; der modernen Austausch-Theorie, wie sie vor allem *George C. Homans* (geb. 1910) formuliert hat; und der Netzwerk-Analyse (die sich in einigen ihrer Varianten selbst „strukturelle Analyse" nennt, so bei *Ronald S. Burt*, 1982). Dieser Mikro-Ansatz führt leicht zu Zirkelschlüssen: Wie kommt man auf die ja offenkundig vorhandene Ebene der Makro-Strukturen? Wird diese bei den Analysen nicht doch implizit vorausgesetzt?

Auf der Makro-Ebene wird die Frage nach der Genese und der spezifischen Ausprägung sozialer Strukturen auch in den **Theorien**

sozialer Evolution und sozialer Differenzierung behandelt (vgl. *Karl H. Hörning,* 1976; *Karl Otto Hondrich,* 1982; *Niklas Luhmann,* 1985). Zumal in der Systemtheorie *Luhmanns* ist eine evolutionäre Perspektive vorherrschend, was mit von ihm geprägten oder häufig verwandten Begriffen (Ausdifferenzierung; spontane Ordnungsbildung; selbstreferentielle Prozesse; evolutionäre Mechanismen; soziale Teleologie usw.) gezeigt werden könnte.

III. Sachdominanz und Zeitlichkeit in Sozialstrukturen

Ein Element der Sozialstruktur findet in entsprechenden Analysen nur ungenügende Berücksichtigung: ihre „Sachdominanz" (*Hans Linde,* 1972). Es wäre falsch zu sagen, daß es in der Tradition und Entwicklung der Soziologie nicht hinreichend Belege dafür gebe, daß das Materielle und Sachliche, das „Gerät" und „Gestell" (*Heidegger*) und schließlich das „materielle Substrat" (*Durkheim*) dem sozialen Handeln Struktur, Sinn und Richtung geben – *Linde* verweist u.a. auf *Karl Marx, Emile Durkheim* und *Vilfredo Pareto* (1848–1923), auf *Arnold Gehlen* (1904–1976) und *Helmut Schelsky* – aber es wäre auch falsch zu sagen, daß soziologische Analysen den sachlich und technisch vorstrukturierten Handlungsfeldern besondere Aufmerksamkeit widmen. So wird zumeist übersehen, „daß der von profanen Artefakten ausgehende Anpassungszwang durch eine hochselektive, spezifische ‚Gebrauchsanweisung' bereits handlungsrelevant strukturiert ist" (*Linde,* S. 9).

Die sachliche und technische Seite der Sozialstruktur hat immer auch mit der Frage zu tun, wie technische Normen soziale Normen beeinflussen (*Bernward Joerges,* 1989) und umgekehrt: wie bestimmte soziale und kulturelle Werte und Normen die rasche Entwicklung des „Gestells" (mit dem Begriff *Martin Heideggers*) überhaupt erst ermöglichen – eine Perspektive, die *Burkart Lutz* programmatisch der Thematik des 23. Deutschen Soziologentages, „Technik und sozialer Wandel" (Hamburg 1986) voranstellte: es gehe darum, die vor allem von *William F. Ogburn* (1886–1959) durchgesetzte Argumentationsfigur vom **cultural lag*** in Zweifel zu ziehen, daß der eigentliche Motor des sozialen Wandels in Entdeckungen und Erfindungen liege, mithin im Erkenntnisfortschritt der Naturwissenschaften und deren Umsetzung in technische Innovationen (*Lutz,* 1987, S. 13). Die Soziologen hätten bisher versäumt, den sozialen und normativen Kontext dieser Innovationen hinreichend deutlich zu machen (*Ogburn* selbst hat vieles differenzierter gesehen, als seiner These unterstellt wird).

Die Wechselwirkungen sind höchst komplexer Natur und nach üblichen Ursache-Wirkungs-Schemata kaum aufzulösen bzw. zu analysieren. Denn in dem Maße, wie technische Systeme (Computer, Telefonnetz, Verkehrssysteme, Haushaltsausstattungen usw.) das Alltagshandeln immer mehr (und das Arbeitshandeln sowieso) mitbestimmen, kommt es zu einer „Externalisierung der Sozialstruktur" (*Joerges*, 1989, S. 242). *Joerges* betont zu Recht, daß dies nichts mit einem „Entschwinden des Sozialen" zu tun hat. Vielmehr wird eine Dimension menschlichen Handelns und menschlicher Handlungsführung verstärkt, die – wie vor allem *Arnold Gehlen* betont hat – immer schon zur conditio humana gehörte.

Ein weiteres Element der Struktur sozialen Handelns muß in ihrer „virtuellen Raum-Zeit-Sphäre" gesehen werden (*Giddens*, 1988, S. 336). Die Zeitlichkeit des Daseins und die Verzeitlichung der Handlungsstrukturen haben erst in den letzten Jahren wieder verstärkt Aufmerksamkeit in der Soziologie gefunden. Hierbei wird u.a. zurückgegriffen auf *Henri Bergson* (1859–1941) und seine Unterscheidung von gelebter und mechanischer Zeit oder auf *Martin Heidegger* (1889–1976) und die „Philosophie der Zeitlichkeit" (vgl. z.B. „Sein und Zeit", zuerst 1927). Und noch vor *Bergson* hatte *Georg Simmel* darauf hingewiesen, daß sowohl die Mode wie der rasche Stilwechsel und das moderne Freizeitverhalten mit seiner Reiselust etc. ein anderes Zeitgefühl vermittle als es den Menschen der „guten alten Zeit" eigen war.

IV. Theorie des sozialen Wandels

1. Grundfragen einer „Soziologie des sozialen Wandels"

Die soziale Struktur einer Gesellschaft (Gesellschaftsstruktur) ist nichts Statisches; sie befindet sich vielmehr in dauernder „Bewegung" und Entwicklung. Die Analyse der Sozialstruktur kann daher als Momentaufnahme der sie prägenden sozialen Prozesse angesehen werden. Eine möglichst umfassende Analyse der Sozialstruktur hat daher auch die Aufgabe, den Wandel dieser Struktur zu verdeutlichen.

Die mit der Analyse des sozialen Wandels verbundenen Aufgaben und Probleme sind daher so vielschichtig, daß sich in den letzten Jahrzehnten eine spezielle „Soziologie des sozialen Wandels" herausgebildet hat (der Begriff wird zumeist zurückgeführt auf das Buch von *William F. Ogburn*, Social Change, 1922). Die Soziologie (Theorie) des sozialen Wandels fragt nach den Ursachen, dem Verlauf und dem prognostizierbaren, d.h. auf wissenschaftlicher

Grundlage voraussagbaren Wandel der Sozialstruktur von Gesellschaften oder einzelnen sozialen Systemen (*Wolfgang Zapf*, 1970; *Hermann Strasser / Susan C. Randall*, 1979).

Der Begriff der – als relativ statisch gedachten – Struktur und der Begriff des (dynamischen) sozialen Wandels verweisen auf ein altes Problem der Soziologie, das schon bei *Auguste Comte* (1798–1857) mit allen seinen Schwierigkeiten und Widersprüchen auftaucht: das von Statik und Dynamik in der Analyse der sozialen Wirklichkeit. Es ist empirisch und theoretisch nicht einfach und eindeutig erklärbar, ob sich ein bestimmtes soziales System bzw. die ganze Gesellschaft in einem relativ schnellen oder eher langsamen Wandel befindet. Ist dieses empirisch schon schwierig entscheidbar, so kommt hinzu, daß die Theorien als solche in sehr unterschiedlichem Maße zur Statik oder Dynamik (und damit des Wandels) von sozialen Systemen und Gesellschaften beitragen wollen: eine marxistische Gesellschaftstheorie wird zum Beispiel herausstellen wollen, was der Umwandlung in eine sozialistische Gesellschaft hinderlich ist; eine mehr konservative Gesellschaftstheorie wird mit *Wilhelm Heinrich Riehl* (1823–1897) vor allem die „Mächte des Beharrens" in den Vordergrund der Analyse rücken.

Erschwerend kommt hinzu, daß die einzelnen Bereiche der Sozialstruktur unterschiedliche Entwicklungstempi aufweisen: der **„soziale Fortschritt"** geht nicht in allen Bereichen gleich schnell vonstatten. Die Demokratisierung erfaßt die Strukturen des politischen Systems unterschiedlich, ebenso wie die Partizipation und Mitbestimmung die Institutionen der Arbeit, der Bildung und Ausbildung; der Wandel des generativen Verhaltens oder der Freizeitgewohnheiten zeigt schichtenspezifische Verlaufsformen. Und es gibt, nach einem bekannten Wort des Kunsthistorikers *Wilhelm Pinder*, die „Gleichzeitigkeit des Ungleichzeitigen": zum einen leben Menschen zu sehr unterschiedlichen Graden in Gegenwart, Tradition und Vergangenheit; zum anderen gibt es kohortenspezifische Unterschiede des Epochen- und Zeitbewußtseins.

Die Herausbildung einer speziellen Soziologie des sozialen Wandels darf nicht übersehen lassen, daß die Soziologie wie auch die vorsoziologischen Gesellschaftstheorien stets nach den Ursachen und Auswirkungen gesellschaftlicher und institutioneller Veränderungen geforscht haben. Alle frühen gesellschaftswissenschaftlichen und soziologischen Theorien waren zugleich Versuche, den mit der Industriellen Revolution und der Vorherrschaft kapitalistischer Wirtschaftsformen und Sozialstrukturen beschleunigt einsetzenden Wandel der Normen und Bräuche, des Familienlebens und der Arbeitsbedingungen, der Herrschaftsstrukturen und Weltanschauungen zu erklären (zu den älteren Theorien des sozialen Wandels vgl. Einleitung und Textauswahl von *Hans Peter Dreitzel*, 1967).

2. Trends des sozialen Wandels

Für die Bundesrepublik wie für vergleichbare Länder können – im Vorgriff auf die einzelnen Analysen und um hierfür Analysegesichtspunkte anzudeuten – seit der Durchsetzung der „Doppelrevolution“ im 19. Jahrhundert folgende Trends als dominant für den sozialen Wandel genannt werden:

- der Trend zur Kapitalisierung der Eigentums- und Besitzverhältnisse (zunächst an Grund und Boden und schließlich des gesamten Produktivkapitals);
- der Trend zur Rationalisierung und Verwissenschaftlichung der Daseinsbedingungen (*Helmut Schelsky* prägte 1961 das Schlagwort von der „wissenschaftlichen Zivilisation“);
- der Trend zur Demokratisierung (von Staat und Gesellschaft bzw. von Handlungsbedingungen in deren Institutionen);
- der Trend zur wohlfahrts- und sozialstaatlichen Absicherung der Daseinsbedingungen und Lebensrisiken (Invalidität und Arbeitslosigkeit; Gesundheitsvorsorge und Alterssicherung; Bildung/Ausbildung und Freizeitgestaltung): insbesondere dieser Trend ist verknüpft mit einer „Verrechtlichung“ (Justizialisierung) und der Bürokratisierung der Lebensbedingungen;
- der Trend, den Lebensstandard und die gegebenen Sozialchancen dauernd verbessern zu wollen („Revolution der steigenden Erwartungen“);
- der Trend, (schwere) körperliche Arbeit durch Mechanisierung und Automatisierung der Arbeitsvollzüge ersetzen zu wollen;
- der Trend zu städtischen Formen der Siedlungs- und Lebensweise und der damit verbundenen Individualisierung von Lebenslagen;
- der Trend fortschreitender Entgegensetzung von Arbeitswelt und Freizeit, System und Lebenswelt (*Jürgen Habermas,* 1981, S. 229–294).

Die Mehrzahl dieser Trends wird unter dem Begriff der **Modernisierung** von Sozialstruktur und Lebensstil zusammengefaßt. (Daß auch die Entwicklung der Bundesrepublik seit dem zweiten Weltkrieg unter dieser Kategorie analysiert werden kann, ist dem umfangreichen Forschungsbericht von *Schildt/Sywottek*, 1993 zu entnehmen). Inwiefern es berechtigt ist, in der DDR bzw. nach der Vereinigung in den neuen Bundesländern von einem **Modernisierungsrückstand** zu sprechen, muß den einzelnen Analysen entnommen werden.

Was an diesen Trends „Systemzwang“ ist und was aus dem Wollen und reflektierten Handeln der Individuen und sozialen Gruppen auf einer bestimmten Gesellschaftsstufe entspringt, ist ununterscheidbar (was sich z. B. an der genannten Differenz von Arbeitswelt und Freizeit verdeutlichen läßt).

Alle genannten Trends sind auf absehbare Zeit unumkehrbar; auch die sozialen Bewegungen (vgl. S. 81f) und Alternativbewegungen können nichts an diesen Fakten und dominanten Entwicklungsprozessen grundlegend verändern: entweder verstärken sie diese Trends (z. B. durch Emanzipation und Individualisierung) oder sie führen für kleine soziale Gruppen und unter immer schwieriger werdenden Bedingungen zu partiellen Ausgrenzungen aus dominanten Strukturen und Prozessen.

3. Soziale Indikatoren und sozialer Wandel

In der Bundesrepublik ist seit Ende der 60er Jahre die Diskussion um die Entwicklung sozialer Indikatoren (von lat. indicare, anzeigen, aufzeichnen, angeben) und einer fundierten Sozialberichterstattung intensiviert worden. *Christian Leipert* definierte **soziale Indikatoren** als „Kennziffern, die Urteile über den Zustand und die Veränderungen wichtiger sozio-ökonomischer Problembereiche der Gesellschaft erleichtern oder erst ermöglichen“ sollen (1973).

Die Forschungsabsicht bei der Aufstellung gültiger sozialer Indikatoren und der mit ihr verknüpften **Sozialberichterstattung** kann wie folgt differenziert werden (vgl. *W. Zapf,* 1974/75; 1977):

- eine der „wirtschaftlichen Gesamtrechnung“ vergleichbare **„soziale Gesamtrechnung“** aufzustellen und über den sozialen Zustand einer Gesellschaft oder einzelner ihrer Systeme jederzeit umfassend Auskunft geben zu können;
- bei der wissenschaftlichen Erforschung – und Planung – der „Lebensqualität“ die notwendigen Grundlagen zu erarbeiten;
- die Lücken im Informationssystem zwischen Wissenschaft und Praxis, Theorie und geplantem sozialen Wandel zu schließen;
- mit Hilfe der Sozialberichterstattung Politiker, Administratoren und andere in die Lage zu versetzen, Nebenfolgen und Rückwirkungen von Reformvorhaben abzuschätzen;
- den Wandel der Gesellschaft oder einzelner sozialer Systeme vermittels differenzierender sozialer Indikatoren empirisch fundierter als bisher kenntlich zu machen (inzwischen sind 18 Bde. in der Reihe „Soziale Indikatoren“ erschienen, wovon die letzten sich auf die Unterschiedlichkeiten/ Angleichung der Lebensverhältnisse in den vereinigten beiden deutschen Teilstaaten beziehen; vgl. u.a. *Glatzer / Noll* 1992).

Der Zusammenhang der Entwicklung sozialer Indikatoren mit den Theorien des sozialen Wandels ist deutlich: die sozialen Indikatoren sollen exakter als bisher den Wandel in einzelnen sozialen Bereichen und in der Gesellschaft anzeigen. Die Hauptschwierigkeit besteht wie bei der Sozialstrukturanalyse darin, eine begründete Auswahl zu treffen. Sollen die sozialen Indikatoren wirklich exakt messen, so bedarf es auch für „kleinere“ soziale Bereiche, z. B. die Struktur der gegenwärtigen Kernfamilie, einer großen Zahl von

Indikatoren. Hinzu kommen die vielen weiteren Schwierigkeiten der Erhebung, der Kontinuität in der Erhebung und der Aktualität der Veröffentlichung. Die „Sozialindikatoren-Bewegung“ hat jedoch zu einer Verbesserung der **Sozialstatistik** auf Bundes-, Landes-, Kreis- und Gemeindeebene geführt. Eine wichtige Ergänzung und Vertiefung erfuhr sie in den letzten Jahren durch die Verbesserung international vergleichender Sozialindikatoren, wie sie z. B. für die westeuropäischen Länder – wenn auch für das 19. Jahrhundert zum Teil lückenhaft – für den Zeitraum 1815–1975 in zwei umfangreichen Datenhandbüchern vorliegen (*Peter Flora,* 1983, 1987).

Weitere Hinweise zum sozialen Wandel bzw. zum Transformationsprozeß der sozialistischen DDR-Gesellschaft finden sich in Kap. B III. (Der Vereinigungsprozeß in sozialwissenschaftlichen Deutungsversuchen).

B. Bundesrepublik und DDR: Doppelte Staatsgründung und Vereinigungsprozeß

I. Ausgangsbedingungen und Gründung der Bundesrepublik und der DDR

1. Bedingungslose Kapitulation und Souveränitätsverlust

Mit der bedingungslosen Kapitulation der deutschen Streitkräfte am 7. und 8.5.1945 in Reims und Berlin-Karlshorst verlor das Deutsche Reich nach einer umstrittenen Auffassung zwar nicht seine nationale Souveränität, faktisch aber alle Rechte und Möglichkeiten eines souverän handelnden Staates (über die Rechtslage Deutschlands, den Status Berlins und nach dem 8.5.1945 das Rechtsverhältnis der Bundesrepublik Deutschland zum Deutschen Reich vgl. *Frowein,* 1983).

In der „Berliner Deklaration" vom 5.6.1945 der vier Oberbefehlshaber der alliierten Streitkräfte wurde auch formell die Regierungsgewalt in Deutschland durch die **Vier Mächte** (USA, UdSSR, Großbritannien, Frankreich) im **Alliierten Kontrollrat** übernommen und die Einteilung des (ehemaligen) Deutschen Reiches in **vier Besatzungszonen** und **vier Berliner Sektoren** endgültig festgelegt. Auch die Verwaltung wurde auf allen Stufen von den Besatzungsmächten übernommen; wo Deutsche mit ihrer Wahrnehmung betraut wurden, geschah dies im Auftrag und unter Kontrolle der Besatzungsmacht. Deutsche Gerichte durften erst 1946 ihre Tätigkeit wieder aufnehmen (*Jürgen Weber,* 1979, S. 56).

Die bedingungslose Kapitulation war das Ende einer zwölfjährigen totalitären Gewaltherrschaft, die die Deutschen aus eigener Kraft nicht hatten beseitigen können. So war denn auch die Kapitulation für die einen die Besiegelung einer militärischen Niederlage in einem falsch geführten Krieg – für die anderen ein Akt der Befreiung von einer menschenverachtenden Diktatur und Hoffnung auf einen demokratischen Neubeginn. Doch ist es kaum möglich, die Bewußtseinslage der Deutschen bei Kriegsende, ihr Hoffen und Wollen, ihre Einschätzung der gegebenen und zu gestaltenden sozialen und politischen Situation auf einen Begriff zu bringen; zu unterschiedlich waren die Ausgangsbedingungen für jeden einzelnen.

In den zahlreichen amerikanischen sozialwissenschaftlichen Untersuchungen zur Sozial- und Bewußtseinslage im Deutschland der unmittelbaren Nachkriegszeit (vgl. *Hans Braun, Stephan Articus,* 1984) werden die dominanten Lebensgefühle wie folgt beschrieben: introvertiert; apathisch; resigniert; gebrochener Lebenswille; Gefühl, „nun endgültig erledigt zu sein" (S. 716).

Die Amerikaner machten deutlich, daß sie nicht als Befreier Deutschlands gekommen seien, sondern als Besatzer eines besiegten Feindstaates. So stand es in der für die amerikanische Besatzungspolitik grundlegenden Direktive JCS 1067 vom 26.4.1945; und so äußerten sich der Oberkommandierende der Alliierten Streitkräfte, General *Dwight D. Eisenhower* wie auch Präsident *Harry S. Truman* (der am 12.4.1945 den an diesem Tag verstorbenen Präsidenten *Franklin D. Roosevelt* abgelöst hatte). Die genannte Direktive enthielt auch das Verbot jeglicher politischen Betätigung der Deutschen, der Fraternisierung der Amerikaner mit Deutschen, Verbote zur Stabilisierung der Wirtschaft usw.

Da die Amerikaner davon ausgingen, zumindest 25–40 Jahre in Deutschland als Besatzungsmacht bleiben zu müssen, weil zuvor weder die von ihnen angestrebte totale **Entnazifizierung** noch die Parallel-Aktion der **Re-Education** erreicht sein könnten, gab es bis Ende 1947 kaum ermunternde Anzeichen dafür, einen neuen deutschen Staat zu gründen.

Jossif Stalin hingegen hatte in seiner Siegesrede vom 9.5.1945 erklärt, daß die UdSSR nicht die Absicht habe, Deutschland als Ganzes zu vernichten oder staatlich aufzuteilen. Aber in anderen Reden machte *Stalin* deutlich, wie er sich diese Einheit dachte: unter den Voraussetzungen der sowjetisch-sozialistischen Gesellschaftsordnung. So verwundert nicht, daß in der **Sowjetischen Besatzungszone** (SBZ) bald nach der Kapitulation vollendete Tatsachen geschaffen wurden: die seit Juni 1945 intensiv vorbereitete, aber erst April 1946 endgültig vollzogene Vereinigung von KPD und SPD zur SED (Sozialistische Einheitspartei Deutschlands); die Zulassung von antifaschistischen Parteien und Gewerkschaften in der SBZ am 10.6.1945; die Schließung der Großbanken (23.7.45); die im September 1945 beschlossene Enteignung des Grundbesitzes von über 110 ha usw.; die Schaffung von fünf Ländern, die am 22.10.45 mit Gesetzgebungsrecht ausgestattet wurden. Schon an diesen Maßnahmen der Herbeiführung vollendeter Tatsachen in der SBZ wird deutlich, daß sich die Alliierten weder vor noch nach Kriegsende auf ein gemeinsames Konzept der Deutschlandpolitik einigen konnten.

Der am 5.6.45 errichtete **Alliierte Kontrollrat** hatte zwar „Entscheidungen über alle Deutschland als Ganzes betreffenden wesentlichen Fragen“ zu treffen, und dies einstimmig, aber die Basis für gemeinsame Entscheidungen war schmal – und blieb es auch nach der so wichtigen **Konferenz von Potsdam** (17.7.–2.8.1945; Teilnehmer: *Winston Churchill,* ab 28.7. durch den Labour-Premier *Clement Attlee* ersetzt; *Stalin* und *Truman*). Die Konferenz hat zwar den Aufbau des demokratischen Lebens in Deutschland zugestanden, aber die Auffassungen von Demokratie in den USA und der UdSSR waren fundamental verschieden.

Für die von Anfang an geringe Konsensbasis der Alliierten im Hinblick auf die in den vier Besatzungszonen zu verfolgende Politik sind unter anderem folgende Gründe zu nennen:

- Die völlig unterschiedlichen Interessen der Alliierten in den von ihnen verwalteten Besatzungsgebieten. Während – aus territorialen Gründen – bei Frankreich und der UdSSR Sicherheitsinteressen im Vordergrund standen, ebenso Fragen der Reparationen und Kriegsentschädigung, hatten Amerika und England, wie schon nach dem Ersten Weltkrieg, ein vordringliches Interesse daran, Deutschland durch entsprechende Maßnahmen in die Gemeinschaft der demokratischen Staaten zurückzuführen;
- die Sonderrolle Frankreichs. Frankreich wurde zwar ein Besatzungsgebiet zugestanden, aber es blieb von der Potsdamer Konferenz ausgeschlossen; es fühlte sich daher auch nicht in allem an die Beschlüsse der Potsdamer Konferenz gebunden und hatte zudem erhebliche Schwierigkeiten mit der politischen Situation im eigenen Land, aber auch in seinen Kolonien.

Es gab also keinen einheitlichen politischen Willen, der sich auf Deutschland als Ganzes konzentrierte; im Gegenteil: die Besatzungspolitik wurde mehr und mehr zum Anlaß, die aus den unterschiedlichen Gesellschaftssystemen und Staatsordnungen der Alliierten resultierenden Differenzen zu Vehikeln des sich abzeichnenden Kalten Krieges werden zu lassen. Bereits am 12.5.45 hatte *Churchill* ein warnendes Telegramm an *Truman* gesandt und seiner Sorge über den **„Eisernen Vorhang“** Ausdruck gegeben (das Dokument ist abgedruckt in: *Christoph Kleßmann,* 1982, S. 349). Populär wurde der Ausdruck **„Eiserner Vorhang“** erst durch *Churchill*s Reden in Fulton/USA (März 1946) und Zürich (September 1946). Eine der letzten gemeinsamen Aktionen der vier Alliierten war der im November 1945 begonnene Hauptkriegsverbrecherprozeß in Nürnberg, der am 1.10.46 durch Verkündigung der Urteile abgeschlossen wurde (vgl. dtv-Dokumente: Das Urteil von Nürnberg 1946, S. 297f).

2. Die territoriale und demographische Situation

Die weiteren Ausführungen stehen unter der doppelten Perspektive, die sich erst in nachträglicher Betrachtung als Einheit erweist,

- daß die Gründung eines (neuen) deutschen Staates auf Grund der zu schildernden territorialen, demographischen und sozialen Ausgangssituation in der Zeit bis Ende 1947 als unwahrscheinlich anzusehen war;
- daß sich trotzdem die Voraussetzungen für die Gründung eines sozial und politisch relativ homogenen Staatsgebildes als günstig erweisen sollten.

Eine Grundvoraussetzung für die Staaten- und Nationenbildung ist die **territoriale Integrität.** Nach dem 8.5.45 war diese für Deutschland nicht mehr gegeben. Im Osten des Deutschen Reiches waren Gebietsverluste die Folge: die deutschen Gebiete östlich der Oder-Neiße-Grenze wurden formell unter sowjetische und polnische Verwaltung gestellt, faktisch aber diesen Staaten einverleibt. Die **deutschen Ostgebiete** umfaßten insgesamt 114 296 qkm und hatten 1939 9,6 Mill. Einwohner; der geringere Teil mit 13 205 qkm (und 1939 1,16 Mill. Einwohner) fiel unter sowjetische, der restliche Teil mit 101 091 qkm unter polnische Verwaltung.

Doch auch im Westen des ehemaligen Deutschen Reiches waren die Grenzen nicht unstrittig. Unabhängig davon, daß Elsaß und Lothringen an Frankreich zurückfielen und das Saarland bis zum 1.1.1957 verwaltungsmäßig und wirtschaftlich angegliedert wurde, erhob Frankreich Grenzgarantien und Gebietsforderungen zu seiner Sicherheit.

Eine besonders gravierende Einschränkung der gesellschaftlichen und staatlichen Erneuerung lag in der Zerstörung der **Städte**, denen für die Staatenbildung in Europa – und nicht nur hier – ja immer eine besonders große Bedeutung zugekommen war. Auf insgesamt 131 deutsche Städte waren Großangriffe aus der Luft geflogen worden (in Berlin allein 29 mal); die Zentren einiger großer Städte waren zu etwa vier Fünfteln völlig zerstört, z. B. Köln, Mainz, Würzburg, Dresden, Hamburg, Münster, Hannover, Kassel, Berlin, Düsseldorf. Für einige Städte, z. B. Hannover und Dresden, wurde ernsthaft der Vorschlag erwogen, sie an der bisherigen Stelle nicht wieder aufzubauen.

Um eine – sofern überhaupt möglich – vergleichbar chaotische territoriale und demographische Situation aufzuzeigen, muß man in der deutschen Geschichte in die Zeit des 30jährigen Krieges zurückgehen. In wenigen Stichworten sei versucht, die Situation nach 1945 zu beschreiben:

- ein großer Strom an Flüchtlingen und Vertriebenen, der in diesen Dimensionen nicht seinesgleichen in der deutschen Geschichte hat, verteilte sich höchst disproportional auf die existente Siedlungsstruktur, d.h. v.a. auf die ländlichen Räume. Nach den Ergebnissen der ersten (wohl kaum sehr zuverlässigen) Volkszählung vom 29.10.1946 wurden in den drei Westzonen 5,9 Mill. Vertriebene und Flüchtlinge gezählt (bis zum 1.10.49 kamen nochmals 1,7 Mill. hinzu). In allen vier Besatzungszonen betrug bis zum 1.4.47 die Zahl der Vertriebenen, Flüchtlinge und Zwangsaussiedler

10,1 Mill. In Schleswig-Holstein z. B. nahm bis 1946 die Bevölkerung gegenüber 1939 um 62 % zu, in Niedersachsen und Bayern um 37 resp. 24 %;

Tabelle 1 Herkunft der Vertriebenen und nationalen Flüchtlinge 1945–1947 in den vier Besatzungszonen (in 1000).

Herkunftsländer	Anzahl
aus den deutschen Ostgebieten	*6 944*
Ostpreußen	1 935
Ostpommern	1 432
Ostbrandenburg	424
Schlesien	3 153
aus deutschen Siedlungsgebieten im Ausland	*4 786*
Baltische Staaten	170
Danzig	284
Polen	672
Tschechoslowakei (v.a. Sudetendeutsche)	2 921
Ungarn	206
Jugoslawien	287
Rumänien	246
zusammen:	11 730

Quelle: Brockhaus-Enzyklopädie in 20 Bänden, Bd. 19/1974

- die Rückkehr der Evakuierten zog sich über viele Jahre hin; Ende 1944 sollen es ca. 9 Mill. gewesen sein; noch am 1.4.47 gab es unter den 65,9 Mill. Menschen der vier Besatzungszonen 3,1 Mill. Evakuierte;

- auf dem Gebiet der Bundesrepublik lebten 1939 39,4 Mill. Menschen, 1946 – trotz der hohen Kriegsverluste unter Soldaten und der Zivilbevölkerung – aber bereits 43,9 Mill.;

- ein Evakuierungsproblem besonderer Art stellten die sog. **Displaced Persons** (DPs) dar; bei Kriegsende sollen sich 8–10 Mill. dieser Personen in Deutschland befunden haben, der Großteil von ihnen ins Reich verschleppte Zwangsarbeiter (allein von Mai bis Sept. 1945 wurden 4,6 Mill. DPs repatriiert, im Frühjahr 1947 waren in den vier Zonen immer noch rund eine Mill. DPs);

- die auch gegenwärtig noch aufweisbare Disproportionalität des Frauen- und Männeranteils an der Gesamtbevölkerung war damals äußerst gravierend: am 1.4.47 kamen auf 100 Männer 125 Frauen; in der Altersgruppe der 25–45jährigen betrug um 1950 der Frauenanteil auf 100 Männer 164 (*Köllmann,* 1983);

- nach der Volkszählung vom 29.10.1946 gab es in den drei westlichen Besatzungszonen für 13,7 Mill. Haushalte nur 8,2 Mill. Wohnungen.

3. Wiedererwachen des politischen und parteipolitischen Lebens

3.1 Die Ausgangsbedingungen

Die Not der Nachkriegszeit führte zur Dominanz kleingruppenhafter, familien- und verwandtschaftsbetonter Sozialverhältnisse. Die schlechten bzw. nicht vorhandenen Verkehrsmöglichkeiten, die weitgehende Zwangsbewirtschaftung, die Suche nach Wohnraum, die große Bedeutung des Naturaltausches und des Schwarzmarktes und Beschränkungen der Freizügigkeit reduzierten das ökonomische und soziale Leben auf lokale und enge regionale Grenzen.

So verwundert es nicht, daß es in der Bevölkerung an den erforderlichen Möglichkeiten, aber auch Interessen und Einstellungen fehlte, über den Tag hinaus zu denken und zu planen.

Die Absperrung der Besatzungszonen untereinander (mit Grenzen und Schlagbäumen) und die unklare Situation sowohl im Hinblick auf die Besatzungspolitik der Vier Mächte wie in den einzelnen Besatzungszonen waren keine günstigen Voraussetzungen für ein neues politisches und parteipolitisches Leben. Ab August 1945 wurden zwar demokratische Parteien und als verläßlich geltende Zeitschriften, Zeitungen und Rundfunksender lizensiert, doch der Handlungsspielraum muß als eng und undurchsichtig bezeichnet werden.

Die politische Situation nach der bedingungslosen Kapitulation war für die deutsche Bevölkerung noch viel undurchschaubarer als für die alliierten Politiker/Militärs in Deutschland, die häufig auch nicht wußten, wie weit ihre Kompetenzen in der Auslegung und Handhabung der Direktiven reichten. Daher resümiert *Theodor Eschenburg* (1983, S. 402) völlig zu Recht: „Deutsche Politiker, die den Ehrgeiz hatten, eine profilierte Rolle bei der Entstehung eines zukünftigen Deutschland zu spielen, befanden sich im Jahre 1945 in einer keineswegs beneidenswerten Lage. Sie standen im Kreuzfeuer höchst divergierender Konzeptionen der Alliierten, und es erforderte schon prophetische Gaben, um die künftige Kräftekonstellation richtig einzuschätzen." An Personen verdeutlicht: *Jakob Kaiser* (der zunächst bekannteste Politiker der CDU) und der wohl populärste deutsche Politiker der unmittelbaren Nachkriegszeit, *Kurt Schumacher* (1895–1952), „sollten scheitern, weil gerade ihre Prinzipien sie letztlich wider den Strom schwimmen ließen" (S. 403).

Vor allen anderen besaß *Konrad Adenauer* (1876–1967), 1919–1933 Oberbürgermeister von Köln und populärer Zentrums-Politiker der Weimarer Republik, die politische Gabe, sich die Neugestaltung Deutschlands in neuen Grenzen vorstellen zu können. In einem

Brief vom Oktober 1945 (abgedruckt in *Kleßmann,* 1982, S. 425) stellte *Adenauer* unter anderem heraus, daß die Trennung in ein von Rußland beherrschtes Osteuropa und in ein von Frankreich und England dominiertes Westeuropa eine Tatsache sei; daß die „Schaffung eines zentralisierten Einheitsstaates nicht möglich" sein werde; daß „der nicht von Rußland besetzte Teil Deutschlands ein integrierender Teil Westeuropas" sei; daß „dem Verlangen Frankreichs und Belgiens nach Sicherheit auf die Dauer nur durch wirtschaftliche Verflechtung von Westdeutschland, Frankreich, Belgien, Luxemburg, Holland wirklich genüge geschehen" könne (eine noch präzisere und sicher auch für *Adenauer*s Vorstellungen wegweisende Vorwegnahme der weiteren Entwicklung findet sich in *Wilhelm Röpke*s Buch „Die deutsche Frage", das im Frühjahr 1945 erschien).

3.2 Die Entwicklung in den westlichen Besatzungszonen

a) Die Entstehung von CDU und CSU

Die wohl erstaunlichste und für die weitere politische Entwicklung in den drei Westzonen und Westsektoren wichtigste parteipolitische Entwicklung in der unmittelbaren Nachkriegszeit ist die Auflösung/Umstrukturierung des Zentrums (der Zentrumspartei, seit ca. 1852 Partei des politischen Katholizismus) und die damit zusammenhängende Gründung von CDU/CSU. Die Bedeutung dieser Neugründungen für die Konsolidierung der sozialen und politischen Verhältnisse, als Sammelpartei des bürgerlichen, des christlich-gewerkschaftlichen wie des konfessionellen Lagers – aber nun in einer überkonfessionellen Partei – kann kaum überschätzt werden (zur Geschichte der christlich-demokratischen und christlich-sozialen Bewegungen in Deutschland seit dem 19. Jahrhundert vgl. *G. Rüther,* 1989).

Erstaunen muß gegen Kriegsende die Gleichzeitigkeit der Bestrebungen an verschiedenen Orten, von denen für die spätere CDU die wichtigsten Köln (*Karl Arnold,* ab Ende August 1945 *Konrad Adenauer*), Berlin (*Jakob Kaiser, Ernst Lemmer, Andreas Hermes*) und Frankfurt sind. Für die CSU ist Würzburg der Gründungsort (10.10.1945), das Zentrum der weiteren Entwicklung München. In beiden Fällen, bei CDU und CSU, wirkten Gedanken des **Christlichen Sozialismus*** auf die Partei-Programme ein.

Der Name CDU geht auf *Andreas Hermes* zurück, dem „die Protestanten nur halben Herzens zustimmten" (*Eschenburg,* 1983, S. 187). Aber „die Wahl des Wortes ‚christlich' entsprach der religiösen Renaissance jener Zeit, zugleich löste sie aber auch das Problem, den Namen für eine überkonfessionelle Partei zu finden, die in der deutschen Geschichte bis dahin eine unbekannte Erscheinung war" (*Eschenburg,* S. 201).

Im August 1945 begrüßten die Katholischen Bischöfe die Bildung einer überkonfessionellen christlichen Partei und sprachen sich gleichzeitig gegen die Wiedergründung des Zentrums aus. Einige Wochen später signalisierte auch eine Konferenz der evangelischen Landeskirchen in Treysa Wohlwollen. Damit waren die Weichen für eine „aus dem Stand" höchst erfolgreiche Parteigründung gestellt.

Im „Ersten Aufruf vom 20.6.45 an das Deutsche Volk" forderten die Gründer die Verstaatlichung der Bodenschätze und der sogenannten Monopol- und Schlüsselindustrien. Aber das Privateigentum wurde, wie auch im **Ahlener Programm** der CDU vom Februar 1947, ausdrücklich bejaht.

Damals lag die CDU/CSU nicht nur im Trend der Renaissance christlicher Werte, sondern auch der allgemeinen antikapitalistischen Zeitströmung, denn in den Antizipationen einer neuen gesellschaftlichen und wirtschaftlichen Ordnung spielten der **Sozialismus** bzw. der **Anti-Kapitalismus** eine überragende Rolle.

b) Die SPD und ihr Selbstverständnis

Die Konsensbasis für den Begriff Sozialismus scheint in der unmittelbaren Nachkriegszeit breiter gewesen zu sein als die für Demokratie. Sofern nicht, wie z. B. in der SPD oder auch der KPD, der Zusammenhang von Sozialismus und Demokratie programmatisch als unauflöslich angesehen wurde, darf man nicht vergessen, daß Demokratie als Begriff nicht ausschließlich positiv wertbesetzt war. Zu gut war das Scheitern der Weimarer **Parteien-Demokratie** in Erinnerung oder hatten die Denunziationen der Demokratie während der Weimarer Republik und vor allem der Nazi-Herrschaft ihre Spuren hinterlassen; zu fest saß bei vielen die Überzeugung, daß Demokratie und „welscher" Individualismus und Liberalismus zusammengehörten – und eben nicht deutscher Tradition und Gemeinschaftsauffassung entsprachen. Demokratie als Begriff hatte also nicht jene Magnetwirkung und Integrationskraft, die sich heute mit ihm verbinden.

Daß die künftige Gesellschaftsordnung eine sozialistische sein würde und sein müsse, wurde nicht nur als Konsequenz aus dem totalen Zusammenbruch bzw. seiner Ursachen „abgeleitet", sondern als Quintessenz geschichtsphilosophischer Betrachtungen geradezu postuliert. So schrieb der Ökonom *Heinz Dietrich Ortlieb* in einem Aufsatz über „Sozialismus gestern, heute und morgen" in der für das Wiedererwachen des intellektuellen, politischen und kulturellen Lebens so wichtigen Zeitschrift DER RUF (1. Jg. Nr. 6,

Nov. 1946): „Die nun einige Menschenalter währende geistig-politische Auseinandersetzung um den Sozialismus kann heute wohl als zugunsten des Sozialismus entschieden angesehen werden ... Zwar führen die Neo-Liberalisten, die heutigen Verfechter einer freien Verkehrswirtschaft, den Kampf gegen den Sozialismus fort, sie sind aber ... (vor allem auch in der wirtschaftspolitischen Praxis; B.S.) in die Verteidigung gedrängt" (vgl. auch *Alexander Mitscherlich, Alfred Weber,* Freier Sozialismus, Heidelberg 1946).

Überraschen muß deshalb, daß der SPD, als ältester deutscher Partei und als einziger, die – nach bereits erfolgter Ausschaltung der Kommunisten – dem „Ermächtigungsgesetz" (24.3.1933) *Hitler*s nicht zugestimmt hatte, auf Grund dieser epochaltypischen, den Sozialismus begünstigenden Konstellationen nicht die unbestrittene politische Führungsrolle zukam.

Die SPD war vor 1933 die einzige demokratische Massenpartei; sie war ihren Mitgliedern so etwas wie eine Heimat, da sie „für nahezu alle Vereinsbedürfnisse ihrer Mitglieder besondere sozialistische Organisationen bereithielt" (*Eschenburg,* 1983, S. 172).

Im Mai 1946 hatte die SPD in den Westzonen wieder 600 Tsd. eingeschriebene Mitglieder. Obwohl viele Intellektuelle eintraten (wie 1967ff), gelang „der beabsichtigte Einbruch in die neuen und alten Mittelschichten so gut wie gar nicht" (*Eschenburg,* S. 180).

In ihrem ebenso geachteten wie energischen Vorsitzenden *Kurt Schumacher* hatte die SPD eine Symbolfigur des Widerstandes im Dritten Reich wie auch des Anti-Totalitarismus und damit eben auch des Anti-Kommunismus an ihrer Spitze, einen im In- und Ausland viel beachteten Sprecher der Deutschen nach der Kapitulation. So erklärte *Kurt Schumacher* am 5.10.1945: „Im Sinne der deutschen Politik ist die Kommunistische Partei überflüssig. Ihr Lehrgebäude ist zertrümmert, ihre Linie durch die Geschichte widerlegt." Und im Mai 1946: „Es gibt keinen Sozialismus ohne Demokratie, ohne die Freiheit des Erkennens und die Freiheit der Kritik. Es gibt auch keinen Sozialismus ohne Menschlichkeit und ohne Achtung vor der menschlichen Persönlichkeit." Er fügte aber auch hinzu: „Wie der Sozialismus ohne Demokratie nicht möglich ist, so ist umgekehrt eine wirkliche Demokratie im Kapitalismus in steter Gefahr" (Informationen zur politischen Bildung, Heft 157/1974, S. 15).

c) Gemeinden und Länder als Rückhalt

Das politische Leben konkretisierte sich zunächst in Kommunalwahlen, die ab April und Mai 1946 in der amerikanischen Zone und in der britischen und französischen Zone Oktober 1946 stattfanden (zu den „Kommunen im Schatten der Besatzungsmächte" vgl. *Jürgen Weber,* 1979, Kap. 9). Der Aufbau der politischen Grundstrukturen von der Gemeinde über die Länder zu einem (möglichen) Gesamtstaat entsprach auch den angelsächsisch-amerikanischen Vorstellungen von der Bedeutung der gemeindlichen Basis für eine stabile politische Kultur.

Theodor Eschenburg (1974, S. 64ff) betont zu Recht, daß trotz der Niederlage, dem Zerfall des Reiches, der Zerschlagung Preußens und der Besatzung die Verwaltungseinheiten und bürokratischen Strukturen auf den Ebenen Gemeinde, Kreis und Land im wesentlichen bestehen geblieben waren. Diese Strukturen bezeichnet *Eschenburg* als „bürokratischen Rückhalt". Insbesondere der **Gemeinde**, als der untersten Verwaltungseinheit und dem unmittelbaren Lebensraum der Menschen, kam die Aufgabe der Linderung der Not und des Wiederaufbaus zu.

Neben den Gemeinden waren es vor allem die **Länder**, die vor der Konstituierung der Bundesrepublik als Staat für die Erfordernisse des Wiederaufbaus die notwendige Vorsorge trafen. In der amerikanischen Besatzungszone wurden schon am 18.9.1946 die Länder Bayern, Großhessen und Württemberg-Baden gebildet; in der britischen Besatzungszone wurden Anfang 1947 aus den vier ehemaligen preußischen Provinzen die Länder Niedersachsen, Nordrhein-Westfalen und Schleswig-Holstein gebildet; in der französischen Besatzungszone wurden 1945/46 die Länder Baden, Württemberg-Hohenzollern, Rheinland-Pfalz gegründet.

November/Dezember 1946 kam es in der amerikanischen Zone per Volksabstimmung zur Verabschiedung der von den verfassungsgebenden Landesversammlungen ausgearbeiteten Landesverfassungen (Bayern, Württemberg-Baden, Hessen). Bis Mai 1947 folgten auch die Länder der französischen Zone. Schwieriger gestaltete sich die Situation in der britischen Zone. Hier wurden zwar 1946 aus fünf ehemaligen Ländern und vier preußischen Provinzen die Länder Nordrhein-Westfalen, Niedersachsen, Hamburg und Schleswig-Holstein gegründet (vgl. auch Tab. 4), aber bis auf Hamburg erhielten diese Länder erst nach Verabschiedung des Grundgesetzes (23.5.1949) ihre Verfassungen (*Konrad Hesse,* 1983, S. 5).

Bei den Landtagswahlen zwischen Oktober 1946 und Oktober 1947 erreichte die CDU/CSU mit 6,55 Mill. Stimmen vor der SPD mit 6,07 Mill. knapp die Mehrheit. In den Landesverfassungen spielten Fragen der Wirtschaftslenkung und der sogenannten „Lebensordnungsrechte" für die Familie, für Unterricht und Bildung und die Ausgestaltung der Sozialen Rechte – wie das Recht auf Arbeit – eine viel größere Rolle als im späteren „Grundgesetz für die Bundesrepublik Deutschland". Auch die Regelung der wirtschaftlichen Mitbestimmungsfragen oder das Verbot der Aussperrung – wie in der Hessischen Verfassung – spiegeln die großen Diskussionen um die Neugestaltung und Einheit des sozialen, politischen, wirtschaftlichen und kulturellen Lebens dieser Zeit wider.

3.3 Die Entwicklung in der SBZ. Gründung der DDR

Die Grenzen der späteren SBZ (Sowjetischen Besatzungszone) wurden von den Alliierten seit 1943 diskutiert und am 18.2.1944 vereinbart (vgl. *Kleßmann* 1982). Die Besatzungstruppen der Amerikaner zogen sich seit Mai 1945 aus den von ihnen erkämpften westlichen Teilen des SBZ-Territoriums zurück, um dafür die Einrichtung von zwei (später, unter Einschluß der Franzosen, drei) Westlichen Sektoren in Berlin, das zunächst von der Roten Armee allein besetzt war, zu erreichen.

Die auf der **Potsdamer Konferenz** (vgl. S. 15) erzielten Gemeinsamkeiten einer Politik für Gesamt-Deutschland sollten sehr bald ein Opfer der unterschiedlichen Interessen der Alliierten und des heraufziehenden Kalten Krieges werden. So begann die „Sowjetisierung" der SBZ faktisch mit Kriegsende.

Hierzu seien einige Daten genannt (vgl. z.B. *Kleßmann,* 1982, S. 535ff):

- 29.4.1945: Rückkehr der „Gruppe Ulbricht" aus Moskau (benannt nach *Walter Ulbricht*, 1893–1973, einem führenden Funktionär der KPD seit der Weimarer Republik); Neuaufbau der KPD;
- 9.6.1945: Bildung der Sowjetischen Militäradministration in Deutschland, Sitz Berlin (SMAD);
- Herbst 1945: Bodenreform; entschädigungslose Enteignung des Großgrundbesitzes („Junkerland in Bauernhand"), des ehemaligen Staates, der NSDAP, der Wehrmacht und großer Industrie- und Handelsunternehmen;
- 22.4.1946: Zwangsvereinigung von SPD und KPD zur „Sozialistischen Einheitspartei Deutschlands" (SED);
- 17.8.1946: SMAD-Befehl Nr. 253 regelt, daß Arbeiter, Angestellte, Frauen, Jugendliche „gleichen Lohn für gleiche Arbeit" erhalten;
- 9.3.1948: die Deutsche Wirtschaftskommission übernimmt die zentrale Lenkung und Leitung der Wirtschaft der SBZ;
- auf die Durchführung der Währungsreform in den drei westlichen Besatzungszonen auch in den Westsektoren Berlin (18.–20.6.1948) wurde mit der Sperrung der Zufahrtswege nach West-Berlin reagiert; Beginn der **Luftbrücke** der Westalliierten am 26.6.1948 (bis 12.5.1949);
- 24.–28.6.1948: Währungsreform in der SBZ;
- 7.10.1949: Gründung der Deutschen Demokratischen Republik; 15.10.1949: Aufnahme diplomatischer Beziehungen zur UdSSR.

Einige weitere Einzelheiten zur Herausbildung der DDR als Staats- und Gesellschaftssystem auf marxistisch-leninistischer Grundlage und der Sowjetisierung seiner Institutionen werden auf den Seiten 70f und 176f mitgeteilt.

4. Gründung der Bundesrepublik Deutschland

4.1 Voraussetzungen für einen neuen Gesellschaftsvertrag

In den bisherigen Ausführungen stand die erste der S. 14f genannten Perspektiven im Vordergrund: daß es nach der bedingungslosen Kapitulation eigentlich unmöglich erscheinen mußte, in relativ kurzer Zeit wieder einen souveränen deutschen Staat gründen zu können. Im folgenden ist nun zu verdeutlichen, daß im Nachhinein die Voraussetzungen für einen neuen Gesellschaftsvertrag nicht ungünstig waren, und dies zum Teil unabhängig von den weltpolitischen Konstellationen des **Kalten Krieges**.

Der Nationalsozialismus, Krieg und Nachkriegszeit hatten soziale Klassen und Schichten miteinander in Berührung gebracht, die vorher in jeder Beziehung stark segregiert waren. Berufs- und lokalspezifische Milieus waren durch die Auswirkungen des Nationalsozialismus wie der Nachkriegszeit entweder verschwunden oder in ihrer Besonderheit eingeebnet, das gilt insbesondere für die **Arbeiterbewegung** als Kultur, der ihre Basis durch die sich wechselseitig verstärkenden Wirkungen der Gleichschaltung, des Krieges, der Vertreibung und des neuen Wohnungsbaus gleichermaßen entzogen wurde.

Kriegs- und Nachkriegszeit führten zur **Depossedierung** (Eigentumsenteignung und Eigentumsverlust) breiter Bevölkerungskreise, ehemals besitzender bürgerlicher und großbürgerlicher Schichten; hierzu zählten die Vertriebenen und Flüchtlinge, aber auch die Ausgebombten oder die nach dem Sturz des Nazi-Regimes aus hohen und gutbezahlten Partei- und Regierungsämtern, Militär- und Kriegsämtern vertriebenen Funktionäre. Dieser Tatbestand der Depossedierung wirkte zusammen mit anderen Faktoren als Element der Nivellierung zuvor höchst heterogener sozialer und politischer Strukturen.

Im einzelnen sind folgende Faktoren zu nennen, die dem politischen Konsens förderlich waren:

- Die Ausgliederung spezifischer Regionalstrukturen: „der protestantisch ostdeutschen Landwirtschaft, des katholischen schlesischen Industriegebietes, der sächsisch-thüringischen Industrie- und Gewerbegebiete, der altpreußisch-mecklenburgischen Agrarregionen, Berlins in der Funktion der Reichshauptstadt" (*M. Rainer Lepsius,* 1983, S. 11f).

- Die für Deutschland einst so bedeutsame **Konfessionsspaltung** verlor durch Krieg und Kriegsfolgen, vielleicht schon durch die Bedrängung der Kirchen im Dritten Reich, an Bedeutung. Der Anteil der Katholiken betrug im Deutschen Reich 1939 genau ein Drittel an der Gesamtbevölkerung (Protestanten 60,8 %); auf dem Territorium der Bundesrepublik war dieser Anteil bis 1950 auf 44,3 % gestiegen; gegenüber den Protestanten (1950 51,5 %; *Flora,* 1983) kann man also nunmehr von einer quasi-paritätischen Konstellation sprechen.

- Entgegen oft zu hörenden Äußerungen wurden die **Elite-Positionen** „in Politik, Verwaltung, Wirtschaft, Verbänden und Kultur insgesamt gesehen, gründlicher umbesetzt bzw. neubesetzt als 1933 oder 1918/19. Am wenigsten galt das für die Kirchenleitungen und führenden Positionen an den Hochschulen; am deutlichsten wurde es in Regierung, Parlament und den Parteien" (*Jürgen Kocka,* 1979, S. 157).

- Die für die neuere deutsche Geschichte so schicksalsvolle Rolle sowohl der Großgrundbesitzerklasse wie des preußischen Staates und des preußischen **Militarismus** war ausgespielt und für die Neugründung der Bundesrepublik nicht mehr strukturbestimmend.

- Die traditionale deutsche Dreigliederung des **Gewerkschaftssystems** wurde nach 1945 nicht restauriert. Die bereits vor 1933 aktiven Bemühungen um die sogenannte Einheitsgewerkschaft konnten nach dem Krieg, nicht zuletzt dank der intensiven Bemühungen von *Hans Böckler,* verwirklicht werden (die Beispiele ließen sich vermehren, daß bestimmte soziale und politische Bestrebungen, z. B. auch der neo-liberalen Wirtschaftspolitik, bereits vor 1933 diskutiert, aber erst nach 1945 verwirklicht werden konnten).

- Proletariat und Arbeiterkultur hatten sehr bald nach 1945, im „Schmelztiegel" der Kriegs- und Nachkriegszeit und weiterer Entwicklungsfaktoren, nicht mehr die integrative Kraft einer selbständigen, klassenspezifischen Teilkultur wie noch in der Weimarer Republik (vgl. *Josef Mooser,* 1983).

- Entsprechende, die Chancen für einen neuen (demokratischen) Gesellschaftsvertrag erhöhende Veränderungen waren im Kleinbürgertum vor sich gegangen.

- Erstmals in der deutschen Geschichte konnte die **Demokratie** als einzig mögliche Regierungs- und Staatsform auch in den besitzenden Oberschichten, im Beamtenbund, aber auch bei den Kirchen, akzeptabel gemacht werden und damit war, so schien es, der deutsche Sonderweg beendet (der Sonderweg der „verspäteten Nation", wie *Helmuth Plessner*s bekannte These – und Buchtitel – lautet).

4.2 Wirtschaftspolitische Einigung und die neue Wirtschaftsordnung („Soziale Marktwirtschaft")

Bemühungen um die Durchsetzung einer bestimmten Wirtschaftsordnung wurden in der unmittelbaren Nachkriegszeit hartnäckiger verfolgt als Gedanken um eine politische und verfassungsmäßige

Neuordnung (die unter den gegebenen Umständen zunächst als Angelegenheit der Gemeinde- und Landesebene angesehen wurde). Das Wirtschaftssystem hatte seine eigene Dynamik, und die weltwirtschaftlichen Verflechtungen wie die weltpolitischen Auseinandersetzungen waren im hoch-sensiblen Wirtschaftssystem vielleicht direkter spürbar und umsetzbar als in den politischen Strukturen.

Auch die Programmatiken des wiedererwachenden parteipolitischen und des gewerkschaftlichen Lebens, der Institutionen und Verbände konzentrierten sich sehr stark auf die Wirtschaftspolitik und die damit verknüpfte Eigentums-, Vermögens- und Umverteilungspolitik. Hier war gleichsam das Feld, auf dem das übergreifende staatliche Handeln vorbereitet und eingeübt werden konnte.

Es ist an dieser Stelle nicht möglich, die Gründe aufzuführen, die zur allmählichen Akzeptanz der neo-liberalen Vorstellungen und schließlich am 20.6.1948 zur Inflation und **Währungsreform** und zur Abschaffung breiter Bereiche der Zwangsbewirtschaftung führten (zur Durchsetzung der Sozialen Marktwirtschaft ausführlich *G. Ambrosius,* 1977). Vorbehalte der Alliierten, vor allem der USA, gegenüber Sozialismus, Planwirtschaft und Verstaatlichung und außenpolitische Determinanten ergänzten und unterstützten sich.

Was aber viel wichtiger gewesen sein dürfte, sind die klaren wirtschaftspolitischen Ordnungsvorstellungen einiger neo-liberaler Theoretiker der Marktwirtschaft: *Alfred Müller-Armack* (1901–1978) mit seinem Buch von 1947 über „Wirtschaftslenkung und Marktwirtschaft", auch **Soziale Marktwirtschaft** genannt (entsprechend einer Kapitelüberschrift des Buches). *Ludwig Erhard* (1897–1977), zunächst Leiter der „Sonderstelle Geld und Kredit des Wirtschaftsrates", dann – seit dem 2.3.1948 – Direktor der Verwaltung für Wirtschaft des Vereinigten Wirtschaftsgebietes, übernahm diesen Begriff und „machte daraus eine gängige Parole" (*Eschenburg,* 1983, S. 439).

Für die Entwicklung der (späteren) Bundesrepublik war von großer Bedeutung, daß die Grundzüge der Wirtschaftspolitik entwickelt waren und Eingang in die Praxis gefunden hatten, bevor die Bundesrepublik als Staatswesen existierte. So kann man *Hans-Peter Schwarz* zustimmen, wenn er sagt: „Die Bundestagswahl von 1949 war denn auch in der Tat eine Art Plebiszit über die Wirtschaftsordnung. Es ging zugunsten der marktwirtschaftlich orientierten Parteien aus" (1974, S. 59).

Neben der im Grundgesetz verankerten „freiheitlich-demokratischen Grundordnung" (Art. 18; 21) waren und sind es die Prinzipien der „Sozialen Marktwirtschaft", auf denen das Selbstverständnis der Bundesrepublik als eines politisch-sozialen Gemeinwesens am eindeutigsten beruht. In einer Denkschrift *Müller-Armacks* von 1947 wurden als Betätigungsfelder „künftiger sozialer Gestaltung" u.a. genannt:

„a) Schaffung einer sozialen Betriebsordnung, die dem Arbeitnehmer ... ein soziales Mitgestaltungsrecht einräumt, ohne dabei die betriebliche Initiative und Verantwortung des Unternehmers einzuengen.

b) Verwirklichung einer als öffentliche Aufgabe begriffenen Wettbewerbsordnung ...

c) Befolgung einer Antimonopolpolitik zur Bekämpfung möglichen Machtmißbrauches in der Wirtschaft.

d) Durchführung einer konjunkturpolitischen Beschäftigungspolitik."

Man wird die Bedeutung dieser Konzeption, von der *Alfred Müller-Armack* immer wieder betont hat, daß sie empirisch fundierten Einsichten und wissenschaftlichen Überlegungen entsprang, ebensowenig bestreiten können wie den Tatbestand, daß sie für restaurative Entwicklungen mißbraucht werden konnte.

Die Soziale Marktwirtschaft überzeugte durch ihren Erfolg. Das bringen auch die für die weitere Wirtschafts- und Gesellschaftspolitik der Bundesrepublik so wichtigen **Düsseldorfer Leitsätze der CDU** vom 15. Juli 1949 (also noch vor der ersten Bundestagswahl) zum Ausdruck. Dort heißt es u.a.: „Der 20. Juni 1948 brachte den Umschwung. Die von der CDU vertretene Wirtschaftspolitik führte zu einer wirtschaftspolitischen Wende. Die menschliche Arbeit erhielt wieder ihren Sinn ... Die industrielle Produktion stieg rasch und steil an und erreichte in wenigen Monaten eine Verdoppelung. Die Aufhebung der Bezugsscheinwirtschaft gab dem Verbraucher wieder die Freiheit zurück... Die Läden füllten sich, Mut, Kraft und Energie wurden entfacht und das ganze Volk aus dem Zustand der Lethargie gerissen". – Die „Düsseldorfer Leitsätze" waren eine klare Absage an das **Ahlener Programm** vom Februar 1947, in dem noch eine Teil-Sozialisierung und -Lenkung der Wirtschaft festgeschrieben waren.

Der Erfolg der Sozialen Marktwirtschaft war die wichtigste Grundlage für die Integration heterogener Bevölkerungsschichten in die neue Gesellschaft der Bundesrepublik: der **Flüchtlinge** und **Vertriebenen,** der verschiedenen Klassen und Schichten. Wenn auch die soziale Not von bestimmten Bevölkerungsgruppen in diesen Anfangsjahren nicht übersehen werden kann, so der Kriegerwitwen, zahlreicher Rentnergruppen, großer Teile der weiblichen Berufstätigen und anderer, so ist doch kaum vorstellbar, daß eine andere Wirtschaftsordnung bessere Resultate erzielt hätte.

Daß die großen ökonomischen Erfolge der ersten 10 Jahre und das **Wirtschaftswunder** nicht auf alle Bevölkerungsschichten gleichmäßig verteilt wurden und die Arbeitnehmer einen insgesamt geringeren Anteil hatten, ist ohne Zweifel richtig. Richtig ist aber auch, daß die „lohnabhängige Bevölkerung" seit Etablierung der Sozialen Marktwirtschaft spürbare Verbesserungen ihres Realeinkommens, ihres Lebensstandards, ihrer Wohnsituation verzeichnen konnte und mit ihrem Wahlverhalten eine prinzipielle Zustimmung zur neuen Wirtschafts- und Gesellschaftsordnung deutlich zum Ausdruck gebracht hat.

Daß die vor allem von *Ludwig Erhard* konzipierte und couragiert durchgesetzte **Währungsreform** vom 20. Juni 1948 zum entscheidenden Umbruch in der Nachkriegsgeschichte führte, die Konsensbasis für die neue Wirtschaftsordnung schnell breiter wurde und die „rasche wirtschaftliche Entwicklung zur Stabilität der politischen Ordnung in der Bundesrepublik beigetragen hat" (*Borchardt,* 1983, S. 20), hat – wie viele andere Entwicklungen und Strukturveränderungen auch – Ursachen, die mehr in epochal-typischen Phänomenen als in gänzlich neu geschaffenen Bedingungen liegen. In Bezug auf *Walt W. Rostow*s „Stadien des wirtschaftlichen Wachstums" (1960) läßt sich sagen: Deutschland war bereits in den 20er Jahren in das Zeitalter des Massenkonsums eingetreten, in Entwicklungen, die durch den Zweiten Weltkrieg zwar unterbrochen, aber nicht aufgehoben und die nun dem raschen Ausbau einer modernen Konsumgesellschaft förderlich waren.

Wenn auch der von der Wirtschaftspolitik und wirtschaftlichen Einigung ausgehende Aufbau der westdeutschen Staatlichkeit wesentlich durch die bürgerlichen Parteien, vor allem CDU/CSU und FDP vorangetrieben wurde, so darf der Beitrag der SPD zu dieser Entwicklung nicht unterschätzt werden.

Auch die SPD hatte sich ab 1947 nicht mehr gesträubt, in den Westzonen gegenüber der SBZ einen Sonderweg zu beschreiten. Das wurde nicht nur durch die Schaffung vollendeter Tatsachen in der SBZ bewirkt. Diese stießen in der westdeutschen Bevölkerung auf breite Ablehnung und Empörung und waren zusammen mit den Entwicklungen in den deutschen Ostgebieten eine Grundlage des wachsenden Anti-Kommunismus und des Kalten Krieges.

Kurt Schumacher selbst propagierte die Vorstellung von der **Magnetwirkung**, die von demokratischen und prosperierenden Westzonen auf die SBZ ausgehen müsse. *Schumacher* in einer Rede 1947: „Es ist realpolitisch vom deutschen Gesichtspunkt kein anderer Weg zur Erringung der deutschen Einheit möglich als diese ökonomische Magnetisierung des Westens ... Es ist vermutlich ein schwerer und vermutlich langer Weg ..." (Vorstand der SPD, 1953, S. 26f).

Auch wenn mit diesen Sätzen *Schumacher*s kein Bekenntnis zur Sozialen Marktwirtschaft verbunden ist (das erfolgte erst im

Godesberger Programm der SPD von 1959), so hat doch die Hervorhebung der ökonomischen Prosperität und *Schumacher*s positive Einstellung zur demokratischen Nation der USA ihre eigene implizite Unterstützung der seit 1948 in Gang gekommenen wirtschaftlichen Dynamik und des westdeutschen staatlichen Sonderweges mitbewirkt.

4.3 Das Grundgesetz als neuer Gesellschaftsvertrag

a) Wende in der Deutschlandpolitik 1948

Die politischen Aktivitäten auf Gemeinde- und Länderebene führten seit 1947 zu einer zunehmenden Akzeptanz des parlamentarischen Lebens. Hierzu gehörte auch die Parlamentarisierung des wirtschaftlichen Lebens auf überzonaler Ebene.

Am 25. Juni trat in Frankfurt/Main der **Wirtschaftsrat** zusammen, ein aus 54 Abgeordneten bestehendes parlamentarisches Gremium, das praktisch die wirtschaftliche Vereinigung der englischen und der amerikanischen Zone (Bi-Zone; acht Länder umfassend) bedeutete (der im Februar 1948 gebildete „Zweite Wirtschaftsrat" hatte 104 Mitglieder: 40 CDU/CSU; 40 SPD; 8 FDP; 6 KPD; 4 DP; 4 Zentrum; 2 Wirtschaftliche Aufbauvereinigung). Doch die entscheidenden strukturellen Änderungen für zwei sich auf unterschiedlicher Basis entwickelnde Staaten erfolgen im Jahre 1948. Wichtige Ereignisse dieses Jahres seien kurz genannt:

- Anfang Februar kam es zur Neuordnung der Bi-Zonenverwaltung. Die Mitgliederzahl des Wirtschaftsrats wurde verdoppelt und ein Länderrat aus Vertretern der Landesregierungen errichtet. Die „Bank Deutscher Länder" wurde gegründet;

- am 20. März zerbrach der Alliierte Kontrollrat und damit die gemeinsame Basis der vier Besatzungsmächte im Hinblick auf die Neuordnung Deutschlands;

- über den sogenannten **Marshall-Plan** (im Rahmen des April 1948 beschlossenen Auslandshilfegesetzes der USA) erhielt Deutschland bis Mitte 1949 über 600 Millionen Dollar in Form von Waren, insgesamt 1,5 Milliarden DM (*W. Treue,* 1965, S. 782); der **Marshall-Plan** ist benannt nach dem General und Außenminister der USA in den Jahren 1947–49, *George Marshall,* 1880–1959;

- ab 1948 wurden in den drei Westzonen Grundsätze der **sozialen Marktwirtschaft** durchgesetzt und führten zusammen mit den Hilfen des **Marshall-Plans** zu einem raschen wirtschaftlichen Aufschwung. Motor dieser neuen Wirtschaftsordnung war *Ludwig Erhard,* seit März 1948 Direktor für Wirtschaft des Vereinigten Wirtschaftsgebietes und ab 1949 erster Bundesminister für Wirtschaft der Bundesrepublik;

- am 21.6. wurde für die drei westlichen Besatzungszonen, am 23.6. für die sowjetische Besatzungszone getrennt eine **Währungsreform** durchgeführt, womit „das letzte Verbindungsglied für die Wirtschaften aller vier Zonen und Sektoren zerschlagen“ wurde (*W. Treue,* 1965, S. 779);
- als Reaktion hierauf sperrte die Sowjetunion die Zufahrtswege nach Berlin (**Berliner Blockade**) vom 24. Juni 1948 bis 12. Mai 1949 (woraufhin die Westmächte, insbes. die USA, wenige Tage später die „Luftbrücke“ einrichteten);
- am 1.7.1948 wurden in Frankfurt/Main von den drei westalliierten Militärgouverneuren den Ministerpräsidenten der Länder in den Westzonen die „Londoner Empfehlungen“ einer im Frühjahr abgehaltenen Sechsmächtebesprechung (Benelux-Länder, USA, Frankreich, Großbritannien) überreicht (seither **Frankfurter Dokumente** genannt), die u.a. die Einberufung einer verfassunggebenden Versammlung bis zum 1.9.1948 forderten;
- am 1.8. wurde die Bizone durch Einschluß der französischen Zone zur Trizone erweitert („Trizonesien“);
- vom 10.–23.8. tagte in Schloß Herrenchiemsee der Verfassungskonvent zur Vorbereitung der Arbeit des **Parlamentarischen Rates**, der die Verfassung auszuarbeiten hatte;
- am 1.9. trat der **Parlamentarische Rat** in Bonn zusammen, um über eine Verfassung für einen zu bildenden deutschen Teilstaat zu beschließen. Dem Parlamentarischen Rat gehörten 65 Mitglieder an, die von den 11 Landtagen gewählt waren: je 27 von der CDU/CSU und der SPD; fünf von der FDP; je zwei von der Deutschen Partei, vom Zentrum und der KPD, dazu fünf Vertreter Berlins mit beratender Stimme.

b) Rahmenbedingungen und Hauptstadtfrage

Im Hinblick auf die auszuarbeitende Verfassung war im Dokument I der **Frankfurter Dokumente** folgender Rahmen verbindlich festgelegt worden: „Die verfassunggebende Versammlung wird eine demokratische Verfassung ausarbeiten, die für die beteiligten Länder eine Regierungsform des föderalistischen Typs schafft, die am besten geeignet ist, die gegenwärtig zerrissene deutsche Einheit schließlich wieder herzustellen und die Rechte der beteiligten Länder schützt, eine angemessene Zentralinstanz schafft und Garantien der individuellen Rechte und Freiheiten enthält“ (vgl. Entstehungsgeschichte der Artikel des Grundgesetzes, 1951).

Aufgrund der Arbeit des Parlamentarischen Rates konnte am 23.5.1949 das **Grundgesetz** der Bundesrepublik Deutschland verkündet werden (über die politischen und sozialen Kräfte, die auf seine Entstehung einwirkten, vgl. *S. Sörgel,* 1985, mit einem umfangreichen Dokumentations-Teil; *K. Niclauß,* 1982; *Handbuch,* 1983). Als es am 24.5.1949 in Kraft trat, war die Bundesrepublik Deutschland gegründet. Vorbehalte der Alliierten, im **Besatzungs-**

statut niedergelegt, galten weiter. Erst im Zusammenhang des deutschen Einigungsprozesses erlangte die Bundesrepublik durch den „Vertrag über die abschließende Regelung in bezug auf Deutschland" („Zwei-plus-Vier-Vertrag") vom 12.9.1990 ihre volle Souveränität zurück.

Die beabsichtigte Vorläufigkeit der neuen Staatsordnung kam nicht nur im Namen „Grundgesetz" – statt „Verfassung" – zum Ausdruck, sondern auch in einer vorangestellten „Präambel". Am 12. Mai 1949 war bereits die Entscheidung gefallen (mit 33 gegen 29 Stimmen), Bonn und nicht Frankfurt zur vorläufigen Hauptstadt der Bundesrepublik zu machen, ein „Sieg der rheinischen CDU" über die SPD (*H. Kaack,* 1971, S. 193).

Auch mit der Wahl Bonns sollte das Vorläufige des Staatsgebildes zum Ausdruck kommen. Im Einigungsvertrag vom 31.8.1990 heißt es in Art. 2: „Hauptstadt Deutschlands ist Berlin". In einer Sondersitzung des Deutschen Bundestages am 20.6.1991 wurde dem – nach kontroverser Diskussion – zugestimmt. Berlin soll nicht nur Hauptstadt, sondern auch Regierungssitz sein. Die Mehrzahl der Ministerien wird 1996–98 nach Berlin umziehen. Der Bundespräsident verlegte bereits 1993 seinen Amtssitz nach Berlin.

In der sowjetischen Besatzungszone verlief die Entwicklung fast parallel: am 7. Oktober 1949 wurde die Verfassung der Deutschen Demokratischen Republik verkündet und Ost-Berlin zur Hauptstadt der DDR erklärt (zur Entwicklung der DDR „von der sowjetischen Besatzungsherrschaft zum sozialistischen Staat" vgl. *D. Staritz,* 1984).

c) Die Bundesrepublik als „demokratischer Verfassungsstaat"

Martin Kriele (1975, S. 11) sieht in der im Grundgesetz verfaßten Staatsordnung der Bundesrepublik „eine Variante des Staatstypus ‚demokratischer Verfassungsstaat', der sich im Laufe der Neuzeit, von England, Frankreich und der Französischen Revolution ausgehend, über die westliche Welt verbreitet hat". Ohne hier auf die Frage näher einzugehen, ob mit der Weimarer Reichsverfassung von 1919 bereits der Anschluß an die 1848/49 unterbrochene Tradition der Verfassungsgeschichte wieder voll erreicht wurde, war der Grundkonsens für die demokratisch-parlamentarisch fundierte Staats- und Gesellschaftsordnung 1948/49 sicher breiter als 1918/19.

Bei allen an der Verfassung beteiligten Personen und Parteien – ausgenommen die KPD – bestand Konsens darüber,

- daß ein demokratischer Verfassungsstaat als parlamentarische Demokratie zu gründen sei;

- daß dieser Staat ein gewaltenteilender Rechtsstaat und föderaler Bundesstaat sein müsse;
- daß die Sicherung der Freiheitsrechte der Bürger Vorrang habe;
- daß die Handlungsfähigkeit und zugleich die Kontrolle der Exekutive zu sichern sei (bei gleichzeitiger Ausschaltung plebiszitärer Elemente);
- daß grundlegende Prinzipien des neuen Gesellschaftsvertrages nicht abgeändert werden dürfen (Art. 79, Abs. 3 GG), das Grundgesetz aber gleichwohl für den gesellschaftlich-geschichtlichen Wandel offen und flexibel sein müsse.

d) Grundgesetz und deutsche Einheit

Eine Frage, die bei allen Diskussionen um die einzelnen Artikel des Grundgesetzes implizit und explizit eine Rolle spielte (vgl. „Entstehungsgeschichte ..."), war die nach der Offenheit des neuen Gesellschaftsvertrages im Hinblick auf die in der Präambel zum Grundgesetz betonte „nationale und staatliche Einheit". Das Grundgesetz, so heißt es in der **Präambel** weiter, soll „dem staatlichen Leben für eine Übergangszeit eine neue Ordnung geben" (zur Änderung der Präambel im Einigungsprozeß vgl. S. 52ff).

Die SPD hielt am längsten an der Vorstellung fest, daß der zu schaffende Staat ein Provisorium sei, etwas Transitorisches – und dies noch zu einer Zeit, als sich die anderen Parteien, vor allem *Adenauer,* längst auf die Teilstaatlichkeit eingestellt hatten (vgl. hierzu S. 18f).

In der damaligen Einstellung der SPD zum Transitorischen des neuen Staates liegt auch einer der Gründe, die sozialstaatliche Komponente (vgl. Art. 20, Abs. 1 und Art. 28, Abs. 1 GG) wie die wirtschaftliche Grundordnung nicht weiter zu konkretisieren; zur strittigen Frage der wirtschaftspolitischen Neutralität des GG werden S. 55f einige Anmerkungen gemacht.

e) Grundgesetz und soziale Grundordnung

Carlo Schmid (1896–1979), einer der Väter des Grundgesetzes (es gab auch vier „Mütter"), schreibt in seinen „Erinnerungen" (1979, S. 373f): „Auch gegen die von vielen gewünschte Einführung sogenannter sozialer Grundrechte, an denen die Weimarer Verfassung so reich gewesen ist, habe ich mich energisch gewehrt, waren sie doch nichts anderes als Programme oder Tautologien oder Kennzeichnungen der Zustände, die bei vernünftigem Umgang mit den klassischen Grundrechten aus den politischen Auseinandersetzungen hervorgehen sollten."

Einen anderen, wohl ebenso wichtigen Grund nennt *Carlo Schmid* nicht: daß die SPD wie auch die CDU/CSU darauf hofften, aus den anstehenden ersten Bundestagswahlen als Sieger hervorzugehen und dann im Zuge der Gesetzgebung auf die Entwicklung des sozialen Rechtsstaates und die wirtschaftliche Grundordnung konkret einwirken zu können (zu einigen weiteren Einzelheiten des Grundgesetzes vgl. S. 47ff).

4.4 Die Wahlen zum Ersten Deutschen Bundestag

Am 14. August 1949 fanden die Wahlen zum ersten Parlament der Bundesrepublik Deutschland statt. Die Wahlbeteiligung betrug 78,5 %. Die Sitze und Stimmenanteile verteilten sich wie folgt:

Tabelle 2 Ergebnis der Wahlen zum ersten Deutschen Bundestag 1949.

Partei	Stimmenanteil in %	Sitze[1]
CDU/CSU	31,0	139
SPD	29,2	131
FDP	11,9	52
Bayernpartei	4,2	17
Deutsche Partei (DP)	4,0	17
KPD	5,7	15
Wirtschaftliche Aufbauvereinigung	2,9	12
Zentrum	3,1	10
Extreme Rechte	1,8	5
Südschleswigsche Wählervereinigung	0,3	1

[1] Eine Fünf-Prozent-Sperrklausel auf Bundesebene gab es noch nicht

Hoffnungen auf eine große Koalition zerschlugen sich bald nach der Wahl. *Adenauer* betrieb systematisch seine Kanzlerschaft und untermauerte den Führungsanspruch der CDU. Es kam schließlich zur kleinen Koalition von CDU/CSU – FDP – DP. Die CDU war zusammen mit der FDP schon deshalb im Vorteil, auch gegenüber den Alliierten, weil sie die Mehrheit im Frankfurter-Wirtschaftsrat und mit *Adenauer* den Vorsitzenden und Sprecher des Parlamentarischen Rates gestellt hatte. Mit *Adenauer* an der Spitze der neuen Regierung zeichnete sich sehr schnell ab, was später die **Kanzlerdemokratie** genannt wurde: „Unter den Begriffen, mit denen die Realverfassung der Bundesrepublik in ihrer besonderen Ausprägung schon bald nach der Entstehung charakterisiert wurde, nimmt ihre Bezeichnung als Kanzlerdemokratie einen wichtigen Rang ein" (*Karl Dietrich Bracher*, 1974, S. 179).

In der ersten **Regierungserklärung** am 20.9.1949 vor dem Deutschen Bundestag führte Bundeskanzler *Adenauer* u.a. aus:

- „Die Frage: ‚Planwirtschaft' oder **‚Soziale Marktwirtschaft'** hat im Wahlkampf eine überragende Rolle gespielt (und wurde zugunsten der Sozialen Marktwirtschaft entschieden)."
- „Die Bundesregierung wird es sich besonders am Herzen liegen lassen, den **Mittelstand** in allen seinen Erscheinungsformen zu festigen und ihm zu helfen. Wir sind durchdrungen von der Überzeugung, daß dasjenige Volk das sicherste, ruhigste und beste Leben führen wird, das möglichst viele mittlere und kleinere unabhängige Existenzen in sich birgt."
- „Die Bundesregierung steht auf dem Boden der **Koalitionsfreiheit**. Sie wird es den **Verbänden** überlassen, alles das in freier Selbstverwaltung zu tun, was den wirtschaftlichen und sozialen Interessen förderlich ist und was einer weiteren Verständigung zwischen Arbeitgebern und Arbeitnehmern dient."
- Die „beste **Sozialpolitik**" ist eine „gesunde Wirtschaftspolitik".

4.5 Restauration und Neubeginn, Kontinuität und Wandel

a) Schwierigkeiten beim Neubeginn

Die Restaurationsthese wurde schon Herbst 1946 in DER RUF von *Hans Werner Richter* vertreten: Nach Kriegsende „ist nicht, wie es doch zu erwarten war, eine Revolution über dieses Land hinweggegangen, sondern hat lediglich eine behördlich genehmigte Restauration stattgefunden".

In der gleichen Zeitschrift ist aber vom gleichen Autor nachzulesen, daß ihm die „revolutionäre" Entwicklung in der SBZ auch nicht gefiel. Wie also hätte die Revolution aussehen können und welcher Handlungsspielraum bestand überhaupt auf deutscher Seite dafür? Man darf auch folgende, psychologisch und sozialpsychologisch höchst wichtigen Tatsachen nicht aus dem Blick verlieren, wenn Behauptungen über einen falschen oder restaurativen Neubeginn aufgestellt werden: auf der einen Seite waren es die extreme Notlage, mit Kälte- und Hungerkrisen, der beginnende Kalte Krieg und die durch die Entwicklung in der SBZ und den deutschen Ostgebieten mit-verursachte Angst vor einer Sowjetisierung, die für einen revolutionären oder sozialistischen Neubeginn nicht gerade als ideale Ausgangsvoraussetzungen anzusehen sind (auch wenn idealistische Überzeichnungen der Anfangssituation dies nicht wahrhaben wollen); auf der anderen Seite war ja der Nationalsozialismus, trotz der irrigen Behauptung von der „Stunde Null", nicht einfach verschwunden, sondern in Personen und Institutionen, Gesinnung und Weltanschauung immer noch präsent.

Hierin und in der breiten, kollektiven Beteiligung aller Bevölkerungsschichten am Nationalsozialismus liegt ja auch eine der Ursachen für die Zurückweisung der **Kollektivschuld**. Diese Voraussetzungen trugen dazu bei, über das Gewesene den Mantel des Vergessens und Schweigens zu hüllen und nicht die Gegenwart, auch nicht die familiäre und nachbarschaftliche, mit der Permanenz der Infragestellung und Verdächtigung zu belasten. Zudem gab es ja die Entnazifizierung und den Kriegsverbrecherprozeß in Nürnberg – das übrige war Alltagswelt, Irrtum, Irreführung und nicht der „wahre" Nationalsozialismus, an den man geglaubt hatte. So verwundert es nicht, daß die Aufarbeitung von Schuld und Vergehen sich bis in die Gegenwart hinzieht und erst in den 80er Jahren die Universitäten, die Medizin und den Richterstand voll erreichte. So verwundert nicht, daß das Gedenken zum 40. Jahrestag des 8.5.45 weder als Feier der Befreiung noch der Trauer recht gelingen wollte – ein Abbild der auf S. 13f genannten Einstellungen bei Kriegsende.

b) Konsolidierung über Marktwirtschaft und Grundgesetz

Die nach 1945 vorgenommenen Entlassungen wurden teilweise in dem Maße rückgängig gemacht, wie die mit der Konsolidierung des wirtschaftlichen und politischen Lebens sich verbreiternden Aufgaben den Rückgriff auf alte Funktionseliten zu erfordern schien (was z.T. auch durch die demographische Struktur, die nachzuholende Ausbildung der Abiturienten und der Studenten verständlich wird).

Sofern es Kontinuitäten und Restaurationen gab, gehen sie nicht ausschließlich auf den Willen der deutschen Bevölkerung zurück. Auch seitens der Alliierten gab es viel Widerspruch und Hinhaltetaktiken, z.B. hinsichtlich sozialistischer Verfassungsentwürfe auf Landesebene. Der Kalte Krieg hatte begonnen.

Es waren zwei, allenfalls drei Jahre, die Zeit von 1948 bis 1950/51, in denen die Grundlagen des Gesellschaftsvertrages gelegt wurden, Überzeugungskraft gewannen und zu einer insgesamt erstaunlich schnellen Konsolidierung und Institutionalisierung auf der nun geschaffenen Basis führten. Dabei darf neben positiver Zustimmung natürlich das uninteressierte Gewährenlassen der neuen Ordnung durch jene breiten Bevölkerungskreise nicht unerwähnt bleiben, deren a-politische Ohne-mich-Haltung und materialistische Einstellung sowohl die Durchsetzungsfähigkeit der neuen Ordnung wie die der restaurativen Tendenzen ermöglichten.

Ein sehr wichtiges Element der **Restauration** lag in dem Tatbestand, daß die wirtschaftliche Grundordnung gut 15 Monate vor Verwirklichung der demokratischen und sozialstaatlichen Ordnung vollendete Tatsachen schuf. Aber das für die Soziale Marktwirtschaft so wichtige **Monopolproblem** war ungelöst wie andere Fragen der Wirtschaftsordnung, der Eigentums- und Vermögensordnung. Das Funktionieren der marktwirtschaftlichen Ordnung, der Lastenausgleich, der soziale Wohnungsbau, aber auch die Entwicklung in der SBZ schufen Legitimationsgrundlagen ganz eigener Art und entlasteten von den als spitzfindig angesehenen theoretisch-ideologischen Überlegungen zur Wirtschaftsdemokratie, Planwirtschaft usw.

Das Monopolproblem wurde delatorisch behandelt. *Erhard,* der unbestrittene Motor der Marktwirtschaft, war hier keine treibende Kraft. Für Gesetzesinitiativen, die es zwischen Juni 1948 (Währungsreform) und der Verabschiedung des Grundgesetzes gegeben hat, verwies *Erhard* auf die bald anstehenden Bundestagswahlen und die dann verbindliche Gesetzgebung. Auch die Alliierten drängten hier nicht mehr zur Eile. So wurde erst Juni 1957 ein „Gesetz gegen Wettbewerbsbeschränkungen" (**Kartellgesetz**) verabschiedet, das aber schon erheblich von den neoliberalen Forderungen abwich.

So liegen restaurative Tendenzen weniger im Beginn der Bundesrepublik und dem Gesellschaftsvertrag des Grundgesetzes selbst, als im ökonomisch-materiellen Erfolg der neuen Wirtschafts- und auch der Sozialordnung. Diese erreichte zwar keine spektakuläre Umverteilung – obwohl der **Lastenausgleich** vielfach so gesehen wird –, aber „Wohlstand für alle", auch für die Mehrzahl der Vertriebenen und Flüchtlinge.

Die Zunahme restaurativer Tendenzen eines „motorisierten Biedermeier" (*Erich Kästner*) in den 50er Jahren sind nicht zu übersehen. Sie verdecken den Tatbestand, „daß der Übergang zum parlamentarischen System ... eher ein revolutionärer als ein restaurativer Akt war" (*Richard Löwenthal,* 1974, S. 10), denn „in Wirklichkeit waren Staat und Gesellschaft auch der konservativen Demokratie, als die sich die zweite deutsche Republik zunächst präsentierte, etwas völlig Neues nicht nur gegenüber der untergegangenen Hitlerdiktatur, sondern auch gegenüber der Weimarer Republik und dem Kaiserreich. Zum erstenmal in der deutschen Geschichte akzeptierten die besitzenden Oberschichten und die beamteten Träger der staatlichen Exekutive ... die demokratischen Regeln mit der gleichen Selbstverständlichkeit, wie dies in den alten angelsächsischen Demokratien der Fall ist (vielleicht sollte man auch die Kirchen erwähnen; B.S.). Zum erstenmal entstand auf deutschem Boden, auf dem Hintergrund einer liberalen Staats- und Wirtschaftsordnung, eine im westlichen Sinne bürgerliche Lebensform, gleich entfernt vom hierarchischen Untertanengeist der Wilhelminischen Ära und von der formlosen Gärung der Weimarer Zeit."

Auch Kunst, Theater, Literatur und die ersten lizensierten Zeitungen und Zeitschriften trugen zu einer unvergleichlichen Aufbruchstimmung in den alten und neuen Gruppen der künstlerischen und wissenschaftlichen Intelligenz und des engagierten Bürgertums bei. *Hermann Glaser* hat diese „Zeit der schweren, schönen Not" breit dokumentiert und als „Kulturgeschichte der Bundesrepublik Deutschland – zwischen Kapitulation und Währungsreform" (1985) in vielen Details verlebendigt (vgl. hierzu S. 137f).

II. Der Vereinigungsprozeß

1. Integration der DDR durch Beitritt der neuen Bundesländer

Das Gründungsdatum der Bundesrepublik Deutschland war der 23. Mai 1949 – der Tag, an dem das Grundgesetz verabschiedet wurde –; das Gründungsdatum für die Deutsche Demokratische Republik (DDR) war der 7. Oktober 1949 (Tag der Verabschiedung der ersten Verfassung der DDR). Der Tag der Vereinigung der beiden deutschen Staaten war der 3. Oktober 1990.

Während die Bundesrepublik entsprechend den Traditionen der deutschen Geschichte als föderaler Bundesstaat gegründet wurde, d.h. mit Ländern, die partiell Staatsfunktionen haben, verlief die Entwicklung im Einheitsstaat DDR nur zunächst vergleichbar (vgl. Art. 1 der Verfassung von 1949), dann jedoch völlig anders. Darum mußten im Hinblick auf die Angliederung der DDR nach Art. 23 GG die 1952 liquidierten Länder der DDR neu gegründet werden (vgl. Präambel und Art. 23 GG in der bis zum 3.10.1990 geltenden Fassung). Dies geschah weitgehend nach den historischen Vorgaben bzw. dem bis 1952 geltenden Zustand.

Die wichtigsten Strukturen dieser fünf neuen Bundesländer lassen sich wie folgt zusammenfassen (Übersicht 1):

Diese fünf neuen Bundesländer machen zusammen mit Ost-Berlin (das mit West-Berlin zu einem eigenen Bundesland bzw. Stadtstaat vereinigt wurde) 30,3% des Gesamtterritoriums und 21,2% der Bevölkerung der Bundesrepublik Deutschland aus.

Auf den ersten Blick scheinen die fünf neuen Länder in ihrer Größe (zwischen 16 und 29 Tsd. qkm) und Bevölkerungszahl – zwischen 2 und 4,9 Mill. – ausgewogener als die alten Bundesländer und die beiden Stadtstaaten Hamburg und Bremen. Bremen mit 677 Tsd. und das Saarland mit 1,05 Mill. Einwohnern stehen Bayern mit 10,9 Mill. und Nordrhein-Westfalen mit 16,87 Mill. Einwohnern gegenüber.

Übersicht 1 Die fünf neuen Bundesländer.

Land	Größe in qkm	Bevölkerung in Mill.	Landeshauptstadt (E. in Tsd.)	wichtige Städte (E. in Tsd.)
Brandenburg	29 059	2,64	Potsdam (141)	Cottbus (129) Brandenburg (93) Frankfurt/Oder (87)
Mecklenburg-Vorpommern	23 838	1,96	Schwerin (130)	Rostock (250) Stralsund (75) Greifswald (75)
Sachsen-Anhalt	20 445	2,96	Magdeburg (288)	Halle (321) Dessau (101) Wittenberg (54)
Sachsen	18 337	4,90	Dresden (500)	Leipzig (530) Chemnitz (301) Zwickau (122) Görlitz (83)
Thüringen	16 251	2,70	Erfurt (207)[1]	Gera (130) Jena (107) Weimar (61) Eisenach (51)
(*Berlin-Ost*)	403	1,27		
DDR/neue Bundesländer	108 333	ca. 16,43		

[1] Seit Kommunalreform Juli 1994: 270 Tsd.
Quelle: Informationen zur politischen Bildung, H. 230/1991

2. Die unverhoffte Wiedervereinigung

Trotz aller Beteuerungen im Grundgesetz (Präambel und Art. 23; Art. 146), trotz eines „Ministeriums für innerdeutsche Beziehungen“ und der Behauptung, wenn man schon nicht verfassungsrechtlich eine Nation sein könne, so gebe es doch zumindest die deutsche Kulturnation – all dies und natürlich die persönlichen und verwandtschaftlichen Verbindungen können nicht darüber hinwegtäuschen, daß die Wiedervereinigung nicht als kurzfristig erreichbares Ziel das politische Handeln und das Bewußtsein der Menschen bestimmte: weder hüben noch drüben. Bis in den frühen Herbst des Jahres 1989 konnte sich niemand in der damaligen DDR und in der Bundesrepublik vorstellen, daß nur ein Jahr später, am 3. Oktober 1990, die Wiedervereinigung, wenn man so will: die Erweiterung der Trizone zur Vierer-Zone, erreicht sein würde.

Im Gegenteil: Die offizielle Politik lief im Zeitalter zunehmender Entspannung eher auf ein friedliches Nebeneinander hinaus als auf Überwindung des status quo in einem grundsätzlichen Sinn.

„Die doppelte Staatsgründung" (*Kleßmann,* 1982) gehörte zum politischen und kulturellen Selbstverständnis. Die Wiedervereinigung, in der Präambel zum Grundgesetz der Bundesrepublik Deutschland in der bis zum 29.9.1990 gültigen Fassung zum Ziel des staatlichen Handelns erklärt, schien trotz der Entwicklungen in Osteuropa seit 1985, dem Beginn der „Ära *Gorbatschow*", in eine unbestimmte Zukunft gerückt. Allenfallls wurde an Reformen im „real existierenden Sozialismus" der DDR gedacht, nicht aber an eine völlige Preisgabe der staatlichen Souveränität (auch der Jubiläumsband der Bundeszentrale für politische Bildung zum 40jährigen Bestehen der beiden deutschen Staaten, der 1989 von *Weidenfeld* und *Zimmermann* unter dem Titel „Deutschland-Handbuch. Eine doppelte Bilanz 1949–1989" herausgegeben wurde, ließ in Vorwort und Analysen nicht ahnen, daß sehr bald unter anderen Vorzeichen zu bilanzieren sein würde).

3. Vereinigung des Gegensätzlichen

Die Vereinigung der beiden deutschen Staaten erfolgte nach den Vorgaben des Gesellschafts- und Staatssystems der Bundesrepublik: Die offiziell bis zum 3. Oktober 1990 existierende DDR wurde Teil der Bundesrepublik Deutschland. Es entstand also kein neuer Staat auf neuer Verfassungsgrundlage, sondern die bisherige Bundesrepublik erweiterte sich um das Territorium der DDR. Damit dies so geschehen konnte, mußten, wie schon erwähnt, zuvor die nicht mehr existierenden Länder der DDR im September 1990 neu gegründet werden.

Gegensätzlicher als in den beiden deutschen Staaten kann man sich die politischen und sozialen, kulturellen und ökonomischen Strukturen in Industriegesellschaften kaum vorstellen: hier eine parlamentarische Demokratie und Marktwirtschaft – dort die von *Friedrich Engels* (1820–1895) und *Wladimir I. Lenin* (1870–1924) propagierte Vorstellung, daß unter kommunistischen Voraussetzungen der Staat absterbe und alles der gesellschaftlichen Organisation der Werktätigen, symbolisiert in der Partei des Proletariats, überantwortet werde (zur Sozialstruktur der DDR und zur Differenz der Gesellschaftssysteme vgl. das bereits genannte Deutschland-Handbuch; „Materialien" zu den Berichten zur Lage der Nation der Bundesregierung, 1971 ff; *Timmermann* 1984; *Voigt* et al. 1987).

Eine Reihe von Institutionen, die der Differenziertheit des ökonomischen und sozialen, des politischen und kulturellen Lebens entsprechen und die zugleich für den Bürger Rechtssicherheit bedeuten, gab es nicht, ebensowenig eine unabhängige Justiz oder eine Verwaltung, deren Beschlüsse man anfechten konnte; es gab keine parteilich unabhängigen Gewerkschaften, selbständige Jugendorganisationen oder Frauenverbände.

Aus der Sicht der ehemaligen DDR-Bürger muß also der 1990 begonnene staatliche und gesellschaftliche Strukturwandel als total bezeichnet werden: Alle Institutionen des gesellschaftlichen Lebens, die nun mühsam wieder aufgebaut werden müssen – glücklicherweise gab es sie in ihrer überwiegenden Mehrzahl vor 1945 bzw. 1933 –, wurden in der DDR-Propaganda und -Erziehung als bürgerlich-dekadent und faschismusverdächtig bezeichnet und aus dem gesellschaftlichen Leben getilgt. Neben den genannten Einrichtungen sind zu erwähnen: die freie Presse, die vielen Formen der Selbstverwaltung, z. B. in den für die deutsche Wirtschafts- und Sozialgeschichte seit dem 19. Jahrhundert so wichtigen Kammern der Industrie und des Handels und der freien Berufe wie Ärzte, Anwälte und Architekten. Auch Universitäten und andere Einrichtungen mußten ihre Selbstverwaltungsgarantie zurückgewinnen bzw. neu gegründet werden.

Die Bundesrepublik war/ist aber nicht nur mit ihrer Verfassung und ihrer Rechtsordnung, ihrem Föderalismus und ihren politischen Institutionen das nun in allen Einzelheiten getreulich zu kopierende Vorbild, sondern auch mit ihrer Form der Organisation des Wirtschaftslebens, ihrem für die Deutschen so wichtigen Vereinsleben (Gesangvereine und Sportvereine, Schützenvereine, Heimat- und Trachtengruppen, aber auch Vereine für alle anderen modernen Lebensbereiche) das „Muster", an dem der gesellschaftliche Aufbau in den neuen Bundesländern sich orientiert. Wie das geschehen soll, steht in den beiden Staatsverträgen, die vor der Vereinigung mit der DDR abgeschlossen wurden: Der erste Staatsvertrag vom 18.5.1990 brachte zum 1. Juli 1990 die Währungs-, Wirtschafts- und Sozialunion mit der DDR; der zweite Staatsvertrag, auch **Einigungsvertrag** genannt, regelt für den mehrstaatlichen, rechtlichen, politischen und kulturellen Bereich die Formen des Übergangs und der Integration (vgl. „Die Verträge zur Einheit Deutschlands", Beck-Texte, München 1990).

Im ersten Staatsvertrag finden sich Regelungen über die Anpassung der Renten, über Kündigungsfristen im Arbeitsleben, über die Anpassung der verschiedenen Versicherungssysteme und über die Gewährung von Sozialhilfe im Notfall. In diesem Vertrag verpflichtete sich die DDR, folgende Institutionen nach dem Vorbild der Bundesrepublik zu schaffen: Tarifautonomie und Koalitionsfreiheit; Streikrecht und Mitbestimmung. Dies beinhaltet eine völlig neue Organisation des Arbeitslebens, mit weit über Arbeit und Betrieb hinausreichenden sozialen Auswirkungen.

Verfassungsrechtlich relevant ist vor allem der „Einigungsvertrag", d.h. der „Vertrag zwischen der Bundesrepublik Deutschland und der DDR über die Herstellung der Einheit Deutschlands vom 31.8.1990" (wirksam ab 3.10.1990). Für das ehemalige Staatsgebiet der DDR galt nun auch der „Verfassungstypus der westlichen Demokratien".

III. Der Vereinigungsprozeß in sozialwissenschaftlichen Deutungen

Seit sich im Herbst 1989 der Zusammenbruch der sozialistischen Staats- und Gesellschaftsordnungen und ein Vereinigungsprozeß der beiden deutschen Staaten abzeichnete, haben die Sozialwissenschaften, vor allem Soziologie und Politologie, große Anstrengungen unternommen, den bevorstehenden sozialen und kulturellen, politischen und rechtlichen Wandel in seinen Ausgangsbedingungen und Entwicklungsstadien zu analysieren. „Von der friedlichen Revolution zur deutschen Vereinigung" – so hieß einer der frühesten Deutungsversuche aus politikwissenschaftlicher Sicht (*Wewer*, 1990). Einige sozialwissenschaftliche Erklärungsversuche sollen im Hinblick auf das „Experiment Vereinigung" und den damit verbundenen „sozialen Großversuch" der Transformation von Gesellschaftssystemen (*Giesen/Leggewie*, 1991) nachfolgend skizziert werden.

1. Ende des Zeitalters der Revolutionen?

Die etwa zeitgleich mit den Feiern zum 40. Jahrestag der DDR im Oktober 1989 einsetzende Entwicklung der freiwilligen Staatsaufgabe kann in der hier eingenommenen Perspektive als „Überwältigung des Staatssystems" durch das Gesellschaftssystem definiert werden, wobei der Begriff Gesellschaft nicht im Sinne des Sozialismus, sondern der Theorie der bürgerlichen Gesellschaft verstanden wird. Der wichtigste Unterschied ist darin zu sehen, daß in der Theorie der bürgerlichen Gesellschaft – bis hin zum Verfassungsverständnis der Bundesrepublik Deutschland – die Differenz von Staat und Gesellschaft prinzipiell vorausgesetzt wird. Im Sozialismus wurde diese Differenz negiert; der Staat als Instrument der Unterdrückung war angeblich abgeschafft.

Die Negierung dieser Differenz führte in allen sich sozialistisch verstehenden Gesellschaften zu einem „extremen Etatismus" – eine Bezeichnung des österreichischen Staats- und Verfassungsrechtlers

Hans Kelsen (1881–1973) für Totalitarismus. In der DDR wie in anderen sozialistischen Gesellschaften war dieser Versuch, eine Einheit von Herrschern und Beherrschten, von Gesellschaft und Volksherrschaft in allen gesellschaftlichen Bereichen herzustellen, gescheitert. Die Identifizierung von *Jean Jacques Rousseaus* (1712–1778) *volonté générale* mit dem Volk war zusammengeschrumpft auf das Macht- und Herrschaftszentrum einer zentralistischen Kaderpartei, die Abweichungen von der *volonté générale* immer rigoroser und aufwendiger überwachte. Dagegen erhob sich in Polen und Ungarn und in der Tschechoslowakei das Volk, in dessen Namen man angeblich handelte.

Diese Vorgänge der „Revolution in Europa“ (*Dahrendorf*, 1990) seit 1985f. – in der DDR ab 1989 – müssen im Kontext des europäisch-nordamerikanischen „Zeitalters der Revolutionen“ (*Hobsbawm* 1962) interpretiert werden.

Während es sich 1789/90 um den Höhepunkt der bürgerlichen Revolutionen handelte, der „Erzeugung“ der Staatsbürger (citoyen) als Rechtsgleiche, bei gleichzeitiger Anerkennung des weitreichenden Prinzips der Emanzipation und Individualität, 1917/18 hingegen der Versuch unternommen wurde, aus der „ungeplanten Geschichte“, d.h. aller bisherigen Geschichte, die angeblich von Zwang, Ausbeutung und Unbewußtheit bestimmt war, vermittels des „wissenschaftlichen Sozialismus“ aufzubrechen in das neue Zeitalter eines industriegesellschaftlichen Kommunismus, waren die als „Revolution“ bezeichneten Ereignisse 1985/1989f. in diesem Kontext eigentlich Restaurationen. Kein utopischer Entwurf der Staats- und Gesellschaftsordnung sollte ins Werk gesetzt werden, sondern es ging um die Herstellung des status quo ante bzw. die Wiedereinrichtung der Errungenschaften der bürgerlichen Revolutionen. Der Sozialismus, seit *Rudolf Bahro*s Schrift aus dem Jahr 1979 gern als „real existierender“ bezeichnet, erscheint in dieser Perspektive entweder als die Verhinderung der Durchsetzung bürgerlicher Revolutionsideale oder – wie bei *Karl Marx* und *Friedrich Engels* – als Vollendung der bürgerlichen Freiheiten unter den Voraussetzungen eines Zeitalters von Maschine, Industrie, Großstadt und wissenschaftlicher Revolution.

Hinweise auf diese Entwicklungen und Zusammenhänge können verdeutlichen helfen, daß die Begriffe „Revolution“ und „Restauration“ nicht sehr tauglich waren, die Vorgänge zu beschreiben, die sich in der ehemaligen DDR seit Anfang Oktober, verstärkt seit dem 9. November 1989 (Mauer- und Grenzöffnung zu Westberlin bzw. zur Bundesrepublik) ereigneten. Auch der von *Jürgen Habermas* geprägte Begriff einer „nachholenden Revolution“ (1990) konnte das Dilemma der Sprachlosigkeit angesichts unerwarteter historischer Ereignisse nicht beheben.

Die Auffindung einer passenden Terminologie wurde weiterhin dadurch erschwert, daß die „unblutige Revolution" in der „Noch-DDR" an konkreter staatlicher und gesellschaftlicher Umgestaltung wenig bewirkte und es sich bei der Umgestaltung nach der Einführung der Währungs-, Wirtschafts- und Sozialunion zum 1. Juli 1990 bzw. der Herstellung der staatlichen Einheit zum 3. Oktober 1990 eher um eine „Revolution von oben" bzw. – soziologisch gesprochen – um „geplanten sozialen Wandel" handelte und handelt. Hierbei sollte die wichtige Arbeit der **„Runden Tische"**, dieser aus Polen und Ungarn übernommenen Innovation partizipatorischer Politik, nicht unterbewertet werden (*Uwe Thaysen,* 1990), ebensowenig die Gesetzgebung der Volkskammer unter den Ministerpräsidenten *Hans Modrow* und vor allem *Lothar de Maizière.*

Mit diesem Umbruch, diesem Zurück zum Typus des bürgerlichen Rechts- und Verfassungsstaates, war und ist auch ein Abbruch sozialistisch-utopischer Staats- und Gesellschaftsentwürfe verknüpft. Die Folgen für das geschichts- und sozialphilosophische sowie das humanwissenschaftliche Denken überhaupt sind schwer abschätzbar.

2. Systemtheoretische Analysen des Gesellschaftsumbaus

Einen der ersten Versuche zur theoretischen Erklärung des gesellschaftlichen Umbruchs in der DDR hat *Detlef Pollack* unternommen.

Pollack (1990) geht davon aus, daß das Ende mehr oder weniger zwangsläufig war, weil zwei gegenläufige Prozesse nicht mehr zum Ausgleich gebracht werden konnten: die Prozesse von Zentralisierung einerseits und von Dezentralisierung und Entdifferenzierung andererseits. Es „vollzogen sich in der DDR wie in allen hochindustrialisierten Gesellschaften Differenzierungsprozesse zwischen Wirtschaft, Recht, Kunst und Religion, so daß die einzelnen Funktionssysteme zunehmend an Eigendynamik und Autonomie gewannen. Wie in den westlichen Industrienationen kam es auch in der DDR aufgrund von Urbanisierungs-, Mobilisierungs-, Technisierungs- und Rationalisierungsprozessen zu einem Anwachsen sozialer Spannungen" (*Pollack*). Der Versuch der SED-Führung, funktionsspezifische und entwicklungspsychologisch unabweisbare Dezentralisierungen, Autonomisierungen, Individualisierungen und Pluralisierungen der Gesellschaftsstruktur mit noch mehr Zentralismus zu beantworten (eine Form sozialistischer „Gleichschaltung") mußte scheitern, weil man damit den ansonsten ja durchaus postulierten Materialismus nicht ernst nahm, der impliziert, daß veränderte Bedingungen der Produktion, der Kommunikation und des audio-visuellen Zeitalters sich nicht mehr nach den Vorgaben einer Doktrin des 19. Jahrhunderts in ihr Prokrustesbett begeben.

In diesen Zusammenhang der technologisch mit-bedingten Differenzierung auf personaler (kognitiver und emotionaler) und kultureller Ebene, die aber auf der gesellschaftlich-institutionellen Ebene nicht mehr adäquat „umgesetzt" wird, gehört auch eine der weitsichtigsten soziologischen Prognosen über den Zusammenbruch des Kommunismus. In seiner Arbeit über „Evolutionäre Universalien der Gesellschaft" schrieb *Talcott Parsons* 1964 in der American Sociological Review: „Ich stelle tatsächlich die Prognose, daß sich die kommunistische Gesellschaftsorganisation als instabil erweisen wird und entweder Anpassungen in Richtung auf die Wahlrechtsdemokratie und ein pluralistisches Parteiensystem machen oder in weniger entwickelte und politisch weniger effektive Organisationsformen „regredieren" wird ... Diese Voraussage stützt sich nicht zuletzt darauf, daß die Kommunistische Partei überall die Aufgabe betont hat, das Volk für eine neue Gesellschaft zu erziehen. Langfristig wird ihre Legitimität bestimmt untergraben, wenn die Parteiführung weiterhin nicht willens ist, dem Volk zu **vertrauen**, das sie erzogen hat" (zit. in: *W. Zapf*, Hg., 1970).

3. Ansatz der Modernisierungstheorie: Transformation als „Nachholende Modernisierung"

Inhaltlich geht die Modernisierungstheorie davon aus, daß in allen sich industrialisierenden Ländern die Raten der Urbanisierung, Alphabetisierung, der politischen Teilhabe, der systemspezifischen Differenzierung und Autonomie, der sozialen und geographischen Mobilität ansteigen und die traditionale und lokale Orientierung zwangsläufig einer nationalen und schließlich kosmopolitischen weichen muß. Die transformationsadäquate Wirtschaftsordnung beim Übergang von traditionalen zu modernen Gesellschaften ist die liberale Marktwirtschaft, weil sie dem dominant werdenden Individualismus ebenso entspricht wie der erforderlichen Flexibilität im Transformationsprozeß, die über Konkurrenz, Markt und Preis erreichbar ist (zu den Modernisierungstheorien im Kontext anderer Theorien des sozialen Wandels vgl. *Wolfgang Zapf*, 1970; zu den Feldern der Modernisierung im Aufbau bzw. Wiederaufbau der Bundesrepublik in den 50er Jahren vgl. *Schildt/Sywottek*, 1993).

Auf die aktuelle Situation des beginnenden Einigungsprozesses angewandt, hat *Wolfgang Zapf* Oktober 1990 u.a. ausgeführt, daß das Gesellschaftsmodell der Bundesrepublik (wie vergleichbarer westlicher Gesellschaften) mit Konkurrenzdemokratie, Marktwirtschaft, mit freier Konsum- und Mobilitätsmöglichkeit, mit weitgehender Garantie der Bürgerrechte, mit Massenkonsum und Wohlfahrtsstaat zur Zeit ohne Alternative sei und dies auch von der Mehrheit der DDR-Bürger so angesehen wurde (man könnte hinzusetzen: die Transformationsfähigkeit des eigenen Systems wurde als äußerst gering bzw. nicht gegeben betrachtet). Eindeutige **Modernitätsrückstände** habe es z.B. gegeben im Hinblick auf die Ausbildung von sozialen Bewegungen und Pluralismus, von Partizipation und einer Differenzierung der Lebensformen und Lebensstile.

4. Die Wert-Erwartungstheorie als Erklärungsansatz

Ein weiterer Versuch, mit handlungstheoretischen Konzepten Ursachen und Verlauf der sog. „friedlichen Revolution in der DDR" zu erklären, wurde von *Karl-Dieter Opp* (1991) vorgetragen. *Opp* gehört zu den bekanntesten Vertretern einer kausalanalytisch vorgehenden Verhaltenstheorie, die auf das „rationale Handeln" der Individuen setzt.

Ziel einer solchen Theorie zur Modellierung des rationalen Handelns einzelner Individuen ist der Versuch, die individuellen Entscheidungen der Akteure, der miteinander Handelnden, im Kontext einer gesellschaftlichen Situation zu erklären. *Opp* spricht von diesem Ansatz deshalb als von einer „Wert-Erwartungstheorie", weil nach Überzeugung der Vertreter dieses Ansatzes eine bestimmte Handlung nur dann ausgeführt wird, „wenn deren Konsequenzen insgesamt positiv bewertet werden (das heißt, wenn die Handlung mit hohem Nutzen und geringen Kosten verbunden ist) und wenn sie mit dem Auftreten dieser Konsequenzen relativ sicher rechnen". Das Problem, das auch *Opp* sieht, besteht darin, wie dieser prinzipiell individualistische Ansatz kollektives Handeln, wie z.B. die Montagsdemonstrationen in Leipzig, zu erklären vermag.

Opp nennt als wichtige interne und externe Daten – bezogen auf das Gesellschaftssystem DDR – die massenhaft als Betrug angeprangerten Kommunalwahlen vom 7. Mai 1989, die Entfernung von Grenzbefestigungen von Ungarn nach Österreich ab 2. Mai 1989 und die Ereignisse in China am 3. und 4. Juni des Jahres. Hinzu kommen die fast kollektiv zu nennenden Erfahrungen mit den Ausreiseanträgen. Seit Unterzeichnung der Schlußakte von Helsinki durch die DDR gab es hierfür eine internationale Legitimation und Kontrolle.

Opp versucht, die immer mehr übereinstimmenden Wahrnehmungen und Interpretationen des nationalen und internationalen politischen Handlungsrahmens der DDR-Bürger und den Entschluß zum

Handeln durch eine „spontanes Kooperationsmodell" zu erklären: „gleichförmiges Verhalten einer großen Anzahl von Personen kommt oft dadurch zustande, daß diese Personen weitgehend isoliert voneinander gleiche Entscheidungen treffen".

Bis zu den immer mehr Massen mobilisierenden Montagsdemonstrationen, vor allem in Leipzig, mit dem seit 1982 zentrierenden Ort der Nicolaikirche, und der zentrierenden Zeit (montags, 17 h) läßt sich das Zusammengehen der individuellen Entscheidungen zu kollektiven Handlungen ganz gut erklären. Der Verlauf selbst gehört dann wohl unter die von *Norbert Elias* (1897–1990) so nachdrücklich betonten „unbeabsichtigen Folgen des sozialen Handelns".

5. Geplanter sozialer Wandel durch Recht

Die Theorie der Institution und die des Rechts als Steuerungsinstrument des sozialen Wandels ist vor allem von *Helmut Schelsky* (1912–1984) vorgetragen bzw. weitergeführt worden. Neben seiner personalorientierten Funktion der Gewährung von Gleichheit und Sicherheit und der Kalkulierbarkeit der Handlungsfolgen hat das Recht die Funktion, sowohl „das durch Handeln Erreichte auf Dauer zu stellen als auch zukünftige Wirkungen des Handelns im sozialen Zusammenhang zu erstreben. Recht leistet also die Stabilisierung des Gewordenen und Erreichten und verbindet damit zugleich die Chance und Methode des bewußten, also geplanten Wandels" (*Helmut Schelsky*, 1980).

Daß am Ende von Handlungsketten, die institutionelle Wandlungen herbeiführen, das Recht steht, ist in Rechtsgesellschaften selbstverständlich; daß das Recht in Form des Einigungs- und Staatsvertrags in diesem Umfang als Steuerungsinstrument eingesetzt wird, ist ungewöhnlich. Das Ausmaß der rechtlich fundierten Transformationen reduziert die „friedliche Revolution" seit Herbst 1989 auf den Beginn des Prozesses, der sehr viel Mut und eine Verweigerungshaltung zahlreicher Bürger erforderte. Dies war die erforderliche mentale und sozialpsychische Basis für alle Umgestaltungen. Die „Revolution" selbst hat – weshalb dieser Begriff hier sehr fragwürdig ist – nichts an institutionellem Wandel bewirken können; die vielen „Runden Tische", die es gab, waren Diskussionsforen, auf denen man sich in die erforderlichen Transformationen hineindachte und sie vorbereiten half.

C. Grundgesetz und Staatsordnung. Politisches System. Parteien und Wahlen

I. Grundgesetz und Grundordnung. Staat, Recht und Verwaltung

1. Fundamentalprinzipien. Rechtsstaatliche Gewährleistungen

Die Entstehung und der Grundkonsens, der mit dem Grundgesetz zum Ausdruck kommt, sind bereits dargestellt worden (vgl. Kap. B.I.). Nach dem Grundgesetz ist die Bundesrepublik Deutschland ein „demokratischer und sozialer Bundesstaat" (Art. 20,1) und ein „republikanischer, demokratischer und sozialer Rechtsstaat" (Art. 28,1). (Zum Spektrum dieser verfassungs- und sozialgeschichtlich weitreichenden Begriffe vgl. *Ernst Benda* et al., 1983; *Martin Kriele,* 1975).

Demokratisch (zu den Begriffen **Demokratie** und **Demokratisierung** vgl. S. 64f): Die Staatsgewalt geht prinzipiell vom Volk aus (Art. 20). Organ der Staatsgewalt ist nicht das Volk direkt, sondern die vom Volk auf Zeit gewählte Volksvertretung, die es repräsentiert und aus allgemeinen, unmittelbaren, freien, gleichen und geheimen Wahlen hervorgeht (Art. 38 GG). Die Volksvertretung, das **Parlament**, wird der historischen Tradition gemäß **Bundestag** genannt. Einrichtungen einer sogenannten **plebiszitären** (von lat. plebs, das Volk) oder auf **Räten** (z.B. „Sowjets") basierenden „direkten" Demokratie fehlen vollständig. Selbst das plebiszitäre Element der Wahl des Präsidenten der Republik, in der Weimarer Reichsverfassung von 1919 noch vorgesehen, fehlt (aufgrund der historischen Erfahrungen mit „plebiszitären" Führer-Wahlen). Dadurch erfolgt eine Konzentration auf das parlamentarische Element. So ist die Gesetzgebung (**Legislativ-Funktion**) in Bund wie den Ländern ausschließlich Sache der gewählten Volksvertretung.

Die Besonderheit dieses in der Bundesrepublik vorherrschenden **parlamentarischen Regierungssystems** zeigt sich also vor allem in der engen Verzahnung von Regierung und Parlament, wozu auch die Wahl des Bundeskanzlers durch den Bundestag (Art. 63 GG) und die einzig mögliche Form seiner Ablösung (durch das sog. „konstruktive Mißtrauensvotum" nach Art. 67 GG) gehören.

Die Volksvertreter, die Abgeordneten des Deutschen Bundestages, sind nach Art. 38 GG „Vertreter des ganzen Volkes, an Aufträge und Weisungen nicht gebunden und nur ihrem Gewissen unterworfen".

Sozialer Rechtsstaat: Die Verpflichtung auf den sozialen Rechtsstaat ist eine historisch bedeutsame Fortentwicklung gegenüber dem **liberalen Rechtsstaat** des 19. Jahrhunderts, der in der Wahrung der Gleichheits- und bürgerlichen Freiheitsrechte seine wichtigste Aufgabe gesehen hatte. Nunmehr ist der Staat verpflichtet, durch soziale Maßnahmen (z. B. bei der Einkommens-, Steuer- und Vermögenspolitik) die Grundlagen der sozialen Gleichheit und Gerechtigkeit fortzuentwickeln.

Ein weiteres Fundamentalprinzip sei abschließend hervorgehoben: die Unzulässigkeit der Änderung folgender fundamentaler Grundsätze: nach Art. 79 Abs. 3 GG sind von Grundgesetzänderungen ausgenommen: die Gliederung des Bundes in Länder; die Mitwirkung der Länder bei der Gesetzgebung; die in den Art. 1 und 20 niedergelegten Grundsätze. Auch hinter diesen Bestimmungen, die zur Basis einer **wehrhaften Demokratie** (*Hermann Jahrreiß*) gehören, stehen Erfahrungen mit dem Untergang der Weimarer Republik.

Neben diesen Fundamentalprinzipien der Staatsordnung sind einige **rechtsstaatliche Gewährleistungen** (Garantien) anzuführen:

- Sicherung der Freiheits-(Bürger-)Rechte auch gegenüber dem Staat und möglicher Willkür seiner Organe (z. B. der Polizei) in den sogenannten **Grundrechten** (Art. 1–19; ergänzend Art. 101–104). Diese Grundrechte können nur durch ihren Mißbrauch verwirkt werden (wenn die Freiheitsrechte z. B. gegen die freiheitlich-demokratische Grundordnung mißbraucht werden; Art. 18 GG; über die naturrechtlichen Ursprünge der Grundrechte, ihre rechtsdogmatische und soziale Fundierung vgl. *Niklas Luhmann,* 1974);
- Grundsatz der Gewaltenteilung und der Gesetzmäßigkeit der Verwaltung, also die unabhängige, sich gegenseitig kontrollierende und im Gleichgewicht haltende Trennung der Legislative = Gesetzgebung, der Exekutive = Regierung und der Judikative = Rechtsprechung. Die Lehre von der Gewaltenteilung ist seit *Montesquieu* (1689–1755) ein Eckpfeiler der Staatstheorie und der Demokratietheorie. Für die Bundesrepublik muß auch die dem traditionsreichen Prinzip des **Föderalismus** verpflichtete **Dezentralisierung des Staatsaufbaus** in Bund, Länder und Kommunen als Element der Gewaltenteilung gesehen werden;
- die prinzipiell mögliche Kontrolle der Gesetzgebung, der Regierung und Verwaltung durch unabhängige Gerichte (Art. 19 und 92ff).

Ein wesentliches Element der staatlichen Ordnung und damit Gegenstand der politischen Willensbildung ist die sogenannte **Kulturordnung,** zum Beispiel Bestimmungen

- über das **Schulwesen** (das in die Kompetenz = Zuständigkeit der Länder fällt); Art. 7 GG;
- über die **Religion** („soziale" Bedeutung und Wirksamkeit religiöser Bekenntnisse; Rechte der Religionsgemeinschaften); Art. 140 GG übernimmt hierzu die Bestimmungen der Art. 137–140 der Weimarer Reichsverfassung von 1919;
- über die Freiheit von Wissenschaften und Kunst (Art. 5 Abs. 3 GG);
- über die Grundlagen der Meinungs- und Pressefreiheit (Art. 5 Abs. 1: „Eine Zensur findet nicht statt").

Ein besonderes, immer aktueller werdendes Problem stellt die Gewährleistung des Staatsbürgerrechts und damit die **Staatsangehörigkeit** dar. *Dieter Oberndörfer* (1989) weist zu Recht darauf hin, daß das Grundgesetz in diesem Punkt zwei unterschiedlichen Vorstellungen folge: auf der einen Seite betone es mit der Gewährleistung der universal gültigen Menschenrechte ihr „weltbürgerliches Wertfundament"; auf der anderen Seite werde ein „ethnisch-völkischer Nationalismus" betont. So werden in den Art. 11 und 16 fundamentale Rechte im Widerspruch zu Art. 3 allein Deutschen vorbehalten. Diese Ambivalenz zeige sich auch in Art. 116 GG, der definiert, wer „Deutscher" ist: einerseits war dieser Artikel die rechtliche Basis für die Eingliederung der Flüchtlinge und Vertriebenen, andererseits liegen hier auch Gründe dafür, daß die Aufnahme der Volksdeutschen nicht „mit einer wesentlich liberaleren Asylpolitik und Einbürgerungspraxis sowie mit erweiterten Rechten und einer verbesserten Rechtssicherheit für die bereits hier lebenden Ausländer verbunden" ist (vgl. hierzu auch S. 103f).

2. Der Staat der Bundesrepublik

2.1 Wandel des Staatsverständnisses

Ein **Staat** setzt die folgenden drei Elemente voraus: Staatsgebiet, Staatsvolk, Staatsgewalt (zur Herkunft des Staatsbegriffes aus der europäischen politischen Geschichte und zu anderen Begriffen der politischen Theorie vgl. *von Beyme,* 1984).

Zu den Elementen einer **Staatslehre** gehören u.a. Fragen nach der inneren und äußeren Souveränität eines Staates und wie diese sowohl gegenüber den eigenen Bürgern wie gegenüber anderen Staaten legitim und wirksam durchgesetzt werden kann.

Vom **Staat** als einem „Zentrum der Macht", in welchem bindende Entscheidungen über die Ordnung und Integration einer Gesellschaft hergestellt und durchgesetzt werden, war in den ersten Jahren der Bundesrepublik nicht viel die Rede. Jene Parteien, die seit den Landtagswahlen der Jahre 1946/47 und der Bildung des Frankfurter Wirtschafts- und Verwaltungsrates (1947/48; vgl. S. 40) im wesentlichen die Aufgabe der Neuordnung übernommen hatten, waren sich mit den alliierten Besatzungsmächten darin einig, daß es einen starken zentralisierten Staat auf deutschem Boden nicht wieder geben sollte. Aus den Erfahrungen mit dem totalitären „Führer-Staat" der Nationalsozialisten sollten die Grundlagen für die neue staatliche und politische Ordnung gewonnen werden. Darum wurden die **Grundrechte**, die Freiheits- und Menschenrechte und schließlich das Recht auf Widerstand (Art. 20 Abs. 4 GG) als Abwehrrechte gegenüber dem Staat und möglichen totalitären Übergriffen im Grundgesetz so überaus deutlich herausgestellt.

Gleichwohl konnte und kann auch die Gesellschaft der Bundesrepublik nicht darauf verzichten, daß die Entscheidungen, die alle Bürger betreffen und die überhaupt erst die Integration, die Selbstbehauptung nach innen und außen und eine zielorientierte Fortentwicklung des Gemeinwesens erlauben, in einem „obersten" Entscheidungszentrum zusammengefaßt sind. Da es sich um eine ständig wachsende Zahl an Aufgaben und damit verknüpften Entscheidungen handelt, ist es auch, anders als in früheren Zeiten, immer schwieriger, „den" Staat eindeutig zu lokalisieren (so wie sich im Mittelalter dieses Zentrum dort befand, wo sich gerade der Herrscher aufhielt und „Hof hielt", wie zum Beispiel in den deutschen Pfalzen).

Der Staat ist in eine große Zahl zentraler und dezentraler, hierarchisch aufgebauter Ministerien und „Behörden" mit „staatlichen Hoheitsbefugnissen" aufgespalten. Das föderale, bundesstaatliche Prinzip verstärkt die Dezentralisierung. Dieses Prinzip wird zusätzlich dadurch untermauert, daß viele oberste Bundesbehörden nicht in der Bundeshauptstadt Berlin (seit 20.6.1991) bzw. am Regierungssitz Bonn ihren Sitz haben: das Bundesverfassungsgericht und der Bundesgerichtshof sind in Karlsruhe; das Bundessozialgericht ist in Kassel; die Deutsche Bundesbank hat ihren Sitz in Frankfurt usw.

Der Staat ist also im traditionalen Sinn nicht mehr **Obrigkeitsstaat**; er wird als eine Instanz begriffen, die für Sicherheit nach innen und außen, für Ausgleich der (gesellschaftlichen) Interessenkämpfe und für die Durchsetzung rechts- und sozialstaatlicher Grundsätze zu sorgen hat. Als Garant einer immer umfassenderen **Daseinsvorsorge** hat der Staat an Schrecken wie an respektvoller Hochachtung verloren. Seine Selbstdarstellung („Repräsentation") hält sich in der Bundesrepublik im Vergleich zu anderen Ländern in Grenzen: das Absingen der Nationalhymne, das Hissen der Flaggen, das Paradieren des Militärs haben keinen festen Platz im öffentlichen Leben des Bundesbürgers. Das wachgehaltene Bewußtsein, nur

Teilstaat einer größeren deutschen **Nation** zu sein zog der **nationalen Identität** wie ihrer Symbolisierung Grenzen. Gegenüber jedweder „Idee" des Staates, der Nation oder eines „Reiches" hatten bis zu der seit dem 9. November 1989 völlig veränderten Situation funktionale Staatsauffassungen Vorrang.

Für die Bundesrepublik mag es einen weiteren Grund gegeben haben, warum vom Staat zunächst wenig die Rede war und man demgegenüber eher die **pluralistische Gesellschaftsordnung** mit ihren als dezentral unterstellten Entscheidungsstrukturen in den Vordergrund rückte: seit der einflußreichen **Staatsphilosophie** des „preußischen Staatsphilosophen" *Georg Wilhelm Friedrich Hegel* (1770–1831) wurde dem Staat eine eigene Würde (Dignität), eine eigene „Idee" und, so *Hegel,* die „höchste Sittlichkeit" zugeschrieben. Ob mißverstanden oder nicht: diese Staatsphilosophie führte zusammen mit der äußerst einflußreichen **Staatstheorie** *Carl Schmitt*s (1888–1985) zu einer Abwehr des Parlamentarismus, des Pluralismus, der Demokratie und zur Betonung der Notwendigkeit eines autoritären Staatswesens, schließlich (so bei *C. Schmitt*), des „Führer-Staates".

2.2 Staat, Nation und Nationalismus seit dem Einigungsprozeß

Es überrascht nicht, daß der Begriff Nation zu einem Schlüsselbegriff im Einigungsprozeß wurde; er behauptete damit nur seinen nunmehr etwa zweihundertjährigen Stellenwert zur „politischen Primäridentität" (so der Historiker *Rudolf Vierhaus*).

Der Begriff war und ist ein unklarer Begriff. Er will unter ein Dach bringen, was nicht einmal in der oft beneideten Grande Nation Frankreich gegeben ist: die Einheit von Volk, Sprache und geographischem Raum. Der Begriff Nation scheint besonders „geeignet", unterschiedliche historische Ansprüche, ideologische und parteiliche Positionen zu bündeln. Mit dem Begriff verbanden sich im Laufe der Geschichte, z.B. im 19. Jh., erst linksliberale und Ende des Jhs. auch rechtskonservative Positionen. Schließlich nannte sich die deutsche Spielart des Faschismus „National"-Sozialismus.

Spricht man über Nation in Deutschland oder die deutsche Nation, kommt ein besonderes Problem hinzu: die von *Helmuth Plessner* zuerst 1935 geäußerte These von der „verspäteten" deutschen Nation, mit der die besser bekannte These vom „deutschen Sonderweg" eng verknüpft ist. Als *Plessner* im holländischen Exil dieses Buch verfaßte, schrieb er es als seinen Beitrag zur Heraufkunft des Nationalsozialismus. Die jetzige Diskussion um Nation und Nationalismus hat zwar immer noch den Nationalsozialismus mit zum Angelpunkt, aber nunmehr in der Perspektive: wie die um die neuen Bundesländer vergrößerte Bundesrepublik sich zur eigenen Geschichte verhält und welche politischen Kräfte welche Revisionen verlangen. Auch die Diskussion um den deutschen Sonderweg flammte neu auf, nunmehr aber in der Deutung, daß er definitiv beendet sei, weil nun Gesamtdeutschland dem westlich-demokratischen Modell der Staatsbildung und Gesellschaftsordnung beigetreten sei und schon deshalb die früheren Gefahren der politischen Entwicklung und der behaupteten Sonderstellung zwischen Ost und West beseitigt seien.

Der Makel des deutschen Nationalstaats von 1871, nicht auf eine freiheitlich-bürgerliche Revolution, sondern auf ein militärisch fundiertes Bündnis der alten Mächte des Feudalismus und des nach 1848 schnell konservativ gewordenen neureichen Bürgertums zurückzugehen, schien nun endgültig getilgt.

Wie kompliziert die Sache mit der deutschen Nation ist, erkennt man daran, daß auch die DDR hier bestimmte Ansprüche stellte. So hieß es in der Verfassung der DDR von 1968: „Getragen von der Verantwortung, der **ganzen deutschen Nation** den Weg in eine Zukunft des Friedens und des Sozialismus zu weisen, in Ansehung der geschichtlichen Tatsache, daß der Imperialismus unter Führung der USA im Einvernehmen mit Kreisen des westdeutschen Monopolkapitals Deutschlands gespalten hat, um Westdeutschland zu einer Basis des Imperialismus und des Kampfes gegen den Sozialismus aufzubauen, was den Lebensinteressen **der Nation** widerspricht …".

In der Präambel zum Grundgesetz hieß es: „… von dem Willen beseelt, seine nationale und staatliche Einheit zu wahren …".

Die Präambel der DDR-Verfassung verdeckte natürlich vollkommen, daß der Begriff der Nation bereits im letzten Drittel des 19. Jahrhunderts eine seiner vielen Metamorphosen auch dadurch bewerkstelligt hatte, daß er gegen den kommunistischen Internationalismus die Einheit von Volk, Kultur und Geschichte parteiübergreifend zusammenband (hier liegen auch Wurzeln der Abwehr gegen den Internationalismus des Katholizismus, repräsentiert in Rom).

In der westdeutschen Verfassungs- und Staatsgeschichte ging der Streit u.a. darum, ob das (westdeutsche) Staatsbewußtsein mit dem Nationalbewußtsein identisch werden dürfe. Das wurde immer wieder bestritten. Wenn diese Diskussionen in begriffsgeschichtlicher, verfassungs- und staatsrechtlicher Hinsicht kompliziert wurden, flüchtete man sich in den Begriff der **deutschen Kulturnation.** Dies sei die eigentliche Klammer, die die beiden Deutschland trotz aller Differenzen und gewollten Gegensätzlichkeiten zusammengehalten habe. Die Bedeutung von Leipzig, Potsdam und Weimar, Dresden und den Luther-Gedenkstätten, von Rostock und Quedlinburg als Zeugnissen deutscher Kulturgeschichte war gegenwärtig.

Die Diskussion um die deutsche Nation nach dem Einigungsprozeß hat – wohl wegen der fehlenden Verfassungsdiskussion – nicht zu einem bestimmten nationalen Selbstverständnis geführt, innen- und außenpolitisch, sondern wohl eher dazu, daß der Begriff Nation seine in der Geschichte so oft bewiesene Dynamik, zur Unversöhnlichkeit der gegensätzlichen Auffassungen zu führen, erneut bestätigt hat.

Daher wurde und wird in dieser Diskussion zu Recht an den von *Dolf Sternberger* geprägten Begriff des **Verfassungspatriotismus** erinnert; in ihm artikuliere sich eine „verfassungszentrierte demokratische politische Kultur", die ein zeitgemäßes „Identitätskonzept der Nation" sei (*Volker Gebhard,* 1993). Zu neueren Versuchen, Kategorien wie Volk, Staat, Nation aufeinander zu beziehen und streng soziologisch zu definieren, um dadurch einerseits den Belastungen durch ihren Mißbrauch zu entgehen und andererseits auf ihre Unverzichtbarkeit zu verweisen, vgl. *Heckmann,* 1992.

2.3 Wandel des föderalen Staatsaufbaus?

Wie hervorgehoben, ist die Bundesrepublik ein **Bundesstaat** mit einer historisch einzigartigen föderalen Tradition und Struktur, die nicht zuletzt durch die Dezentralisierung der Staatsorgane gestützt wird.

Wichtigstes Organ des Föderalismus ist der **Bundesrat**, durch den „die Länder bei der Gesetzgebung und Verwaltung des Bundes" mitwirken (Art. 50 GG; Art. 51 behandelt die Zusammensetzung des Bundesrates).

Die Parlaments-, Verfassungs- und Regierungsgeschichte der Bundesrepublik ist nicht zuletzt durch das Spannungsverhältnis zwischen zentralem Bundesstaat und den föderalen Bundesländern charakterisiert. Regieren und Verwalten im kooperativen Föderalismus sind komplexer und schwieriger geworden (zusammenfassend: *A. Benz,* 1989). Die Ursachen dieser Spannungen liegen:

- Im Vorrang des Bundesrechts (Art. 31 GG: „Bundesrecht bricht Landesrecht"; das gilt auch für die in einzelnen Bestimmungen vom Grundgesetz abweichenden Regelungen in den Verfassungen der Länder);
- in der Ungleichgewichtigkeit der Bundesländer und der versäumten Chance der Länderneugliederung lt. Art. 29 Abs. 1 GG (vgl. S. 243);
- in der Tendenz der **Politikverflechtung** (*Fritz W. Scharpf* u.a., 1976), die bei der Aufgabenwahrnehmung das Zusammenwirken von Gemeinden, Ländern und Bund immer mehr voraussetze (das Problem liegt vor allem darin, daß parlamentarische Zuständigkeiten und die tatsächlichen Entscheidungs- und Verwaltungsebenen immer stärker divergieren);
- in Zentralisierungstendenzen des Parteien-Staates (zusammenfassend: *G. Lehmbruch,* 1976; *Mintzel / Oberreuter,* 1992).
- in Änderungen des Grundgesetzes, die zu einer Zunahme der **Gemeinschaftsaufgaben** und damit zur Stärkung der bundesstaatlichen Kompetenzen führten.

1968 wurde durch Grundgesetzänderung der Abschnitt „VIIIa. Gemeinschaftsaufgaben", mit den Art. 91a und 91b, in das Grundgesetz eingefügt. Danach „wirkt der Bund auf folgenden Gebieten bei der Erfüllung von Aufgaben der Länder mit, wenn diese Aufgaben für die Gesamtheit bedeutsam sind und die Mitwirkung des Bundes zur Verbesserung der Lebensverhältnisse erforderlich ist": Ausbau und Neubau von Hochschulen einschließlich der Hochschulkliniken; Verbesserung der regionalen Wirtschaftsstruktur; Verbesserung der Agrarstruktur und des Küstenschutzes.

Die verschiedenen Finanzreformen, vor allem die der Jahre 1967/69, trugen ein Übriges dazu bei, die Wirksamkeit des Zentralstaates zu vergrößern. Auch etliche der seit 1949 ca. 40 Grundgesetzänderungen erweiterten die Gesetzgebungsbefugnisse des Bundes.

Die umfänglichste Grundgesetzänderung vor den Veränderungen, die der Vereinigungsprozeß mit sich brachte, erfolgte im Rahmen der am 24.6.1968 verabschiedeten **Notstandsgesetzgebung**.

2.4 Grundgesetz und deutsche Einheit

Wie bereits auf S. 40f hervorgehoben, waren für den Einigungsprozeß vor allem zwei Verträge relevant: der sog. „Staatsvertrag" und der „Vertrag zwischen der Bundesrepublik Deutschland und der DDR über die Herstellung der Einheit Deutschlands vom 31.8.1990" („**Einigungsvertrag**").

Der **Einigungsvertrag** behandelt in Kap. II das Grundgesetz. Dort wird u.a. geregelt, daß mit dem Wirksamwerden des Beitritts (3.10.1990) das Grundgesetz in den neu gegründeten Ländern und in Ost-Berlin wirksam wird. Dann werden die „beitrittsbedingten Änderungen des Grundgesetzes" aufgeführt, wozu unter anderem gehören:

- Neufassung der Präambel;
- Aufhebung von Art. 23 GG (auf dessen Basis die Vereinigung erfolgt war);
- Neufassung von Art. 146 (nach dem die Einigung auch hätte erfolgen können, also auf der Basis einer neuen Verfassung, „die von dem deutschen Volk in freier Entscheidung beschlossen worden ist").

Über die „künftigen Verfassungsänderungen" empfahl der **Einigungsvertrag** in Art. 5 „den gesetzgebenden Körperschaften des vereinigten Deutschland, sich innerhalb von zwei Jahren mit den im Zusammenhang der deutschen Einigung aufgeworfenen Fragen zur Änderung oder Ergänzung des Grundgesetzes zu befassen". Auf dieser Basis wurde im Nov. 1991 vom Bundestag und vom Bundesrat eine „Gemeinsame Verfassungskommission" eingesetzt, die am 28.10.1993 ihren Bericht vorlegte (Bundestagsdrucksache 12/6000 vom 5.11. 93; über Zielsetzung und Kritik vgl. *Neumann*, 1994).

Die dann vom Bundestag und Bundesrat mit der erforderlichen Zweidrittelmehrheit am 30. Juni 1994 bzw. 23.9.1994 beschlossenen Änderungen (u.a. Verbot der Benachteiligung Behinderter; Einfügung des Staatsziels Umweltschutz; verbesserte Gleichstellung von Mann und Frau) haben nichts mit dem Einigungsprozeß zu tun. In historischer Perspektive bleibt als Ergebnis sowohl der Bestimmungen des Einigungsvertrages wie der Arbeit der Gemeinsamen Verfassungskommission, daß eine Chance vertan wurde, über einen neuen Verfassungskonsens den „Verfassungspatriotismus" (*Dolf Sternberger*) neu zu festigen.

2.5 Grundgesetz und Wirtschaftsordnung

Ein anderer Kernbereich der Staats- und Gesellschaftsordnung ist die **Wirtschafts- und Sozialordnung**.

Im Unterschied zur Weimarer Verfassung enthält das Grundgesetz keine besonderen Vorschriften über die Wirtschaftsordnung. Hier muß daran erinnert werden (vgl. S. 25f), daß die Einführung der marktwirtschaftlichen Ordnung (Juni 1948) der Verabschiedung des Grundgesetzes vorausging. Im Parlamentarischen Rat verfügten die marktwirtschaftlich orientierten Parteien jedoch über keine so eindeutige Mehrheit, daß sie die von ihr präferierte Wirtschaftsordnung noch deutlicher, als ohnehin geschehen, verankern konnten (hier gab es zudem Vorbehalte der Alliierten). So wird aus den Grund- und Freiheitsrechten und der zugestandenen **Koalitionsfreiheit** (Art. 9 Abs. 3 GG) gefolgert, daß das Grundgesetz zuläßt:

- die wirtschaftliche Wettbewerbsfreiheit;
- die (wirtschaftliche) Vertragsfreiheit;
- die (wirtschaftliche) Vereinigungsfreiheit;
- die Freiheit der Verfügung über privates (Wirtschafts-)Eigentum (auf dieser Basis wird auch die zeitweise intensiv diskutierte **Investitionslenkung** abgelehnt).

Die Fixierung auf ein ganz bestimmtes Wirtschaftssystem bzw. wirtschaftspolitisches Handeln ist mit diesen Garantien aber nicht verknüpft. Als das Bundesverfassungsgericht im Jahre 1954 den langjährigen Hader um die strittige Neutralität des Grundgesetzes im Hinblick auf die Wirtschaftsverfassung vorläufig (im sog. „Investitionshilfeurteil") beendete, führte es unter anderem aus: „Das Grundgesetz garantiert weder die wirtschaftspolitische Neutralität der Regierungs- und Gesetzgebungsgewalt noch eine nur mit marktkonformen Mitteln zu steuernde ‚Soziale Marktwirtschaft'. Die ‚wirtschaftspolitische Neutralität' des Grundgesetzes besteht lediglich darin, daß sich der Verfassungsgeber nicht ausdrücklich für ein bestimmtes Wirtschaftssystem entschieden hat. Dies ermöglicht dem Gesetzgeber, die ihm jeweils sachgemäß erscheinende Wirtschaftspolitik zu verfolgen, sofern er dabei das Grundgesetz beachtet. Die gegenwärtige Wirtschafts- und Sozialordnung ist zwar eine nach dem Grundgesetz mögliche Ordnung, keineswegs aber die allein mögliche“ (BVerfGE 4/17; über GG und Wirtschaftsordnung vgl. *Hans-J. Papier*, 1983).

Das Bundesverfassungsgericht hat in seinem Urteil über die Verfassungsmäßigkeit des Mitbestimmungsgesetzes von 1976 im Jahre 1979 diese Auffassung bestätigt. Unter Bezug auf das Urteil von 1954 wird u.a. ausgeführt, daß der Gesetzgeber die ihm sachgemäß erscheinende Wirtschaftspolitik verfolgen könne – jedoch ohne die in den Einzelgrundrechten garantierten individuellen Freiheiten zu verkürzen.

Nach den Bestimmungen des Grundgesetzes sind auch Enteignungen von Grund und Boden, Naturschätzen und Produktionsmitteln möglich, wenn es das Wohl der Allgemeinheit gebietet (Art. 15 GG). Doch ohnehin ist im Art. 14 der Gebrauch des **Eigentums** an soziale Bindungen und Verpflichtungen geknüpft. Die Wirksamkeit dieses Artikels ist heftig umstritten.

Über folgende Grundprobleme jeder Sozialordnung in einer industriellen Gesellschaft enthält das Grundgesetz keine ausdrücklichen Bestimmungen:

- Anerkennung des **Streikrechts**; damit verbunden: der **Aussperrung** (Instrument des Arbeitskampfes der Arbeitgeber: zeitweilige Aufhebung der Beschäftigungs- und Lohnzahlungspflicht);
- Grundsätze der betrieblichen und überbetrieblichen **Mitbestimmung**.

3. Recht und Rechtsordnung als Elemente der Sozialstruktur

3.1 Sozialbedeutung des Rechts

Auf die lange Entwicklung des Rechts und des Rechtsempfindens, des Rechtsstaats und der Rechtsordnung kann hier nicht eingegangen werden, ebensowenig auf die Quellen des Rechts, sowohl geographisch und historisch (germanische und römische Wurzeln) wie anthropologisch (Frage nach dem „angeborenen“ Gerechtigkeitsempfinden; nach Ausdifferenzierungen in Individual- und Genossenschaftsrecht usw.). Auch die soziologisch wichtige Frage, wie Recht von Moral und Sitte zu unterscheiden ist und wie es sich im Zusammenhang der gesamten Wert- und Sozialordnung wandelt, müssen weitgehend ausgeklammert werden.

In soziologischer Perspektive ist das **Recht** jener allgemein verbindliche Handlungsrahmen, der gesamtgesellschaftlich wichtige Normierungen festlegt (vgl. den Überblick zu Grundzügen der Rechtssoziologie bei *Schäfers*, 1993). Durch das Recht (Verfassungsnormen, Gesetze und Verordnungen) werden

- für das Handeln von Personen und Institutionen vorstrukturierende und damit entlastende Orientierungen vorgegeben: die Folgen von Handlungen werden kalkulierbar;
- grundlegende Werte (z. B. Freiheit) positiv oder im Falle des Zuwiderhandelns (Freiheitsberaubung) negativ sanktioniert;
- Konflikte zwischen Personen und Institutionen auf eine sachliche Ebene der Auseinandersetzung gehoben.

Durch das Recht wird die legale staatliche und bürokratische Ordnung überhaupt erst auf Dauer gestellt. Recht ist darüber hinaus, worauf *Helmut Schelsky* (1980) immer wieder hingewiesen hat, ein „Instrument zur Initiierung und Kanalisierung des sozialen Wandels" (auf diesen Stellenwert des Rechts wurde im Zusammenhang mit dem Einigungsprozeß hingewiesen). – Daß das Recht von einer seiner Wurzeln, dem Gerechtigkeitsempfinden der Menschen Ausdruck zu verleihen, unter den Bedingungen totalitärer Gesellschaftssysteme sich völlig entfernen kann, ja zur Pervertierung des Rechtsempfindens selbst beitragen kann, gehört zu den traumatischsten Erfahrungen des Dritten Reiches, der DDR und anderer totalitärer Systeme (vgl. Im Namen des Deutschen Volkes, 1989).

Das Recht ist gleichsam das Skelett der Sozialstruktur: Es hält die einzelnen Teile zusammen und ist als Ganzes, als Rechtsordnung, ein Fundament der Gesellschaft und Ausgangsbasis für weitere Entwicklungen. Die Theoretiker der bürgerlichen Gesellschaft als Rechtsgesellschaft haben diese Funktionen, neben der Gewährleistung allgemeiner Rechtssicherheit als Handlungssicherheit, immer wieder hervorgehoben.

3.2 Rechtsverwirklichende Instanzen. Justiz als Dritte Gewalt

Von der Vielzahl **rechtsverwirklichender Instanzen** (*Rüdiger Lautmann*, 1989, S. 530) können hier nur einige hervorgehoben werden, und zwar jene, die als **Struktur der Rechtsordnung** anzusprechen sind.

Zunächst ist die **Hierarchie der Rechtsordnung** und der Rechtsnormen hervorzuheben. Nach Art. 3 GG binden „die nachfolgenden Grundrechte" „Gesetzgebung, vollziehende Gewalt und Rechtsprechung als unmittelbar geltendes Recht". Art. 20 Abs. 3 GG ergänzt: „Die Gesetzgebung ist an die verfassungsmäßige Ordnung, die vollziehende Gewalt und die Rechtsprechung sind an Gesetz und Recht gebunden."

In diesen Bestimmungen sind Struktur und Hierarchie der Rechtsordnung begründet. Ergänzend bestimmt Art. 31 GG: „Bundesrecht bricht Landesrecht" und Art. 80 GG, daß **Rechtsverordnungen** der Bundesregierung, der Bundesminister oder der Landesregierung nur auf der Basis von Gesetzen erlassen werden dürfen.

Sind die genannten Grundsätze der Rechtsordnung bereits ein wesentliches Element der Verwirklichung des Gewaltenteilungsprinzips (Art. 20, Abs. 2 GG) moderner Staaten und Gesellschaftsordnungen, so ist die Rechtsprechung und damit die Justiz mit ihren Gerichten die Verkörperung der Dritten Gewalt; sie ist – und dies ist die besondere Qualität eines Rechtsstaates – von politischen Weisungen unabhängig (daß politische Entscheidungen, z. B. bei Auslieferungen, Begnadigungen, gleichwohl hineinspielen, muß hierzu kein Widerspruch sein, da sich auch diese Aktivitäten auf der Basis von Gesetzen und ihrem der Politik zugestandenen Handlungs- und Ermessensspielraum bewegen).

Für die **Gerichte als rechtsverwirklichende Instanzen** läßt sich folgende „Hierarchie" angeben:

- **Verfassungsgerichtsbarkeit** (Bundesverfassungsgericht in Karlsruhe und Verfassungsgerichte der Länder; vgl. Art. 92–94 GG; Gesetz über das Bundesverfassungsgericht, BVerfGG);
- **Ordentliche Gerichtsbarkeit:** für Strafsachen (z. B. Diebstahl) und Zivilsachen (z. B. Mietstreit); Hierarchie auf Länderebene: Amtsgerichte; Landgerichte; Oberlandesgerichte. Die höchste Instanz ist der Bundesgerichtshof (BGH) in Karlsruhe;
- **Allgemeine und Besondere Verwaltungsgerichtsbarkeit** (für Streit zwischen Bürgern und Behörden, also letztlich staatlichen Instanzen). Hier sind vier Bereiche zu nennen: Arbeitsgerichtsbarkeit; Allgemeine Verwaltungsgerichtsbarkeit; Finanzgerichtsbarkeit und Sozialgerichtsbarkeit (auf Bundesebene mit dem Bundesarbeitsgericht in Kassel; dem Bundesverwaltungsgericht in Berlin; dem Bundessozialgericht in Kassel und dem Bundesfinanzhof in München).

Diese Institutionen sind zu ergänzen durch die des Strafvollzugs, der Bewährungshilfe und schließlich durch jene Bereiche der Bürokratie und Verwaltung in allen nur denkbaren Institutionen (Staat und Wirtschaft, Gemeinden und Verbände), in denen ein Teil des Personals mit Rechtsfragen beschäftigt ist. Das Rechtssystem kann in dieser Bedeutung nur mit dem ökonomischen System und der Wissens- und Informationsordnung verglichen werden: es diffundiert in alle Sozialbereiche und in die Mehrzahl der sozialen Beziehungen.

3.3 Das Bundesverfassungsgericht

Hier soll nur die besondere Bedeutung des **Bundesverfassungsgerichts** (BVerfG) hervorgehoben werden. Es wurde 1951 durch das

Bundesverfassungsgerichtsgesetz (BVerfGG) errichtet. Das BVerfG hat – auch im internationalen Vergleich – eine einzigartige Stellung. Es ist der so oft beschworene und angerufene „Hüter der Verfassung"; es steht auf Grund seiner Autonomie aber auch in der Gefahr, zum „Herrn der Verfassung" zu werden (*Christine Landfried,* 1985). Die Entscheidungen des BVerfG binden nach § 31 BVerfGG „die Verfassungsorgane des Bundes und der Länder sowie alle Gerichte und Behörden".

Das BVerfG ist also das höchste Verfassungsorgan der Bundesrepublik; seine Entscheidungen und Verfassungsinterpretationen unterliegen nur der Kontrolle durch eine rechtsbewußte Öffentlichkeit, jedoch ohne unmittelbar erzwingbare Korrekturmöglichkeit. Durch diese Position und im Hinblick auf seine Aufgaben hat es eine einmalige Kompetenzfülle, in der das Prinzip der Gewaltenteilung seine Vollendung gefunden hat.

Zu den Aufgaben des BVerfG zählen nach Art. 93 GG:

- die Auslegung des Grundgesetzes und Schutz der Grundrechte;
- Prüfung der Verfassungsmäßigkeit von Gesetzen;
- Streitschlichtung zwischen den Staatsorganen und zwischen Bund und Ländern;
- Entscheidung über Parteiverbote (vgl. S. 75);
- Wahlprüfungsbeschwerden und
- Verwirkung von Grundrechten (Art. 18 GG).

1969 wurde durch Verfassungsänderung Art. 93 Abs. 14a. eingeführt, wonach „Verfassungsbeschwerden … von jedermann mit der Behauptung erhoben werden können, durch die öffentliche Gewalt in einem seiner Grundrechte oder in einem seiner in Art. 20 Abs. 4, Art. 33, 38, 101, 103 und 104 enthaltenen Rechte verletzt zu sein".

Die Zahl der Verfassungsbeschwerden war seither sehr groß, die Erfolgsquote relativ gering. Doch der öffentliche Stellenwert der Verfassungsbeschwerde kann nicht an Quoten gemessen werden: Er ist erheblich und ein geradezu konstitutiver Faktor für den Grundkonsens in der Bundesrepublik (als Beispiel sei die Entscheidung zum Volkszählungsgesetz vom 15.12.1983 hervorgehoben, in der u.a. das **Recht auf informationelle Selbstbestimmung** geschaffen wurde; BVerfGE 61,1).

Die Kompetenzfülle des BVerfG hat auch eine Reihe nicht gewollter Folgen, die hier als allgemeinere Betrachtungen über den Zusammenhang von „Verfassungsgerichtsbarkeit und Demokratieprinzip" (*Landfried,* S. 78) hervorgehoben seien:

- Die häufige Anrufung des BVerfG (auch aus Gründen der parteipolitischen Profilierung; der Fortsetzung oppositionellen Verhaltens usw.) führt zu einer „unangemessenen Verrechtlichung politischer Probleme";

- hiermit wächst die Gefahr, daß die Gesetzgebung auf Bundes- wie auf Landesebene den möglichen und notwendigen Handlungsspielraum zur Gestaltung sozialer Verhältnisse nicht voll ausnutzt, aus Angst vor dem „Gang nach Karlsruhe“;
- je häufiger das Gericht angerufen wird, „desto engmaschiger wird das Netz von Verfassungskonkretisierungen“.

Gegenwärtig erfolgen einige noch nicht klar überschaubare Eingrenzungen der Kompetenzfülle des BVerfG durch den Prozeß der **europäischen Integration**. Von den vier Grundinstitutionen der **Europäischen Union** – Kommission, Ministerrat, Europäisches Parlament, Europäischer Gerichtshof – hat der Gerichtshof seit der Verabschiedung der Einheitlichen Europäischen Akte (EEA) im Februar 1986 wohl den bedeutendsten Kompetenzzuwachs erfahren (zur Bezeichnung **EU** statt **EG** vgl. S. 322f).

Der Europäische Gerichtshof hat seinen Sitz in Luxemburg. Die Richter des Gerichtshofes haben eine Auffassung vom Recht als Gestaltungsmittel der Integration, die den Einigungsprozeß in den letzten Jahren deutlich vorangetrieben hat (zu den Konflikten dieser „Richterkaiser“ mit den bundesrepublikanischen „Richterkönigen“ des BVerfG vgl. *Wewer*, 1990).

3.4 Zur Problematik der Rechtsentwicklung: Verrechtlichung oder Entrechtlichung?

Verrechtlichung wird definiert als „Ausdehnung des Rechts zulasten rechtlich bisher nicht erfaßter Bereiche einerseits und die Detaillierung und Spezialisierung des Rechts andererseits“ (*Voigt*, 1980). Auf den drei Ebenen der Gewaltenteilung seien damit die folgenden Teilprozesse verbunden: **Vergesetzlichung** als Zunahme der parlamentarischen Gesetzesproduktion; **Bürokratisierung** als Kompetenzzuwachs der Verwaltung (vgl. auch w.u.); **Justizialisierung** als Kompetenzzuwachs der Gerichte.

Voigt wie andere Autoren weisen darauf hin, daß die Tendenzen der Verrechtlichung nicht nur negativ gesehen werden können. Zum einen gebe es rechtsfreie Räume (wie z.B. im Umweltschutz), die noch immer bewußt ausgenutzt würden; zum anderen suchen – über die zahlenmäßig in den letzten Jahrzehnten stark ausgebauten Rechtsschutzversicherungen – nun auch diejenigen Bürger Schutz beim Rechtsstaat, die früher eher jede gerichtliche Auseinandersetzung gemieden haben.

Die negativen Wirkungen der Verrechtlichung werden umschrieben mit Schlagworten wie „Gesetzesflut“, „Normierungswut“, „Paragraphendschungel“ usw. *Jürgen Habermas* (1981, S. 524f) sieht hierin sogar ein Element der „Kolonialisierung der Lebenswelt“

bzw. der „Entkopplung von System und Lebenswelt". Diese Sichtweise kann solange nicht geteilt werden, wie die Rechtsentwicklung ihren im Grundgesetz verankerten Prinzipien folgt. Wie im folgenden Punkt auszuführen ist, hat die Verrechtlichungstendenz (für die *Habermas* seit dem Absolutismus vier Schübe ausmachen kann) auch sehr viel zu tun mit der Durchsetzung der Gleichheitsforderungen moderner rechts- und sozialstaatlicher Demokratien.

4. Verwaltung (Bürokratie) und legale Herrschaft

4.1 Leben in der „verwalteten Welt"

Die Metapher von der „verwalteten Welt" (*Theodor W. Adorno*) gehört zu den bekanntesten Signaturen der modernen Zeit, ihrer Bürokratie und der mit ihr gegebenen Allgegenwärtigkeit des Staates bzw. von Herrschaft. Einen entsprechenden Stellenwert nimmt die Charakterisierung der **verwalteten Welt** bzw. des Bürokraten in der Literatur (*Franz Kafka; George Orwell*) und Philosophie (*Martin Heidegger* et al.) ein.

Von *Alexis de Tocqueville* und anderen Theoretikern der sich entwickelnden Massendemokratie wurde sehr früh gesehen, daß die Durchsetzung der Gleichheitsforderungen ohne eine entsprechende Verbürokratisierung der Daseinsbedingungen nicht möglich sei (Über die Demokratie in Amerika, zuerst frz. 1835). *Max Weber*, etwa 80 Jahre später, sprach in seinen grundlegenden Untersuchungen über die Bürokratie bereits vom „unabwendbaren Schicksal unserer Zeit".

Sowohl die Durchsetzung des Rechtsstaats und Sozialstaats wie die Etablierung des modernen Schulwesens oder auch die Entwicklung der kapitalistischen Industrie und Wirtschaft setzen gleichzeitig Prozesse des Verwaltens und Egalisierens, des bürokratisch gesteuerten Verteilens und Stabilisierens voraus.

In Deutschland, zumal in Preußen und Bayern, in Baden und Sachsen, war der Aufbau und Ausbau einer modernen Verwaltungsstruktur und einer als unbestechlich, über den Parteien stehenden öffentlichen Verwaltung höchst erfolgreich. Auch die seit den **Stein-Hardenbergschen Reformen*** (1807ff) wieder gestärkten Kräfte der Selbstverwaltung sollten in dieser kurzen Aufzählung nicht fehlen (für die Kommunalebene festgeschrieben in Art. 28 II GG). Die Verwaltung wurde im 19. Jahrhundert zu einer Basisstruktur der Gesellschaft und des auch über die Verwaltung initiierten bzw. ablaufenden geplanten sozialen Wandels.

In *Max Weber*s Sicht der Entwicklung moderner Gesellschaften und Staaten ist die Verwaltung (*Weber:* **Bürokratie**) das Rückgrat der legalen Herrschaft; die moderne Bürokratie ist für ihn „der technisch reinste Typus legaler Herrschaft". Repräsentiert wird dieser Typus durch das „moderne Beamtentum", dessen „spezifische Funktionsweise" u.a. durch folgende Momente charakterisiert ist (*Weber*, 1964, S. 703):

- Es besteht das Prinzip der festen, durch Regeln (Gesetze oder Verwaltungsreglements) generell geordneten behördlichen Kompetenzen;
- es besteht eine feste Verteilung der für die Zwecke des bürokratisch beherrschten Gebildes erforderlichen, regelmäßigen Tätigkeiten als amtlicher Pflichten;
- für die regelmäßige und kontinuierliche Erfüllung der kompetenzmäßig verteilten Pflichten sind Beamte mit einer generell geregelten Qualifikation angestellt.

Diese drei Momente konstituieren nach *Weber* in der „öffentlich-rechtlichen Herrschaft den Bestand der bürokratischen ‚Behörde'".

Abschließend zu diesen allgemeinen, von *Max Weber* herausgearbeiteten Prinzipien moderner Bürokratie und **bürokratischer Herrschaft** seien aus seiner Analyse einige Besonderheiten der Rechts- und Verwaltungsentwicklung in **Massendemokratien** hervorgehoben: „Die ‚Rechtsgleichheit' und das Verlangen nach Rechtsgarantien gegen Willkür fordert die formale rationale ‚Sachlichkeit' der Verwaltung ... Das ‚Ethos' aber, wenn es in einer Einzelfrage die Massen beherrscht, ... stößt mit seinen am konkreten Fall und der konkreten Person orientierten Postulaten nach materieller ‚Gerechtigkeit' mit dem Formalismus und der regelgebundenen kühlen ‚Sachlichkeit' der bürokratischen Verwaltung unvermeidlich zusammen und muß aus diesem Grund emotional verwerfen, was rational gefordert war." Durch die Wirkungen der „öffentlichen Meinung" und unter den Gesetzlichkeiten der modernen Massendemokratie durchkreuzt „ein aus irrationalen ‚Gefühlen' geborenes, normalerweise von Parteiführern und Presse inszeniertes oder gelenktes Gemeinschaftshandeln ... den rationalen Ablauf der Justiz und Verwaltung ebenso stark und unter Umständen weit stärker, als es die ‚Kabinettjustiz' einer ‚absoluten' Herrschaft tun konnte" (1964, S. 721).

Weber thematisierte bereits, was erst differenzierende verwaltungssoziologische Untersuchungen seit den 70er Jahren empirisch belegten: daß das Verhältnis von Verwaltung und Publikum (Klienten) stets durch ein kaum aufhebbares „bürokratisches Dilemma" (*Hegner*, 1978) gekennzeichnet ist: hier sind es Individuen mit ihren eigenen Schicksalen, Notlagen und Bedürfnissen; dort hochformalisierte Sozialsysteme mit typischen Strukturen von Organisationen.

4.2 Einige Grundzüge der Verwaltungsordnung

Die Verwaltung (hier synonym mit Administration und Bürokratie gebraucht) hat letztlich ins Werk zu setzen, was Wille des Gesetzgebers (auf Bundes- und Landesebene) und der sonstigen rechtsetzenden und rechtsverordnenden Instanzen ist. Sie ist Teil der Zweiten Gewalt, im Grundgesetz (Art. 1 III; Art. 20 II) als „vollziehende Gewalt" bezeichnet.

Abschnitt VII. des Grundgesetzes ist der „Ausführung der Bundesgesetze" und der Bundesverwaltung gewidmet (Art. 83ff). Dem

Bund ist danach nur bedingt erlaubt, für seine politischen Programme und Gesetzesvorhaben eine eigene Verwaltung aufzubauen; dies würde den Grundsätzen widersprechen, daß die Länder an Gesetzgebung und Verwaltung mitwirken (vgl. auch die Art. 71 und 72 GG über die **ausschließliche** bzw. **konkurrierende Gesetzgebung** des Bundes).

Grundsätzlich gilt, daß Bundesgesetze von den Bundesländern als eigene Angelegenheit ausgeführt werden (**mittelbare Bundesverwaltung**); nur in einzelnen Bereichen, z. B. der Bundeswehrverwaltung, gibt es die **unmittelbare Bundesverwaltung**.

Über den Aufbau der einzelnen Verwaltungen – von der Ministerialbürokratie über die sogenannten staatlichen Mittelinstanzen (den Regierungspräsidien bzw. Bezirksregierungen) bis zu den unteren Verwaltungsbehörden in den Landkreisen (i.d.R. das Landratsamt bzw. in den kreisfreien Städten die Stadtverwaltung) – informieren die einschlägigen Lehrbücher der Sozial- und Institutionenkunde.

II. Struktur und Wandel des politischen Systems

1. Politik und politisches System: Eigenständigkeit und Ausdifferenzierung

Politik ist die Gesamtheit aller Entscheidungen, die die öffentlichen Angelegenheiten (lat. **res publicae**) zum Gegenstand haben (der Begriff leitet sich ab von griech. **polis**, dem Stadtstaat des antiken Griechenland).

Diese Kurzdefinition von Politik macht bereits deutlich:

- Es ist schwierig, den Bereich des Politischen genau einzugrenzen;
- zur Herstellung verbindlicher Entscheidungen im komplexen politischen System bedarf es einer Vielzahl von Einrichtungen;
- **Politik** muß auch als Prozeß verstanden werden, der flexibel auf den sozialen und kulturellen Wandel und damit den Wandel der **res publicae** reagiert.

Die hiermit angedeutete Komplexität des politischen Systems – als eines abgrenzbaren, relativ autonomen Teilsystems der Gesellschaft – ist kaum mit nur einem Begriff erfaßbar. Darum wird von Politikwissenschaftlern (vgl. *Karl Rohe*, 1978; *H.-H. Hartwich*, 1985) in Anlehnung an den angelsächsischen Sprachgebrauch auch folgende Differenzierung des Begriffs vorgenommen:

- **policy**: die inhaltlichen Handlungsprogramme, die von den Akteuren des politischen Systems verfolgt werden;

- **politics**: der Willensbildungs- und Entscheidungsprozeß, der immer auch ein Machtkampf um politische Ideen und Programme ist;
- **polity**: der Handlungsrahmen, unter dem politische Prozesse stattfinden (an wichtigster Stelle die Verfassung).

Das politische System hat sich wie andere **Handlungssysteme** – das Recht, die Justiz, die Kirchen, die Wirtschaft, die Wissenschaft, die Kunst, die Presse etc. – seit Herausbildung der modernen Staats- und Gesellschaftsordnung „ausdifferenziert". Nur dadurch erlangte es eine bestimmte Autonomie und läßt sich, auch empirisch, von anderen sozialen Systemen abgrenzen (zu den Grundzügen des politischen Systems der Bundesrepublik – auch in historischer Perspektive – vgl. die übersichtlichen Darstellungen von *von Beyme*, 1993; *Sontheimer*, 1993).

Das politische System läßt sich in folgende **Subsysteme** einteilen:

Parlament (Bund und Länder); Regierung; Verwaltung; politische Parteien; Interessenverbände (diese rechnen nur hinsichtlich ihrer Einflußnahme auf politische Entscheidungsprozesse zum politischen System).

Mit anderen Theoretikern geht *Niklas Luhmann* davon aus, daß die „gesellschaftliche Ausdifferenzierung bestimmter Handlungsbereiche als ... politisches System" ein empirischer Tatbestand ist (1970, S. 154ff). Als Charakteristika dieses spezifischen, von anderen Handlungssystemen unterscheidbaren sozialen Systems führt *Luhmann* an:

- eine hohe gesellschaftliche Autonomie dieses Systems;
- seine funktionale Spezifizierung auf Herstellung bindender Entscheidungen;
- eine mit der Ausdifferenzierung wachsende Eigenkomplexität und Selektivität (Selektivität als „Auswahl" und „Trennschärfe" in der Aufnahme und Bearbeitung auftauchender Probleme);
- eine interne funktionale Differenzierung, die die Übernahme und Bearbeitung gesellschaftlicher Probleme erlaubt;
- die Sicherstellung noch unbestimmter Entscheidungen, also „die Legitimität der Legalität" (S. 159). – Unter **Legitimität** ist die Rechtmäßigkeit der Staatsgewalt, ihre Anerkennung seitens der Staatsbürger zu verstehen; unter **Legalität** ist „Gesetzmäßigkeit", die Bindung der Staatsbürger wie des Staates an das geltende Recht zu verstehen.

2. Demokratie und Demokratisierung

2.1 Formen bürgerschaftlicher Mitwirkung

Der Bereich des Öffentlichen läßt sich einteilen in den Bereich der Politik und des Staates, der Gesellschaft und ihrer Institutionen. Da hier bewußt (vgl. S. 48f) an der Differenz von Staat und Gesellschaft festgehalten wird, sei für eine möglichst exakte Definition und Klärung der genannten Begriffe vorgeschlagen:

- die Begriffe Demokratie und Demokratisierung nur auf den staatlich-politischen Raum und die damit verknüpften Entscheidungsprozesse und Entscheidungsstrukturen zu beziehen;
- die Begriffe Partizipation und Mitbestimmung nur auf die Gesellschaft und ihre Institutionen anzuwenden, wobei der Begriff **Partizipation** vorwiegend für Prozesse der Beteiligung im Infrastruktur- und kommunalen wie regionalen Planungsbereich verwendet wird und der Begriff **Mitbestimmung** vorbehalten sein sollte für Strukturen und Prozesse der Teilhabe in den gesellschaftlichen Institutionen, vor allem der Arbeit und des Berufs.

Umfang und Qualität der hinter diesen Begriffen stehenden Prozesse sagen etwas aus über den erreichten Demokratisierungs- und Mitbestimmungsgrad der Staats- und Gesellschaftsordnung. Dabei ist nicht nur auf der logischen Ebene, sondern in der gesellschaftlichen Wirklichkeit denkbar und gegeben, daß einem relativ hohen Grad der Demokratisierung des politisch-staatlichen Lebens ein relativ geringer Grad an Partizipation und Mitbestimmung im gesellschaftlichen Bereich und am Arbeitsplatz gegenübersteht, und umgekehrt.

Doch sollten Zusammenhänge und Wechselwirkungen nicht übersehen werden. In den intensiven Diskussionen der späten 60er und der 70er Jahre zur „Demokratisierung" von Staat und Gesellschaft wurde immer wieder betont, die Demokratie im politischen Bereich könne nur wirksam gestützt und ausgebaut werden durch eine „Demokratisierung der Gesellschaft". Dieser richtige Grundgedanke darf dennoch nicht dazu verleiten, die Begriffe Demokratie und Demokratisierung unterschiedslos auf alle Daseinsbereiche anzuwenden.

2.2 Strukturprinzipien der Demokratie

Der Demokratie-Begriff ist eine der großen Schlüssel-Vokabeln der europäischen Aufklärung, der nachfolgenden Revolutionen und der politisch-normativen Kultur (der politischen Ethik) in heute allen Ländern der Erde. Die Verfassungen auf der Welt, die nicht beanspruchen, auf **Demokratie** (von griech. demos, das Volk, abgeleitet: Volksherrschaft) zu beruhen, wird man an einer Hand aufzählen können; jene Gesellschaften, deren politische Strukturen an einem inhaltlich anspruchsvollen Begriff der Demokratie orientiert sind, wohl ebenso.

Demokratie ist von anderen Formen der (politischen) Herrschaft wie **Autokratie** (Herrschaft eines einzelnen), **Aristokratie** (Herrschaft der „Besten“, z. B. des Adels), **Oligarchie** (Herrschaft einer kleinen Gruppe) und erst recht von **Tyrannis** und Diktatur verschieden bzw. das genaue Gegenteil von ihnen (die Differenzierung der Staatsformen geht zurück auf den griechischen Philosophen *Aristoteles;* über Wandlungen und weitere Abgrenzungen in der „**Staatsformenlehre**“ vgl. *Erich Küchenhoff,* 1967).

Läßt man die Entwicklung und Form der griechischen Demokratie hier außer Betracht und konzentriert sich auf die Herausbildung des Demokratieverständnisses in der europäischen **Aufklärung** und den europäischen Revolutionen, so zeigt sich, daß mit dem Demokratiekonzept eine Reihe von anderen Begriffen bzw. Rechten und Garantien verknüpft sind: die Forderung nach Freiheit und Emanzipation, nach Fortschritt und rechtsstaatlichen Garantien für die Sicherung der Freiheit und Würde der (aller!) Menschen. Als Eckpfeiler der „klassischen“ Demokratie-Theorie wird man die Idee der **Freiheit und Selbstbestimmung** nennen können.

Alle grundlegenden Auseinandersetzungen zum (modernen) Demokratiebegriff und zu ihrer praktischen Begründung gehen auch auf *Jean-Jacques Rousseau* zurück, weil bei ihm die Dialektik von Freiheit und Gleichheit als demokratie-begründend und -gefährdend herausgearbeitet wird.

Rousseau und alle folgenden Demokratie-Theoretiker sehen, daß der schrankenlose Gebrauch der Freiheit zum Verlust der Gleichheit und der Freiheit anderer führen kann. Also benötigt man eine Ordnung, in der – wie es *Kant* formuliert hat – die Freiheit des einzelnen mit der Freiheit aller anderen (Bürger) bestehen kann (Kritik der reinen Vernunft; ähnlich in anderen Schriften *Kant*s).

Das verpflichtende Allgemeine hatte *Rousseau* noch in der Idee des Allgemeinwohls gesehen, im wahren Willen aller, der **volonté générale.**

3. Parteien und Wahlen

3.1 Bedeutung und Verankerung im politischen und sozialen System

Die Bedeutung der Parteien für das politische Leben ist seit ihrer Herausbildung im England des 17. und 18. Jahrhunderts, in Frankreich Ende des 18. und 19. Jahrhunderts (in Deutschland – wegen seiner dezentralen Herrschaftsstruktur – erst seit Mitte des 19. Jahrhunderts) so vielschichtig, daß eine gründliche Analyse zugleich eine Geschichte des betreffenden Landes darstellen würde.

In makrosoziologischer Perspektive – und damit im Hinblick auf Zusammenhänge von Sozialstruktur und Parteientwicklung – gibt es mehrere Ansätze, die auffällige Gemeinsamkeit der Parteiensysteme in den westeuropäischen Ländern seit Entwicklung des modernen Staats- und Gesellschaftssystems zu charakterisieren. Nach der überzeugenden **Cleavage-Theorie** von *Seymour M. Lipset* und *Stein Rokkan* (1967) bildeten sich die heute noch existenten Parteienstrukturen in westeuropäischen Gesellschaften durch die Dominanz von vier Konfliktlinien (Cleavages).

Die ersten beiden reichen bis ins 18. und frühe 19. Jh. zurück; sie haben zu tun mit der heute abgeschwächten, aber immer noch virulenten Frage nach dem Stellenwert des Nationalstaats und dem Verhältnis von Zentrum und Region (Peripherie). In Deutschland ist dies – seit dem frühen Mittelalter – mit der föderalen Struktur des Staats- und Gesellschaftsaufbaus eng verknüpft. Die beiden anderen Konfliktlinien entstanden vor allem in der zweiten Hälfte des 19. Jhs. und haben den Gegensatz von Agrar- und Industriegesellschaft bzw. von Lohnarbeit und Kapital zum Gegenstand. Es handelt sich also um zwei kulturelle (Zentrum – Peripherie; Staat – Kirche) und zwei ökonomische Konfliktlinien (Stadt – Land; Bourgeois – Lohnarbeiter).

Lepsius entwickelte einen Ansatz, der spezifisch die deutsche Parteienentwicklung von der Reichsgründung bis zum Ende der Weimarer Republik untersuchte und legte hierbei ein Konzept „sozial-moralischer Milieus" zugrunde. Diesen Milieus seien spezifische Parteien zuordbar. *Lepsius* konnte vier dominante Milieus (und Parteien) ausmachen: katholisches Sozialmilieu; konservativ-protestantisches Sozialmilieu; protestantisch-bürgerliches Sozialmilieu; sozialdemokratisches Sozialmilieu (über die vorstehenden und aktuellen Ansätze, Parteientwicklung und Sozialstruktur in Beziehung zu setzen, vgl. *von Alemann*, 1992).

3.2 Stellung der Parteien im Grundgesetz

Anders als frühere Verfassungen betont das Grundgesetz die besondere Bedeutung der Parteien. Nach Art. 21 GG

- wirken sie bei der politischen Willensbildung des Volkes mit;
- ist ihre Gründung frei;
- muß auch ihre innere Ordnung demokratischen Grundsätzen gehorchen;
- muß ihre Zielsetzung den Prinzipien der freiheitlich-demokratischen Grundordnung entsprechen.

Den bisher angeführten Struktureigenschaften des politischen Systems kann – gleichzeitig als Spezifizierung des vielschichtigen Begriffes der Demokratie – hinzugefügt werden, daß die Bundesrepublik eine auf dem Wirken der Parteien basierende Demokratie ist, in mißverständlicher Abkürzung oft „**Parteiendemokratie**" genannt.

Der Staats- und Verfassungsrechtler *Hans Kelsen* (1881–1973) ging bereits in den 20er Jahren davon aus, daß heute „jede Demokratie zwangsläufig ein Parteienstaat" sei (Vom Wesen und Wert der Demokratie, ^{2}1929, S. 18).

Im **Parteiengesetz** von 1967 findet sich für **Parteien** folgende Definition (zit. bei *H. Kaack,* 1971, S. 369):

„Parteien sind Vereinigungen von Bürgern, die dauernd oder für längere Zeit für den Bereich des Bundes oder eines Landes auf die politische Willensbildung Einfluß nehmen und an der Vertretung des Volkes im Deutschen Bundestag oder einem Landtag mitwirken wollen, wenn sie nach dem Gesamtbild der tatsächlichen Verhältnisse, insbesondere nach der Zahl ihrer Mitglieder und nach ihrem Hervortreten in der Öffentlichkeit eine ausreichende Gewähr für die Ernsthaftigkeit dieser Zielsetzung bieten. Mitglieder einer Partei können nur natürliche Personen sein."

Nicht eine Partei, sondern mehrere sollen sich an der politischen Willensbildung beteiligen und über diesen Prozeß um die Ausübung von Herrschaftsfunktionen „konkurrieren". Prinzipiell kann natürlich auch ein „parteiloser" Kandidat sich für den Bundestag oder einen Landtag „nominieren" (benennen, aufstellen) lassen. Aufgrund der gegebenen Strukturen, zu denen auch das Wahlrecht gehört, hätte er aber keine Chance, ein **Mandat** („Auftrag" des Volkes bzw. einer Wählergruppe zur Wahrnehmung der Aufgaben eines Parlaments-Abgeordneten) zu erringen.

Die Einflußnahme der politischen Parteien erstreckt sich nicht nur auf die politische Willensbildung und die Regierungsfunktionen im engeren Sinne, sondern auf alle Bereiche des öffentlichen Lebens:

- auf die Struktur der Öffentlichkeit und der Medien (formell und informell, z. B. durch die Besetzung von Aufsichtsräten in den öffentlich-rechtlichen Rundfunkanstalten mit Parteiangehörigen; informell durch die mehr oder weniger offenkundige „Nähe" der **Medien** bzw. einzelner Journalisten und Redakteure zu einer Partei);
- auf die Rechtsprechung (durch die Besetzung hoher Richter-Posten mit Parteiangehörigen);
- auf die Kulturordnung;
- auf das religiöse Leben (insbesondere bei den sich als christlich verstehenden Parteien CDU/CSU).

3.3 Die Parteienstruktur der Bundesrepublik

Die Parteienstruktur, wie sie sich nach dem Zweiten Weltkrieg und im Hinblick auf die zwei deutschen Staaten herausbildete, wurde vor allem im Kap. „Wiedererwachen des politischen und parteipolitischen Lebens" (S. 18ff.) dargestellt (über die Entwicklung in der DDR vergl. auch S. 23f und S. 70f). Hier seien nur einige weitere Charakteristika kurz zusammengefaßt (eine ausführliche Darstellung zum Stellenwert der Parteien in der parlamentarischen Demokratie und zu den Parteien der Bundesrepublik, incl. PDS, findet sich in *Mintzel/ Oberreuter,* 1992):

- Erst nach dem Zweiten Weltkrieg wurde im Parteienspektrum der Bundesrepublik die konfessionsbezogene Parteienbindung (Zentrum) und ihre klassenspezifische Zuordnung (SPD und seit dem Ersten Weltkrieg KPD) überwunden; rechts- und linksextreme Entwicklungen konnten mit Erfolg abgewehrt werden. Dadurch, daß die Parteien – historisch betrachtet – ihre engen Bindungen an Konfessionen, Weltanschauungen und Ideologien weitgehend überwunden haben, sind sie prinzipiell für alle wählbar. Diese Entwicklung brachte nicht nur Probleme der differenzierenden Abgrenzung, der Bindung der „Stammwähler", sondern auch die Figur des „Wechselwählers" hervor; neben den weiterhin dominanten *Cleavages*, d.h. Konfliktlinien, die gesellschaftliche (letztlich: gruppenspezifische und individuelle) Interessen parteipolitisch bündeln, gibt es, vor allem seit Ende der 60er Jahre, neue Cleavages, die zu einer Modifikation und partiellen Erweiterung der Parteienlandschaft geführt haben. Stichwortartig seien genannt: Vertretung von Rechten bisher diskriminierter Minderheiten; die Öko-Problematik (die Probleme des europäischen Einigungsprozesses haben hingegen, parteipolitisch, nicht zu neuen Konfliktlinien geführt);

- nach der Wahl des Ersten Deutschen Bundestages (vgl. S. 33) zeichnete sich eine Konsolidierung des Parteiensystems ab, wobei das sich herausbildende Dreierbündnis (SPD; CDU/CSU; Liberale) seit den 70er Jahren um das Spektrum der GRÜNEN und seit der Wiedervereinigung um die SED-Nachfolgepartei, die PDS (Partei des demokratischen Sozialismus) erweiterte. Ob die PDS mehr sein wird als eine in den Länderparlamenten und Kommunen der neuen Bundesländer sehr starke Partei (vgl. die Wahlergebnisse des Jahres 1994), wird nicht nur von der gesamtdeutschen Entwicklung abhängen;

- trotz aller Kritiken und Krisen (Probleme der Verparteilichung der öffentlichen Institutionen, der Parteienfinanzierung etc.) zeigen sich die Parteien fest verankert im politischen und demokratischen System der Bundesrepublik. Es ist den Bürgern bewußt, daß Parteien ein Essential der parlamentarischen Demokratie sind. Die oft zitierte „Politikverdrossenheit" der Bürger hat – nimmt man die Wahlbeteiligung und Wahlergebnisse als Indikatoren – bisher keine das Gesamtsystem destabilisierenden Auswirkungen gezeigt (anders in Italien z.B.).

In direktem Zusammenhang mit der Wirksamkeit der Parteien im politischen und weiteren öffentlichen und sozialen Leben steht die

Mitgliederzahl der Parteien, vor allem die Zahl der Mitglieder in wichtigen Funktionen und Einrichtungen des staatlichen und gesellschaftlichen Lebens.

Nach Jahren des großen Zulaufs in die Parteien, vor allem 1968/69ff (die SPD hatte 1976 1,022 Mill. Mitglieder), ist seit Beginn der 80er Jahre bei den „etablierten" Parteien ein Rücklauf zu verzeichnen. Was schwerer wiegt: die Mitgliederstruktur „veraltet"; junge Mitglieder können nur in geringem Umfang geworben werden und das Durchschnittsalter der neu Eintretenden wird in einzelnen Parteien immer höher (es lag in der CDU Ende der 80er Jahre bei ca. 42 Jahren; bei den Frauen sogar bei 45 Jahren).

Nur langsam steigt der Frauenanteil in den „etablierten" Parteien. In der CDU waren Anfang 1992 ca. 26% der Mitglieder Frauen. Kaum höher sind die Frauenanteile bei der SPD (27,2%). Hierzu mag die auf dem Parteitag in Münster 1988 beschlossene **Quotenregelung** beitragen. Nach dieser Regelung müssen alle Parteiämter und Parlamentsmandate stufenweise bis zu 40% an Frauen vergeben werden. Unabhängig von den höchst komplizierten parteiinternen Wahlverfahren (und der Außenwirkung auf die Wähler) werden gegen diese Regelung eine Reihe von verfassungsrechtlichen Bedenken (Art. 3 Abs. 1 GG) vorgebracht.

3.4 Parteilichkeit statt Parteien-Pluralismus. Parteien im Marxismus-Leninismus bzw. in der DDR

Im Staats- und Gesellschaftssystem der DDR kam der Partei der **SED** (Sozialistische Einheitspartei Deutschlands), die im April 1946 aus dem Zwangszusammenschluß von KPD und SPD entstanden war, ein herausgehobener Stellenwert zu. Entsprechend den Vorstellungen des Marxismus-Leninismus verkörperte sie, und nur sie, das Prinzip der **Parteilichkeit.** Im (auch in der alten Bundesrepublik) weit verbreiteten „Philosophischen Wörterbuch" (*Klaus/Buhr*) hieß es hierzu: „In der marxistisch-leninistischen Philosophie ist die Parteilichkeit zugleich ein bewußt angewandtes **theoretisch-methodisches Prinzip**, das den objektiven Wahrheitsgehalt, das kämpferische, revolutionäre Wesen und die konsequente offene Parteinahme des Marxismus-Leninismus für die Sache der Arbeiterklasse, den Sozialismus und Kommunismus, für den Fortschritt der Menschheit überhaupt, deutlich macht".

Die DDR ließ auch in ihren verfassungsrechtlichen Grundlagen (vgl. S. 39) keinen Zweifel am Führungsanspruch der SED aufkommen. So hieß es in Art. 1 der DDR-Verfassung von 1974: der Sozialismus in der DDR sei zu verwirklichen „unter Führung der Arbeiterklasse und ihrer marxistisch-leninistischen Partei". Sie war die eigentliche „Kader“-Partei (zu ihrem Stellenwert und zum Begriff „Kader“ vgl. *Voigt* et al., 1987, S. 242ff.; zu ihrer Geschichte bis zur Gründung der PDS vgl. *Ammer*, 1992, S. 432ff.); ihre Parteitagsbeschlüsse hatten für das gesamte Staats- und Gesellschaftswesen sanktionierende Bedeutung.

Neben der SED gab es eine Reihe anderer Parteien, die sog. „Blockparteien“ (spöttisch auch „Blockflöten“ genannt), die mit der SED bei den Volkskammerwahlen zu einer „Einheitsliste der Nationalen Front der Deutschen Demokratischen Republik“ zusammengeschlossen waren. Hierzu zählten (*Voigt*, 1987, S. 237f): Die CDU; die LDPD (Liberal-Demokratische Partei Deutschlands); die NDPD (National-Demokratische Partei Deutschlands); die DBD (Demokratische Bauernpartei Deutschlands); der FDGB (Freier Deutscher Gewerkschaftsbund); der DFD (Demokratischer Frauenbund Deutschlands); die FDJ (Freie Deutsche Jugend); der KB (Kulturbund der DDR).

Seit dem Fall der Berliner Mauer (9.11.1989) begann ein Verfallsprozeß des alten Parteiensystems und zugleich eine Orientierung der westdeutschen Parteien auf die dortigen Gruppierungen. Dieser komplexe Prozeß der Umstrukturierung kann hier nur in wenigen Grundzügen dargestellt werden (vgl. *Ammer*, 1992; *Niedermayer*, 1993):

- In der SED konnte der Zerfallsprozeß durch die Reformgruppe um *Gregor Gysi* seit Dez. 1989 dadurch gestoppt werden, daß sich die Partei in SED-PDS umbenannte (seit Februar 1990 nur noch PDS, Partei des demokratischen Sozialismus);
- CDU und FDP gingen mit den alten Blockparteien zusammen, sicherten sich so deren organisatorische Basis; alles in allem konnten die damit verbundenen personellen Probleme relativ rasch gelöst werden;
- schwieriger gestaltete sich die Etablierung der SDP. Sie hatte noch 1987 zusammen mit der SED ein gemeinsames „Positionspapier“ veröffentlicht (das heute auch als Beleg dafür gilt, wie wenig mit dem Einigungsprozeß gerechnet wurde). Ihr schlechtes Abschneiden bei der ersten gesamtdeutschen Wahl im Dez. 1990 (vgl. S. 78f) wird vor allem darauf zurückgeführt, daß sie sich nicht mit einer der bestehenden Massenorganisationen oder Blockparteien zusammentat und ihr daher der organisatorische Unterbau für Wahlvorbereitung und Wahldurchführung weitgehend fehlte.

Noch in letzter Minute des alten DDR-Regimes hatten sich die Sozialdemokraten am 7. Oktober 1989 unter dem Namen „Sozialdemokratische Partei in der DDR“ (SDP) konstituiert, führten aber seit der Landesdelegiertenkonferenz am 13. Januar 1990 wieder den traditionellen Namen SPD (*Ammer*, 1992, s. 431);

- die „Schwesterpartei“ der CDU, die bayrische CSU (Christlich-Soziale Union Bayerns), hatte nach der Wende, aber noch vor der Wiedervereinigung versucht, ein eigenes Parteibündnis zu erreichen und damit ihre Eigenständigkeit zu unterstreichen. „Die tatkräftige Unterstützung der

Deutschen Sozialen Union (DSU) hatte von Anfang an gesonderte bündnispolitische Interessen der CSU aus spezifisch staatsbayrisch-föderalistischer Sicht signalisiert" (*Mintzel*, 1992, S. 259). Aber wie auch bei anderen Versuchen, die Grenzen Bayerns zu verlassen, zeigte sich auch hier sehr bald, daß eine bundesweite Aktivität sich nicht auszahlen würde. „Die CSU wurde gerade durch die Vereinigung und die gesamtdeutsche Entwicklung mehr als je zuvor auf ihre bayrische Basis zurückverwiesen" (*Mintzel*, S. 261).

3.5 Die Wahlen zur Volkskammer am 18. März 1990

Vor der nachfolgenden Darstellung der Ergebnisse zu nunmehr dreizehn Bundestagswahlen seien die Ergebnisse der Wahlen zur letzten Volkskammer der DDR am 18. März 1990 kurz dargestellt. Es waren faktisch die ersten freien Wahlen in der DDR; von ihrem Ergebnis hing die Dynamik des Vereinigungsprozesses ab. Bis zur Wahl war keineswegs klar – sondern eher unwahrscheinlich –, daß die Selbstaufgabe der DDR so schnell erfolgen und ein halbes Jahr später die Einigung vollzogen sein würde.

Die Wahlbeteiligung lag bei 93,4%. Die Wahlen endeten mit einem in dieser Höhe nicht erwarteten Überraschungssieg der Parteien, die sich in der „Allianz für Deutschland" zusammengeschlossen hatten: CDU; CSU; Demokratischer Aufbau. CDU und die mit der CSU verbündete DSU kamen zusammen auf 46,9% der gültigen Stimmen. Die SPD erreichte 22%; die SED-Nachfolgepartei PDS kam auf 16,3%. Im 56. Bericht der Mannheimer „Forschungsgruppe Wahlen" hieß es zum Wahlergebnis: Die Gründe für das in dieser Höhe nicht erwartete positive Ergebnis für CDU/CSU liegen „ganz offensichtlich in der großen Attraktivität, welche die Bundesrepublik als ökonomisches und politisches System auf die Mehrheit der DDR-Bürger ausübt". Bald danach wurden unter der CDU-geführten Regierung von *Lothar de Maizière* die Weichen für die „Währungs- und Wirtschaftsunion" (ab 1.7.1990) und schließlich für die Vereinigung der beiden deutschen Staaten (3.10.90) gestellt.

3.6 Wandlungen des Parteiensystems im Spiegel der Bundestagswahlen seit 1949

Im folgenden geht es weniger um eine Analyse des Wahlverhaltens und der nach verschiedenen sozialen Kriterien (wie Alter, Geschlecht, Größe des Wohnortes, Beruf, Bildungsniveau, Religion) differenzierten **Wählerfluktuation** (Wechsel der Partei durch einzelne Wähler bzw. Wählergruppen), als vielmehr um einige Zusammenhänge zwischen Parteien- und Gesellschaftssystem, wie sie sich aus den bisherigen elf Bundestagswahlen ergeben. Auch für so wichtige Fragen wie: Aufbau der Parteien, Parteien-Finanzierung, innerparteiliche Demokratie, Parteiprogramme etc. muß auf die angegebene Literatur und die Darstellung der „Strukturprobleme der deutschen Parteiengeschichte" von *Hans Fenske,* 1974, verwiesen werden, die nicht nur bis auf den „Vormärz" (1848) zurückgeht, sondern auch das für eine gerechte Repräsentation der Stimmenverhältnissc so bedeutsame **Wahlrecht** ausführlich behandelt (eine demographisch und sozialstrukturell breit dokumentierte Analyse aller Wahlen in den westlichen Besatzungszonen und der SBZ seit 1946, der späteren Bundesrepublik und der DDR bis 1991, unter Berücksichtigung der Europawahlen und der Bedeutung des jeweiligen Wahlrechts etc., haben *G.A. Ritter* und *M. Niehuss*, 1992, vorgelegt).

Tabelle 3 Bundestagswahlen 1949–1994 (in % der gültigen Zweitstimmen).

Jahr	Wahlbeteiligung	CDU/CSU	SPD	FDP	Die Grünen	Sonstige
1949[1]	78,5	31,0	29,2	11,9	----	27,9
1953	86,0	45,2	28,8	9,5	----	16,5
1957	87,8	50,2	31,8	7,7	----	10,3
1961	87,7	45,4	36,2	12,8	----	5,6
1965	86,8	47,6	39,3	9,5	----	3,6
1969	86,7	46,1	42,7	5,8	----	5,4
1972	91,1	44,9	45,8	8,4	----	0,9
1976	90,7	48,6	42,6	7,9	----	0,9
1980	88,6	44,5	42,9	10,6	1,5	0,4
1983	89,1	48,8	38,2	7,0	5,6	0,4
1987	84,3	44,3	37,0	9,1	8,3	1,4
1990	77,8	43,8	33,5	11,0	1,2[2]	7,7
1994	79,1	41,5	36,4	6,9	7,3	7,2[3]

1 siehe auch Tabelle 2
2 Bündnis '90/Grüne (vgl. Kommentar S. 79)
3 Hierunter sind auch die 4,4% Anteil für die PDS, vgl. hierzu S. 80.

Der offenkundige Trend seit der ersten Bundestagswahl von 1949 zur Entwicklung eines „Zweiparteiensystems mit einer dritten Kraft" wurde erst bei der Wahl 1983 gebrochen.

Als Gründe für diesen Trend können unter anderem genannt werden:

- die durch das Bundesverfassungsgericht nach Art. 21 Abs. 2 GG verfügte Auflösung von Parteien, die – nach dieser Rechtsprechung – nicht auf dem Boden des Grundgesetzes stehen (so wurde am 17.8.1956 die KPD verboten, nach einem seit November 1951 laufenden Verbotsantrag der Bundesregierung; 1952 war bereits die rechtsextreme „Sozialistische Reichspartei“ – SRP – verboten worden);

- die 1953/1956 durch Änderung der **Wahlordnung** herbeigeführte Ausschaltung sehr kleiner Parteien (Wirkung der sog. Fünf-Prozent-Klausel);
- die seit Anfang der 50er Jahre sich konsolidierende neue Staats- und Gesellschaftsordnung und die Integration verschiedener Bevölkerungsgruppen in diese Ordnung (so verschwand die „Bayernpartei“ aus dem Bundestag, die nach *H. Kaack,* 1971, S. 199, „Bayern als gleichberechtigten Staat in eine europäische Konföderation einbauen wollte“ und monarchistische Tendenzen zeigte; ebenso verschwand die konservative, in Norddeutschland verbreitete „Deutsche Partei“/DP, weil die CDU deren Wählergruppen zu integrieren verstand; so schied der „Block der Heimatvertriebenen und Entrechteten“/BHE 1957 aus dem Bundestag aus);
- der Rückgang der parteipolitisch unabhängigen Kandidaten (aufgrund der „Verparteilichung“ des politischen Lebens und der Auswirkungen der Wahlordnung).

Während 1949 noch 11 Parteien in den Bundestag kamen, waren es nach der **Wahl von 1953** nur noch sechs. Die CDU/CSU erreichte mit 244 von 487 Mandaten (bei 45,2 % Stimmenanteil) die absolute Mehrheit.

Bei der **dritten Bundestagswahl 1957** konnte die CDU/CSU ihren Vorsprung noch weiter ausbauen; auf sie entfielen nunmehr 270 von 497 Mandaten (bei 50,2 % Stimmenanteil). Wie vielfach im sozialen Bereich war dieser Tatbestand nicht prognostizierbar, sondern kann nur im Nachhinein „rationalisiert“ werden. 1957 war – anders als 1953 – die Bundesrepublik fest in das westliche Bündnissystem integriert; die Wirtschaftskapazität war gestiegen, mit ihr der Lebensstandard immer breiterer Bevölkerungsschichten. Ähnlich wie 1953 (Aufstand in der DDR am 17. Juni) traten wieder psychologische Faktoren hinzu: die von der UdSSR herbeigeführte Niederschlagung des Ungarn-Aufstandes Oktober 1956 (die zuvor heftig umstrittene, von der SPD abgelehnte **Wiederaufrüstung** kam so der CDU/CSU zugute). Das Verbot der KPD im Sommer 1956 schien so zusätzlich gerechtfertigt, wenngleich der seit 1951 laufende Verbotsantrag längst größere Wählermassen verschreckt hatte (zum KPD-Verbot vgl. Bd. 5/1956 der „Entscheidungen des Bundesverfassungsgerichts“).

Die SPD mußte auf die im Wahlergebnis von 1957 zum Ausdruck kommende neue Situation reagieren. Ihr an Sozialisierung und Planwirtschaft orientiertes Wirtschaftsprogramm wurde modifiziert. Im **Godesberger Programm** von 1959, das das **Heidelberger Programm** von 1925 ablöste, wurden die Konsequenzen aus der bisherigen Politik-, Wirtschafts- und Sozialgeschichte gezogen. Die sich wandelnde SPD wurde so zu einem Indikator des politischen, parteipolitischen und gesellschaftlichen Wandels überhaupt. Mit der Entwicklung der SPD zur „Volkspartei", deren Mitglieder und Wahlergebnisse mehr und mehr die schichtenspezifische Sozialstruktur der Bundesrepublik widerspiegelte, ist eine tiefgreifende, folgenreiche Wandlung des westdeutschen politischen Systems und seiner Parteien verknüpft.

Ende der 50er Jahre beginnt die „Umstrukturierung des Parteiensystems" (*H. Kaack,* S. 247ff). Der Antagonismus, die Unverträglichkeit in Grundsatzfragen der beiden großen Parteien, tritt zurück. Die SPD versucht, nicht zuletzt aufgrund einer starken Polemik seitens der CDU, zumal des Bundeskanzlers *Adenauer*, sich stärker vom Kommunismus abzugrenzen (seit dem Verbot der KPD 1956 mußte sich die SPD, auch aufgrund einer „Wahlempfehlung" der DDR, dagegen wehren, nun die Sache der Kommunisten mit zu vertreten). Seit 1960 versuchte die SPD in der Außenpolitik eine gemeinsame Basis mit der CDU zu finden; das hieß zum einen: Rückkehr zur Ostpolitik *Kurt Schumacher*s, die von einer antisowjetischen (bzw. anti-bolschewistischen) Haltung geprägt war; zum anderen: Bekenntnis zur eindeutigen West-(USA-)Orientierung.

Innen- und parteipolitisch kam es zu einer Abgrenzung von den „Linksabweichlern". Dies führte zu dem Aufsehen erregenden Prozeß gegen den sozialistischen Wirtschaftspolitiker *Victor Agartz,* der den „traditionalen", marxistischen Flügel der ursprünglichen SPD vertrat; und es führte 1960 zum Bruch mit dem „Sozialistischen Deutschen Studentenbund"/SDS, der dann in den **Studentenunruhen** der 60er Jahre eine zunächst dominante Rolle spielte.

Die **vierte Bundestagswahl vom 17.9.1961** stand somit unter völlig neuen Vorzeichen. Die CDU/CSU verlor die absolute Mehrheit (45,4 % Stimmenanteil); die SPD gewann hinzu (36,2 %). Auch diesmal hatte es allerdings durch den **Bau der Mauer in Berlin** am 13.8.1961 wiederum einen anti-kommunistisch wirkenden Effekt gegeben. Die Regierungsbildung wurde die bis dahin schwierigste, ausgelöst durch die seit 1959 (der Wahl eines Nachfolgers für *Theodor Heuss,* 1884–1963, als Bundespräsident) schwelende Kanzler-Krise um den nunmehr 85jährigen *Adenauer* und das Verhalten der FDP als Koalitionspartner (die sich gegenüber dem Wähler verpflichtet hatte, keine Koalition mit *Adenauer* als Kanzler mehr einzugehen).

Die **Bundestagswahl vom September 1965** bestätigte zwar den Aufwärtstrend der SPD (39,3 % Stimmenanteil), brachte aber auch für die CDU/CSU ein Plus von 2,3 % der Stimmen. Dieser Erfolg war eindeutig auf *Ludwig Erhard* zurückzuführen, den „Vater des Wirtschaftswunders" und seit der Regierungsumbildung Oktober 1963 Bundeskanzler. Doch die SPD verlor in dieser Wahl das Etikett, „bloß" Arbeiterpartei zu sein; sie gewann nun Stimmen in für sie bisher weitgehend unerschlossene Wählerschichten: Frauen, Katholiken, Akademiker, Landbewohner.

Eine neue, weit rechts orientierte Partei, die 1966–68 spektakuläre Erfolge bei Landtagswahlen erringen konnte, zog innen-, außen- und parteipolitisch die Aufmerksamkeit auf sich: die „Nationaldemokratische Partei"/NPD. Bei den Landtagswahlen 1966 in Hessen erreichte sie 7,9 %, in Bayern 7,4 %, 1967 in Rheinland-Pfalz 6,9 %, in Niedersachsen 7,0 %, in Bremen 8,8 % Stimmenanteil.

Das bedeutendste innen- und parteipolitische Ergebnis der 5. Legislaturperiode (1965–1969) war die Bildung der **Großen Koalition,** d.h. das Regierungs-Bündnis der beiden großen Parteien CDU/CSU und SPD vom 1.12.1966 bis zur Bundestagswahl 1969. Folgende Gründe führten zur Bildung der Großen Koalition:

- die behauptete „Führungs-Schwäche" des Kanzlers *Ludwig Erhard*;
- die seit 1961 schwierige Zusammenarbeit der CDU/CSU mit dem Koalitionspartner FDP (und das Interesse der beiden großen Parteien, durch eine weitere Wahlrechtsreform die FDP ggf. auszuschalten);
- der Wille der SPD, namentlich ihres „Partei-Strategen" *Herbert Wehner* (1906–1990), sich an der Regierungsverantwortung zu beteiligen und sich so nach 17jähriger Opposition für die Übernahme der Regierung zu „qualifizieren";
- die nur gemeinsam zu bewältigenden Aufgaben umfangreicher Grundgesetzänderungen im Zusammenhang des „**Stabilitätsgesetzes**" von 1967 und der „**Notstandsgesetzgebung**" von 1968.

Trotz zahlreicher Einwände und einer relativ großen innerparteilichen Opposition waren der Großen Koalition, zumal bei der Überwindung der Rezession der Jahre 1966/67, Erfolge nicht zu bestreiten. Die Jahre 1967–1969 brachten jedoch innenpolitisch, durch die seit Juni 1967 verstärkten **Studentenunruhen**, eine der größten Belastungsproben für die Bundesrepublik seit ihrem Bestehen. Die Große Koalition und das Fehlen einer wirksamen Opposition rief die **Außerparlamentarische Opposition**/APO auf die Szene.

Stellte in der Großen Koalition von 1966–1969 die CDU/CSU aufgrund ihres größeren Stimmenanteils bei der Wahl von 1965 noch die Mehrzahl der Minister und den Bundeskanzler (*Kurt Georg Kiesinger*, 1904–1988), so brachte das Ergebnis der **Wahl von 1969** die Ablösung der CDU/CSU von der Regierung.

SPD und FDP einigten sich noch in der Wahlnacht auf eine Koalitionsbildung (Beginn der sogenannten „**sozial-liberalen Koalition**"). Dieses als politische „Sensation" empfundene Ergebnis hatte unter anderem folgende Ursachen und Folgen:

- Die SPD setzte ihren seit 1957 relativ kontinuierlichen Stimmenanstieg fort; ihr gelangen diesmal größere Einbrüche in bislang CDU/CSU-orientierte Wählergruppen der Mittelschicht;

- die Kerngruppen der parteitreuen Wähler verringerten sich, dadurch erhöhte sich die **Wählerfluktuation**;
- eine gewandelte, sich auch linksliberalen Traditionen des Jahres 1848 erinnernde FDP (vgl. *Flach/Maihofer/Scheel,* 1972) ermöglichte die „sozialliberale Koalition";
- die Übernahme der Regierungsverantwortung durch die SPD weckte große Hoffnungen auf Überwindung konservativer Gesellschaftsstrukturen (*Willy Brandt:* „Regierung der Reformen").

Am 27.4.1972 wurde auf Antrag der CDU/CSU-Fraktion erstmalig in der Geschichte der Bundesrepublik versucht, durch ein **konstruktives Mißtrauensvotum** nach Art. 67 GG den amtierenden Bundeskanzler *Brandt* abzuwählen und *Rainer Barzel* in dieses Amt hineinzuwählen. Auf Grund nie völlig geklärter Bestechungsaffären scheiterte dieses Vorhaben, gegen alle Erwartungen.

Die vorgezogene **Bundestagswahl am 19.11.1972** brachte der SPD den größten Wahlerfolg ihrer Geschichte: sie konnte 45,9 % der Stimmen auf sich vereinigen. Zusammen mit der ebenfalls erstarkten FDP (8,4 %) verfügte sie nun über eine solide Mandatsmehrheit (271 von 496 Sitzen).

Bei der Bundestagswahl 1976 hatten SPD und FDP Stimmen- und Mandatsverluste hinnehmen müssen, doch der Stimmenzuwachs bei CSU und CDU brachte keine absolute Mehrheit und wegen der Festlegung der FDP auf eine Koalition mit der SPD auch keine Chance zur Regierungsbildung.

Die **Wahl zum 9. Deutschen Bundestag am 5. Okt. 1980** stand im Zeichen der Konfrontation zwischen dem Kanzlerkandidaten der CDU/CSU, *Franz-Josef Strauß,* und Bundeskanzler *Helmut Schmidt* (geb. 1918). Die trotz der sozial-liberalen Koalition (seit 1969) längst eingetretene „**Trendwende**" sollte nun, so hofften die einen und fürchteten die anderen, durch die Kanzlerschaft von *Strauß* „besiegelt" werden. Aber *Strauß* hatte seine Kandidatur zu machtpolitisch durchgesetzt, um die ungeteilte Zustimmung der CDU-Wähler erlangen zu können.

Seit Mitte 1982 war die Koalition aus SPD und FDP unter Bundeskanzler *Helmut Schmidt* immer schwereren Belastungen ausgesetzt, vor allem durch Aussagen des Wirtschaftsministers *Graf Lambsdorff,* FDP, zur Wirtschaftspolitik, aber auch des Außenministers und (bis Februar 1985) Parteivorsitzenden der FDP, *Hans-Dietrich Genscher.* Am 17.9.1982 kündigte Bundeskanzler *Schmidt* die Koalition auf und gab der FDP die Schuld; die vier FDP-Minister traten aus der Bundesregierung aus.

CDU/CSU und FDP nahmen Koalitionsverhandlungen auf und einigten sich auf ein Verfahren, das 1972 scheiterte: die Anwendung des **konstruktiven Mißtrauensvotums** nach Art. 67 GG. Am

1.10.1982 wurde der Bundeskanzler der bisherigen sozial-liberalen Koalition, *Helmut Schmidt,* gestürzt und mit 256 Abgeordnetenstimmen der CDU/CSU und der FDP gegen 235 Stimmen und bei vier Enthaltungen der neue Bundeskanzler *Helmut Kohl* (geb. 1930) gewählt.

Damit ging eine 17jährige Regierungsverantwortung bzw. Mitverantwortung durch die SPD und eine Epoche weitreichender sozialer Reformen zu Ende.

Die **am 6. März 1983** stattfindende **Wahl zum 10. Deutschen Bundestag** brachte der amtierenden Koalition aus CDU/CSU und FDP eine eindeutige Mehrheit. Aber die eigentliche Sensation dieser Wahl war der Einzug der Abgeordneten der GRÜNEN in das Bonner Parlament (die GRÜNEN waren zuvor bereits in mehreren Landtagen vertreten): sie erhielten 2,16 Mill. der gültigen Zweitstimmen und konnten mit 27 Abgeordneten in den Bundestag einziehen.

Die GRÜNEN hatten erst am 13.1.1980 in Karlsruhe eine Bundespartei gegründet, der März 1979 der Zusammenschluß einer Reihe von Initiativgruppen, Aktionsgemeinschaften, Alternativen Listen usw. vorausgegangen war. März 1980 statuierten die GRÜNEN in Saarbrücken ein Bundesprogramm. Entgegen den in den Programmen der übrigen Parteien ausformulierten Grundwerten heißt es in der Präambel des Programms der GRÜNEN: sie orientiere sich an „vier Grundsätzen: Sie ist ökologisch, sozial, basisdemokratisch und gewaltfrei“.

Die **Wahl zum 11. Deutschen Bundestag** fand **am 25.1.1987** statt. Daß unter den gegebenen Bedingungen und des noch nicht wieder sichtbaren Führungsanspruchs der SPD das Bündnis aus CDU/CSU und FDP als Koalition bestätigt würde, stand eigentlich schon vor der Wahl fest. Das Ergebnis zeigte gleichwohl Überraschungen: Die CDU hatte mit 34,5% der Stimmen das schlechteste Ergebnis seit 1949; die SPD hatte seit 1961 kein schlechteres Ergebnis vorzuweisen. Die Wahlbeteiligung war mit 84,3% die niedrigste seit 1949 (78,5%), was sich positiv für die kleinen Parteien – FDP und GRÜNE – auswirkte.

Am **2.12.1990** fanden die Wahlen zum **12. Deutschen Bundestag** statt. Wegen der am 3.10.1990 erfolgten deutschen Einigung war die erste gesamtdeutsche Wahl seit Kriegsende um ein Jahr vorgezogen worden.

Die Wahlbeteiligung war mit 77,8% die niedrigste bei einer Bundestagswahl überhaupt. Im Hinblick auf die 93,4% bei den Wahlen zur Volkskammer am 18. März des gleichen Jahres war auch die Wahlbeteiligung in den neuen Bundesländern mit durchschnittlich 75% unerwartet niedrig. Dominiert wurde die Wahl von der Thematik des Einigungsprozesses. Der Kanzlerkandidat der SPD, der saarländische Ministerpräsident *Oskar Lafontaine*, vermochte mit seinen eher pessimistischen Aussagen zu den Kosten und Folgen des Einigungsprozesses weder die Wähler in den alten noch in den neuen Bundesländern zu überzeugen.

Nach dem auf S. 72 dargestellten Ergebnis der letzten Wahlen zur Volkskammer (18.3.1990) war ein deutlicher Sieg der christlich-liberalen Koalition erwartet worden. Mit 54,8% war er gleichwohl höher als prognostiziert. Die SPD erzielte mit 33,5% der Stimmen das schlechteste Wahlergebnis seit 1957.

Im Hinblick auf die Fünf-Prozent-Hürde war es nach einem Urteil des Bundesverwaltungsgerichts zum Wahlgesetz zu einer Trennung der Wahlgebiete in alte und neue Bundesländer gekommen. So scheiterten die Grünen, weil sie in den alten Bundesländern nur 4,7% der Stimmen bekamen, während die Listenverbindung *Bündnis '90/Grüne*, die in den neuen Bundesländern 5,9% erreichte, in den Bundestag einzog (obwohl sie in Gesamtdeutschland nur 1,2% der Stimmen erhielt). Der „eigentliche Gewinner des BVG-Urteils zum Wahlgesetz“ (*Gagel*, 1990) war jedoch die SED-Nachfolgepartei, die PDS. Sie erhielt in den östlichen Bundesländern 9,9% der Stimmen und zog damit in den Bundestag ein (gesamtdeutsch lag der Anteil bei 2,4%).

Dieses Ergebnis, vor allem aber die zahlreichen Kommunal- und Landtagswahlen des Jahres 1994 in den neuen Bundesländern, festigten die Stellung der PDS. Sie muß – auch im Hinblick auf das weiter unten zu skizzierende Wahlergebnis zum 13. Deutschen Bundestag – als wichtigste Erweiterung des Parteienspektrums seit Etablierung der GRÜNEN angesehen werden.

Von einer Nachfolgepartei der SED ist insofern zu sprechen, als sie deren Organisation, deren Mitglieder und deren Vermögen – wenn auch jeweils reduziert – übernahm. Ob auch ideologisch von einer Nachfolgepartei und von einer neuen, bundesweiten Linkspartei gesprochen werden kann, muß die weitere Entwicklung zeigen. Immerhin steht im 1993 verabschiedeten Grundsatzprogramm der PDS: „Dem welthistorischen Ereignis der sozialistischen Oktoberrevolution von 1917 verdankt die Menschheit grundlegende günstige Entwicklungen im 20. Jahrhundert“. Weiterhin steht dort, daß „der kapitalistischen Gesellschaft Widerstand entgegenzusetzen“ und „die bestehenden Verhältnisse fundamental abzulehnen“ seien.

Am **16. Oktober 1994** wurde der **13. Deutsche Bundestag** gewählt. Die Wahlbeteiligung lag bei 79,1% (in der früheren Bundesrepublik 80,7%, in den neuen Bundesländern 73,7%).

Auch die zweite gesamtdeutsche Bundestagswahl konnte die Koalition aus CDU/CSU und FDP, wenn auch knapp gegenüber 1990, für sich behaupten: sie errang 48,4% der Zweitstimmen (CDU 34,2%; CSU 7,3%; FDP 6,9%).

Der Wahlausgang wurde vor allem deshalb mit großer Spannung erwartet, weil es zwei Unbekannte gab: ob die FDP wieder in den Bundestag einziehen würde und ob die PDS zumindest drei Direktmandate – neben dem Fünf-Prozent-Zweitstimmenanteil eine zweite Möglichkeit für den Sprung in den Bundestag – erzielen würde. Die FDP war bei allen Landtagswahlen 1994 (dem „Superwahljahr") an der Fünf-Prozent-Hürde gescheitert und verfehlte auch bei den drei Landtagswahlen, die am gleichen 16. Oktober stattfanden, das Ziel. Die Zahl der FDP-Mandate sank von 79 in der 12. Legislaturperiode auf nunmehr 47.

Die größte Überraschung gelang der PDS. Sie zog mit vier Direktmandaten in den Bundestag; alle wurden im Norden Ostberlins gewonnen. Der Zweitstimmenanteil betrug 4,4%, in Westdeutschland 0,9%, in Ostdeutschland 18,3%. Ein Direktmandat errang der parteilose Schriftsteller *Stefan Heym*, der als Alterspräsident des Deutschen Bundestages die konstitutierende Sitzung am 10. November eröffnete.

*Heym*s Biographie spiegelt die Tragik der deutschen Geschichte dieses Jahrhunderts. 1913 in Chemnitz geboren, emigrierte er über Prag in die USA; als Soldat, dann Offizier und Kulturoffizier, gehörte er den amerikanischen Invasions- und Besatzungstruppen an. Sein Roman über den Zweiten Weltkrieg, 1948 unter dem Titel The Crusaders erschienen (dt. Der bittere Lorbeer) hatte ihn berühmt gemacht. Von München (1945 Mitbegründer der Neuen Zeitung) ging er 1952 in die DDR, in der Hoffnung, daß sich dort das bessere Deutschland und sein sozialistischer Jugendtraum verwirklichen ließen. Seine Widersetzlichkeit auch gegen das DDR-Regime brachten ihm Bewunderung und den Wahlerfolg – gegen *Hartmut Thierse* von der SPD – vom 16. Oktober 1994. *Heym* verkörpert Traditionen des antifaschistischen „Kreuzzugs", der zur Geschichte der DDR gehört und den Wahlerfolg der PDS erklären hilft.

Die Regierungskoalition kann nur deshalb relativ gesichert weiterregieren mit 341 von 672 Sitzen im Bundestag, weil sie durch 12 von 16 Überhangmandaten begünstigt wurde.

Überhangmandate zeigen ein – wohl nicht lösbares – Dilemma des bundesdeutschen Wahlsystems. Die Stimmen im Bundestag werden auf der Basis der gültigen Zweitstimmen errechnet; über die Erststimme werden die Direktkandidaten in den Bundestag gewählt. Ihre Mandate zählen aber zum Kontingent der Zweitstimmen. Ein **Überhangmandat** ergibt sich dann, wenn eine Partei mehr Direktmandate erhält, als ihr auf Grund des Zweitstimmenanteils – bezogen auf die Landeslisten – zusteht. Der unmittelbare Wählerwille wird also durch das Wahlgesetz besonders honoriert.

Einige Besonderheiten des 13. Bundestages seien hervorgehoben: er zählt – auch auf Grund der Überhangmandate – 672 Abgeordnete und ist damit der größte Bundestag bisher; von diesen 672 Abgeordneten sind 177 weiblich, womit sich der Frauenanteil von 20,7 auf 26,3% erhöhte. Die Frauenanteile in den Fraktionen sind höchst unterschiedlich: er reicht von 59,2%

bei Bündnis 90/Die Grünen über 40% (PDS) bis zum Schlußlicht CDU/CSU mit 14,3%.

3.7 Veränderungen des Parteiensystems. Soziale Bewegungen und Parteien

Einige Charakteristika der Veränderungen des Parteiensystems und des Wählerverhaltens wurden in den voranstehenden Abschnitten bereits genannt; andere können wie folgt zusammengefaßt werden:

- Seit 1949 haben die Übereinstimmungen zwischen den beiden größten Parteien – CDU/CSU und SPD – zugenommen und sind die verbliebenen Differenzen für die Wähler nicht mehr als Grundsatzkonflikte – z. B. der Wirtschaftsordnung; der außenpolitischen Orientierung – auszumachen;

- von 1961 bis 1983 (als die GRÜNEN erstmalig in den Bundestag einzogen) gab es ein stabiles Dreiparteiensystem. Die FDP war unbestrittener Mehrheitsbeschaffer. Zudem war sie zweimal – und nicht etwa der Wählerwille – während einer laufenden Legislaturperiode verantwortlich für einen Koalitionswechsel: 1966 beim Übergang zur Großen Koalition und 1982 beim Ende der sozial-liberalen Koalition. Etwa Mitte der 70er Jahre erreichte das bundesrepublikanische Parteiensystem seinen höchsten Konzentrationsgrad; seither hat die Integrationskraft der großen Parteien abgenommen und die Rolle der FDP als alleiniger Mehrheitsbeschaffer scheint endgültig vorbei zu sein;

- in dem Maße, wie die Klassen- und Schichtungsstrukturen sich änderten und traditionale Solidaritäten und Arbeitermilieus an Integrationskraft einbüßten oder sogar verschwanden, sind die „etablierten" Parteien für alle Bevölkerungsschichten – z. B. auch hinsichtlich der Altersstruktur und des Geschlechts – und Sozialgruppen wählbar geworden; der **Wechselwähler** nahm an Bedeutung zu – und macht seit einigen Jahren die Voraussage von Wahlergebnissen fast unmöglich;

- das rechtsradikale Wählerpotential verlor in den 50er Jahren – durch Verbote und die Einführung der 5%-Klausel – die eigenständige parteipolitische Repräsentation und konnte bis Mitte der 60er Jahre, als die NPD aufkam, in den großen Parteien eingebunden werden; ihre neuerlichen Erfolge – nun als „Republikaner" etc. – haben ein kompliziertes Bündel von z.T. bereits genannten Ursachen zur Voraussetzung (vgl. auch den folgenden Unterpunkt);

- das linke und linksradikale Parteienspektrum erregte zwar – z. B. im Zusammenhang des erwähnten Radikalenerlasses (1972) – öffentliche Aufmerksamkeit, konnte aber in keiner Form „taktischer Bündnisse" auch nur entfernt die 5%-Hürde erreichen. Der bis in die 20er Jahre zurückreichende antikommunistische Konsens bezog nicht nur durch den 17. Juni 1953, den 13. August 1961, sondern durch tägliche Nachrichten aus der DDR und anderen sich kommunistisch gebenden Staaten (z. B. China oder Rumänien) seine „Legitimation".

Neben die etablierten Parteien traten seit Ende der 60er Jahre neue **soziale Bewegungen**, Alternativbewegungen, an wichtigster Stelle die ökologisch orientierte Bewegung der Grünen bzw. der Grünen Alternativen Listen (GAL).

Soziale Bewegungen begleiten die Entwicklung der **bürgerlichen Gesellschaft** seit ihrer Durchsetzung in den neuzeitlichen Revolutionen (vgl. *Rammstedt,* 1978; *Brand* et al. 1984; *Raschke* 1988; zu den Ursprüngen, Definitionen und Theorien sozialer Bewegung in knapper Zusammenfassung: *Nullmeier/Raschke,* 1989).

Hier sollen nur jene Besonderheiten der neuen sozialen Bewegungen hervorgehoben werden, die eine enge Beziehung zum politischen System und dem Parteiensystem haben. Das Schwergewicht liegt bei den GRÜNEN, weil nur sie eindeutig das Spektrum von Bewegung – Bewegungspartei und Partei umfassen:

- Die Entwicklung der GRÜNEN hat seit dem formellen Zusammenschluß der GRÜNEN und der Alternativen Listen 1982 in Karlsruhe gezeigt, daß die Reibungsverluste zwischen „bewegter" Basis und „etablierter" Partei hoch sind; hier prallen so unterschiedliche Interessen, Organisations- und Verhaltensmuster aufeinander, daß die auch in Personen repräsentierte Überlappung beider Bereiche konfliktreich sein muß;
- eine soziale Bewegung kann sich spezifischen Themen widmen (Frauenfrage; Umwelt; Abrüstung usw.); Parteien müssen zwangsläufig eine Allzuständigkeit entwickeln, um im Parlamentsalltag präsent zu sein;
- der Zusammenhalt der GRÜNEN wird v.a. durch die 5%-Hürde bewirkt; die angestrebte Herabsetzung dieser Hürde würde die Partei sofort in ihre Flügel auseinanderbrechen lassen: die „Realos" (Realpolitiker) und die „Fundis" (Fundamentalisten);
- konnten die GRÜNEN bei ihren ersten Wahlerfolgen in Landtagswahlen seit 1978 (Hamburg, Berlin, Niedersachsen) vor allem Jugendliche an sich binden, so haben sich seit ihrer partiellen Etablierung als Partei, dem „Fundamentalismusstreit" usw. auch hier Unsicherheiten im Hinblick auf langfristige Orientierungen und Bindungsmöglichkeiten von Wählerpotentialen ergeben.

Die Entwicklung der Grünen Parteien ist inzwischen ein gesamteuropäisches Phänomen. Erstmals 1979 kandidierten sie auch in fünf Ländern (Belgien, Bundesrepublik, Frankreich, Großbritannien, Luxemburg) für das Europaparlament. Ihre Entstehung und Erfolgsbedingungen bleiben jedoch länderspezifisch verschieden; gleichwohl lassen sich bestimmte Gemeinsamkeiten typologisch erfassen (vgl. hierzu die empirische Untersuchung von *Müller-Rommel,* 1993, die 17 Grüne Parteien in Europa vergleichend analysiert).

Als (vorläufiges) Fazit der bisherigen Entwicklungen und Einwirkungen neuer sozialer Bewegungen auf das Parteienspektrum kann festgehalten werden:

- Soziale Bewegungen haben zur Erweiterung des Themen- und Öffentlichkeitsspektrums für soziale Probleme – auch bei den etablierten Parteien selbst – beigetragen;

- eine grundsätzliche Infragestellung des Mehrheitsprinzips als Form des „demokratischen Dezisionismus“ konnte nicht erreicht werden (vgl. zur Diskussion um das Mehrheitsprinzip *Guggenberger/Offe*, 1984);

- die Veränderungen in den Institutionen, Parteien und Verbänden sind erheblich: die Einrichtungen von Gleichstellungsstellen und Frauenbeauftragten sind hier ebenso zu nennen wie die Quotenregelung, frauenspezifische Veränderungen der Sozial- und Arbeitsmarktpolitik und Veränderungen im familiären und Arbeitsbereich.

Die Entwicklung der GRÜNEN zwischen sozialer Bewegung, Bewegungspartei und Parlamentspartei ist weiterhin offen. Was viel entscheidender ist: die Offenheit der Gesellschaftsmitglieder, sich – und sei es vorübergehend – sozialen Bewegungen anzuschließen oder sie zu unterstützen (wie z. B. die Umweltorganisation Greenpeace) und sich in Bürgerinitiativen für Einzelprojekte zu engagieren, muß auch als Ergebnis der Entwicklung neuer sozialer Bewegungen gewertet werden – mit schwer zu kalkulierenden Auswirkungen auf das Wählerverhalten und die Parteienlandschaft.

3.8 Etablierung eines „rechten Lagers“?

Konnten die Erfolge rechter Parteien (der NPD; Republikaner) bei den Landtagswahlen bisher als vorübergehende Erscheinungen und Reaktionen auf bestimmte Krisenphänomene interpretiert werden, so hat sich diese Situation seit Ende der 80er Jahre verändert. Es muß von einem neuen „rechten Lager“ (zu diesem Begriff und weiteren begrifflichen Differenzierungen vgl. *Dudek/Jaschke* 1984) ausgegangen werden. Dies ist kein spezifisch deutsches Phänomen und Problem, sondern ein europaweites, auch in dem Sinne, daß die Querverbindungen entsprechender Parteien und Gruppierungen zugenommen haben.

Ohne hier auf Wahlergebnisse des „rechten Lagers“ in den letzten Jahren eingehen zu wollen (vgl. z.B. *Falter*, 1994), seien nur folgende Besonderheiten herausgestellt:

- Zwischen einer rechtskonservativen Orientierung und dem Rechtsextremismus liegen Gräben, die der Differenzierungen wegen nicht verbal leichtfertig übersprungen werden dürfen;

- eine Gefahr für die „freiheitlich-demokratische Grundordnung“ (vgl. z.B. Art. 18 und 21 GG) sind jene Bewegungen und Bestrebungen, die als „Rechtsextremismus“ definiert werden und der Observierung durch den Verfassungsschutz (auf Bundes- und/oder Länderebene) unterliegen.

Für die zahlreichen Versuche, den **Rechtsextremismus** zu definieren, seien stellvertretend die von *Wolfgang Benz* (1989) genannten Kriterien aufgeführt: Nationalismus in aggressiver Form; Antisemitismus und Rassismus; Intoleranz; Militarismus und das Streben nach Führertum, Unterordnung; Verherrlichung des NS-Staates; Aufstellen von Konspirationstheorien (über bösartige Minderheiten; Korruption usw.); Bereitschaft zu gewaltorientierter Propaganda und aggressiver Durchsetzung der eigenen Ziele.

Ein besonderes Problem, zumal nach dem deutschen Einigungsprozeß, stellen die rechtsextremen Orientierungen unter Jugendlichen dar. *Wilhelm Heitmeyer* (1987/92) hatte in einer empirischen Untersuchung bereits vor der „Wende" 1989/90 auf die Entwicklung rechtsextremer Einstellungen bei Jugendlichen hingewiesen. Die wichtigsten Ergebnisse faßte er wie folgt zusammen:

- Rechtsextremismus basiert auf einer bejahten Ideologie der Ungleichheit, mit den Elementen Abwertung (des Fremden, Schwächeren) und Selbstüberhebung (des eigenen Volkes usw.); diese Ideologie führte zur
- Ausgrenzung und Ungleichbehandlung von Fremden und „Anderen".

Dieses Raster schließt ein, daß „Diskurse", rationale Argumentation und politische Partizipation zu den abgelehnten und bekämpften Mitteln der Auseinandersetzung gehören.

4 Pluralismus als „Herrschaft der Verbände"?

4.1 Begriff des Pluralismus und organisierte Interessen

Der Begriff des **Pluralismus** („Mehrheit", im Sinne von Vielgestaltigkeit, Differenziertheit) wurde seit 1915 von dem englischen Politologen *Harold Laski* (1893–1950) in die Diskussion gebracht. Er läßt sich vermutlich auf die Schrift des amerikanischen Philosophen *William James* (1842–1910), „A Pluralistic Universe" (London 1912) mit seinen Zentralbegriffen Monismus-Pluralismus zurückführen (vgl. *Winfried Steffani,* 1972, S. 9; *Steffani,* 1980).

Auch *Laski* geht es darum, gegen den Monismus des Staates die Vielgestaltigkeit der Gesellschaft in ihren sozialen Gruppierungen (Verbänden) ins Spiel zu bringen. Verbände sind – und darin unterscheidet sich die **pluralistische Gesellschaftsordnung** von einer Ständeordnung – freiwillige gesellschaftliche Assoziationen. Ein einzelnes Individuum kann verschiedenen Verbänden angehören.

In der Bundesrepublik ist durch Arbeiten *Ernst Fraenkel*s, *Kurt Sontheimer*s und anderer der extreme Standpunkt *Laski*s, auch der Staat sei nur ein Verband unter anderen, längst aufgegeben.

Festzuhalten bleibt, daß die Pluralismus-Theorie und seit den 70er Jahren die Theorie des **Neo-Korporatismus** (vgl. w.u.) die Bedeutung der Verbände als intermediärer (zwischengliedlicher) Institutionen, als Transformatoren gesellschaftlicher **Interessen** in die politisch-staatliche Sphäre, nachdrücklich thematisiert hat. Daher ist auch die Bezeichnung **Interessengruppen** oder Interessenverbände üblich (zur breiten Diskussion um objektive und subjektive, organisierte und nicht-organisierte Interessen, ihre Repräsentanz und Durchsetzungsfähigkeit vgl. *K. von Beyme,* 1980; 1993; *J. Weber,* 1981; Heft 217/1987 der „Informationen zur politischen Bildung").

Eine exakt gewichtete Analyse des Einflusses und der Bedeutung der Verbände für das politische System ist schwierig, weil die Verbände nach Größe und Aufgabenbereich sehr verschieden sind: zu ihnen gehören die Religionsgemeinschaften ebenso wie die Gewerkschaften, Automobil-Clubs ebenso wie der Deutsche Leichtathletikverband.

4.2 Gliederung des Verbandswesens. Interessenartikulation oder Lobbyismus?

Thomas Ellwein kommt in seiner Arbeit über „die großen Interessenverbände und ihren Einfluß" (1974, S. 470ff) zu folgender **Gliederung des Verbandswesens** (wozu auch Vereine, Vereinigungen, Körperschaften des öffentlichen Rechts, also z.B. die Industrie- und Handelskammern oder die Ärztekammern, zählen):

- Vereinigungen innerhalb des Wirtschafts- und Arbeitssystems (Wirtschaftsverbände, Innungen, Kammern; die Tarifpartner);
- Vereinigungen im sozialen Bereich;
- Vereinigungen im Freizeitbereich (Sport, Hobby, Geselligkeit);
- Vereinigungen im Bereich von Kultur, Politik und Religion;
- Vereinigungen von politischen und anderen Körperschaften des öffentlichen Rechts (z.B. Vereinigungen der Gemeinden und Gemeindeverbände).

Verbände gehören zwar nicht zum politischen System i.e.S., aber neben ihren Primäraufgaben der Organisation und Durchsetzung von privaten Interessen wird ihr „Vorsortieren" von gesellschaftlichen Interessen in einer komplexen, pluralistischen Gesellschaft mehr oder weniger vorausgesetzt.

Die verfassungsrechtliche Basis der Verbände – im 19. Jahrhundert zumeist noch **Assoziationen** genannt – liegt v.a. in Art. 9 GG, der das Recht aller Deutschen hervorhebt, „Vereine und Gesellschaften zu bilden".

Obwohl das Grundgesetz den Verbänden explizit keine Rolle bei der politischen Willensbildung und Gesetzgebung zuweist, ist ihr Einfluß unbestritten. Kritisch und abwertend ist vielfach vom **Lobbyismus** der **pressure groups** die Rede: mächtige Verbände würden in der Lobby, dem Vorraum des Parlaments, Druck (pressure) ausüben.

Empirische Untersuchungen zeigen, daß der wichtigste Adressat von Einflüssen nicht die Abgeordneten sind – die nach Art. 38 GG ausdrücklich an „Weisungen und Aufträge nicht gebunden" sind – sondern die Ministerialbürokratie und Verwaltung (vgl. *von Beyme*, 1993, S. 195f).

Um dies überhaupt leisten zu können, brauchen Verbände eine formale Organisation, um so gegenüber ihrer „Umwelt" eine angemessene „Eigenkomplexität" (*Luhmann*) zu entwickeln: bürokratische Strukturen, spezialisierte Funktionen, breite, differenzierte Informationen für die Mitglieder. Die Anzahl derart ausgestatteter Verbände dürfte für die ganze Bundesrepublik ca. 500 betragen. Nur diese großen Interessenverbände, von denen die meisten Interessen aus dem Wirtschafts- und Arbeitsbereich vertreten, verfügen über Einfluß auf das politische System.

Die Legitimation dieses Einflusses ist umstritten. Fordert die eine Seite, Verbände aufgrund ihres Einflusses an der politischen Verantwortung zu beteiligen, so möchte die andere Seite das „offizielle" politische System nicht noch weiter aufblähen und akzeptiert die wichtige Funktion des Vorsortierens und Bündelns von Interessen im gesellschaftlichen Bereich.

Man wird diesen Standpunkt im Rahmen einer **pluralistischen Demokratie** solange akzeptieren können, wie

- es sich um einen auch gegenüber der Öffentlichkeit vertretenen Einfluß handelt;
- die Verbände nicht ihr Gruppeninteresse mit dem Allgemeinwohl verwechseln und die Politik gruppenspezifisch zu moralisieren versuchen;
- die Einflußnahme der Verbände und ihre Durchsetzungsfähigkeit nicht nur auf einzelne mächtige pressure groups beschränkt ist.

Zur Form dieser Einflußnahme und zur Geschichte der Verbände gehört aber auch die Feststellung *Ellwein*s (1974, S. 483), daß seit 1949 die Parteipräferenz der Verbände eher an Gewicht verloren hat und eine allzu eindeutige parteipolitische Festlegung der Verbände vor den Wahlen deren Einfluß abschwächt.

4.3 Neo-Korporatismus und Kommunitarismus statt Verbände-Herrschaft?

Während die ältere Korporations-Theorie noch einen mehr oder weniger ständestaatlichen Aufbau von Verbänden (Korporationen) als Gliederungsprinzip von Staat und Gesellschaft vorsah, geht die aus den USA übernommene Theorie des **Neo-Korporatismus** programmatisch von einer stärkeren Einbindung der organisierten Interessen in die Formulierung und Umsetzung politischer Entscheidungen aus. Empirisch liegt dem Neo-Korporatismus die Annahme zugrunde, daß die wechselseitigen Abhängigkeiten von Staat und Interessengruppen zu einer Zurückdrängung sowohl der Parteienstaatlichkeit wie des Parlamentarismus geführt haben. Als Beispiel und Beginn dieses Neo-Korporatismus wird für die Bundesrepublik die **Konzertierte Aktion** genannt, die von dem damaligen Wirtschaftsminister *Karl Schiller* initiierte Kooperation von Staat, Kapital und Arbeit (1967ff), letztere repräsentiert durch Unternehmerverbände und Gewerkschaften. Aber „die Steuerungskapazität der Konzertierten Aktion wurde ... als verhältnismäßig gering erkannt“; die konfliktschlichtende und integrative Funktion sei übertrieben worden (*von Beyme*, 1993, S. 209).

Ergänzt durch eine aktuelle Reflexion der liberalen politischen Theorie wurde der Neo-Korporatismus durch den **Kommunitarismus.** Der Begriff leitet sich ab von amerik. **community**, der Gemeinschaft. Da der Gemeinschaftsbegriff im Deutschen sowohl durch den Gemeinschaftskult der Nationalsozialisten wie die Strapazierung der „sozialistischen Gemeinschaft“ arg belastet ist, wird zumeist der amerikanische Begriff verwandt, auch um auf den Kontext seiner Diskussion zu verweisen: die kritische Beleuchtung der Grundlagen einer liberalen Demokratie.

Im Anschluß an die Theorien von *Michael Walzer, Martha Nussbaum* u.a. kommt *Walter Reese-Schäfer* (1993) zu folgender Zusammenfassung:

- Die Theorie des kommunitären Gemeinsinns geht von alltagsweltlichen Erfahrungen und Interpretationen aus, die vor allem aus Problemfällen des zwischenstaatlichen (intermediären) Raumes gewonnen werden, für den das normative Regelsystem wenig Verbindliches zur Verfügung stellt;
- ein zweiter Punkt betrifft die Kritik des atomisierten und autonomisierten Individuums. Hier ist natürlich der Kern sowohl der liberalen Theorie und des Konkurrenz-Individualismus, der Freiheit des einzelnen und des verbürgten Wohls der Allgemeinheit. Gerade der moderne Wohlfahrtsstaat habe zu Entwicklungen geführt, die ein aggressives Anspruchsdenken gefördert und den Gemeinsinn habe verkümmern lassen.

In historischer Perspektive ist der kommunitäre Diskurs so etwas wie die „Selbstreflexion“ eines Teils der Emanzipationsbewegungen „auf die gesellschaftlichen Spätfolgen ihrer Ideen“ (*Reese-Schäfer*, S. 315).

D. Bevölkerungsstruktur. Wanderungen

I. Der Zusammenhang von Bevölkerungs- und Sozialstruktur

1. Bevölkerung als Grundelement der Gesellschaft

Unter **Bevölkerung** versteht man die Gesamtzahl der Einwohner eines bestimmten Gebietes an einem Stichtag.

Tabelle 4 Bundesländer nach Fläche, Einwohnern und durchschnittlicher Besiedlungsdichte am 31.12.1992.

Land	Fläche in 1000 qkm	Einw./ qkm	Bevölkerung insgesamt	Bevölkerung männlich
Deutschland	356,8	226	80 980 343	39 302 899
Baden-Württemberg	35,8	280	10 148 708	4 966 597
Bayern	70,6	164	11 770 257	5 741 559
Berlin	0,9	3876	3 465 748	1 656 471
Brandenburg	29,1	88	2 548 527	1 241 268
Bremen	0,4	1691	685 845	329 987
Hamburg	0,8	2209	1 688 785	809 568
Hessen	21,1	276	5 922 639	2 898 330
Mecklenburg-Vorpommern	23,8	80	1 864 815	911 031
Niedersachsen	47,3	158	7 577 520	3 692 928
Nordrhein-Westfalen	34,1	514	17 679 166	8 561 996
Rheinland-Pfalz	19,8	193	3 880 965	1 892 925
Saarland	2,6	419	1 084 007	525 197
Sachsen	18,3	255	4 640 997	2 201 259
Sachsen-Anhalt	20,4	138	2 796 981	1 343 254
Schleswig-Holstein	15,7	168	2 679 575	1 306 114
Thüringen	16,3	158	2 545 808	1 224 415
Früheres Bundesgebiet	248,6	259	65 289 234	31 755 682
Neue Länder und Berlin-Ost	108,2	146	15 691 109	7 547 217

Quelle: BiB-Mitteilungen 4/93, S. 7; Stat. Jb. BRD 1993, S. 52

Hinsichtlich seiner Gesamtfläche von 357 Tsd. qkm (alte Bundesländer 249 Tsd. qkm; Neue Bundesländer und Ost-Berlin 108 Tsd. qkm) nimmt das vereinte Deutschland in Europa den sechsten Platz ein (vgl. auch S. 287).

Bezogen auf die **Bevölkerungsdichte** nimmt Deutschland in Europa mit 222 Einwohner/qkm den vierten Platz ein. In der alten Bundesrepublik lag die Bevölkerungsdichte 1989 bei 252 Einwohnern/qkm; in der DDR vor der Vereinigung bei 152.

Die Bevölkerung ist das Grundelement einer Gesellschaft bzw. eines sozialen Systems. Die Sozialwissenschaften haben es aber nicht mit der Bevölkerung „an sich" zu tun, sondern mit der Bevölkerungsstruktur als Teil der sozialen Struktur. Rein biologische Faktoren der Bevölkerungsstruktur wie Geschlecht und Alter sind immer zugleich soziale Faktoren: Die sozialstrukturelle Position der Mädchen und Frauen in Familie, Beruf und Öffentlichkeit ist von der des männlichen Geschlechts verschieden; die mit dem Alter zusammenhängenden sozialstrukturellen Positionen sind historisch und sozio-kulturell unterschiedlich ausgeprägt (vgl. auch den Überblick zur Bevölkerungssoziologie bei *Hermann Korte*, 1993).

Weil biologische Faktoren für die Sozialstruktur eine fundamentale Bedeutung haben, besteht die Gefahr, die Bevölkerung zur Schlüsselvariable für die Erklärung sozialer Phänomene zu machen. Davor ist zu warnen. Man würde sonst in die Einseitigkeiten und Fehler verfallen, die für den **Malthusianismus***, den **Sozialdarwinismus*** („Auslese der Tüchtigsten") und die Rassenlehren des 19. und 20. Jahrhunderts, vor allem des Nationalsozialismus, typisch waren.

Zumal während der Herrschaft des **Nationalsozialismus** in Deutschland (1933–1945) wurde dem Faktor Bevölkerung von der Medizin und den Sozialwissenschaften unter rassistischen und geo-politischen Gesichtspunkten eine so große Aufmerksamkeit gewidmet, daß in der Bundesrepublik Deutschland an den Aufbau einer sachlichen Bevölkerungswissenschaft zunächst nicht zu denken war.

Seit Ende der 60er Jahre, vor allem seit dem starken Absinken der Geburtenrate (1968/69), dem, wie noch zu erläutern ist, fälschlicherweise so genannten **Pillenknick**, sind bevölkerungswissenschaftliche Fragen wieder ein Thema der Gesellschaftswissenschaften und der Gesellschaftspolitik. Die Diskussion um die absinkenden Geburtenraten, um den relativen Anstieg der Geburten von Gastarbeiter-Kindern und die damit verbundenen gesellschaftspolitischen Fragen haben die Bedeutung demographischer Grundlagen des „Gesellschaftskörpers" wieder aktualisiert. Hierzu haben vor allem Diskussionen um die Bevölkerungsprobleme der **Dritten Welt** (wie zuletzt auf der Weltbevölkerungskonferenz in Kairo, September 1994) wie auch die in der Bundesrepublik und in anderen Ländern heftige Diskussion um die Probleme des Schwangerschaftsabbruchs beigetragen.

2. Bevölkerung in der Geschichte und Änderung der Bevölkerungsweise

Wie wichtig der Faktor der Bevölkerung für die Sozialstruktur eines Gemeinwesens ist, kann man daran erkennen, daß staatliche (politische, hoheitliche) Versuche, auf die Struktur der Bevölkerung einzuwirken, eine sehr lange Tradition haben.

Bereits *Platon* (427–347) und *Aristoteles* (384–322) waren Befürworter einer planmäßigen **Bevölkerungspolitik.**

Bekannt sind die Bemühungen des **Absolutismus** (17./18. Jahrhundert), durch bevölkerungspolitische Maßnahmen auf die Gewerbeförderung einzuwirken (z. B. durch die Einwanderungspolitik und die sog. „Peuplierungspolitik"). In diese Zeit fällt auch der Beginn einer systematischen Bevölkerungswissenschaft, die eine wichtige Grundlage für die Entwicklung der Sozialwissenschaften darstellt (in England: *John Graunt,* 1620–1674; *William Petty,* 1623–1687; in Deutschland: *Johann Peter Süßmilch,* 1707–1767).

Die Bevölkerungspolitik des Absolutismus bedeutet einen entscheidenden Einbruch in die ständisch-feudale Agrarordnung. Sie forderte, die Bevölkerungszahl durch eine bestimmte „**Bevölkerungsweise**" kleinzuhalten und sie dem von *Robert Malthus* (1766–1834) in den Mittelpunkt der Betrachtung gerückten „**Nahrungsspielraum**" anzupassen. Nur der durfte heiraten, der eine familienernährende Stelle nachweisen konnte, also z. B. der Vollbauer oder Meister, der Lehnsherr oder der selbständige Kaufmann. Doch seit Ende des 18. Jahrhunderts stiegen die Geburtenraten, nicht zuletzt deshalb, weil die ständischen Prinzipien der Heirat und der Familiengründung an Gültigkeit einbüßten. Die Zünfte und Gilden, die Guts- und Grundherren verloren das Recht bzw. die Autorität, Heiraten zu genehmigen und sie von einer nachgewiesenen „Vollstelle" abhängig zu machen. Seit Mitte des 19. Jahrhunderts stiegen die Geburtenraten auch aufgrund der Leistungen der Medizin (Seuchenbekämpfung) und der **Hygiene**.

Seit etwa 1900 setzt sich eine industriell-städtische **Bevölkerungsweise** mehr und mehr durch, d.h. das generative Verhalten eines immer größer werdenden Bevölkerungsteils ändert sich: Die Geburtenraten beginnen zu sinken. *Gerhard Mackenroth* hat in idealtypischer Zusammenfassung (1955, S. 78f) die „**vorindustrielle Bevölkerungsweise**" der „**generativen Struktur des Industriesystems**" gegenübergestellt. Zu den generativen Strukturen und Verhaltensweisen des Industriesystems gehört, daß Geschlechtsverkehr und Zeugung nur noch in einem möglichen, nicht mehr in einem zwingend gebotenen Zusammenhang gesehen werden (wie es dem strengen Ethos des Calvinismus entsprach und noch heute die Grundauffassung der Katholischen Kirche wiedergibt). Im Kindersegen wurde nicht mehr nur Gottes Segen gesehen, weil

- die Kinder und Jugendlichen durch Schulpflicht und verlängerte Ausbildungsphasen für das Erwerbsleben und die Alterssicherung zunehmend ausfielen;
- die „**Säkularisierung der Verhaltensweisen**" auch zu einer Einstellungsänderung des generativen Verhaltens und seiner möglichen Konsequenzen führte;
- der schnelle soziale Wandel seit der Mitte des 19. Jahrhunderts und das geschärfte Krisenbewußtsein gegenüber den sozialen Problemen (Wohnungsnot; Weltkriege; Weltwirtschaftskrisen) sich auswirkten.

3. „Ereignismassen“ und Maße der Bevölkerungsstruktur

Jede Analyse des Zusammenhangs von Bevölkerungs- und Sozialstruktur hat auszugehen von der sozialen Bedeutung der elementaren bevölkerungsstatistischen „Ereignismassen“, z.B. Fruchtbarkeit und Geburt, Lebenserwartung und Sterbefälle, Verheiratetenquote und Geschlechterproportion, Binnen- und Außenwanderungen.

Diese Faktoren lassen sich weiter differenzieren. So stehen als Bestimmungsfaktoren hinter der ehelichen Fruchtbarkeit:

- die Ehedauer, das Heiratsalter, die Ehescheidungs- und Wiederverheiratungsverhältnisse; die Sterbeverhältnisse in ihrer hier genannten Bedeutung;
- die biologische Möglichkeit zur Fortpflanzung;
- die Wertvorstellung der Eltern über generatives Verhalten;
- die ökonomischen Verhältnisse und Lebensbedingungen (z. B. Wohnverhältnisse).

Neben diesen bevölkerungsstatistischen Ereignismassen seien folgende „Maße“ zur Bevölkerungsstruktur und -entwicklung hervorgehoben:

Die **Lebenserwartung** ist in der Bevölkerungs- und Sozialgeschichte der Bundesrepublik relativ kontinuierlich angestiegen: sie lag bei Vollendung des ersten Lebensjahres in Deutschland im Jahre 1871/80 für Männer bei 46,5 und Frauen 48,1 Jahren; 1949/51 für Männer bei 67,8 und Frauen 71,0 Jahren. In der Bundesrepublik betrug sie – wiederum bei vollendetem ersten Lebensjahr – 1970 68,2 Jahre für Männer und 74,3 für Frauen (DDR 1970: 68,5 bzw. 73,5 Jahre); 1990 72,6 für Männer und 78,5 für Frauen (DDR: 69,6 und 75,7 Jahre).

Die **Säuglingssterblichkeit** (Tod des Säuglings bis zur Vollendung des ersten Lebensjahres) betrug in der Bundesrepublik 1950 55,3; 1960 33,8 und war 1987 auf 8,3 (bezogen auf 1000 lebendgeborene Säuglinge) gesunken.

Ein anschauliches Maß für die Bevölkerungsentwicklung ist die sog. **Generationenrate**. Mit dieser Nettoreproduktionsrate für Frauen von 15 bis unter 50 Jahren wird das Verhältnis der geborenen Mädchen zur Zahl der Frauen im genannten Alter gemessen. Ein Wert von 1,0 bedeutet, daß die Zahl der Töchter die Mütter-Generation ausgleicht. Die Generationenrate betrug in der Bundesrepublik 1965 1,174, 1987 nur noch 0,64 (dies bedeutet: die Mütter-Generation wird nur noch zu 64% von den Töchtern ersetzt).

Ein interessantes Maß der Bevölkerungsstruktur ist die **Sexualproportion**, d.h. die geschlechtsspezifische Verteilung der Bevölkerung.

Zunächst ist überraschend, daß in westlichen Industrienationen auf 100 Mädchengeburten ca. 105 Jungengeburten kommen. Dieser männliche Geburtenüberschuß wird aber im Lebensverlauf (vor allem durch die deutlich höhere Lebenserwartung der Frau) mehr als ausgeglichen. Bezogen auf die Gesamtbevölkerung betrug der Frauenanteil 1993 in Deutschland 51,4%.

II. Generatives Verhalten als Sozialverhalten

Die vorangehenden Abschnitte handelten von einigen grundlegenden Zusammenhängen zwischen Bevölkerungs- und Sozialstruktur. Nunmehr soll danach gefragt werden, wie die Grunddaten der Bevölkerungsstruktur und die geschilderte bevölkerungsstatistische und bevölkerungspolitische Situation zu Elementen des generativen Verhaltens werden. Anders gefragt: welches sind die Faktoren, die das einzelne Individuum eine bestimmte generative Verhaltensweise (*Mackenroth:* Bevölkerungsweise) einnehmen lassen. Es sei an dieser Stelle daran erinnert, daß sozialstrukturelle Faktoren und soziale Verhaltensweisen nur unter analytischen Gesichtspunkten getrennt werden können und es nicht um die Verhaltensweise eines bestimmten einzelnen Individuums geht, sondern um sozial relevante, statistische Durchschnittswerte von Individuen in sozialen Systemen.

1. Determinanten der Bevölkerungsweise

Mackenroth (1953) hatte in seiner sozial-historischen Betrachtungsweise die vorherrschende **Bevölkerungsweise** und damit das generative Verhalten im wesentlichen auf fünf Faktoren zurückgeführt:

- das physische Können (Zeugungs- und Gebärfähigkeit);
- die sozialen Schranken (Vorstellungen in der Gesellschaft über die wünschenswerte Kinderzahl, eheliche und außereheliche Mutterschaft etc.);
- die materielle Situation (so ist eindeutig, daß Wirtschaftskrisen zum Absinken der Kinderzahl führen, ohne daß die Zahl der Eheschließungen gleichzeitig abnimmt; aber auch das Einkommen ist – im sozialstatistischen Durchschnitt – von Einfluß auf die Kinderzahl);
- das persönliche Wollen (Geschlechtsverkehr, Zeugung, Anzahl der Kinder, Geburtenhilfe als Momente der Willens- und Entscheidungsfreiheit des Menschen);
- den sozialen Wandel („Restgröße", die alles das zu erklären hat, was mit den übrigen Faktoren nicht aufgehellt werden kann, daher relativ unspezifisch ist).

Wenn das generative Verhalten soziales Verhalten ist, dann müßte die Definition *Max Weber*s zutreffen, daß es sinnhaft motiviert und auf das Verhalten anderer bezogen ist. Damit stellt sich die Frage, ob das generative Verhalten teilhatte an der Rationalisierung und Säkularisierung der menschlichen Verhaltensweisen (zumindest insofern es auf Zeugung bezogen ist). Redewendungen wie: „bewußte Elternschaft“; „nur noch Wunschkinder“ etc. machen glauben, daß das auf Zeugung bezogene generative Verhalten in den Bereich der bewußt und sinnhaft orientierten Verhaltensweisen einzugliedern ist. Einige Faktoren machen eine Einschätzung schwierig:

- Die – nach Schätzungen – immer noch sehr hohe illegale Abtreibungsquote trotz der 1974 erfolgten Legalisierung des Schwangerschaftsabbruchs nach bestimmten Voraussetzungen (Indikation aus ethischen, eugenischen und sozialen Gründen); die ohnehin komplizierte Gesetzgebung auf diesem Gebiet, die mehrfach vom Bundesverfassungsgericht behandelt werden mußte, wurde zusätzlich erschwert dadurch, daß in der DDR – und für eine Übergangszeit in den neuen Bundesländern – die sog. **Fristenregelung** galt. Dies spiegeln auch die Zahlen für 1992 noch wieder: in den alten Bundesländern gab es 75 Tsd. legalisierte Schwangerschaftsabbrüche (fast 90% aus „schwerer Notlage“), in den neuen Bundesländern (mit etwa einem Viertel der Bevölkerung) 44 Tsd.
- die wohl immer noch als gering anzusehende Aufklärung in der Bevölkerung über das generative Verhalten und die damit verknüpften biologischen, medizinischen, psychischen und sozialen Problembereiche;
- die große Zahl von Eheschließungen nach der Erwartung des ersten Kindes (mehr als ein Drittel der erstgeborenen Kinder wurde Anfang der 70er Jahre früher als vor Ablauf von neun Monaten nach Eheschließung geboren). Hier wird eingewandt, daß die Heiratenden sich schon vorher über die Ehe einig waren und nur der Hochzeitstermin durch das erste Kind „naturwüchsig“ bestimmt wird; dem steht entgegen, daß das erste Kind in sehr vielen Fällen wohl zu früh geboren wird im Hinblick auf die Ausbildungssituation und den ökonomischen Status der Eltern.

Wenn bei den obigen Aussagen das generative Verhalten in einen sehr engen Zusammenhang mit Zeugung und Geburt gebracht wurde, dann vor allem aus dem Grunde, weil es an diesem Faktum am eindeutigsten ablesbar ist. Generatives Verhalten ist jedoch nicht mit Zeugungsverhalten gleichzusetzen. Von den pluralen gesellschaftlichen Kräften ist wohl nur noch die Katholische Kirche bemüht, diesen Zusammenhang als ethische Norm zu postulieren.

Dieser Tatbestand und der Gebrauch von empfängnisverhütenden Mitteln sollten jedoch nicht übersehen lassen, daß die „Leistungen“ der „Pille“ als des gegenwärtig verbreitetsten empfängnisverhütenden Mittels nicht in allen Punkten richtig eingeschätzt werden. Die hiermit verknüpften medizinischen, psychologischen und sozialpsychologischen Fragen sind weder hinreichend geklärt noch genügend den einzelnen Individuen vertraut.

2. Determinanten der Geburtenbeschränkung

Als weitere Faktoren, die auf das generative Verhalten, insbesondere das Zeugungsverhalten, in der gegenwärtigen Gesellschaft von Einfluß sind, bleiben zu nennen:

- Motivationsänderungen, die – vor allem in den neuen Bundesländern – von Phänomenen der sozialen Verunsicherung und von Konjunktur- und Beschäftigungskrisen ausgehen;
- gesellschaftspolitische Zielsetzungen, wie z. B. die Emanzipation der Frau, die – aufgrund der noch zu analysierenden Struktur der Kernfamilie – nur über eine geringe, in der Geburtenfolge gedrängte Kinderzahl erreichbar scheint (hier wurde gesellschaftspolitisch bisher versäumt, für eine verantwortungsvolle Sozialisationsleistung in der Familie die notwendigen Hilfen zu geben, so daß bisher in der Wahrnehmung dieser Aufgabe keine Chance zur Selbstverwirklichung und Emanzipation gesehen werden konnte);
- die von den Kirchen aufgestellten Normen über generatives Verhalten (hier ist vor allem die Enzyklika **Humanae Vitae** der Katholischen Kirche von 1968 zu nennen, die weltweit sehr heftig diskutiert wurde, weil sie – und dies angesichts der großen Bevölkerungsprobleme in den katholischen Entwicklungsländern vor allem Lateinamerikas – den Gebrauch von empfängnisverhütenden Mitteln, so auch der Pille, selbst Eheleuten untersagte und nur sehr bedingt eine Geburtenregelung nach der Methode **Knaus-Ogino***
erlaubte);
- die Orientierung an einem als wünschenswert angesehenen Lebensstandard (Einfluß des Einkommens, der Wohnungsgröße, der Berufssicherheit etc. auf die Kinderzahl. Tatsache ist, daß die ökonomischen Belastungen bei Familien mit Kindern durch sozialpolitische Maßnahmen nicht entsprechend ausgeglichen werden können.).

Damit sind längerfristig wirkende Faktoren und Trends angesprochen, die auf das generative Verhalten einwirken. Nach *Hans Linde* (1984) sind Erklärungsversuche zur Geburtenbeschränkung einzubeziehen in eine „Theorie der säkularen Nachwuchsbeschränkung". Die deutlich spürbaren Auswirkungen der Emanzipation, der Individualisierung hier relevanter persönlicher Entscheidungen und der Säkularisierung der Verhaltensweisen sind in diesem Zusammenhang ebenso zu nennen wie die Änderungen der Wirtschaftsstruktur, der Arbeitsverhältnisse, der Verstädterung, der Familienbeziehungen, der Lebenserwartung und weiterer Faktoren.

Die „demographische Zeitenwende" (*Herwig Birg*) und damit die Ursachen des Fertilitätsrückganges haben in den letzten Jahren Wissenschaftler und Politiker gleichermaßen beschäftigt. Neben den mehr historischen Analysen von *Mackenroth* und *Linde*, die lange Zeitreihen berücksichtigen, gibt es die mehr psychologischen Erklärungen, daß „ein oder zwei Kinder genügen, um die mit Elternschaft verbundenen Werte und emotionalen Befriedigungen zu erfahren“ (*Birg*, 1989, S. 47); oder ökonomische Erklärungsansätze, die auf die sogenannten Opportunitätskosten von Kindern verweisen. Im Kern seien das, so *Birg*, die mit dem Verzicht auf Erwerbsarbeit verbundenen Einkommensverzichte der Frau. – Soziologische Theorien thematisieren, wie bereits angedeutet, vor allem den Wertewandel. Sie sind natürlich immer etwas in der Gefahr, sich im Kreise zu drehen. –

Birg versucht eine Integration dieser Ansätze in einer „biographischen Theorie der Fertilität“ (1989, S. 47). Den Hauptgedanken faßt er wie folgt zusammen: Biographisch relevante Entscheidungen beinhalten langfristige Festlegungen, die sich bezüglich der Nichtumkehrbarkeit ihrer Wirkungen auszeichnen. So sind die Folgen biographischer Festlegungen durch Partnerbindungen und Kindgeburten langfristig und nicht rückgängig zu machen. In einer schnell sich wandelnden Welt ist es jedoch vernünftig, langfristig wirkende Festlegungen aufzuschieben und Wahlmöglichkeiten offenzuhalten – „zumal die Risiken der Festlegungen und die Vielfalt der Optionen mit der Veränderungsgeschwindigkeit der Welt noch wachsen.“

III. Bevölkerungsentwicklung auf dem Territorium der Bundesrepublik und der DDR

1. Die historische Dynamik der Bevölkerungsentwicklung

Als die Bundesrepublik und die DDR gegründet wurden (1949), waren in Mittel-, Ost- und Südosteuropa – bezogen auf die Kürze des Zeitraumes – die umfangreichsten Bevölkerungsbewegungen der Geschichte zu einem vorläufigen Abschluß gekommen. Für das Gebiet der späteren Bundesrepublik können einige Zahlen S. 15f und Tabelle 1 entnommen werden. Zusätzlich sind zu nennen:

- 1 184 805 **Spätaussiedler**, die zwischen 1950 und 1982 aufgenommen wurden (dieser Vorgang ist immer noch nicht abgeschlossen; vgl. w.u.);
- ca. 3 Mill. Einwohner aus der DDR, die bis zum Bau der Berliner Mauer (13.8.1961) aus der DDR flüchteten.

Das sind ca. 11,8 Mill. Vertriebene, Flüchtlinge und Umsiedler, die strukturell, wirtschaftlich und sozial in die Bundesrepublik eingegliedert werden mußten. Berücksichtigt man den Tatbestand, daß seit dem Ersten Weltkrieg eine „normal verteilte", pyramidenförmig strukturierte Bevölkerung nicht mehr gegeben war, so kann festgehalten werden, daß die Sozialstruktur der Bundesrepublik durch die Ungleichgewichte ihrer Bevölkerungsstruktur erheblichen Belastungen ausgesetzt war und ist.

Seit Beginn der 60er Jahre, als durch den Bau der Berliner Mauer der Zustrom von jüngeren, zum Teil gut ausgebildeten Flüchtlingen aus der DDR stark reduziert wurde, kam ein verstärkter Zuzug von **Gastarbeitern** aus dem europäischen Ausland und der Türkei hinzu. Betrug die Gesamtzahl der ausländischen Arbeitnehmer in den Jahren 1958 127 000, 1960 279 000, so schnellte sie 1961 bereits auf 549 000 hoch, um 1964 die Millionengrenze zu erreichen. Über dic Entwicklung in den folgenden Jahren gibt Tabelle 5 Aufschluß.

Tabelle 5 Ausländische Arbeitnehmer in der BRD nach ausgewählten Herkunftsländern in 1000 (die %-Werte beziehen sich auf die Gesamtzahl der ausländischen Arbeitnehmer).

Jahr	Ausl. Arb.n. insges.	Italien abs.	Italien %	Jugo-slawien abs.	Jugo-slawien %	Türkei abs.	Türkei %	Griechen-land abs.	Griechen-land %	Spanien abs.	Spanien %	Sonstige abs.	Sonstige %
1967	991	266	27	95	10	131	13	140	14	118	12	241	24
1974	2 361	370	15	470	20	590	25	225	10	165	7	541	23
Juni 1988	1 624	178	11,0	296	18,2	534	32,9	99	6,1	63	3,9	455	28,0
Juni 1992	2 036	165	8,1	376*	18,5	652	32,0	103	5,1	55	2,7	685	33,6

Quelle: Stat. Jb. BRD, versch. Jge. (1993: S. 126)
* bezogen auf die Länder des ehem. Jugoslawien

Rechnet man die Familienangehörigen der **ausländischen Arbeitnehmer** hinzu, so waren es – bezogen auf das frühere Bundesgebiet – im Jahre 1987 4,24 Mill. Ende 1991 waren es in Deutschland 5,88 Mill. (7,3% der Wohnbevölkerung). In den neuen Bundesländern lebten Ende 1991 nur 110,5 Tsd. Ausländer (0,7% der Wohnbevölkerung).

2. Bevölkerungsentwicklung in der DDR und in den neuen Bundesländern

2.1 Besonderheiten der Entwicklung 1952–1989

Übereinstimmend wird festgestellt, daß die Bevölkerungsentwicklung in der DDR im Hinblick auf Industriegesellschaften der Nachkriegszeit einen Sonderfall darstellt (*Geißler*, 1992, S. 286ff; *Korte*, 1993, S. 82ff).

Die wichtigsten Besonderheiten können wie folgt zusammengefaßt werden:

- Nach 1952, als die Flüchtlinge und Vertriebenen wie die eigene Bevölkerung begannen, in die Bundesrepublik abzuwandern, war die DDR das einzige Land, das kontinuierlich Bevölkerungsverluste hatte (zwischen 1948 und 1989 schrumpfte die Bevölkerung um 2,7 Mill. Einwohner auf 16,4 Mill.);
- nach dem Mauerbau (1961) war solch ein erheblicher Geburtenrückgang zu verzeichnen, daß die DDR die niedrigste Geburtenrate der Welt hatte; auch die dann einsetzenden familienpolitischen Maßnahmen konnten nicht bewirken, daß die Geburtenrate zur Konstanz der Bevölkerung beitragen konnte (was in der Bundesrepublik seit Ende der 60er Jahre nur durch die hohen Geburtenraten der Gastarbeiter erreicht wurde);
- der Ausländeranteil war mit ca. 1% extrem niedrig. Aus ideologischen Gründen gab es keine „Gastarbeiter“; ab Mitte der 80er Jahre wurden ca. 50 Tsd. Vietnamesen ins Land geholt, die aber wegen ihrer kasernierten Unterbringung allenfalls den Status von Leiharbeitern hatten; von den ca. 190 Tsd. Ausländern Ende der 80er Jahre hatten nur 20% einen festen Wohnsitz (*Korte*, S. 82).

2.2 Dramatische Veränderungen seit 1989

Demographische Faktoren müssen – wie bereits hervorgehoben – *säkular* (*Linde*) bzw. als langfristig wirksame soziale Prozesse betrachtet werden, sonst kommt man zu voreiligen Schlußfolgerungen. Unter dieser Prämisse haben *Zapf/Mau* (1993) die Entwicklung von Geburtenraten, Eheschließungen usw. in der früheren DDR seit der Wende und dem Einigungsprozeß betrachtet. Ihr Ergebnis: es hat eine „demographische Revolution“ gegeben, für die es keine historischen Vergleiche gibt. Die wichtigsten Eckdaten:

- 1991 gab es einen Geburtenrückgang um 39,6% (gegenüber 1990); 1992 verringerte sich dieses drastische Geburtentief nochmals um 18,1% (BiB-Mitteilungen 3/93);
- 1991 gab es einen Rückgang der Eheschließungen (gegenüber 1990) um 50,4%; 1992 war der Rückgang gegenüber 1991 auf 4,5% gesunken (BiB-Mitteilungen 4/93);
- bei Ehescheidungen betrug der Rückgang von 1990 auf 1991 72%. Dieser historisch einmalige „Rekord“ hat vor allem mit den Unsicherheiten zu tun, die die Umstellung auf das neue Scheidungsrecht mit sich brachte (einen drastischen Einbruch entsprechender Quoten gab es auch im alten Bundesgebiet 1978, nach Wirksamwerden des neuen Scheidungsrechts; vgl. S. 127).

Man kann die genannten Daten zur „demographischen Revolution“ als Indikatoren für das Ausmaß des Transformationsprozesses der DDR seit 1989 interpretieren, für den es auch keine historischen Vergleiche und Vorbilder (bezogen auf Umfang und Geschwindigkeit) gibt.

3. Haushalts- und Altersstruktur

Die Bevölkerung lebt in **Haushalten**, und zwar in privaten Haushalten und in sog. **Anstaltshaushalten** (Wohnbevölkerung in Kranken-, Heil- und Pflegeanstalten, in Alters- und Invalidenheimen, in Arbeiterlagern und Klöstern; hier leben ca. 2% der bundesdeutschen Bevölkerung – gegenüber anderen Ländern ein relativ hoher Prozentwert).

Privathaushalte sind definiert als zusammen wohnende und wirtschaftende Personen (also auch der allein wirtschaftende Einzeluntermieter ist ein Haushalt).

Hervorstechendstes Merkmal der Entwicklung und Größe der Privathaushalte ist der kontinuierliche Rückgang der Personen je Haushalt (und Familie), die relative Zunahme der Einpersonenhaushalte, die Zunahme der Haushalte mit einem weiblichen Haushaltsvorstand und die S. 122ff beschriebene Differenzierung familialer Haushaltsformen.

1871 betrug im damaligen Reichsgebiet der Anteil der Einpersonenhaushalte an den Privathaushalten 6,2 % und die durchschnittliche Personenzahl je Haushalt belief sich noch auf 4,6.

1991 war – bezogen auf Gesamtdeutschland – die durchschnittliche Personenzahl je Haushalt auf 2,27 Personen gesunken; die Einpersonenhaushalte umfaßten genau ein Drittel aller Haushalte, mit geringeren Anteilen in den neuen Bundesländern.

4. Veränderungen im Alterungsprozeß und der Lebenssituation älterer Menschen

Wie die **Soziologie des Jugendalters** (vgl. *Schäfers*, 1994) herausgearbeitet hat, daß die Jugendzeit demographisch und sozial in verschiedene Phasen zu unterteilen ist, weil sie sich immer mehr verlängerte und differenzierte, so ist die soziale und sonstige Situation der Menschen höheren Alters in sich so komplex, daß auch hier Unterteilungen unabdingbar sind (vgl. *L. Rosenmayr*, 1978; 1990).

Wenn gegenwärtig mit einer durchschnittlichen Lebenserwartung (von Geburt an) bei Frauen mit 78,4 Jahren und bei Männern mit 71,8 Jahren zu rechnen ist, und wenn für den Beginn des Alters bzw. des Ruhestandes in sehr allgemeiner Betrachtung das 60.–65. Lebensjahr angesetzt wird, dann hat man es nach Größe (ein gutes

Tabelle 6 Struktur der Haushalte in der Bundesrepublik insgesamt und in den alten und neuen Bundesländern im Jahr 1991 (in 1 000 und %).

Haushalte	Deutschland insgesamt	%	Alte Länder insgesamt	%	Neue Länder insgesamt	%
Einpersonenhaushalte	11 858	33,6	10 019	35,1	1 839	27,6
Mehrpersonenhaushalte	23 398	66,4	18 564	65,0	4 833	72,4
davon						
Ehepaare ohne Kind(er)	8 201	23,3	6 564	23,0	1 637	24,5
Ehepaare mit Kind(ern)	13 343	37,9	10 462	36,6	2 881	43,2
davon						
vollständige Familie	*10 958*	*31,1*	*8 684*	*30,4*	*2 274*	*34,1*
unvollständige Familie	*2 385*	*6,8*	*1 778*	*6,2*	*607*	*9,1*
3- und Mehr-Generationen-Familien	428	1,2	345	1,2	82	1,2
Familien mit familienfremden Personen im Haushalt	182	0,5	160	0,6	22	0,3
nur familienfremde Personen	1 244	3,5	1 033	3,6	211	3,2
Insgesamt	35 256	100,0	28 583	100,1	6 672	100,0

Quelle: BiB-Mitteilungen 2/93

Fünftel bzw. Viertel der Gesamtbevölkerung) und Zusammensetzung mit einer in sich höchst differenzierten Population zu tun.

Noch weniger als beim Jugendalter sind für die alten Menschen relativ fixe Altersgrenzen als Einteilungskriterium brauchbar, weil der **Alterungsprozeß** eine größere Variationsbreite in medizinischer und psychologischer Hinsicht aufweist als das Jugendalter (mit dem z. B. sehr unterschiedlichen Einsetzen der Pubertät).

4.1 Psychologie und Sozialpsychologie des Alters

Seit der griechischen Antike, als für unseren abendländisch-christlichen Kulturkreis das Alter erstmalig Gegenstand philosophischer Erörterungen wurde (*Platon, Aristoteles*), haben die **Auffassungen über das Alter** starke Wandlungen durchgemacht (vgl. den Überblick bei *U. Lehr* 1985; *L. Rosenmayr* 1990).

Was aus diesen geistes- und sozialgeschichtlichen, sprach- und bewußtseinsgeschichtlichen Rekonstruktionen zu lernen ist, sei in der knappen Aussage zusammengefaßt, daß auch die heutigen Auffassungen über das Alter Ergebnis langer Entwicklungsprozesse sind und sich mit Sicherheit weiterhin wandeln werden. Und diese Wandlungen bedeuten Änderungen für das Selbst- und Fremdbild des Alters. Es macht einen großen Unterschied, ob das Alter als Krankheit aufgefaßt wird (*Aristoteles, Seneca*) oder als Lebensabschnitt mit besonderer Würde, dem alle anderen Lebensalter eine auszeichnende Hochachtung entgegenzubringen haben. Teil der heutigen Auffassung, und damit sich verbindender Motivationsstrukturen, ist die Annahme von der Eigenständigkeit des Alters, einer **dynamischen Altersrolle.** Dies führt zu bestimmten Zuschreibungen und Erwartungen, Aktivitäten und natürlich auch zu neuen Stereotypen.

Für das Eigen- und Fremdbild des Alters spielen in einer „wissenschaftlich-technischen Zivilisation" (*Schelsky*) Aussagen der Wissenschaften vom Alter eine zunehmende Rolle. War es ursprünglich nur die Medizin, die hier eine große Autorität besaß, so sind mit der **Soziologie des Alters** und der **Psychogerontologie** differenzierende Betrachtungsweisen hinzugekommen. In dem Maße, wie die Ergebnisse dieser Wissenschaften popularisiert werden (heute v.a. über das Fernsehen), nehmen sie Einfluß auf das Selbst- und Fremdbild des Alters. Wenn sich z.B. aus der vorhandenen Konkurrenz gerontologischer Theorien in der Öffentlichkeit die Auffassung durchsetzen sollte, daß das Alter unter Aspekten des Defizits, des „Nicht-Mehr" zu betrachten ist, so hat dies andere Auswirkungen, als wenn in der Bevölkerung mehrheitlich die Auffassung vorherrscht, das Alter sei eine Zeit von großer Eigenständigkeit, besonderer Lebenserfahrung und Lebensglück.

4.2 Sozialstatistische Grunddaten

Die zahlreichen Sozialstatistiken zur Situation alter und sehr alter Menschen in der Bundesrepublik sollen hier mit einigen besonders aussagekräftigen Daten zusammengefaßt werden:

- Der Anteil der über 65jährigen an der Gesamtbevölkerung betrug 1871 (im Deutschen Reich) 4,7%, 1987 in der Bundesrepublik 15,3% (1970: 13,2%);
- in der Bundesrepublik lebten 1970 298 Menschen, die 100 Jahre und älter waren; 1987 waren es 2197 Bürger und Bürgerinnen;
- jeder dritte Haushalt in der Bundesrepublik ist ein Einpersonenhaushalt; von diesen wiederum ist jeder zweite der Haushalt eines älteren Menschen;
- das Zahlenverhältnis Frauen/Männer beträgt bei den über 65jährigen 185/100 (was aber gegenwärtig noch mit den Männerverlusten in beiden Weltkriegen zusammenhängt; sonst wäre die Relation „nur" 140/100; *K. Schwarz* 1987, S. 3);
- die Zahl der Frauen über 75 Jahre ist mit 2,6 Mill. doppelt so groß wie die der Männer dieses Alters;
- nach den gegenwärtig möglichen Aussagen der Bevölkerungswissenschaft wird sich der Anteil von gut 15% der über 65jährigen bis zum Jahre 2030 auf ca. 25% erhöhen.

Der Familienstand bei älteren Menschen „entscheidet in erheblichem Umfang darüber, ob sie das Ende des Lebens allein oder mit anderen verbringen werden" (*K. Schwarz*, 1987, S. 4f):

- Von den 65- bis unter 70-jährigen lebten 1982 noch 86% als Verheiratete mit der Frau zusammen; doch bei den Frauen dieser Altersgruppe lebten nur noch 45% verheiratet zusammen;
- die unterschiedliche Lebenserwartung und der Tatbestand, daß die Männer bei Eheschließung durchschnittlich vier Jahre älter sind als die Frauen, führt dazu, daß dreimal so viele Ehen durch den Tod des Mannes als durch den Tod der Frau gelöst werden.

Ein wichtiges Grunddatum für die Soziologie und Psychologie des Alters wurde bisher nicht genannt: der durch die höhere Lebenserwartung und das frühere Ausscheiden aus dem Beruf verlängerte Lebensabschnitt ohne Beruf und Arbeitspflichten. 1988 waren in der Bundesrepublik nur 31,5% der 60–64jährigen Männer und 10,8% der Frauen gleichen Alters erwerbstätig (*Jacobs/Kohli* 1990, S. 500). Beim Stellenwert von Arbeit und Beruf sowohl in der Biographie jedes einzelnen wie in der Gesamtgesellschaft sind bei gegebenen Strukturen (Familie und Verwandtschaft; Berufswelt und mechanisierter Haushalt usw.) die Möglichkeiten einer sinnvollen Beschäftigung im Alter sehr begrenzt.

4.3 Zur Lebenssituation alter Menschen

Der hohe Prozentsatz allein lebender Menschen über 60 bzw. 65 Jahren darf soziologisch und sozialpsychologisch nicht von vornherein unter Kriterien wie Einsamkeit oder Ausgrenzung analysiert werden. Dagegen sprechen zunächst folgende Tatbestände (vgl.

auch *K. Schwarz,* 1987, S. 169), die einen Zuwachs an Selbständigkeit (auch im Sinne der praktischen Lebensführung) bedeuten:

- die Verbesserung und Verselbständigung der ökonomischen Situation alter Menschen;

- die deutliche Verbesserung des Gesundheitszustandes älterer Menschen;

- die Technisierung und Maschinisierung der Haushalte, wozu auch die breite Versorgung mit dem Telefon (als Kommunikationsmittel, für Hilferufe usw.) zu zählen ist;

- die kaum zu überschätzende Bedeutung des Fernsehens für Information und Unterhaltung (in der Bundesrepublik gibt es fast eine Vollversorgung der Haushalte mit Fernsehgeräten; Video-Geräte und Breitbandkabel erhöhen die Auswahlmöglichkeiten);

- die vielen mobilen Dienste und Hilfen für ältere Menschen („Essen auf Rädern" etc.);

- die Tatsache, daß bei einem hohen Prozentsatz der älteren Menschen Kinder oder Enkel im gleichen Haus oder in kurzfristig überwindbarer Entfernung leben (bei erhöhter Mobilitätsmöglichkeit durch den PKW);

- die Prozesse der Individualisierung, d.h. die sich im Alter ebenso ausdifferenzierenden Lebensformen, wie dies bei der Jugend und im Erwachsenenalter zu beobachten ist (vgl. hierzu *U. Beck* 1987).

4.4 Die besondere Situation älterer Menschen in den neuen Bundesländern

Seit der „Wende" hat es in den neuen Bundesländern einen „Altersschub" gegeben, der auf drei Ursachen zurückgeführt werden kann: die Abwanderung v.a. jüngerer Menschen 1989ff; der dramatische Geburtenrückgang 1990f (vgl. S. 97); die im Zuge des gesellschaftlichen Totalumbaus große Zahl an Frührentnern (vgl. *Schwitzer,* 1993).

Die Situation ist von der westdeutschen auch dadurch verschieden, da die älteren Menschen i.d.R. keine Vermögenswerte schaffen konnten, die eine Ressource für die Lebensgestaltung sein könnten. Auch die sonstigen Lebensumstände – z.B. die Wohnsituation – werden noch längere Zeit ungünstiger als die westdeutschen sein. Bei älteren Menschen zeigt sich ein weiteres Defizit der ostdeutschen Gesellschaftsentwicklung: der Mangel an einer entsprechenden Vereins- und Partizipationskultur.

5. Neue Faktoren der Bevölkerungsdynamik

5.1 Spätaussiedler und Asylbewerber

Die weltpolitische und die weltökonomische Situation, die Politik *Michail Gorbatschows* in der UdSSR und entsprechende Entwicklungen in Osteuropa haben seit Mitte der 80er Jahre zu einer neuen historischen Dynamik der Bevölkerungsentwicklung für die Bundesrepublik geführt. Unter den Stichworten **Asylbewerber, Spätaussiedler** und **DDR-Übersiedler** sei diese kurz erläutert.

In Art. 16 II GG war, nicht zuletzt auf Grund der Erfahrungen mit dem Nationalsozialismus und in anderen totalitären Systemen, das **Recht auf Asyl als Grundrecht** fest verankert: „Kein Deutscher darf an das Ausland ausgeliefert werden. Politisch Verfolgte genießen Asylrecht“ (zur verfassungsrechtlichen Verankerung vgl. *O. Kimminich,* 1987).

Nach heftiger innenpolitischer Diskussion zur „Eindämmung der Asylantenflut“ bzw. zur Etablierung einer verantwortungsvollen Einwanderungspoltik wurde dieser Art. geändert. Der am 28.6.1993 neu in das Grundgesetz eingefügte Art. 16a bestimmt weiterhin: „Politisch Verfolgte genießen Asylrecht“, aber die Absätze 2–4 bedeuten faktisch sehr weitgehende Einschränkungen. 1993 wurden 322 Tsd. Asylanträge gestellt (Datenreport 1994, S. 39). Im ersten Halbjahr 1994 wurden nur noch 63 Tsd. Anträge gestellt. Die Anerkennungsquote politischer Flüchtlinge liegt seit 1987 unter zehn Prozent (1972: 40%).

Tabelle 7 Entwicklung der Asylanträge 1953–1992.

Jahr	Anträge	Jahr	Anträge
1953	1 906	1960	2 143
1970	6 423	1975	8 230
1980	92 918	1985	54 805
1989	121 318	1992	438 191

Quelle: Menschenrechte, H. 1; Hrg. Deutsche UNESCO Kommission/Bundeszentrale für politische Bildung, Bonn 1988; für 1989 und 1992: Stat. Jb. BRD 1993, S. 73

Bis etwa 1986 kamen die meisten Asylbewerber aus Asien, seither aus Europa (ehemaliges Jugoslawien, Albanien, Rumänien usw.).

Nach dem deutschen Staatsbürgerrecht (vgl. hierzu S. 49) sind die deutschstämmigen Aussiedler als Deutsche mit allen Rechten und Pflichten anzuerkennen – auch wenn sie, was immer wieder Erstaunen oder auch Unmut in der Bevölkerung hervorruft, kaum der deutschen Sprache mächtig sind. Nach § 6 des Bundesvertriebenen- und Flüchtlingsgesetzes (BVFG) liegt **deutsche Volkszugehörigkeit** dann vor, wenn jemand „sich in seiner Heimat zum deutschen Volkstum bekannt hat, sofern dieses Bekenntnis durch bestimmte Merkmale wie Abstammung, Sprache, Erziehung, Kultur bestätigt wird".

Nach dem Bau der Berliner Mauer kamen seit dem 13. August 1961 bis Mitte 1987 ca. 1,5 Mill. Flüchtlinge, Vertriebene und Aussiedler aus der DDR und Osteuropa in die Bundesrepublik (vgl. Informationen zur politischen Bildung, H. 222/1989: Aussiedler).

Seit Sommer 1987 gab es einen unerwarteten Zustrom vor allem aus den Staaten Ost- und Südosteuropas, seit Herbst 1989 aus der DDR.

Tabelle 8 Aussiedler nach Herkunftsländern 1978–1992.

Jahr	insgesamt	davon aus Polen	SU	Rumän.	CSSR	Ungarn	sonst.
1978	58 062	36 102	8 455	12 120	904	269	212
1988	202 645	140 226	47 572	12 902	949	763	233
1989	377 055	250 340	98 134	23 387	2 027	1 618	1 549
1992	230 565	9 860	195 576	16 146	460	354	287

Quelle: Das Parlament, Nr. 35/1989 (dort Verweis auf das Bundesausgleichsamt); für 1989: BiB-Mitteilungen, März 1990; für 1993: Stat. Jb. BRD 1993, S. 92

Das Durchschnittsalter der Aussiedler liegt erheblich unter dem der bundesrepublikanischen Bevölkerung. Bei den unter 18jährigen betrugen die Anteile an der jeweiligen Gesamtpopulation 32,4 resp. 18,5% (1987/88). Waren von der Bevölkerung der Bundesrepublik zum genannten Zeitpunkt 15,4% über 65 Jahre, so waren es bei den Aussiedlern nur 4,0%.

5.2 Übersiedler aus der DDR und den neuen Bundesländern

Seit 1976 konnten sich die DDR-Bürger bei ihrem Antrag auf international geltendes Recht berufen: In diesem Jahr wurden die von der DDR ratifizierten Bürger- und Sozialrechtsabkommen der Vereinten Nationen völkerrechtlich wirksam; ein Jahr zuvor hatte die DDR zu den Unterzeichnern der **Schlußakte von Helsinki** gehört und war damit weitere Verpflichtungen im Hinblick auf Auswanderungsmöglichkeiten eingegangen.

Die politische Entwicklung in der DDR seit dem 9.11.89 konnte die Übersiedlerwelle nicht stoppen. 1990 kamen bis zum 30. Juni 238 384 Übersiedler aus der DDR in die Bundesrepublik. 1990 kamen insgesamt 389 Tsd. Personen aus der DDR/Neue Bundesländer in die BRD/Alte Bundesländer. 1991 hatte sich diese Zahl um 37% auf 244 Tsd. verringert. Gleichzeitig verdoppelte sich die Zahl der Fortzüge von Deutschen aus dem alten Bundesgebiet in die neuen Bundesländer (und Ost-Berlin): von 36 Tsd. im Jahre 1990 auf 76 Tsd. 1991 (BiB 1/93, S. 5).

IV. Umfang und Auswirkungen der räumlichen Mobilität (Wanderungen)

1. Arten und Anlässe räumlicher Mobilität

Neben den Geburten, Todesfällen und den sonstigen „statistischen Ereignismassen" der Bevölkerungsentwicklung sind es an wichtigster Stelle die Wanderungen von Menschen, die über die aktuelle Größe und Struktur der Bevölkerung eines bestimmten Gebietes entscheiden. Einige Gründe und Zahlen zur Einwanderung auf das Territorium der Bundesrepublik wurden an verschiedenen Stellen und im vorangehenden Kapitel genannt.

Unter **räumlicher Mobilität** (auch horizontale oder geographische Mobilität, Wanderung oder Migration genannt) sind alle Bewegungsvorgänge von Personen und Personengruppen im Raum zu verstehen. Um die große, kaum überschaubare Anzahl dieser Bewegungsvorgänge sinnvoll einteilen und untersuchen zu können, wird nach zumindest folgenden Gesichtspunkten untergliedert:

- freiwillige und unfreiwillige (erzwungene) Mobilität;
- Berufs-Mobilität oder Arbeitswanderung (bzw. -migration), „der Prototyp der Wanderung in modernen Gesellschaften" (*Treibel*, 1990, S. 20);
- gemeindliche, zwischengemeindliche, regionale (inter- und intraregionale: zwischen den Regionen und in der betreffenden Region) Mobilität, nationale und internationale (über die Landesgrenzen hinausgehende) Mobilität;
- Einzel-, Gruppen- und Massen-Mobilität.

Es ist offenkundig, daß sich der Katalog leicht erweitern ließe und daß sich die einzelnen Punkte nicht gegenseitig ausschließen: Die freiwillige Mobilität kann Berufs-Mobilität und interregionale Mobilität zugleich sein.

Als **Wanderung** im engeren Sinne sollen hier nur jene räumlichen Bewegungsvorgänge definiert werden, die einen Wechsel des Wohnsitzes bedingen (*Günter Albrecht,* 1972, S. 25).

Ein Sonderfall sind die – zumeist berufsbedingten – **Pendlerbewegungen** und die umfangreiche Ferien- und Freizeit-Mobilität. Sie sind siedlungs- und verkehrsinfrastrukturell von großer Bedeutung.

2. Wanderungen als Element des Entscheidungshandelns

Die Untersuchung der räumlichen Mobilität, ihrer verschiedenen Ursachen und Erscheinungsformen, kann als eines der am gründlichsten erforschten Gebiete des menschlichen Entscheidungsverhaltens überhaupt gelten (vgl. die zusammenfassenden Darstellungen und theoretischen Grundlegungen bei *Günter Albrecht,* 1972; *Hans-Joachim Hoffmann-Nowotny,* 1970; *Peter Franz,* 1984; *Hartmut Esser/Jürgen Friedrichs,* 1990; *Annette Treibel,* 1990). Hierfür können folgende Gründe genannt werden:

- Die Erforschung der **Wanderungsmotive** stellt einen begrenzbaren Ausschnitt aus dem umfangreichen Entscheidungshandeln dar; mit der Wanderungsentscheidung sind jedoch weitreichende „Grundsatzentscheidungen" für das individuelle, familiale oder gruppenspezifische Leben verknüpft;
- mehrere Wissenschaften sind an einer Erforschung der Ursachen und Erscheinungsformen der Mobilität sehr interessiert: die Ökonomie, die Geographie, die Demographie, die Soziologie, die Sozialgeschichte, die Raum- und Stadtplanungswissenschaften;
- mit dem Interesse der Wissenschaften verbindet sich das der Praxis: grundlegende Daten und Kenntnisse über Ursachen und Erscheinungsformen der Mobilität zu besitzen – um nur einen Teilbereich der Mobilitätsforschung zu erwähnen – ist für die Ansiedlung von Wirtschaftsbetrieben, für die regionale Wirtschaftspolitik, für die Wohnungs-, Infrastruktur-, Stadt- und Raumplanung gleichermaßen von Bedeutung.

Die umfangreichen theoretischen und empirischen Mobilitätsforschungen können hier nur in wenigen Grundaussagen dargestellt werden:

- Wanderungen betreffen nicht nur die Wandernden, sondern immer ein größeres Umfeld (Familie; Nachbarschaft; Arbeitsumfeld usw.; vgl. zu diesen Dimensionen *A. Treibel*, 1990);
- Wanderungen können als „problemlösendes Sozialverhalten" (*G. Albrecht*, 1972, S. 8) im Hinblick auf die Bedingungen des Arbeitens und Wohnens, der Bildung und Freizeit und aller anderen, für Individuen und Gruppen (z. B. Familien) jeweils relevanten Faktoren interpretiert werden;
- Wanderungen sind Ausdruck eines neuen oder zu erwerbenden sozialen Status: ein Aufstieg auf der sozialen Schichtungsleiter (z. B. durch einen beruflichen Aufstieg) wird durch (ggf. innergemeindlichen) Wohnortwechsel dokumentiert;

- räumliche Mobilität ist eine Reaktion von Individuen oder Gruppen auf die „**Disparität der Lebensbereiche**“ (vgl. S. 239f). Hiermit sind die seit *Wilhelm Heinrich Riehl* (1855) so zahlreichen „Selektions-Theorien“ (des Abwanderns der „Besten“, der Jüngeren, der Dynamischsten etc. in die jeweiligen Entwicklungszentren) verknüpft. Einen Überblick zu diesen Theorien, auch des 19. Jahrhunderts, gibt *Elisabeth Pfeil*, 1972, S. 137f.

Die große Bedeutung der Wanderungen für die Sozialstruktur einer Gesellschaft und ihren sozialen Wandel kann abschließend zu diesem kurzen Überblick dahingehend zusammengefaßt werden, „daß die geographische Mobilität sowohl für die Ermöglichung der gesellschaftlichen Differenzierungsprozesse als auch als Quelle neuer Wandlungen von fundamentaler Bedeutung für die soziale Organisation ist“ (*G. Albrecht*, 1972, S. 279).

3. Sozialstrukturelle Gründe und Auswirkungen der Wanderungen

Waren – im Zusammenhang der sozialen Umbrüche des 19. Jahrhunderts – Land-Stadt-Wanderungen wie Auswanderungen nach Übersee typisch für die erste Phase der Industrialisierung und Verstädterung, so haben in der Geschichte der Bundesrepublik zunehmend andere Faktoren den großen Umfang ihrer räumlichen Mobilität bestimmt:

- die Integration der Flüchtlinge und Vertriebenen und der bis 1961 (bzw. seit Herbst 1989 wieder einsetzende) starke Zustrom von Bewohnern der DDR;
- die Umstrukturierung der Produktionssektoren, die bis Ende der 60er Jahre einen starken Zustrom von Landbevölkerung in die Städte und Verdichtungsräume und eine hohe Arbeitsplatz- und Berufsmobilität bedingten;
- die beschriebene Umstrukturierung der Siedlungs- und Raumstrukturen, die große Bevölkerungsteile in den städtischen (nun zumeist eingemeindeten) Randgemeinden eine neue Wohnung finden ließ;
- der starke Zustrom von ausländischen Arbeitnehmern und ihren Familienangehörigen;
- die Nord-Süd-Wanderung in bevorzugte Städte und „Freizeit-Regionen“ des früheren Bundesgebiets.

Die sozialstrukturellen Auswirkungen der Wanderungen, vor allem auch der Zuwanderungen der ausländischen Wohnbevölkerung, sind erheblich, und zwar sowohl auf der Mikro- wie auf der Makroebene. Im Anschluß an *Bernhard Nauck* (1994) seien hierzu einige zusammenfassende Aussagen genannt:

- Durch die skizzierte Zuwanderung ausländischer Arbeitskräfte und ihrer Familienangehörigen hat sich die (west-)deutsche Wohnbevölkerung im

Bestand kaum vergrößert. „Vielmehr hat die ausländische Wohnbevölkerung in überraschender Genauigkeit, was Alter und Geschlecht betrifft, zur Schließung der Lücke im Bevölkerungsaufbau beigetragen, die als Kriegsfolge entstanden war und ab einem bestimmten Zeitpunkt durch Zuwanderungen aus der DDR nicht mehr geschlossen wurde“ (*Nauck*, 1994, S. 212);

- die Zuwanderungen ausländischer Arbeitnehmer haben in erheblichem Umfang zur Stabilisierung der Wohlstands- und Wohlfahrtsgesellschaft beigetragen und allen Beteiligten im Verteilungskampf um ökonomische und soziale Ressourcen Vorteile verschafft;

- auf der Mikroebene haben die Migrationsprozesse den Trend zur Individualisierung erheblich verstärkt und zur Pluralisierung der Lebensstile beitragen. Es sei kein Zufall, so *Nauck*, daß Prozesse der Individualisierung (mit den von *U. Beck* et al. genannten Indikatoren) vornehmlich in Städten und Ballungsräumen mit hohem Ausländeranteil zu finden seien.

4. Umfang und Auswirkungen der Berufspendelwanderung

Die Berufspendlerströme machen zwar nur ein Fünftel des gesamten Personenverkehrs in Deutschland aus, aber durch ihr immer noch stark zeitbedingtes Aufkommen zu den „rush-hours“ führen sie, wenn auch mit abnehmender Tendenz, zu den morgendlichen und nachmittäglichen Staus und „Verkehrsspitzen“ (*Schmitz*, 1992).

Einige Indikatoren können den starken Wandel der Berufspendlerströme verdeutlichen:

- 1970 benutzten ca. 34,5% aller Berufspendler einen PKW (oder Motorrad), 1987 waren es 66,9%; diese Zuwachsrate ist noch um vieles größer, wenn nur die Pendlerströme über die Gemeindegrenzen hin betrachtet werden. Ab 1991 liegen Zahlen für Gesamtdeutschland vor. In der früheren Bundesrepublik benutzten nunmehr 79,1% der Berufspendler den privaten PKW, in den neuen Bundesländern waren es 52,1% (die Anteile für öffentliche Verkehrsmittel betrugen 13,1 bzw. 30%; vgl. „Verkehr in Zahlen 1993“, S. 101);

- die Pendlerwege werden immer länger: Anfang der 60er Jahre lag die durchschnittliche Entfernung zwischen Wohnung und Arbeitsplatz (für Pendler, die entweder ein eigenes Kraftfahrzeug oder ein öffentliches Verkehrsmittel benutzten) bei ca. 9 km, Ende der 80er Jahre bei 13,5 km; hierbei ist das Zeitbudget durch die Verbesserung der Verkehrsanbindungen etwa gleich geblieben (die neuen ICE-Linien werden dazu beitragen, Wohnbereich und Arbeitsplatz noch weiter zu distanzieren);

- die Quote der Berufspendler über die Gemeindegrenzen an der Zahl der Erwerbstätigen beträgt ca. ein Drittel; fast 10% der Pendler sind „Wochenpendler“ bzw. „Wochenendheimfahrer“);

- völlig neue Dimensionen hat die Pendelwanderung zwischen alten und neuen Bundesländern angenommen: bereits Juli 1991 pendelten 420 Tsd.

Arbeitskräfte zwischen Wohnort im Osten und Arbeitsort im Westen (*Schmidt*, 1992, S. 328).

Als Ursachen für die Distanzzunahme im Pendelverkehr nennt *Schmitz* (1992, S. 328) die folgenden drei Punkte: die anhaltende Suburbanisierung der Wohnstandorte; die Stadt-Umland-Wanderung der Arbeitsplätze (vgl. auch S. 271) und die unterschiedliche Dynamik der Wirtschaftsregionen.

Diese wenigen Angaben können verdeutlichen, daß das Problem der Berufspendlerwanderung – als kleiner Bereich des gesamten Personenverkehrs – von größter Bedeutung für die Entwicklung der Siedlungsstruktur, der Verkehrs- und sonstigen Infrastruktur, der Umweltpolitik und der Flexibilität des Wirtschaftssystems ist (um nur einige Punkte herauszugreifen).

E. Struktur und Wandel von Ehe und Familie

I. Definition von Ehe und Familie. Ihre Universalbedeutung

Ehe ist im allgemeinen und juristischen Verständnis eine Lebensgemeinschaft von Mann und Frau, die über die Form des Zusammenlebens hinaus nach traditionaler und universaler Auffassung zwei grundlegende Funktionen hat: den Geschlechtsverkehr zu legalisieren und an seine möglichen Folgen, die Geburt von Kindern, Verpflichtungen zu knüpfen.

Diese „Eheliche Lebensgemeinschaft“ ist als **Zivil-Ehe** im BGB (§§ 1353ff) in ihren Voraussetzungen, Folgen und Scheidungsmöglichkeiten geregelt.

Unter **Familie** im engeren Sinne und soziologischen Verständnis ist jene Lebensgemeinschaft und Sozialgruppe zu verstehen, in der Erwachsene sich der Erziehung (Sozialisation) von Kindern und Jugendlichen widmen. Die Erwachsenen sind in der Regel die leiblichen Eltern, aber Ausnahmen sind zahlreich: Zu denken ist an die Familien, in denen nur ein Elternteil den Familienvorstand bildet, aber auch an Adoption (Annahme an Kindes Statt), erweiterter Blutsverwandten- oder Nichtverwandtenfamilie, an Wohngemeinschaften mit Kindern usw.

Rosemarie Nave-Herz (1994, S. 5) faßt die „konstitutiven Merkmale von Familie“ wie folgt zusammen: 1. die „biologisch-soziale Doppelnatur“ (Übernahme der Reproduktions- und Sozialisationsfunktion); 2. ein Solidaritätsverhältnis, das die üblichen Gruppenmerkmale übersteigt; 3. die Generationendifferenzierung.

Familie im weiteren Sinn ist im allgemeinen Verständnis und Bewußtsein identisch mit **Verwandtschaft im engeren Sinn**, das heißt: Auch die verheirateten Kinder und deren Kinder betrachten sich i.d.R. als den Herkunfts-Familien (mütterlicher- und väterlicherseits) zugehörig.

Die **Familie** als Institution ist ebenso wie die **Ehe** in den uns bekannten Gesellschaften in ihrer grundlegenden Bedeutung für das menschliche Zusammenleben anerkannt. Die Institutionalisierung jeder einzelnen Ehe bzw. Familie wird durch eine unübersehbare Zahl an gesellschafts-, kultur- und regionalspezifischen

Bräuchen, Riten und Kulthandlungen der Mitwelt (Öffentlichkeit) kundgetan.

Die Familie war auch in unserem Kulturkreis immer ein Zentrum religiöser Bräuche und Unterweisungen („religiöser Sozialisation"). Der Prozeß der Säkularisierung erfaßte die Familie sicherlich später als andere Institutionen (z. B. die Schule), aber seit den 60er Jahren unseres Jhs. schritt er auch in diesem primären Lebensbereich rasch voran (vgl. auch S. 168).

Auf diese universelle Bedeutung der Familie für die Fundierung und Alltagspraxis religiöser Überzeugungen und Bräuche kann hier nicht näher eingegangen werden (für das evangelische bzw. katholische Verständnis von Ehe und Familie muß auf die entsprechende Lit. verwiesen werden; Angaben hierzu bei *H. Ebel* et al., 1984, S. 315ff).

Zu einer Analyse der Familie in universeller Betrachtung gehört neben der intensiv erörterten Frage nach der „Universalität der Kernfamilie" (vgl. weiter unten) die Untersuchung der Familienformen nach Größe und Funktion. Weit verbreitet ist die Auffassung, die jetzige **Kernfamilie**, die sich mit der Industrialisierung und Verstädterung in allen Ländern der Erde und zunehmend schichtunspezifisch ausbreitet, habe sich aus vormals bestehenden erweiterten Verwandtschaftszusammenhängen, dann der Großfamilie und schließlich der patriarchalischen Mehr-Generationen-Familie entwickelt.

Diesen Tatbestand der Verminderung und Schrumpfung (lat. „Kontraktion") ehemals größerer Einheiten glaubte der französische Soziologe *Émile Durkheim* auf ein „**Kontraktionsgesetz**" zurückführen zu können. *René König* zeigt in seiner Darstellung und Kritik des „Kontraktionsgesetzes" (1976, S. 62ff), daß die Annahme *Durkheim*s historisch falsch ist. Auch in früheren Gesellschaften (Römer, Hebräer, Griechen) gab es nicht nur verschiedene **Familienformen** nebeneinander, sondern auch eine zum Kontraktionsgesetz umgekehrte Folge ihres Auftretens: so folgte in Gallien nach langer Vorherrschaft der Kernfamilie unter römischem Einfluß und neuen ökonomischen und gesellschaftlichen Voraussetzungen wieder die **Großfamilie** (*R. König*, 1976, S. 65f). Im Anschluß an neuere Forschungen kommt *René König* zu dem Schluß, daß „von einer geradlinigen Entwicklung von weiteren Familienformen zu engeren gar keine Rede sein kann" und das „Kontraktionsgesetz" eine (unzulässige) Verallgemeinerung darstellt (zum „Mythos von der vorindustriellen Großfamilie" vgl. *Mitterauer/Sieder,* 1977).

II. Struktur- und Funktionswandel der Familie seit der Doppelrevolution

In der Industrialisierungs- und Verstädterungsphase setzte sich die Trennung von Wohnbereich und Arbeitsplatz für immer breitere Bevölkerungsschichten durch. Hierin ist die entscheidende Voraussetzung für die Heraufkunft der **isolierten Kernfamilie** zu sehen (der Begriff stammt von *Talcott Parsons*, wobei „isoliert“ nicht kulturkritisch, sondern im Hinblick auf die „Kontraktion“ und die Wohnweise des Familienkerns zu verstehen ist). Unter **Kernfamilie** verstehen wir den Kern, der sich aus Eltern/Elternteil (zumeist die Mutter) und den erziehungsabhängigen Kindern zusammensetzt. Isoliert heißt: zunehmend ist es nur noch dieser Kern, der eine Familien-, Haushalts- und Wohneinheit bildet (denn in der **bürgerlichen Familie** gehörte das Hauspersonal i.d.R. nicht zur Familie).

1. Das Leitbild der bürgerlichen Familie und der Großfamilie

Das Leitbild der **bürgerlichen Familie**, das sich seit Ende des 18. Jahrhunderts durchzusetzen begann, wurde als „Familienideal im Laufe der Entwicklung des 19. und 20. Jahrhunderts für andere Bevölkerungsklassen und -schichten zunehmend attraktiver“ (*H. Rosenbaum*, 1982, S. 251). *Heidi Rosenbaum* nennt die folgenden charakteristischen Merkmale, die dieses Leitbild von vorausgehenden Familienformen unterscheiden:

- Intensivierung und Intimisierung der Ehebeziehung; Liebe als Grundlage der Ehe- und Familiengründung;
- Ausgrenzung der Kindheit als eines eigenständigen Erziehungs- und Verhaltensbereiches;
- Abschottung der Familie als privater Bereich gegenüber der Berufswelt, der politischen und weiteren Öffentlichkeit (S. 251; zur Entwicklung und Form der bürgerlichen Familie vgl. auch *B. Beuys*, 1980).

Der gegenwärtigen Struktur und Funktion der Kernfamilie wird idealtypisch (und vielfach immer noch idealisierend) die Gestalt der **Großfamilie** bzw. des „ganzen Hauses“ gegenübergestellt (vgl. *Ulrich Herrmann*, 1989). Im Begriff „Familie“ selbst wird an den ökonomischen Tatbestand des „ganzen Hauses“ (griech. „oikos“) erinnert, an eine patriarchalisch-feudale Struktur, in der alles unter der Dominanz des **pater familias** stand: Kinder und Besitz, Sklaven oder Leibeigene, Mägde oder Knechte. Der Begriff Familie im heutigen Wortsinn löst erst mit dem Wandel der hausbezogenen Verwandtschafts- und Sozialbeziehungen den Begriff des Hauses ab, das heißt seit Ende des 18. Jahrhunderts. *Wilhelm Heinrich Riehl* war es, der in der Mitte des vorigen Jahrhunderts Gestalt und Funktion des „ganzen Hauses" vor der Auflösung durch die Ideen der politischen Revolution (Individualismus von 1789f) wie der Industriellen Revolution (Industrialisierung und Verstädterung) bewahren wollte – und sich gegenüber den tatsächlichen „Mächten der Bewegung" (Bürgertum und „vierter Stand"; 1851), die er den „Mächten des Beharrens" (Bauern und Aristokratie) gegenüberstellte, recht ahnungslos zeigte. Dennoch kommt *Riehl* zusammen mit dem Franzosen *Frédéric Le Play* (1806–1882) das Verdienst zu, die empirisch-soziologische Familienforschung mit-begründet zu haben (*Georg Schwägler*, 1970).

2. Funktionsverlust und Funktionswandel der Kernfamilie

Unter **Funktionsverlust** der sich herausbildenden Kernfamilie werden u.a. folgende Tatbestände verstanden:

- Verlust an Selbstversorgung und der Einheit von Wohnbereich und Arbeitsplatz;
- Verlust der Altenfürsorge, aber auch der Leistungen der Alten (der Großeltern) für Kindererziehung und -beaufsichtigung;
- Verlust der Fürsorge- und Pflegeleistungen;
- Verlust der Erziehungs- und Ausbildungsfunktionen (an Kindergarten, Schule und Betrieb);
- Verlust an familienzentrierter Geselligkeit (an die „Freizeit-Industrie"); damit vielfach verbunden: Verlust an religiösen und kultischen Funktionen, Familie als „Ort" des Gebetes, der Gläubigkeit, der Mitgestaltung des Kirchenjahres (ausgenommen ist zumeist nur Weihnachten).

Insofern „Verlust" etwas Negatives bezeichnet, sind einige Differenzierungen unerläßlich.

Zunächst einmal sollte eine vom protestantischen Pfarrhaus (seit *Martin Luther*, 1483–1546), vom Pietismus (17./18. Jahrhundert) und Biedermeier (etwa 1815–1848) aufgebaute Idealgestalt des „deutschen" Familienlebens nicht mit der historischen Wirklichkeit verwechselt werden und alle standes-, klassen- und schichtspezifischen Unterschiede der Familienform und des Familienlebens verwischen. So konnte doch zum Beispiel die **Kinderarbeit** nur deshalb zu einem solch gravierenden Problem in der ersten Phase der Industrialisierung werden, weil sie in der agrarisch-feudalen Gesellschaft selbstverständlich war.

Nicht anders verhält es sich mit Stellung und Funktion der Frau, die in unteren Schichten für Erziehung, Spiel und Geselligkeit keine

Zeit hatte (auch **Freizeit** im heutigen Sinn entsteht erst mit der Industrialisierung, der Trennung von Wohnbereich und Arbeitsplatz).

3. Familie als Primär- und Intimgruppe. „Vor- und Nachteile" der modernen Kernfamilie

Die Kernfamilie entwickelte sich zur **Primärgruppe** schlechthin: In ihr gibt es (im Regelfall) eine Intensität und Intimität der Beziehungen und des Gefühlslebens, die sonst in keiner anderen Gruppe erreicht werden. Hierin liegt ihre besondere Bedeutung und ihre besondere Problematik. Die Bedeutung liegt darin, daß die Kernfamilie unter noch zu schildernden Voraussetzungen einen Ort schaffen kann, der Sicherheit des Gefühlslebens und Geborgenheit vermittelt. Die grundgesetzlich garantierte **Autonomie der Familie** (Art. 6 GG) bildet zusammen mit der **Unverletzlichkeit der Wohnung** (Art. 13 GG) einen starken Schutz- und Schonraum.

Zur Struktur von **Primär- und Intimgruppen** gehört ein besonders intensives wechselseitiges Kommunikationsnetz (zur Definition von Primärgruppe und den Besonderheiten der Familie als Gruppe vgl. *Schäfers*, 1994). *Dieter Claessens* (1979) bezeichnet die Kernfamilie als „vibrierende Einheit", in der es zur Ausbildung einer großen Anzahl von „Sphären" komme: Ehesphäre; Mutter-Kind-Sphäre; Geschwister-Sphäre usw.

Claessens zeigt auch, daß die Intensität und die Muster der familialen wie aller kleingruppenhaften Beziehungen von der Gruppengröße abhängen. Er veranschaulicht dies mit illustrativen Berechnungen: In der Familie als Dreiergruppe sind drei verschiedene Zweier-Beziehungen möglich; in der Familie als Vierergruppe sechs, und in der Familie als Fünfergruppe bereits zehn. *Claessens* meint aufgrund der Ergebnisse der in den 50er Jahren in den USA besonders intensiv betriebenen **Kleingruppenforschung**, „daß schon in einer Gruppe mit sechs Mitgliedern, also mit 15 möglichen Zweier-Beziehungen, die Grenze der emotionalen Kapazitäten der einzelnen Gruppenmitglieder überschritten wird". Die Intensität („Dichte") der sozialen Beziehungen nimmt ab.

Die **isolierte Kernfamilie** entstand im Verlauf des Industrialisierungs- und Verstädterungsprozesses. In dem Maße, wie diese Prozesse einen Kontinent nach dem anderen und ein Land nach dem anderen erfassen, kann von einem universalen Trend zur „unabhängigen Kernfamilie" gesprochen werden.

Die (als isolierte Gruppe verstandene) Kernfamilie entstand und entsteht überall dort, wo im Verlauf des **Modernisierungsprozesses** (im wesentlichen: Industrialisierungs-, Alphabetisierungs- und Verstädterungsprozesses) überkommene Familienstrukturen und Wertmuster aufgelöst werden. Die sich herausbildende Kernfamilie ist **ein** Element der strukturell-funktionalen Differenzierung und Spezialisierung, die in der ganzen Gesellschaft vor sich geht. Ihre „Unabhängigkeit" besteht unter anderem darin, daß die Ehepartner sich (in der Regel) frei wählen können und die Eheschließung von einem bestimmten Alter an allen Personen offensteht.

Die Vor- und Nachteile der Kernfamilie werden auf ihre Leistungen (Funktionen) bezogen. Da hierbei der Sozialisationsfunktion eine besondere Bedeutung zukommt, sind die Vor- und Nachteile der Kernfamilie vor allem auf Struktur und Funktion der Familien mit unmündigen Kindern zu beziehen. Im Anschluß an die Darstellung von *Harry M. Johnson* (1970, S. 44f) sind als Vorteile der „unabhängigen Kernfamilie" unter anderem zu nennen:

- Betonung universalistischer Standards in der Wert- und Verhaltensorientierung (nach *Talcott Parsons* und seiner Systematik der „**pattern variables**"*). Die Kernfamilie ist gerade wegen ihrer „Kleinheit" darauf angewiesen, sich an die umgebende Gesellschaft anzupassen (im Gegensatz zum **„Familismus"***) und ihre Integration in übergeordnete Sozialzusammenhänge zu betreiben;

- die Kernfamilie erlaubt aufgrund von Entlastungen durch andere soziale Systeme (die als Funktions-„Verluste" zum Teil bereits genannt wurden) eine höhere Konzentration auf die Bedürfnisse der Intimität und Emotionalität.

Die Nachteile der „unabhängigen Kernfamilie" ergeben sich zum Teil – entsprechend der genannten Ambivalenz menschlicher Institutionen und Werte – „spiegelbildlich" zu den Vorteilen:

- Die Konzentration auf die Kernfamilie als Primärgruppe und Intimgruppe kann zu einer Überbetonung der Emotionalität führen (vor allem in der wachsenden Zahl der Ein-Kind-Familien; vgl. S. 125);

- ein funktionaler Ausgleich bei strukturellen Störungen (z. B. Tod eines Elternteils; Scheidung) ist häufig schwer herzustellen; ebenso schwierig ist das Problem der Frauenarbeit bei Kleinkindern (vgl. hierzu *Ursula Lehr*, 1975);

- die Gefahr der Isolation ist gegeben; diese verstärkt häufig die ausgeprägten Vater- und Mutterbindungen und damit die Unmöglichkeit eines „normal" verlaufenden Ablösungsprozesses der Kinder von den Eltern;

- die Kernfamilie – in Verbindung mit der neuartigen Wohnsituation in der Industriegesellschaft – schafft ein besonderes Problem für die Alten (auch hier läßt sich eine Differenzierung und Spezialisierung auf die Situation und Bedürfnisse der Alten feststellen, die aber Ausgliederung und Vereinsamung bedeuten können).

4. Ehen und Familien im Verwandtschaftssystem

Eine Ehe bringt i.d.R. zwei verschiedene Verwandtschaftssysteme miteinander in Berührung; in welchem Ausmaß daraus Kontakte und sich „kreuzende soziale Kreise" (*Georg Simmel*) entstehen, ist nicht nur zeitbedingt verschieden, sondern auch abhängig von den Ehepartnern und von regionalen und schichtspezifischen Besonderheiten. Leider hat die moderne Familiensoziologie das Verwandtschaftssystem und damit die Bedeutung der Verwandtschaft als „soziales Netz" weitgehend aus dem Blick verloren, vielleicht unter der irreführenden, pseudo-modernen Perspektive, daß die Verwandtschaft in Zeiten der isolierten Kernfamilie und den neuen Wohn- und Arbeitsbedingungen der Menschen keine Rolle mehr spielte.

Wird man auch von einer Abnahme der personalen und gesellschaftlichen Bedeutung der Verwandtschaft sprechen können, so zeigen die wenigen vorliegenden Untersuchungen jedoch, daß die Bedeutungsabnahme überschätzt wird. Wie bei der Familie, ist eher von einer Funktionsverlagerung als von einem Entschwinden der Verwandtschaft in die Unverbindlichkeit und Unbekanntheit zu sprechen. Aber die Komplexität der Verwandtschaftsgrade ist nur noch wenigen Menschen bekannt und die Mehrzahl der Bundesbürger wird z.B. die Reichweite des Inzestverbots nicht wissen.

Daß das Miteinander-Verwandtsein auch soziale und rechtliche Folgen haben kann, ist dagegen durchaus bewußt: bei Versorgungsansprüchen, Erbauseinandersetzungen und anderen Rechts- und ggf. Streitfragen ist erfahrbar, wie weit auch heute noch das Verwandtschaftssystem in die Rechtsordnung hineinreicht. Auch die neuen Formen von Armut und sozialer Not und die Verweise der christlichen Kirchen, aber auch der Sozialstaatspolitiker auf das Prinzip der **Subsidiarität** (vgl. S. 219f) haben zur Reaktivierung familial-verwandtschaftlicher Netze beigetragen.

In einer 1969 und 1983 durchgeführten Vergleichsuntersuchung in Bremen und Köln konnten *Lüschen* und Mitarbeiter unter anderem herausfinden (vgl. *Lüschen*, 1988, S. 151ff),

- daß es im genannten Zeitraum keine „intergenerationalen Verlagerungen von Verwandtschaft gegeben" hat;
- daß 70 % der Eltern des Mannes und 61 % der Eltern der Frau in Bremen sowie 77 % bzw. 61 % in Köln am gleichen Ort und innerhalb einer Stunde Anfahrtszeit leben;
- daß bei etwa zwei Dritteln der untersuchten Familien die verwandtschaftlichen Kontakte über die eigene Herkunftsfamilie hinausgehen;
- daß es im Falle von Krankheit vor allem Verwandte sind, worauf die Familien rechnen können.

Leider liegen keine Vergleichszahlen für Mittel- und Kleinstädte wie für den ländlichen Siedlungsraum vor. Die These von *Lüschen*, daß die verwandtschaftlichen Netze im raschen Wandel der Ehe- und Familienstrukturen das eigentlich stabile und stabilisierende Element sind, würde dann vielleicht noch deutlicher bestätigt.

Vielleicht muß auch aus Gründen einer durch die gestiegene Lebenserwartung völlig veränderten Generationsdynamik über Verwandtschaftsstrukturen intensiver geforscht werden: wenn, wie gegenwärtig, etwa ein Drittel aller Menschen im Alter von 60 Jahren noch die eigene Mutter erleben (1871/81: 4 %), dann ist dies, wie die erhöhte Zahl der Großeltern- und Urgroßelternbeziehungen, ein demographisches Faktum von einiger Bedeutung für das Familien- und Verwandtschaftssystem.

Ein besonderes Problem ist die Situation der älteren Menschen im Familien- und Verwandtschaftssystem; hierzu muß auf die differenzierten Darstellungen im Vierten Familienbericht der Bundesregierung (1986) verwiesen werden. Eine Zusammenfassung über die **Großelternrolle** sei kurz referiert: In unserer Gesellschaft sei diese Rolle nicht klar definiert, also auch nicht mit konkreten Verhaltenserwartungen verbunden: „Großmütter übernehmen – wenn nötig – die Rolle von Babysittern oder Ersatzeltern; sie erledigen die Hausarbeit, wenn die Mütter krank sind, Ferien machen oder wenn ein weiteres Baby geboren wird. Großeltern erscheinen besonders auch als Hilfe und Stütze in familiären Krisen, vielleicht auch als Bewahrer der Familiengeschichte und Hüterin der Tradition." Weiterhin wird die finanzielle Unterstützung durch die Großeltern erwähnt, aber auch, daß ihnen die Erziehung der Kinder selten anvertraut wird.

5. Einige sozio-kulturelle und rechtliche Grundlagen von Ehe und Familie in der Bundesrepublik

Entsprechend den genannten Funktionen der Ehe und Familie und ihrer Bedeutung für die Gesellschaft sind die sozio-kulturellen Normen, Werte und Rechtsvorschriften, die von der Ehe und Familie ausgehen bzw. sie stützen, kaum überschaubar; sie sind Grundbestandteil der Ethik und der Kultur.

Im folgenden können nur einige besonders wichtige Punkte dieses **familienbezogenen Werte- und Rechtssystems** genannt werden (vgl. hierzu im einzelnen das inhalts- und materialreiche Arbeitsbuch von *H. Ebel* et al., 1984):

- In der Bundesrepublik – wie in den meisten Ländern der Erde – gilt die **Monogamie** (Einehe); sie wird als lebenslange Gemeinschaft angesehen (so heißt es im „Zweiten Familienbericht" S. VIII, daß die Bundesregierung ihre Familienpolitik orientiert an „dem überlieferten und weithin von der Gesellschaft bejahten Leitbild der im Grundsatz lebenslangen ehelichen Gemeinschaft");

- es gilt das **Inzest-Tabu**, das heißt das Verbot von sexuellen Beziehungen zwischen Kindern und Eltern und der Geschwister untereinander; bis zu welchem Verwandtschaftsgrad das Inzest-Tabu gilt, ist allerdings sehr kulturspezifisch (zur Diskussion um die Universalität des Inzest-Tabus vgl. *N. Sidler*, 1971);

- es gilt der Grundsatz der **Exogamie**, das heißt der Partnerwahl außerhalb der eigenen Verwandtschaft (im Gegensatz zur **Endogamie**, der Heirat innerhalb der eigenen Blutsverwandten: ein in den früheren Oberschichten, z. B. Adel, übliches, bis in die Gegenwart beobachtbares Verhalten). Inzest-Tabu und das Gebot der Exogamie haben einen engen Zusammenhang und tragen dazu bei, die sozialen Verkehrskreise zu erweitern und die soziale Mobilität zu erhöhen;

- das **Heiratsalter** ist in den Gesellschaften unterschiedlich festgelegt und gilt als wichtigster Indikator für die Zuerkennung des Erwachsenen-Status; im seit dem 1.1.1975 geltenden Gesetz zur Neuregelung der **Volljährigkeit** ist festgelegt, daß die Ehemündigkeit (wie die Volljährigkeit) bei Männern von 21 auf 18 Jahre herabgesetzt und bei den Frauen von 16 auf 18 heraufgesetzt wird. Ehemündigkeit und Volljährigkeit sind nun bei beiden Geschlechtern identisch (nunmehr können junge Menschen mit 18 Jahren ohne Zustimmung der Eltern oder eines Vormundschaftsrichters heiraten);

- es gilt der Grundsatz der **Gleichberechtigung** von Mann und Frau, der im Grundgesetz (Art. 3) verankert ist. Zwar konnte *Gerhard Wurzbacher* schon 1951 in seiner „Leitbilder"-Studie einen Wandel von der patriarchalischen zur partnerschaftlichen Ehe und Familie feststellen, doch ist die Bundesrepublik von einer Verwirklichung dieses Ideals – ob im Berufsleben, der Öffentlichkeit oder im Familienleben – noch weit entfernt (vgl. hierzu S. 196ff).

6. Zur Zentralfunktion der Familie: Erziehung und Sozialisation

Unter **Sozialisation** verstehen wir die Vermittlung eines gesellschafts- und kulturspezifischen Normen- und Wertesystems. Der Sozialisationsprozeß umfaßt alle Aktivitäten, die geeignet sind, das „soziale Wesen" zu schaffen. Obwohl der Sozialisationsbegriff seit *Émile Durkheim*, der die Erziehungsaufgabe als „methodische Sozialisation" („socialisation méthodique") bezeichnet hatte, bekannt ist, hat er in der Bundesrepublik erst seit Mitte der 60er Jahre den pädagogischen Begriff der **Erziehung** ergänzt,

- um den Erziehungsprozeß nicht einseitig als Einwirken eines Erziehers auf das Kind zu sehen und

- den sozialen Charakter des Erziehungsprozesses zu betonen, seine gesellschaftlichen Bedingungen stärker hervorzuheben.

Der Begriff der **Erziehung** ist weiterhin unverzichtbar; in der Wissenschaftssprache wird er verwendet für alle Prozesse der zielstrebig intendierten Sozialisation (paradoxerweise also für jene „erzieherischen Maßnahmen und Veranstaltungen", die *Durkheim* „socialisation méthodique" genannt hatte).

Der komplexe Sozialisationsprozeß läßt sich (nach *D. Claessens*, 1979) in die folgenden Phasen einteilen:

Soziabilisierung („Soziabel-Machen" des Menschen, d.h. fähig und „Bereit-Machen" für das Übernehmen von Werten und sozialen Rollen);

Enkulturation (gesellschafts-, kultur- und schichtspezifische Vermittlung eines Normen- und Wertesystems und Vorbereitung auf die Übernahme sozialer, außerfamiliärer Rollen);

sekundäre soziale Fixierung (Übernahme von sozialen Rollen, die sich immer mehr – letztlich durch die Berufsrolle – zur Gesamtgesellschaft hin erweitern).

Neben dieser „inhaltlichen" Unterteilung des Sozialisationsprozesses als „zweiter, sozio-kultureller Geburt des Menschen" gibt es eine „formale", die sich in primäre und sekundäre Sozialisation unterteilt, wobei die Familie zu den primären **Sozialisationsinstanzen** rechnet, Schule, Beruf und Massenmedien zu den sekundären.

Für einen günstigen Verlauf des Sozialisationsprozesses, worunter in der Gegenwartskultur und -gesellschaft vor allem die Entfaltung der Kreativität, der Selbständigkeit, der **Empathie*** und der Leistungsmotivation verstanden werden, sind eine Reihe von Bedingungen erforderlich, zu denen unter anderem gehören: differenzierendes Sprachverhalten der Eltern; differenzierendes Erziehungsverhalten (auf der Basis intensiver Zuwendung); anregende Umwelt (Wohnumwelt; Spielumwelt) und Umweltoffenheit der Familie (zu den **ökologischen*** Faktoren des Sozialisationsprozesses vgl. *L.A. Vaskovics*, 1988).

III. Wandel der Leitbilder und Reform des Ehe- und Familienrechts

1. Der Wandel von Ehe und Familie als Wandel vorherrschender Leitbilder

Der Wandel von Ehe und Familie spiegelt den gesellschaftlichen und kulturellen Wandel überhaupt wider, auf eine für diese Institution typische Weise: der Konsumgewohnheiten; der Freizeitgewohnheiten; der Mechanisierung und fortschreitenden Technisierung, hier vor allem des Haushalts; der vorherrschenden, in den Familien diskutierten und durch sie tradierten Leitbilder über Gesellschaft, Demokratie, Zukunft, Zusammenleben etc.

1945 erschien ein Buch des amerikanischen Soziologen *Ernest W. Burgess* und seines Mitarbeiters *H.J. Locke* mit dem Titel: The Family: From Institution to Companionship, „Die Familie: Von der Institution zur Partnerschaft". Damit war auch für die deutsche Soziologie ein Leitfaden der Analyse und für die Familienpolitik (als Teil der Gesellschaftspolitik) eine Perspektive vorgegeben. Ehe und Familie hätten sich, auf der Basis der Gleichberechtigung von Mann und Frau, zu einer **partnerschaftlichen Intimgruppe** entwickelt. Hierin erblickte *Burgess* die Wandlungsfähigkeit und Anpassungsfähigkeit der Familie an die Gesamtgesellschaft.

Die konservative Familienpolitik der 50er Jahre, die heute als integraler Bestandteil der „**Restaurationsphase**", das heißt als Phase des verpaßten oder verhinderten Strukturwandels besonders heftig angegriffen wird, war durchaus an Leitbildern der Partnerschaft orientiert, tat aber wenig, um diese verwirklichen zu helfen. Diese Politik zeigte den Widerspruch, daß sie am Leitbild der „häuslichen" Frau und Mutter festhielt, aber die außerhäusliche Berufstätigkeit der Frau für Wirtschaftswachstum und Hebung des Lebensstandards stillschweigend voraussetzte. So ergab sich die bis heute problematische Situation für die große Zahl der berufstätigen Mütter (vgl. S. 129f), aufgrund gesamtgesellschaftlicher Entwicklungen und Leitbilder (Konsumstandards; Wohnungsstandards etc.) außerhalb des Hauses arbeiten zu müssen, ohne daß es hierfür entsprechende Einrichtungen und sonstige „flankierende Maßnahmen" gegeben hätte.

Die seit Mitte der 60er Jahre einsetzenden gesellschaftswissenschaftlichen und gesellschaftspolitischen Auseinandersetzungen um Ehe – Familie – Frau – Kindererziehung lassen sich in folgenden Punkten kurz verdeutlichen:

- Die intensive Diskussion um die „deutsche **Bildungskatastrophe**" (*Georg Picht*, 1964) mußte zwangsläufig von der gegebenen Chancenungleichheit im Bildungssystem die Aufmerksamkeit auf die Sozialisationsbedingungen der Kinder in ihren Herkunftsfamilien lenken;

- durch die Studentenunruhen und die Theorie der „Neuen Linken" wurde das alte Thema der **Wohngemeinschaften** und der Kommunen als „Alternative zur bürgerlichen Familie" neuerlich thematisiert und praktiziert;

- die selbständige Rolle der Frau und ihre **Emanzipation** wurden nun als gesellschaftspolitische Forderungen anerkannt und von einer breiten wissenschaftlichen und journalistischen Aktualisierung begleitet (zumal im Zusammenhang der teils sehr heftigen Auseinandersetzungen um § 218 Strafgesetzbuch, der in seiner früheren Fassung die Tötung der menschlichen Leibesfrucht und damit die **Abtreibung** ausnahmslos unter Strafe stellte).

2. Reform des Ehe- und Familienrechts

Da die Rechtsauffassung und die Rechtsvorschriften den stattgehabten Wandel am nachhaltigsten widerspiegeln, soll auf einige Punkte der Reform des Ehe- und Familienrechts eingegangen werden.

Zunächst überrascht, daß die erforderlichen Änderungen einer zum Teil vor hundert Jahren formulierten Rechtsauffassung nicht früher erfolgt sind. Nur die große Komplexität der Materie, die die Bedeutung der Ehe und Familie in grundlegenden Auffassungen über menschliches Leben und Zusammenleben überhaupt (Ethik) und ihre vielfache Verwobenheit in Grundlagen und Probleme der sozialen Sicherheit, der Wohnung, der Erziehung und Ausbildung, des Berufes etc. widerspiegelt, macht die lange Ausreifungszeit des Reformwerkes verständlich (über Ehe und Familie in der Rechts- und Verfassungsentwicklung – bis in die Gegenwart – vgl. *Wolfgang Zeidler*, 1983).

Das „1. Gesetz zur Reform des Ehe- und Familienrechts“ vom 14. Juni 1976 trat – von wenigen, zuvor gültigen Bestimmungen (z. B. Änderung des Namensrechts) abgesehen – zum 1. Juli 1977 in Kraft. Die wichtigsten Punkte der Reform können in folgendem gesehen werden:

- Der **Gleichheitsgrundsatz** (Art. 3 GG) ist nachhaltiger als bisher durchgesetzt. Hierzu gehört die Loslösung von der „im geltenden Recht noch vorhandenen **Rollenfixierung**, nach der die Frau grundsätzlich darauf festgelegt wird, den Haushalt zu führen und ihre Erwerbstätigkeit Ausnahmecharakter hat“ (aus der amtlichen Begründung des Gesetzentwurfs vom 8. Juni 1973). Die „Funktionsteilung in der Ehe (soll) der freien Entscheidung der Ehegatten überlassen“ bleiben (ebda.);

- das geltende Ehescheidungsrecht ist durch den Wegfall des Verschuldensprinzips und den Übergang zum **Zerrüttungsprinzip** „menschenwürdiger gestaltet“ worden (ebda.). Das „Scheitern“ der Ehe ist der ausschlaggebende Scheidungsgrund;

- die **Unterhaltsregelungen** als Folge der Scheidung sind so gestaltet worden, daß „Schuldgründe für die Regelung der Scheidungsfolgen keine Bedeutung mehr haben“ (aus der amtlichen Begründung). Mit der Scheidung soll die gemeinsame wirtschaftliche Grundlage aufhören; Härten aus der „vielfach fehlenden sozialen Sicherung der Frau“ (ebda.) sollen langfristig dadurch behoben werden, daß die Frau eigenständig in die Systeme der sozialen Sicherheit einbezogen wird;

- bei den Amtsgerichten wird eine Abteilung für Familiensachen (**Familiengericht**) geschaffen, die die bisher getrennten Verfahren des Scheidungsausspruchs und der Regelung der Scheidungsfolgen zusammenführt.

Das letzte Gesetz zur Reform des Ehe- und Familienrechts trat 1980 in Kraft: es ersetzte – begrifflich und der Intention nach – die „elterliche Gewalt“ (BGB, § 1626 u.a.) durch die „elterliche Sorge“. Der Gesetzgeber (die sozial-liberale Koalition) verwies damit den patriarchalisch-autoritären Erziehungsstil des seit 1900 geltenden BGB endgültig – zumindest der rechtlichen Stützung nach – in die Vergangenheit.

Die kurz skizzierte Reform des Ehe- und Familienrechts trug den Trends der Individualisierung, der Emanzipation und Selbständigkeit Rechnung – für konservative Kritiker bereits zu weitgehend, weil darin auch Ansätze der Auflösung von Ehe und Familie als Institution in einzelne Ehe- und Familienpositionen gesehen werden. Hier werden jedoch Rechtsansprüche, die sich auch aus dem Grundgesetz ergeben, mit der gelebten Gemeinschaft von Ehe und Familie verwechselt, für deren Ausgestaltung die Ehepartner und Familienangehörigen selbst verantwortlich sind und bleiben.

IV. Pluralisierung der Ehe- und Familienformen

Alle zusammenfassenden Darstellungen der Wandlung (im Sinne von Differenzierung und Pluralisierung) von Ehe und Familie – als „Basis“ der Differenzierung und Pluralisierung der Lebensformen überhaupt – kommen zu dem Ergebnis, daß die letzten 20 Jahre erhebliche Veränderungen der Ehe- und Familienstrukturen und -auffassungen gebracht haben (*U. Beck*, 1986; *Bertram*, 1991; 1992; *Burkart,* 1994; *H.-J. Hoffmann-Nowotny*, 1988; *Nave-Herz*, 1988; 1994; *R. Peuckert*, 1989; *Schneider*, 1994).

1. Ehen und nichteheliche Lebensgemeinschaften

Die Zivil-Ehe hat in den letzten zwei Jahrzehnten ihre Monopol-Stellung eingebüßt. Seither haben die **nichtehelichen Lebensgemeinschaften** erheblich zugenommen.

Nach Angaben im Vierten Familienbericht der Bundesregierung (1986) stieg von 1972 bis 1982 die Zahl der nichtehelichen Lebensgemeinschaften von 136 Tsd. auf 515 Tsd., also um das 3,7fache (bezogen auf das frühere Bundesgebiet). 1990 betrug im früheren Bundesgebiet die Zahl 963 Tsd., 1991 in Deutschland 1393 Tsd. (Stat. Jb. BRD 1993, S. 71).

Erstaunlicherweise gibt es hier zwischen den alten und den neuen Bundesländern kaum Unterschiede. Der Anteil der nicht-ehelichen Lebensgemeinschaften beträgt jeweils ca. 8% (*Bertram*, 1992, S. 46).

1982 waren zwei Drittel aller Frauen und Männer in den nichtehelichen Lebensgemeinschaften jünger als 35 Jahre. Damit ist deutlich, daß auch in der Bundesrepublik – wie in den USA und Schweden z. B. schon etwas früher beobachtet – die Phase der sog. **Postadoleszenz**, des dritten Lebensjahrzehnts, mehr und mehr durch Ehen auf Probe oder einfach eine neue Form des Zusammenlebens geprägt ist.

Franz-Xaver Kaufmann sieht in den nichtehelichen Lebensgemeinschaften „ein funktionales Äquivalent des traditionellen Verlöbnisses" (1988, S. 397; über Formen, Motive und Folgen der nichtehelichen Lebensgemeinschaften vgl. *Max Wingen* 1984; *BMJFFG*, Hrg., 1985). Als sozialstrukturell neu muß hervorgehoben werden, daß sich die nichtehelichen Lebensgemeinschaften in allen Bevölkerungsschichten und Altersklassen finden, mit einem Trend der Gleichverteilung entsprechend den Zivil-Ehen.

Die nichtehelichen Lebensgemeinschaften haben das Monopol der Zivil-Ehe in zweifacher Hinsicht gebrochen: einmal im Sinn der Pluralisierung zweigeschlechtlicher Lebensgemeinschaften, zum anderen im Hinblick auf die Stellung der Ehe als „natürlicher" Vorläufer-Institution zur Familie. Die Zahl der **kinderlosen Ehen** ist in den letzten 80 Jahren stark angestiegen: von den Ehen des Eheschließungsjahres 1899 und früher blieben 8,4 % kinderlos; von den Ehen des Eheschließungszeitraums 1973/77 sind 18 % kinderlos (vgl. *R. Nave-Herz*, 1988a). Bei diesen Zahlen ist natürlich zu berücksichtigen, daß ein großer Anteil davon unfreiwillig kinderlos ist.

So hat sich die Ehe als Institution einerseits verselbständigt, andererseits hat die Zivil-Ehe ohne Zweifel einen Bedeutungsverlust hinnehmen müssen.

2. Pluralisierung familialer Haushalte

In Tabelle 6 wurden Größe und Entwicklung der Privathaushalte dargestellt. Nur ein Teil dieser insgesamt 35,3 Mill. Haushalte in Deutschland (1991) ist als Familie i.e.S. anzusprechen, d.h. als Lebensgemeinschaft von Eltern bzw. einem Elternteil mit einem oder mehreren unmündigen Kindern. Der Anteil der Familienhaushalte an der Gesamtheit der Privathaushalte beträgt genau ein Drittel.

Zu den traditionalen Familienhaushalten rechnet auch die **Dreigenerationen-Familie**. Ihr Anteil an allen Haushalten betrug 1991 in den alten Bundesländern 1,2%; 1972 hatte der Anteil der „Großfamilienhaushalte", in denen Eltern, Kind(er) und Großeltern zusammen wohnten, noch 3,3% betragen (BiB-Mitteilungen 1/93).

Bei dieser Angabe ist jedoch zu berücksichtigen, daß viele Großeltern in unmittelbarer Nähe, z. B. einer Einliegerwohnung, zu ihren

Kindern und Enkeln leben, und der genannte Prozentwert über den tatsächlichen Familien- und Verwandtschaftszusammenhalt nichts aussagt.

Die **traditionale Familie**, also das Elternpaar mit zumindest einem Kind, wurde in den vergangenen zwei Jahrzehnten durch **alternative Familienformen** ergänzt. Zu nennen sind:

- **Einelternfamilien**. Hier ist zwischen der traditionalen und der alternativen Einelternfamilie zu unterscheiden; erstere gab es immer: durch Tod eines Ehepartners, durch Scheidung oder durch das auch in früheren Zeiten nicht seltene Getrennt-Leben; neu und alternativ hingegen ist die Entscheidung (und Lebensplanung), das oder die Kind(er) von vornherein allein zu erziehen;
- **binukleare Familie** (die Amerikaner fanden für diesen Familientyp den Ausdruck: living apart together): eine Familie lebt in zwei Haushalten; beide Eltern kümmern sich um das Kind, aber getrennt wohnend im eigenen Haushalt; dieser Haushalts- und Familientyp kann, muß aber nicht die Folge einer Scheidung sein;
- **Adoptivfamilien**; auch hier muß zwischen traditionalen und alternativen Adoptivfamilien unterschieden werden, weil die Motive, ein Adoptivkind zu haben, sich in den letzten Jahrzehnten erweiterten;
- **Commuter-Ehe** bzw. **Commuter-Familie**; sie wird (*Peuckert*, 1989) als eine „Lösung der strukturellen Spannungen und Individualisierungstendenzen in modernen Gesellschaften" angesehen: beide Ehepartner haben aus Karrieregründen getrennte, räumlich oft weit voneinander entfernte Haushalte (Commuter = Pendler). Nach *Peuckert* lassen amerikanische Untersuchungen den Schluß zu, „daß sich dieser den Mobilitätsanforderungen der modernen Industriegesellschaft besonders gut angepaßte Familientyp weiter ausbreiten wird" – auch wenn er „besonders kraß vom herkömmlichen Typ der ‚Normalfamilie' abweicht";
- **Migrantenfamilie**. Die Anfang 1993 ca. 6,5 Mill. Ausländer in der Bundesrepublik sind fast ausschließlich Arbeitsmigranten mit ihren Familien, die hier zum Teil bereits in der zweiten Generation leben und sehr unterschiedliche Familienformen und -zyklen, Heiratsmuster und Geburtenziffern aufweisen (vgl. *B. Nauck*, 1988).

V. Sozio-demographische Grunddaten zur Ehe- und Familienstruktur. Vergleich von West- und Ostdeutschland

1. Familienhaushalte mit Kindern. Entwicklung der Geburten

Von den insgesamt 23,4 Mill. Haushalten des Jahres 1991 im früheren Bundesgebiet waren 9,4 Mill. (40%) als **Familienhaushalte** i.e.S.

anzusprechen, d.h. Haushalte, in denen Eltern oder ein alleinerziehender Elternteil mit zumindest einem Kind zusammenlebte, und zwar in 51% der Familienhaushalte mit einem Kind und 37,8% mit zwei Kindern.

Die Zahlen für die neuen Länder und Ost-Berlin sind nahezu identisch: in 50,9% der Familien mit Kindern unter 18 Jahren gab es ein Kind, in 40,8% der Familien gab es zwei Kinder (BiB-Mitteilungen 1/93).

Die mit der Größe der Familie und der Kinderzahl verbundenen, vormals sehr charakteristischen sozialen Differenzierungen nehmen trendartig an Eindeutigkeit ab, sind aber noch nachweisbar. Im Durchschnitt der Fälle ist die **Kinderzahl**

- bei bäuerlichen Familien größer als bei Familien aus dem industriellen Berufsbereich;
- in kleinen Ortschaften höher als in größeren;
- bei Katholiken höher als bei Protestanten;
- in Familien, in denen die Ehefrau ausschließlich Hausfrau ist, größer als in Familien mit erwerbstätigen Müttern.

Die **Kindschaftsverhältnisse** sind höchst komplex: vom „Normalfall“ der ehelichen Kindschaft bis zum Heim-, Pflege- oder Adoptivkind gibt es eine große Anzahl von Möglichkeiten (vgl. die differenzierende Typologie bei *Nauck*, 1991, S. 400).

Die **Kinderzahl** steht mit den oben genannten und weiteren Faktoren in einem Interdependenzverhältnis, bei dem „Ursache“ und „Wirkung“ nur als wechselseitige Beeinflussungsfaktoren, nicht aber als kausale Abhängigkeiten interpretiert werden können.

Relativ eindeutig ist hingegen der Zusammenhang mit dem ökonomischen Status und damit dem „Index des Lebensniveaus“: Trotz Kindergeld, Steuervergünstigungen und weiteren sozialpolitischen Maßnahmen sinkt – bei sonst gleichen Ausgangsdaten – das materielle Lebensniveau eindeutig mit steigender Kinderzahl.

Einige Angaben zur „säkularen Geburtenbeschränkung“ und zum dramatischen Rückgang der Geburtenhäufigkeit in den neuen Bundesländern wurden bereits im Bevölkerungskapitel gemacht.

Seit der Jahrhundertwende ist ein eindeutiger Rückgang der Kinderzahl pro Familie/Frau feststellbar: betrug 1900 die durchschnittliche Kinderzahl pro Ehe nach ca. 20jähriger Ehedauer noch 4,1 Kinder, so 1930 3,0 und 1960 2,1. Bereits mit der letzten Zahl konnte die „Netto-Reproduktion“ der Bevölkerung (Erhalt ihrer Größe) gerade noch gewährleistet werden (wozu im Durchschnitt 2,1 Kinder pro Frau erforderlich sind).

Wie dramatisch der Geburtenrückgang ist, zeigen auch Vergleichszahlen des Mikrozensus von 1991 (vgl. BiB-Mitteilungen 1/93). Die im Jahr 1970 35–39jährigen Frauen hatten im Durchschnitt 2,07 Kinder, die 1990 35–39 Jahre alten Frauen hatten nur noch 1,49 Kinder im Durchschnitt.

Der Mikrozensus hat auch das Schlagwort von der **späten Mutterschaft** nicht nur relativiert, sondern als Fehleinschätzung erwiesen: der allgemeine Geburtenrückgang hat auch die Zahl der Kinder drastisch reduziert, die von Müttern mit 35 und mehr Jahren geboren werden.

Ohne die höheren Fertilitätsraten der ausländischen Wohnbevölkerung hätte bereits seit ca. 1970 die westdeutsche Bevölkerung in ihrem Bestand nicht erhalten werden können (die ostdeutsche war ohnehin schrumpfend, vgl. S. 96f). Auch 1991 war die Fertilitätsrate der ausländischen Bevölkerung höher als die der deutschen; 11% der in diesem Jahr geborenen Kinder hatten eine ausländische Staatsangehörigkeit (BiB-Mitteilungen 1/93).

Über Gründe/Theorien des „säkularen Geburtenrückgangs" informiert das Kap. „Generatives Verhalten als Sozialverhalten" (S. 92ff). Die dort gemachten Aussagen sollen an dieser Stelle nur dahingehend ergänzt werden, daß die Bedeutung des Autonomiegewinns durch Individualisierung und „rationale Entscheidung" bei der Planung von Geburt und Elternschaft weit überschätzt wird (*Burkart*, 1994). Weiterhin ist hier viel „Naturwüchsiges" und Schicksalhaftes im „Spiel", das wohl mehr mit Ex-post-Rationalisierungen im Sinne *Vilfredo Pareto*s als bewußtem Wahl-Handeln zu tun hat.

Stark, wenn auch nicht kontinuierlich, angestiegen ist die Zahl der nichtehelichen Geburten: auf 100 Geburten insgesamt waren es in den alten Bundesländern 1960 6,3; 1970 5,5; 1980 7,6 und 1987 9,7 nichteheliche Geburten.

1991 war in Deutschland der Prozentanteil nichtehelicher Geburten auf 15% gestiegen (mit einem ungewöhnlich hohen Anteil von ca. 40% in den Neuen Bundesländern).

2. Heiratsalter und Verheiratetenquote

Wie alle sozio-demographischen Variablen unterliegen auch das Heiratsalter und die Verheiratetenquote dem sozialgeschichtlichen Wandel bzw. sie sind selbst ein wichtiger Indikator für diesen Wandel.

1910 betrug das **durchschnittliche Heiratsalter** bei Erstheirat 27,4 (Männer) und 24,8 (Frauen) Jahre. 1970 war es in der früheren Bundesrepublik auf 25,6 bzw. 23,0 Jahre gesunken. In der DDR wurde deutlich früher geheiratet: 1970 mit 24,0 Jahren bei Männern und 21,9 Jahren bei Frauen.

Seither gab es wieder einen Anstieg des Erstheiratsalters: 1991 lag es im früheren Bundesgebiet bei 28,7 bzw. 26,2 Jahren und in den Neuen Bundesländern bei 26,6 bzw. 24,5 Jahren (Stat. Jb. BRD 1993, S. 76). Der Anstieg ist v.a. auf die nicht-ehelichen Lebensgemeinschaften und eine andere Lebensplanung im dritten Lebensjahrzehnt (der Postadoleszenz) zurückzuführen.

Ein anderer Indikator zeigt hingegen seit ca. 1900 einen kontinuierlich rückläufigen Trend: die Anteile der **konfessionell einheitlichen Ehen**. 1901 betrug der Anteil der konfessionell einheitlichen Ehen 91,2%, 1938 81,1% (jeweils Reichsgebiet). Im Bundesgebiet war dieser Anteil 1987 auf 55,2% gesunken (was u.a. auf die große konfessionelle Durchmischung in den Nachkriegsjahren zurückzuführen ist; vgl. auch S. 25).

Rückläufig ist auch die **Verheiratetenquote**, d.h. der Prozentanteil Verheirateter an der jeweiligen Altersgruppe. Von den Männern waren in der Altersgruppe der 30–45jährigen 1960 85,7% verheiratet, von den Frauen 84,7%. 1986 war der Anteil (ebenfalls früheres Bundesgebiet) auf 62,5 bzw. 75,5% gesunken.

3. Ehescheidung: Umfang und Folgen

Ein Indikator der Familien- und Gesellschaftsstruktur bereitet der Analyse wie der familien- und gesellschaftspolitischen Einschätzung einige Schwierigkeiten: die **Scheidungsquote** (Anteil der Scheidungen in einem Zeitraum bezogen auf eine Grundgesamtheit, z. B. Scheidungen pro Jahr auf 10 000 Ehen).

Die Scheidungsquoten unterliegen sehr stark dem sozialen Wandel, wofür noch Gründe zu nennen sind. 1890 betrug die Scheidungsquote (Scheidungen auf 10 Tsd. Ehen) 7,4, 1910 15,2, 1950 67,5 und 1980 61,3 (die Zahlen sind auf das frühere Bundesgebiet bezogen).

Tabelle 9 Ehescheidungen in der BRD/DDR bzw. alten und neuen Bundesländern.

	BRD/alte Bundesländer		DDR/neue Bundesländer	
Jahr	Anzahl	auf 10 Tsd. Ehen	Anzahl	auf 10 Tsd. Ehen
1970	76520	50,9	27407	63,9
1980	96222	61,3	44794	106,6
1990	122869	81,0	31917	79,0
1991	127341	82,8	8976	22,6

Quelle: BiB-Mitteilungen 3/93, S. 11

Der „Einbruch" der Scheidungsquoten in den neuen Bundesländern 1991 ist zum einen auf die Umstellung des Scheidungsrechts zurückzuführen (das in der DDR nicht mit vergleichbaren ökonomischen Folgen für die Ehepartner verbunden war, vor allem wegen der größeren ökonomischen-sozialrechtlichen Stellung der Frau), zum andern auf Suche nach Stabilität.

Die mit Abstand höchsten Scheidungsquoten finden sich nach drei bis einschließlich sechs Ehejahren; danach gibt es ein langsames, nach dem 10. Ehejahr ein deutlicheres Abflauen der Scheidungsquote.

Die erhöhten Scheidungsquoten sollten nicht voreilig als Infragestellung der Institutionen Ehe und Familie interpretiert werden:

- Scheidungen sind nur „vermeintlich" ein „modernes Phänomen", wie *René König* (1974, S. 114f) anhand umfangreichen Materials belegen kann; sie seien auch „im alten Israel zu Zeiten Christi wie im kaiserlichen Rom... eine Massenerscheinung" gewesen;
- die Scheidung ist gegenüber früher erleichtert worden: rechtlich und im Hinblick auf die Stellung der Geschiedenen in den verschiedenen sozialen Gruppen (eine Abnahme religiös-kirchlicher Bindung sollte ebenfalls nicht voreilig gefolgert werden). Auch die Wiederverheiratung der geschiedenen Frau unterliegt immer weniger „gesellschaftlichen Sanktionen" (z.B. am Arbeitsplatz, aber auch seitens ihrer Herkunftsfamilie);
- Ehe und Familie wurden mehr und mehr zu einer Institution, von der sich die Partner – aufgrund vorherrschender Leitbilder – Glück und Geborgenheit, Intimität und Selbständigkeit versprechen (der letzte Punkt ist für die zunächst wachsende Zahl der Frühehen seit Inkrafttreten des neuen Volljährigkeitsgesetzes vom 1.1.1975 sicherlich ausschlaggebend). Hält die Institution nicht, was vorgestellt oder durch Leitbilder suggeriert wurde, wird vielfach Scheidung beantragt;
- die Wiederverheiratungsquoten der Geschiedenen sind relativ hoch, so daß nicht die Institution an sich in Frage gestellt wird, sondern die Partnerwahl (hier ist allerdings zu berücksichtigen, daß die Institution der Ehe und Familie von Staat und Gesellschaft gestützt wird);
- die aufgrund der gestiegenen Lebenserwartung viel längere durchschnittliche Ehedauer und ein damit zusammenhängender gewandelter **Familienzyklus** bedingen eine neue „Rhythmik" der Scheidungen (unter Familienzyklus ist der Prozeß der sich ändernden Gruppengröße und Interaktionen in der Familie zu verstehen, vor allem auf der Basis der Geburtenfolge der Kinder und ihrem späteren Verlassen der Familie). Durch die höhere Lebenserwartung und die gesunkene Kinderzahl umfaßt die Familienphase i.e.S. nur noch ca. ein Viertel der gesamten Lebensspanne einer Frau (zu den familienpolitischen Implikationen des Familienzyklus-Konzepts vgl. *Rosemarie Nave-Herz,* 1994, S. 113ff).

Das vielleicht schwierigste Problem der Ehescheidungen ist das der Kinder aus geschiedenen und damit strukturell unvollständigen Familien.

Die Auswirkungen der Ehescheidung auf die (unmündigen) Kinder sind so unterschiedlich wie die Situation vor der Ehescheidung in ihren Wirkungen auf die Sozialisation der Kinder verschieden gewesen ist. Hier wie bei allen sozialen Tatbeständen, die von der Statistik erfaßt werden, sind Verallgemeinerungen sehr schwierig. Nur eine große Anzahl von Variablen, die beim Vergleich wissenschaftlich kaum exakt „konstant" gehalten werden könnten, würde Aussagen über die tatsächliche Situation erlauben. Zu diesen Variablen gehören unter anderem: der sozio-ökonomische Status der (Rest-)Familie; die Zeit und Intensität, mit der der betreffende Elternteil sich den Kindern widmet; die Situation in Verwandtschaft und Nachbarschaft; Vorhandensein und Qualität der „sekundären Sozialisationsinstanzen" (Kindergarten, Vorschule, Schule etc.); die Freundschaftsgruppen; der Verlauf der frühkindlichen Sozialisation etc.

4. Mütter im Erwerbsleben

4.1 Allgemeiner Trend

Frauen- und Mütterarbeit war in allen Epochen der Menschheitsgeschichte selbstverständlich. Erst die industrielle Gesellschaft, die Trennung von Wohnbereich und Arbeitsplatz und die Durchsetzung des bürgerlichen Familienideals führten zu einer Trennung von weiblich-häuslich-familiärer Sphäre und männlich-beruflich-außerhäuslicher Sphäre (vgl. *H. Rosenbaum*, 1982; *I. Ostner*, 1983).

Bis zur Reform des Ehe- und Familienrechts, dessen hier relevanter Teil zum 1. Juli 1977 wirksam wurde, hieß es in § 1356 BGB: „Die Frau führt den Haushalt in eigener Verantwortung. Sie ist berechtigt, erwerbstätig zu sein, soweit dies mit ihren Pflichten in Ehe und Familie vereinbar ist."

Seit Ende der 50er Jahre waren es nicht zuletzt materielle Grundlagen und Veränderungen der Erwerbs- und Hausarbeit, die einen Wandel herbeiführten: die Verringerung der Arbeitszeit und die Durchsetzung der Fünf-Tage-Woche; die Technisierung der Haushalte mit ihren Änderungen im Zeitbudget auch der Hausfrauen und Mütter. Schließlich waren es seit Mitte der 60er Jahre die Reduktion der Kinderzahl und die Frauenbewegung, die zu einer neuen Situation führten. „Beruf und Hausarbeit" (*I. Ostner*, 1978) wurden also materiell und ideell in ein neues Verhältnis gesetzt.

Geändert haben sich in der Sozialgeschichte der Bundesrepublik vor allem die Gründe für die Aufnahme der Berufstätigkeit von Müttern: der Wunsch, über eine außerhäusliche Berufstätigkeit außerhäusliche Sozialkontakte zu haben, ist eindeutig größer geworden (auch in den Sozialschichten und bei jenen Tätigkeiten, für die immer eine sehr geringe Akzeptanz unterstellt wurde, z. B. Fließbandarbeit). Die reine Hausfrauenehe erscheint immer weniger Frauen als Ideal. Gewachsen ist auch der Wunsch – nicht die Möglichkeit, die Berufstätigkeit nur in der Kleinstkindphase zu unterbrechen (vgl. *Ingrid N. Sommerkorn*, 1988).

Wie sehr aber immer noch Anspruch und Wirklichkeit auseinandergehen, zeigt folgender Punkt: nach dem neuen Ehe- und Familienrecht wird die ökonomische – und sozialrechtliche – Gleichheit und Selbständigkeit der Ehepartner vorausgesetzt, und zum Ideal bzw. zur Basis der Frauenemanzipation gehört die eigenständige Berufstätigkeit. Die Statistik sagt aber, daß die Erwerbsquote der Frauen immer noch gering ist (vgl. hierzu S. 185ff und S. 192f) und daß die Mehrzahl (ca. 70 %) der alleinerziehenden und zugleich arbeitenden Mütter sich mit ihrem Einkommen an der Grenze der Sozialhilfe bewegen bzw. diese in hohem Maße in Anspruch nehmen müssen.

Das im Ehe- und Familienrecht weiterhin vorausgesetzte „Einverständnishandeln" (*Max Weber*) der Ehepartner im Hinblick auf eine eigenverantwortliche Teilung der Haus- und der Berufsarbeit wird wohl in der Mehrzahl der Fälle immer noch zu einer Doppelbelastung der Frau durch Berufs- und Hausarbeit führen. Es „gibt heute kaum noch Männer, die eine Beteiligung an Hausarbeit und Kinderversorgung aus ideologischen Gründen verweigern. Ob sie sie tatsächlich realisieren, steht auf einem anderen Blatt" (*Uta Gerhardt, Yvonne Schütze*, 1988, S. 8).

4.2 Vergleich BRD/DDR und neuere Entwicklungen

Wie an anderer Stelle hervorgehoben, war nicht nur die allgemeine Erwerbsquote in der DDR sehr hoch, sondern auch die **Frauenerwerbsquote**, und damit auch die Quote berufstätiger Mütter.

Durch die mit dem Einigungsprozeß verbundenen Umstellungen ging nicht nur die Frauenerwerbsquote, sondern auch die Berufstätigkeit und Berufschance von Müttern erheblich zurück. Der bereits April 1991 erstmalig durchgeführte Mikrozensus in den neuen Bundesländern zeigt u.a., daß die Erwerbsquote der Frauen von ca. 90% auf 73% gesunken war (zum gleichen Zeitpunkt betrug sie in Westdeutschland 59). Für die erwerbstätigen Frauen mit Kindern seien folgende Vergleichszahlen herausgegriffen: Nach den Ergebnissen des Mikrozensus arbeiteten von 100 Frauen der Altersgruppe der 25–29jährigen in den neuen Bundesländern 81, in den alten Bundesländern 50; für die Altersgruppe der 30–34jährigen Frauen sind die Anteile 84 und 54 (BiB-Mitteilungen 2/93, S. 149).

Das sind große Differenzen, die noch länger vorherrschen werden bzw. zu einem Wandel in Westdeutschland beitragen könnten.

Erste Repräsentativumfragen zur Rolle der Frau im Erwerbsleben, die 1991 vergleichend zwischen Ost- und Westdeutschland unternommen wurden, machten deutlich, daß Frauen in den neuen Bundesländern die Vereinbarkeit von Beruf-Familie-Mutterrolle sehr viel positiver einschätzten als Frauen in Westdeutschland (vgl. „Datenreport 1992", S. 598ff).

Von den Umstellungen auf dem Arbeitsmarkt sind vor allem die alleinerziehenden Mütter in den neuen Bundesländern betroffen, wofür u.a. folgende Gründe zu nennen sind: ein Großteil des zuvor sehr dichten Kinderbetreuungsnetzes ist weggefallen; Umschulungsmöglichkeiten treten auf zeitliche und räumliche Grenzen; die zuvor gegebenen Netzwerke, die mit dem Arbeitsplatz, dem Wohnbereich und Freizeitaktivitäten verbunden waren, sind z.T. entfallen (durch Wohn- und Arbeitsplatzmobilität usw.).

5. Alleinerziehende Mütter und Väter

Die Familiensoziologie hat den sog. „unvollständigen Familien" stets große Aufmerksamkeit gewidmet, einem zunächst strukturellen Problem, das z. B. von *René König* in seinen zahlreichen Arbeiten zur Soziologie der Familie immer wieder unter der Fragestellung thematisiert wurde, ob die **innere Desorganisation** der Familie nicht erheblich zu ihrer **sozialen Desintegration** und damit einem problematischen Verhältnis von Familie und gesellschaftlichen Institutionen und Organisationen beitrage.

Wie bereits hervorgehoben (S. 128f), hat strukturelle Unvollständigkeit der Familie nicht unbedingt „funktionelle Unvollkommenheit" zur Folge. So muß also zunächst nach den Ursachen der Unvollständigkeit und sodann nach den verbleibenden Ressourcen für die familialen Funktionen, an wichtigster Stelle die Sozialisationsfunktion, gefragt werden.

Ein Elternteil kann ausfallen durch Tod, Scheidung oder Getrenntleben der Ehepartner. Wie erläutert, ist in den letzten Jahren hinzugekommen, daß (i.d.R. die Mutter) sich von vornherein entscheidet, das Kind (oder die Kinder) allein erziehen zu wollen.

Eine Untersuchung vom Ende der 80er Jahre (BMFFJG, Hg., 1988) zeigt, daß die Zahl der Eineltern-Familien in den letzten 20 Jahren rasch zugenommen hat: 1976 waren 9 % aller Familien mit minderjährigen Kindern Alleinerziehende, 1985 waren es 12,8 %. Die Zunahme ist vor allem durch die ledigen und die geschiedenen alleinerziehenden Mütter bedingt. 1985 waren es 803 Tsd. alleinerziehende Mütter und ca. 138 Tsd. alleinerziehende Väter, mit insgesamt 1,26 Mill. Kindern. Diese Zahlen beziehen sich auf das frühere Bundesgebiet.

1991 war in Deutschland die Zahl der Alleinerziehenden, die Kinder unter 18 Jahren zu betreuen hatten, auf 1,48 Mill. gestiegen (mit insgesamt 2 Mill. Kindern). Der Anteil der alleinerziehenden Männer betrug 14% (Stat. Jb. 1993, S. 71).

Erst in den letzten zwei Jahrzehnten hat sich die Situation der alleinerziehenden bzw. ledigen Mütter in rechtlicher und sozialpsychologischer Hinsicht verbessert. 1970 wurde durch das Gesetz zur Neuregelung der nichtehelichen Geburten die rechtliche Diskriminierung beendet und „durch dieses Gesetz ein neuer gesellschaftlicher Status zuerkannt" (*Nave-Herz*, 1994, S. 96).

Anders verhält es sich in sozioökonomischer Hinsicht: Nach der zit. Untersuchung sind die Wohnsituation und die ökonomischen Verhältnisse in der Mehrzahl der Fälle bei Alleinerziehenden bedrükkend; die Überbelastung der zumeist jungen Mütter ist gravierend. Hinzu kommt eine durch die Überbelastung bedingte erhebliche Reduktion von Sozialkontakten. Alles in allem ist auch im Hinblick auf die schulische Situation der Kinder eine soziale Konstellation gegeben, die als ungünstig zu bezeichnen ist.

Nach wie vor ist das Armutsrisiko für die alleinerziehenden Mütter am höchsten; „sie weisen auch den höchsten Anteil an Sozialhilfeempfängerinnen auf, verfügen über das niedrigste Pro-Kopf-Haushaltseinkommen und sind von gesundheitlichen Beeinträchtigungen am ehesten betroffen" (*Nave-Herz*, 1994, S. 97).

Diese Befunde verdeutlichen auch, daß das soziale Umfeld für ledige und berufstätige Mütter überwiegend ungünstig ist: Es fehlt an Kinderkrippen und Kindergärten, an Schulhorten (für die Nachmittagsbeaufsichtigung der Kinder), aber auch an der Verfügbarkeit der Großeltern, die z.T. weiter entfernt wohnen, selbst noch berufstätig sind oder ein neues, familiär und verwandtschaftlich verselbständigtes Leben begonnen haben.

6. Divergenz oder Konvergenz? Familie und private Lebensführung in Ost- und Westdeutschland

Unter dieser Fragestellung faßt *Norbert F. Schneider* die Ergebnisse seiner vergleichenden Analysen des Familienlebens in der BRD und DDR bzw. den alten und neuen Bundesländern zwischen 1970 und 1992 zusammen (1994, S. 296ff).

Es gibt, worauf in den vorstehenden Abschnitten auch schon mehrfach hingewiesen wurde, eine große Anzahl an Übereinstimmungen, die deutlich machen, daß sehr konträre gesellschaftliche Ideologien auf der Ebene privater Organisation und Lebensführung zu vergleichbaren Ergebnissen kommen. Die Dominanz der industriegesellschaftlichen und kulturellen Bedingungen ist hier ebenso zu nennen wie der hohe Stellenwert, der der Familie in beiden Gesellschaftssystemen zukam.

Auch die im Auftrag des „Bundesinstituts für Bevölkerungsforschung“ unternommene Untersuchung der Familien- und Haushaltsstrukturen in der BRD und DDR zwischen 1980 und 1989 kommt zu einem sehr ähnlichen Ergebnis (*Vaskovics* et al., 1994).

Für Konvergenzen werden u.a. folgende Thesen angeführt (S. 158ff):

- die Patriarchatsthese, die besagt, daß trotz der weitreichenden Integration der Frauen in das Berufsleben die Strukturen in Politik und Wirtschaft ebenso paternalistisch verfaßt gewesen seien wie in der Familie;
- die Herausbildung individualisierter Wertorientierungen, v.a. in der jüngeren Generation seit den 80er Jahren;
- auch für die DDR lasse sich seit den 80er Jahren die Pluralisierungsthese (für Ehe und Familie) vertreten.

VI. Auf dem Weg zur „postmodernen“ Familie?

Reichen die beschriebenen Strukturänderungen bzw. -ergänzungen aus, von einer **„postmodernen“ Familie** zu sprechen? (vgl. *K. Lüscher* et al., Hrg., 1988).

Hier soll keine Wiederholung der vorstehend genannten Entwicklungen und Differenzierungen der Ehe- und Familienstrukturen und der korrespondierenden Auffassungen und Handlungsmuster gegeben werden. Nur jene Dimensionen seien kurz zusammengefaßt, die mit dem Begriff „postmodern“ in Zusammenhang gebracht werden:

- die gestiegene Komplexität und Pluralisierung der Formen, die auch hier zu einer „neuen Unübersichtlichkeit“ (*Jürgen Habermas*) geführt haben;
- die „Deinstitutionalisierung“ (*Hartmann Tyrell*, 1988) von Ehe und Familie bzw. die Anpassung dieser Institutionen an individuelle Lebensverläufe, Karrieremuster usw. *Kaufmann* (1988, S. 402) bezeichnet als „Deinstitutionalisierung“ vor allem die „Befreiung der Frau vom exklusiven Anspruch der Familienkarriere“;
- die Reduktion von Familie i.e.S. auf einen kürzeren Ausschnitt in der gesamten Lebensspanne;
- die gewachsene Freiheit im Hinblick auf die Übernahme bestimmter, als traditional angesehener institutioneller und personaler „Rollen“.

Kaufmann warnt auf Grund neuerer Untersuchungen vor einer Überzeichnung der Bedeutung alternativer Lebensformen; es gebe nicht nur weiterhin die traditionell geprägte Familienorientierung, sondern einen neuen Typus der Kindorientierung, „bei dem Kinder mit einer ausgesprochen pädagogischen Motivation und als Moment der Selbstverwirklichung gewünscht werden“ (S. 398).

Die Veränderungen, die nicht bestritten werden, sieht *Kaufmann* neben den langfristig wirksamen Entwicklungstrends in folgenden neueren Erscheinungsformen: in der zunehmenden Bildungsbeteiligung junger Frauen; der zunehmenden Berufstätigkeit junger Mütter; einer geänderten Einstellung zur Sexualität; der gewachsenen Unzufriedenheit der Frauen mit den vorherrschenden Partnerschaftsverhältnissen; der bei den Frauen liegenden Initiative im Prozeß der Umdeutung der Geschlechterrollen (*Kaufmann*, 1988, S. 401f).

F. Kultur. Bildung. Religion

I. Kulturelle Entwicklung und Sozialstruktur

1. Kultur, Zivilisation, Gesellschaft

„Der Mensch ist von Natur ein Kulturwesen", so hat der Anthropologe und Soziologe *Arnold Gehlen* (1993) immer wieder betont. Die Differenzierung des Menschen in ein Naturwesen und ein Kulturwesen hielt er vom Ansatz her für falsch, und damit auch die vor allem in der deutschen Geistes- und Kulturgeschichte so bedeutsame Unterscheidung von Kultur und Zivilisation.

Bestimmend für die deutsche Geistes- und Kulturgeschichte, aber auch für die politische Geschichte in den letzten 200 Jahren war jedoch der prononcierte Gegensatz von **Kultur** und **Zivilisation.** Noch im Ersten Weltkrieg gingen die jungen Soldaten für **deutsche Kultur** und gegen französische oder angelsächsische **Zivilisation** in den Krieg. Die „Ideen von 1914" (*Johann Plenge*, 1874–1963) wurden auch unter den Vorzeichen der deutschen Kultur den „Ideen von 1789" entgegengesetzt.

Vor diesem geistes- und kulturgeschichtlichen wie soziologiegeschichtlichen Hintergrund ist die Leistung von *Norbert Elias* um so höher einzuschätzen, wenn er den Begriff der Zivilisation zum Ausgangspunkt kulturspezifischer Entwicklungen und Verhaltensweisen macht. Im ersten Kapitel seines Buches „Über den Prozeß der Zivilisation" (zuerst 1938) über die „Soziogenese der Begriffe ‚Zivilisation' und ‚Kultur'" schrieb *Elias*: „Der Begriff ‚Zivilisation' bezieht sich auf sehr verschiedene Fakten: auf den Stand der Technik, auf die Art der Manieren, auf die Entwicklung der wissenschaftlichen Erkenntnis, auf religiöse Ideen und Gebräuche. Er kann sich auch auf die Art des Wohnens oder des Zusammenlebens von Mann und Frau, auf die Form der gerichtlichen Bestrafung oder der Zubereitung des Essens beziehen ...".

Trotz der breiten Rezeption der Zivilisationstheorie von *Norbert Elias* nach der Neuauflage seines Werkes in der ganzen westlichen Welt (vgl. *H. Korte*, 1988) hat sich sein die Dichotomien von Kultur und Zivilisation negierender Zivilisationsbegriff nicht durchgesetzt. Unter dem Einfluß des amerikanisch-angelsächsischen Kulturbegriffs, der Rezeption der amerikanischen Kulturanthropologie in der deutschen Soziologie nach 1945 hat sich der spezifisch deutsche Kulturbegriff immer mehr dem englisch-amerikanischen angenähert. Er umfaßt nunmehr alles das, was *Elias* unter dem Begriff der Zivilisation subsumierte.

In der Soziologie ist neben der Kulturanthropologie auch der große Einfluß des Strukturfunktionalismus zu nennen, namentlich von *Talcott Parsons* (1902–1979). *Parsons* unterschied drei miteinander verknüpfte Systeme: das kulturelle, das soziale und das personale. **Enkulturation** ist dann jener Prozeß, in dem Individuen und soziale Gruppen an die Muster einer bestehenden Kultur angepaßt werden, also vor allem durch **Sozialisation** und **Internalisierung** gegebener Werte und Normen in den verschiedenen Handlungsbereichen.

Unter diesen Voraussetzungen definierte *Hans Joachim Klein* (1995) Kultur wie folgt: „**Kultur**, von lat. colere = pflegen, zunächst im Sinne von „agricultura“ = Bodenanbau, dann (schon bei *Cicero*, 106–43 v.Chr.) als „cultura“ erweitert auf materielle und geistige Produkte und Fähigkeiten schlechthin. Heute versteht man unter K. die raum-zeitlich eingrenzbare Gesamtheit gemeinsamer materieller und ideeller Hervorbringungen, internalisierter Werte und Sinndeutungen sowie institutionalisierter Lebensformen von Menschen.“ Und mit *Wolfgang Lipp* (1988, S. 239) kann ergänzt werden: „Kultur und Gesellschaft, Strukturen, Funktionen und Sinnbezüge, sind weder begrifflich noch konkret, im umfassenden soziokulturellen Geschehen, definitiv zu trennen. An die Stelle verengter **spezialistischer Kulturbegriffe** tritt, je näher man die Phänomene selbst betrachtet, notwendig ein ‚erweiterter Kulturbegriff‘, und man stößt auf den Sachverhalt, daß Kulturelles und Gesellschaftliches … ineinander verschachtelt sind.“

Immer hat **Kultur** mit der spezifischen Prägung von Verhaltensweisen und Gesten, von Symbolen und Werten und allen damit verbundenen Formen der Tradition und Tradierung (Bildung) zu tun. Eine Abspaltung der kulturellen von der sozialen Sphäre ist nicht möglich; Gesellschaftswissenschaft kann eigentlich nur als **Kulturwissenschaft** im Sinne *Max Weber*s betrieben werden. Trotzdem gibt es Bereiche, in denen – ganz im Sinne *Niklas Luhmann*s – das **Kulturelle** gleichsam selbstreferentiell und **Kultur als System** (*Walter L. Bühl*, 1986) begreifbar wird, weil die Hervorbringung von Kultur in einem engeren Sinne, deren Vermittlung und Tradierung, vorrangiges Ziel des betrachteten Handlungssystems ist (wie z. B. in den hier gesondert betrachteten Bereichen des Bildungssystems und des religiös-kirchlichen Systems).

Besteht Einigkeit darüber, daß Kultur und Gesellschaft ebenso eng zusammengehören wie Kultur und soziales Handeln, so ist gleichwohl auf eine Kulturtheorie als Gesellschaftstheorie zu verweisen, in der die Kultur und die von ihr ausgehenden „feinen Unterschiede“ eine Sonderstellung einnehmen.

Diese Theorie verbindet sich vor allem mit dem Namen von *Pierre Bourdieu* (geb. 1930). Nach *Bourdieu* ist „Kultur keine unschuldige Sphäre, sondern das entscheidende Medium zur Reproduktion der Klassenstrukturen in spätkapitalistischen Konsumgesellschaften" (*H.-P. Müller*, 1986, S. 162; vgl. auch *Klaus Eder*, 1989). *Müller* bezeichnet *Bourdieus* Gesellschaftstheorie als eine soziokulturelle Klassentheorie, die den Zusammenhang zwischen Klassenlagen und -positionen, Bildungspartizipation, Kulturkonsum und Lebensstilen zum Gegenstand hat.

2. Kulturentwicklung nach 1945

2.1 Die Situation in Westdeutschland

Die Berufung auf die grundlegenden Werte der deutschen Kultur, auf Reformation und Humanismus, auf die deutsche Klassik und den Idealismus (in Philosophie und Pädagogik, Geschichtsauffassung und Kunsttheorie), auf das Erbe des Christentums und die große deutsche Bildungstradition gehörte zu den moralischen Stützen der unmittelbaren Nachkriegszeit. Noch einmal war Kultur vor allem die sog. Hochkultur oder was dazu hochstilisiert worden war: *Goethe* und *Schiller, Bach* und *Beethoven*.

Das *Goethe*-Jahr 1949 bot einen willkommenen Anlaß für eine geistige Besinnung – aber auch zum Streit um das deutsche Erbe, in nunmehr zwei deutschen Staaten, die just in diesem Jahr, auch mit Anspruch auf das Erbe des „anderen, wahren Deutschland", gegründet wurden (vgl. *Hermann Glaser*, 1985, S. 318f: „*Goethe* als Nothelfer").

Mit einiger Übertreibung könnte man sagen, daß die geteilte Nation und die weitgehend zusammengebrochene Gesellschaftsstruktur nach 1945 ihre Stütze in diesen heraufbeschworenen Werten der deutschen Kultur- und Bildungstradition hatte. Das stolze Wort von der **Kulturnation** der Deutschen bekam eine unerwartete Wirklichkeit: die des einzig wirksamen Zusammenhalts überhaupt. *Hermann Glaser* (1985) hat diese Zeit der „schweren, schönen Not" anschaulich mit Beispielen aus allen Kulturbereichen beschrieben: die Rückbesinnung auf das Erbe einerseits, das Nachholen und Einholen der durch den Nationalsozialismus verzögerten oder zerstörten **Moderne**, in Musik und Literatur, Malerei und Theater, Baukunst und Städtebau (z.T. durch Anknüpfung an die nun weltweite Tradition des **Bauhauses**) andererseits.

Doch ein bruchloses oder kritikloses Anknüpfen an das Erbe der Kulturnation konnte es ebensowenig geben wie eine Erneuerung von Staat und Gesellschaft allein aus *deutschem Geist* und „deutschem Erbe". Es gab das Wort von *Adorno*, daß nach **Auschwitz** kein Gedicht mehr möglich sei; und es gab warnende Stimmen, daß es nicht möglich sei, das deutsche Bildungs- und Kulturerbe aus der Mitverantwortung für die Entwicklung zum und im Nationalsozialismus herauszuhalten (vgl. *H. Glaser*, 1989, S. 413f).

Wie bereits für die Erneuerung des staatlichen und politischen Lebens auf ein Schwanken zwischen Restauration und Revolution hingewiesen wurde (S. 34f), so gilt dies auch für die Kulturentwicklung nach 1945. Aber überwiegt hier das Neue? – trotz **Gruppe 47**, trotz *Wolfgang Borchert* („Draußen vor der Tür") und der Aufnahme und Entwicklung der neuen Musik über ihre Zentren in Darmstadt, Donaueschingen und Baden-Baden; trotz der überall spürbaren Kulturbegeisterung, die sich in modernen Theaterbauten ebenso zeigte wie in der Begeisterung für alles Moderne überhaupt: im Auto- und Radio-Design, in modernen Möbeln und den nüchtern-stilvollen Einrichtungen der Wohnungen und Büros.

Auch die **moderne** Kultur und die Programmatik der Moderne trugen dazu bei, den Bruch mit der nationalsozialistischen Vergangenheit zu demonstrieren und diese vergessen zu machen – eine „Funktion", die Kunst und Kultur nach Katastrophen und Zusammenbrüchen von Gesellschafts- und Kulturordnungen immer hatten, soweit wir in die Kulturgeschichte zurückblicken können.

2.2 Kulturentwicklung in Ostdeutschland

Im weit verbreiteten „Philosophischen Wörterbuch" von *Klaus/Buhr* hieß es zum Begriff Kultur: „Der Marxismus-Leninismus geht davon aus, daß der Charakter einer jeden Gesellschaftsformation bestimmt wird durch die Art und Weise der Teilnahme der verschiedenen Klassen und Schichten an der Produktion, Verteilung und Aneignung geistiger Werte, was wiederum abhängig ist von der ökonomischen Basis und der sozialen Gliederung der Gesellschaft ... Die Entwicklung und allseitige Herausbildung des menschlichen Wesens im Ringen um die Beherrschung der Naturkräfte und ganz besonders des eigenen gesellschaftlichen Zusammenlebens wird als der eigentliche Inhalt aller Kulturentwicklung aufgefaßt".

Nicht erst seit 1945/49 kam diese historisch-materialistische Auffassung der Kulturentwicklung und -bedeutung zum Tragen, sondern seit Entwicklung der sozialistischen Arbeiterbewegung des vorigen Jahrhunderts: in den Arbeiterbildungsvereinen z. B. oder in der sich zu einem großen Teil prononciert sozialistisch verstehenden Kulturentwicklung nach dem Ersten Weltkrieg (bis hin zum „Proletkult").

Daran wurde nach 1945 angeknüft, vielfach von den gleichen Personen. Es hatte erhebliche Signalwirkung, auch im Ausland, daß weltweit anerkannte Schriftsteller wie *Bertold Brecht* oder *Heinrich Mann* aus dem Exil in die SBZ/DDR gingen oder der schon im Juni 1945 zurückgekehrte Dichter *Johannes R. Becher* zentrale Aufgaben beim Kulturaufbau übernahm (und später Kultusminister wurde). Die sowjetische Besatzungsmacht förderte aus gleicher Einstellung zur Kultur von Anfang an ein breites, mit den Werktätigen verbundenes Kulturschaffen. Der von *Becher* seit August 1945 geleitete *Aufbau-Verlag* hatte wie die von dem Lyriker *Peter Huchel* redigierte Zeitschrift „Sinn und Form" zwar Parallelen in Westdeutschland, aber ihr Stellenwert war ein anderer. Das gilt ebenso für das „Berliner Ensemble" unter *Bert Brecht* im „Theater am Schiffbauerdamm", das über *Brecht*s Tod (1956) hinaus Weltruhm genoß.

Dem hohen Stellenwert, der auf der einen Seite Literatur und Theater (wie anderen Künsten) bei der Schaffung des „neuen Menschen" eingeräumt wurde, korrespondiert auf der anderen Seite die Furcht vor Abweichung, was zu entsprechenden Zensurmaßnahmen und Überwachungen führte (vgl. hierzu z.B. die Autobiographie von *Heiner Müller*, des schon vor der „Wende" meistgespielten deutschen Dramatikers: „Krieg ohne Schlachten"). Mit der Ausweisung des Liedermachers *Wolf Biermann* 1976 wurden die Drangsalierungen von Künstlern zum weltweit beachteten Skandal. Aber die DDR-Literatur blieb eine wichtige Klammer der deutschen Kulturnation (vgl. auch S. 52). Schriften von *Christa Wolf* gelangten auszugsweise in deutsche Schulbücher oder waren Anlaß für Themenstellungen in Abituraufsätzen (z.B. „Der geteilte Himmel", 1963; „Nachdenken über Christa T.", 1968; „Kindheitsmuster", 1976).

Die DDR verfügte über eine sehr breite und differenzierte *Infrastruktur im Bereich der Kultur*: 1989 gab es 217 Theater, 87 Orchester, 719 Museen (davon 128 Geschichtsmuseen), 16 883 Bibliotheken (davon ca. 6 Tsd. Betriebsbibliotheken) und 1709 Kulturhäuser (*Karin Thomas*, 1993, S. 421).

Mit der Einigung (vgl. auch Art. 35 des Einigungsvertrages) ging diese Differenzierung und kulturelle Basis zu einem guten Teil verloren, auch auf Grund der völlig neuen Organisationsstrukturen des kulturellen Lebens, die nun übernommen werden mußten. So war auch von einem „Kulturschock" die Rede. Demgegenüber entwickelte sich sehr schnell eine neue Form der Kulturförderung, in der kommunale und vor allem auch private Initiativen eine herausragende Rolle spielen. Nur dadurch konnte, und das häufig in letzter Minute, ein reiches Erbe vor Verfall, Zerstörung oder Ausverkauf (wie wertvolle Bibliotheksbestände) bewahrt werden.

3. Medien und Kulturprozeß

3.1 Entwicklung und Ausweitung der Medienlandschaft

Die Struktur der Rundfunk- und Fernsehanstalten spiegelt trotz aller Veränderungen immer noch jene Medienlandschaft wider, die die Alliierten nach dem Krieg für Deutschland lizensiert und durchgesetzt hatten. Dies war eine Reaktion auf die historisch in diesem Ausmaß erstmalige Einsetzung der Medien (vor allem des Radios) als Propagandainstrument durch die Nationalsozialisten; und es war zugleich der Versuch, die Medien als Mittel der **Reeducation** und Demokratisierung von der Basis her zu nutzen. „Nach dem Sieg der alliierten Truppen trat zunächst Funkstille ein. Jegliche deutsche Rundfunkaktivität war verboten" (*Eschenburg*, 1983, S. 137; dort ausführlich über die Entwicklung von Rundfunk und Presse 1945–1949). Bereits 1945 entstand der RIAS („Rundfunk im amerikanischen Sektor") Berlin.

Noch vor Gründung der Bundesrepublik entstanden der Nordwestdeutsche Rundfunk, der Bayrische und der Hessische Rundfunk sowie Radio Bremen; Juli 1949 kamen hinzu der Südwestfunk in Baden-Baden (dem Sitz des Oberbefehlshabers der französischen Streitkräfte in der Bundesrepublik) und der Süddeutsche Rundfunk in Stuttgart. Rundfunkentwicklung und Entwicklung der Bundesländer haben also einige Parallelen. Streitpunkte zwischen den politischen und sozialen Gruppen bei der Besetzung der Rundfunkräte und der politischen Ausrichtung der von der Struktur her zur parteipolitischen Neutralität verpflichteten öffentlich-rechtlichen Rundfunkanstalten, ihrer Größe und Zuständigkeit, haben hier ebenfalls ihren Ausgangspunkt bis auf den heutigen Tag.

Zu Beginn der Bundesrepublik verfügten ca. 45 % der Haushalte über ein **Radio**; dann erhielt das Radio durch die Transistorentwicklung und Ausstattung mit Cassetten, Kopfhörern usw. zusätzliche Qualitäten, vor allem die der Raumungebundenheit und der ständigen Verfügbarkeit, auch als Autoradio. Seit den 70er Jahren veränderte sich diese Struktur u.a. dadurch, daß das Radio in eine immer direktere Kommunikation mit den Bürgern trat und sich auch auf lokaler Ebene neben der Zeitung als Medium durchsetzte.

In der Bundesrepublik gab es seit ihrer Gründung einen tiefgreifenden Wandel der kulturellen und sozialen Strukturen durch die Expansion der Medien. Dies sei durch folgende Punkte verdeutlicht:

- Zu Beginn der bundesrepublikanischen Geschichte gab es kein **Fernsehen**; jetzt gibt es eine Vollversorgung aller Haushalte, z.T. mit zwei oder drei Apparaten und zusätzlich mit Video-Geräten. Auch Kinder und Jugendliche verfügen zu einem großen Teil über eine Ausstattung mit verschiedenen Medien (zur Jugendkultur, Jugendsubkultur und Medienkultur bei Jugendlichen vgl. S. 145ff);

- der **Fernsehkonsum** beansprucht einen erheblichen Teil der Tages- und Wochenendfreizeit und hat zu großen Veränderungen des Familienlebens, der Informationsbeschaffung, des Lernverhaltens und der Weltsicht geführt;

- die **Bedeutung des Fernsehens** für die „Mitgestaltung" und „Beschleunigung" politischer Prozesse wurde seit der Berichterstattung über die Ereignisse und politischen Umwälzungen in Polen, Ungarn, der Tschechoslowakei, dann der DDR und Rumänien überdeutlich; dies zeigte auch, daß das Fernsehen für die Einheit der deutschen Nation als **Kulturnation** einen überragenden Stellenwert hatte;

- 1949 verfügten ca. 8 % der Haushalte über ein **Telefon**; nunmehr sind es ca. 94 %. Die damit gegebenen Veränderungen des kommunikativen (und sprachlichen) Verhaltens, bis hin zur Veränderung des Nachbarschaftsverhaltens, der Verabredungen und Gespräche über das Telefon usw., sind außerordentlich weitreichend. An späterer Stelle (S. 188) wird hervorgehoben, daß das Telefon eine weltumspannende Kommunikationsmöglichkeit für jedermann ist und das größte aller **Großen Technischen Systeme**;

- die Expansion der **Zeitschriften** ist ein besonderes Element der Kulturgeschichte, hier wie in anderen Ländern. Es gibt kein kulturelles und sonstiges Interesse, kein Hobby, kein Informations- und Unterhaltungsbedürfnis, das nicht über Zeitschriften markt- und kommerzfähig gemacht würde. Die Diversifizierung nach Alter und Geschlecht, Sozialschicht und Bildungsstand gehört noch zu den einfachsten Kriterien der Marktstrategien.

Eine Diversifizierung des Angebots und der Nutzung gibt es bei allen Medien: durch Entwicklung von 3. und 4. Hörfunkprogrammen der öffentlich-rechtlichen Rundfunkanstalten, auch als Reaktion auf die Konkurrenz der nunmehr zugelassenen privaten Rundfunksender; durch Ausdehnung der Sendezeiten und Vermehrung der Fernsehprogramme. 1961 wurde das ZDF in Mainz gegründet; in den 80er Jahren kam das kommerzielle Fernsehen mit 3SAT, EINS PLUS und anderen Sendeanstalten hinzu. 1972 umfaßte das ARD-Gemeinschaftsprogramm erst knapp acht Stunden tägliche Sendezeit; das ZDF-Programm neun Stunden. Durch die Verkabelung ist in vielen Haushalten inzwischen eine Programmwahl „rund um die Uhr", vergleichbar dem Rundfunk, gewährleistet (*Schatz*, 1989, S. 395; zur Entwicklung der Medienkultur vgl. auch die materialreiche Untersuchung von *Silbermann/Hänseroth*, 1989).

3.2 Veränderung des Vertrauten

Auf eine weitere Dimension der Medien im Kulturprozeß sei im folgenden hingewiesen, auch wenn diese in ihrer sozialstrukturellen Bedeutung schwer greifbar ist.

Die Ausbreitung der neuen Medien im Zusammenhang mit der Entwicklung neuer Technologien führte zu tiefgreifenden Veränderungen personaler, sozialer und kultureller Gewohnheiten. Wertsystem und Wissensordnung wandelten sich: Daher sprach Inglehart in seinen zu Anfang der 70er Jahre zuerst veröffentlichten Untersuchungen zu Recht von einer „Silent Revolution“ (vgl. auch seine globale Analyse des „kulturellen Umbruchs“, 1989). Der Begriff der „Stillen Revolution“ wird hier aufgenommen, aber fundamentaler verstanden als bei *Inglehart.*

Nicht nur die Wertsysteme bekommen eine neue Präferenzordnung (denn im seltensten Fall handelt es sich um **neue** Werte), sondern durch die neue Wissensordnung der Gesellschaft (*Helmut F. Spinner*, 1994), ihre technologisch neuen Kommunikations- und Informationsmöglichkeiten, ändern sich die Seh- und Denkgewohnheiten, die Weltbilder und die Sprache. So hat *Götz Großklaus* (1989) darauf hingewiesen, daß durch die neuen Medien die Kategorien von Nähe und Ferne, von Raum und Zeit einem Wandel unterliegen: „Seit der Mitte des 19. Jahrhunderts haben die Apparate der **Sucht nach Nähe** gedient, aber erst am Ende unseres Jahrhunderts sind globale Systeme an der Herstellung von Nähe beteiligt (man könnte hinzufügen: an Intimität und Authentizität; B.S.): Tagtäglich nehmen wir über Fernsehprogramme an den Ritualen der Nähe teil. Die Nah- und Nächstwahrnehmung des glücklichen, mächtigen, erfolgreichen Idols ... hat längst die Form des kollektiven Rituals angenommen.“

Wahrnehmungsgewohnheiten ändern sich wie Denk- und Lesegewohnheiten; die Prozesse der künstlerischen Produktion und ihrer Vermittlung haben sich darauf längst eingestellt. Dem immer schnelleren Veraltern der Moderne entspricht ihre zügige Musealisierung in der sich ausbreitenden, auch städtebaulich relevanten Museumskultur.

Ein **neues audio-visuelles Zeitalter** schafft sich seine eigenen Wirklichkeiten, deren Rückwirkungen auf die „Realität an sich“, die wahrnehmenden und reflektierenden Individuen eingeschlossen, immer komplexer werden.

3.3 Ein neues Basis-Überbau-Verhältnis?

Zu fragen bleibt, ob diese und andere kulturrelevanten technologischen Entwicklungen nicht zu einem völlig neuen Verhältnis von Kultur und Gesellschaft, Basis (der Produktion und Technik) und Überbau (der kulturellen und sozialen Verhältnisse) geführt haben. In der Theorie des sozialen Wandels von *Ogburn* (vgl. S. 8), die die Kategorien von Basis und Überbau in eine Theorie des **cultural lag***
einbringt, schien es noch selbstverständlich, daß das kulturelle

System den innovativen Systemen der Technik und der Produktion hinterherhinkt.

Waren an dieser Theorie immer Zweifel berechtigt, weil – wie *Max Weber* gezeigt hat – ein bestimmtes Kultur- und Wertsystem allererst da sein muß, um sich der auch in anderen Kulturen und anderen Epochen gegebenen technologischen Möglichkeiten in bestimmter Weise zu bedienen, so hat sich in fortgeschrittenen Industriegesellschaften dieses Verhältnis nach Ansicht von *Daniel Bell* (1975) umgekehrt: in der **nachindustriellen Gesellschaft** bekommen – für die Sozialstruktur und die gesellschaftliche Entwicklung – die Phänomene des theoretischen Wissens, der Wissensvermittlung und der technologisch erst jetzt möglichen Zentralisierung des Wissens eine Schlüsselstellung. Dem kann man mit anderen Theoretikern der Wissens- und Informationsgesellschaft (*Helmut F. Spinner*, 1993) zustimmen. Nicht zustimmen kann man *Bell* mit seiner hierzu im Widerspruch stehenden These, daß sich in der nachindustriellen Gesellschaft die Kluft zwischen Gesellschaftsstruktur und Kultur zwangsläufig weiter vertiefte (1975, S. 366). Im Gegenteil: Kulturelles, technisches und soziales System werden in eine immer größere Nähe und Dichte gebracht, nicht zuletzt über immer differenziertere Formen der Kommerzialisierung und des **Sponsoring** im Kunst- und Kultur**betrieb.**

4. Kulturentwicklung zwischen Regionalismus und Weltkultur

Die Kulturentwicklung in der (alten) Bundesrepublik hat, vor allem in den letzten zwei Jahrzehnten, zwei Pole deutlicher hervortreten lassen: Regionalismus, Provinz- und Heimatkultur einerseits und Weltkultur andererseits.

Wolfgang Lipp (1986) hat darauf hingewiesen, daß zwischen Heimatkultur und **Moderne** kein Widerspruch bestehen muß, daß die Prozesse der Modernisierung, „sollen sie nicht irrational werden, auch in der Gestaltung des Nahraums und des Lebensdienlichen ihre Verankerung haben müssen“ (an der kultur- und sozialwissenschaftlichen Aufwertung des Heimatbegriffs, seiner „Befreiung“ aus Enge und Spießigkeit, haben u.a. die Arbeiten von *Hermann Bausinger* und *Ina-Maria Greverus* hervorragenden Anteil).

Doch auch das Umgekehrte gilt: eine sich provinziell abschottende Heimatkultur (in Deutschland vor allem Traditionspflege in Gesangvereinen, Turnvereinen usw.) ist auch unter Gesichtspunkten der Entwicklung von politischer Kultur bedenklich, weil sie deren Maßstäbe und Bewertungen auf größere Zusammenhänge überträgt.

Übersicht 2 Globalisierungsprozesse der Kultur.

Wertbrüche 60er und 70er Jahre	Hegemonien 80er Jahre	Trends, Entwicklungen, Prozesse Ende 80er u. 90er Jahre	Bilder künftiger Weltkultur
Modernistische und antimodernistische Linie	Neoliberale Hegemonie der kapitalistischen Führungsnationen	Kommerzialisierung	Weltweite Warensymbolik
		Informatisierung	Global orientierte Codes für Aktualitäten und Ereignisse
Kultur-kritische Linie	Wertkonservative Gruppierungen, restaurative Positionen	Musealisierung	Global ausgerichtete Formen von Musealität und Gedächtnisbildung
Fundamentalistische Linie	Neokonservative Gruppierungen, charismatische Erneuerer	Fundamentalisierung	Global orientierte Muster von Religiosität, Mythen oder Esoterik
Gesellschafts-kritische, emanzipatorische Linie	Liberale, linksliberale, linke und alternative Gruppierungen	Universalisierung ästhetischer Codes	Global orientierte Kunst
		Universalisierung von kognitiven und intellektuellen Codes	Global orientiertes Wissen
		Universalisierung pragmatischer Codes für Handeln	Global orientierte Pragmatik zur Lösung dringlicher Probleme

Quelle: Meier-Dallach, 1989, S. 305 (hier geringfügig verändert)

Trotz aller Globalisierungsprozesse ist die deutsche kulturelle Landschaft immer noch relativ differenziert und der Zusammenhang zwischen politischer Kultur und historischer Landschaft vergleichsweise eng (vgl. *Hans-Georg Wehling*, 1985. Es werden u.a. folgende Regionen behandelt: die politische Kultur Hamburgs, Bremens und Lübecks; das Ruhrrevier; Pfalz und Saarland; das barocke, bäuerliche Oberschwaben und Bayern). Für die Globalisierungsprozesse der Kultur wird auf ein Schema von *Meier-Dallach* (1989) zurückgegriffen, das den Wertwandel, technologische Möglichkeiten und die weltweiten Zusammenhänge sozialer und kultureller Prozesse verdeutlicht (s. **Übersicht 2**).

5. Jugendkultur und jugendliche Subkultur

Als Beispiel für die jeweils erforderlichen Differenzierungen im Themenbereich „Kultur und Sozialstruktur", schicht- und altersspezifisch und bezogen auf Werthaltungen, Lebensstile usw., seien einige begriffliche Differenzierungen zur Jugendkultur vorgetragen.

Die Jugendkultur als Teil der allgemeinen Kultur einer Gesellschaft hat sich in dem Maße entwickelt und verselbständigt, wie Jugend überhaupt als eigenständige Alters- und Sozialgruppe mehr und mehr an Autonomie gewann. Spätestens seit der Jugendbewegung wird man also von einer eigenständigen Jugendkultur sprechen können. So überrascht nicht, daß der Begriff „Jugendkultur" von einem der „geistigen Führer" der Jugendbewegung, *Gustav Wyneken* (1875–1963), geprägt wurde.

Jugendkultur meint im Hinblick auf den allgemeinen Kulturbegriff, daß hier spezifische Inhalte und Formen der materiellen, vor allem aber der geistigen Kultur ausgebildet werden: als Ausdruck von Eigenständigkeit, einem eigenen Lebensgefühl und eigenen Werthaltungen. In diesem Verständnis hatte bereits *Tenbruck* (1962) die Jugend insgesamt als **Teilkultur** definiert. Die jugendliche Teilkultur erfasse „souverän alle Lebensgebiete". Nach *Tenbruck* haben die Jugendlichen „nicht nur ihre unverwechselbaren Formen des Umgangs, Sports, Vergnügens, sie besitzen auch ihre eigene Mode, Moral, Literatur, Musik und Sprache".

Eine so definierte Jugendkultur bzw. Subkultur (vgl. weiter unten) ist latent immer auch **Gegenkultur, Alternativkultur**, also nicht nur Teil der allgemeinen Kultur, sondern bewußt und gewollt etwas anderes als die „offizielle" (hegemoniale) Kultur.

Der Begriff der **Subkultur** ist weder in der Alltags- noch in der Wissenschaftssprache eindeutig festgelegt. Hier wird er mit dem Begriff „gesellschaftliche **Teilkultur**" gleichgesetzt (zur Entwicklung und

Problematik des Subkulturkonzepts in der Soziologie vgl. *Vaskovics*, 1989). Zwischen Teilkultur im Sinne von „Teil der offiziellen Kultur" bis zur bewußt und aggressiv von der „offiziellen" Kultur abweichenden subkulturellen Bewegung liegt ein breites Spektrum von Möglichkeiten. Diese variieren

- hinsichtlich der Inhalte und „Stile", die teilweise oder völlig von der dominanten Kultur abweichen (Sprache, Kleidung, Körpersprache, Gewohnheiten, Verhaltensweisen, Anerkennung gesellschaftlicher Werte wie Eigentum, Leistung etc.);
- hinsichtlich der Größe der abweichenden Gruppe;
- hinsichtlich ihrer Aktionsbereitschaft, der latenten und manifesten Aggressionsbereitschaft;
- hinsichtlich ihrer alters- und schichtspezifischen Besonderheiten.

Auch deutlich abweichende jugendliche Subkulturen (Beispiele in der Gegenwart: Skinheads, Punks) sind Teilkulturen in dem Sinne, daß sie auf eine gesellschaftliche Situation – wie verzerrt diese auch wahrgenommen wird – in bestimmter Weise reagieren.

Radikale Subkulturen versuchen, Vereinnahmungen durch das System, durch Kommerz- und Kulturbetrieb, zu entgehen und ihren eigenen **Stil** zu entwickeln. **Stil** ist die Gesamtheit der auf typische Weise genutzten oder neu innovierten Ausdrucksmittel; Sprache, Mode, Körpersprache und Musik sind ihre wichtigsten „Medien". In „Schock und Schöpfung" (1986) wurde der breit angelegte Versuch unternommen, die Jugendästhetik im 20. Jahrhundert in entwicklungsgeschichtlicher und vergleichender Perspektive darzustellen. Wandervögel und Lichtfreunde, Wilde Cliquen und Sonnenmenschen, die jugendliche Bohème und die Bündischen, die Antiautoritären und die Blumenkinder – sie alle „stilisieren" sich in bestimmter Weise, wobei dem jeweiligen Stil entweder nur gruppenunterstützende Funktion zukommt – wie z. B. bei den Wandervögeln – oder er zum Selbstzweck wird bzw. für Nicht-Zugehörige so erscheinen muß, wie z. B. bei den Punks.

Der **Kulturbegriff** ist im Selbstverständnis der Subkulturen (wie auch der Alternativkultur) um einiges weiter gefaßt als der „klassische" bürgerliche Kulturbegriff; er umfaßt die gesamte **Lebensweise** und das Lebensgefühl einer bestimmten Gruppe.

6. Kultur und Wertordnung. Unbehagen in der Kultur

Mit *Max Weber* kann davon ausgegangen werden, daß wir in einer „entzauberten Welt" leben, in der die Religion ihre Prägekraft für Alltagsethik und Weltdeutung weitgehend eingebüßt hat, zumindest in der Öffentlichkeit, der Arbeitswelt, dem Kulturbetrieb und anderen Bereichen. Diese „innerweltliche Orientierung“ der Werte und der Ethik hat ihre eigenen Probleme, weil die Verbindlichkeit einer Letztbegründung fehlt und alles dem Diskurs anvertraut ist. Das w.u. kurz skizzierte „Unbehagen in der Kultur“ (*Freud*) hat auch hier eine Wurzel, aber ebenso die breite Diskussion um „Ethik der Wissenschaft“, „Ethik der Technik“ usw. (vgl. hierzu die Aufsatzsammlung als Reclam-Heft von *Hans Lenk* und *Günter Ropohl*, 1987).

Die Kulturentwicklung seit der **Aufklärung** mit ihren Schüben an Individualisierung und Reflexion, aber auch an Abbau überkommener Bindungen und kultureller Selbstverständlichkeiten, hat dem Kulturprozeß eine neue Dimension hinzugefügt: die des „Unbehagens in der Kultur“ (*Sigmund Freud*).

Was hier mit dem Aufsatz (zuerst 1930) von *Freud* auf den Begriff gebracht werden soll, begleitet den Kultur- und Individuierungsprozeß der **Moderne** von Anfang an: das Auseinandertreten von Lebenswelt und Erfahrung, von technisch-industrieller, gesellschaftlich-bürokratischer „Superstruktur“ und der Welt der Werte und Gefühle, der kleinen Gemeinschaften und des Überschaubaren. Die Kulturtheorien des Idealismus und der Romantik haben diese Problemlage bereits thematisiert; Lebensreform- und Jugendbewegung der Jahrhundertwende und die Alternativ- und Öko-Bewegungen der Gegenwart sind kultur- und epochentypische Reflexionen dieses immer bedrohlicheren Auseinandertretens von angeblich rationaler Daseinsbewältigung und dem Verhältnis des Menschen zu bleibenden Grundwerten seiner Existenz; dazu gehört auch sein Verhältnis zur Natur.

Die **Dialektik der Aufklärung** (*Horkheimer/Adorno*, zuerst 1944) analysierte, angesichts des Epochenphänomens des Faschismus und seiner Gewalt, diesen Entwicklungsprozeß als „rastlose Selbstzerstörung der Aufklärung“ (so im Vorwort zu den Ausgaben 1947 und 1969) aus der Logik eines fehlgelaufenen Vernunftprozesses.

Die **Kultur der Moderne** (*R. Münch*, 1986) ist ohne diese tief empfundene, von der Religion immer weniger mediatisierte Widersprüchlichkeit nicht denkbar. Das Lebenswerk *Max Weber*s steht ganz im Banne dieses Widerspruches bzw. seiner Thematisierung (vgl. z.B. die Ausführungen in seinem Vortrag/Aufsatz: „Wissenschaft als Beruf“, 1919).

Das Unbehagen in der Kultur bzw. an der Kultur bezieht sich heute vor allem, auch in der Diskussion um die **Postmoderne** (vgl. *Wolfgang Welsch*, 1988; *Heinz-G. Vester*, 1993), auf den Kulturbetrieb, auf die Kommerzialisierung der Kultur, auf ihre beliebige, Zeiten und Räume überspringende Verfügbarkeit und Funktionalität und auf ihre repräsentative und statuserhöhende Konsumfunktion.

Die Strategien auf dem hart umworbenen, den kapitalistischen Marktmechanismen voll unterworfenen weltweiten Kunstmarkt besorgen ein übriges, dem „Kunstwerk im Zeitalter seiner technischen Reproduzierbarkeit" (*Walter Benjamin*, 1892–1940) seine **Aura** (*Benjamin*), seine sakrale und ästhetische Eigenständigkeit zu nehmen. Der Schritt vom Kunstwerk zum Design, vom revoltierenden Stil zur Mode hat sich ebenso verkürzt wie der Weg ins Museum.

II. Struktur und Wandel des Bildungssystems

1. Definiton und Umfang des Bildungssystems

Unter **Bildungssystem** werden hier alle Einrichtungen verstanden, in denen Lehr- und Lernprozesse formalisiert ablaufen und auf Dauer gestellt sind. Dazu gehören alle Schulen, Volkshochschulen, Akademien, die Wissenschaftlichen Hochschulen, aber auch Einrichtungen des Fernstudiums und der Fort- und Weiterbildung. Der Bildungsgesamtplan der Bund-Länder-Kommission für Bildungsplanung von 1973 definierte: „Das **Bildungswesen** umfaßt nach neuem Verständnis nicht nur Schule, Hochschule und berufliche Bildung, sondern auch die Elementarerziehung, eine systematisierte Weiterbildung und die außerschulische Jugendbildung."

Die Ausdifferenzierung des Bildungssystems als eines relativ autonomen Teilsystems ist eines der Hauptcharakteristika sich industrialisierender und arbeitsteilig organisierender Gesellschaften.

In entwickelten Industriegesellschaften wie der Bundesrepublik Deutschland gehört das Bildungssystem zu den umfangreichsten und „teuersten" Teilsystemen der Gesellschaft. Die im Bildungssystem direkt (z. B. als Lehrer) oder indirekt (z. B. in der Bildungsverwaltung) Beschäftigten; die Investitionen an Gebäuden (Schulen; Universitäten; Büchereien usw.), an Sachausstattung und laufenden Sachausgaben stellen wesentliche Anteile in den Haushalten der Gebietskörperschaften dar.

2. Bildung und Bildungsföderalismus

2.1 Zur Sozialgeschichte des Bildungsbegriffs

Der Bildungsbegriff ist einer der schillerndsten Begriffe der abendländischen Geistes- und Kulturgeschichte. Er erlangte in Deutschland seit der zweiten Hälfte des 18. Jahrhunderts eine in wohl keinem anderen Land und keiner anderen Sprache erreichte Bedeutungsfülle. Nach *E. Lichtenstein* (1971) wird der Bildungsbegriff „zwischen 1770 und 1830 mit der Entstehung des modernen Erziehungswesens in Deutschland zum Leitbegriff eines in der geschichtlichen Situation des Übergangs zu einer offenen Gesellschaft sozial ermöglichten Ideals geistiger Individualität, freier Geselligkeit und ideennormativer Selbstbestimmung einer bürgerlichen Oberschicht, der ‚Gebildeten'".

Der Bildungsbegriff ist mit der Geschichte der sich entwickelnden bürgerlichen Gesellschaft, insbesondere dem „Besitz- und Bildungsbürgertum", aufs engste verknüpft. Hierzu gehört auch die Durchsetzung der **Bildung als Menschenrecht**, wie es erstmalig in der Verfassung der französischen Revolutionszeit (1791) formuliert wurde (vgl. hierzu *Ludwig von Friedeburg*, 1989, S. 53ff; *Ulrich Herrmann*, 1991, S. 107ff).

Hatte sich gegen den enzyklopädischen Bildungsbegriff des Neuhumanismus früh Kritik geregt, so beginnt bereits im „Vormärz" eine stände- und klassenspezifische Auseinandersetzung um den Stellenwert von Bildung für die soziale Position und die Selbstbehauptung von Individuen und sozialen Gruppen. So hatte *Marx* schon 1843 in der Kritik der *Hegel*schen Rechtsphilosophie „Geld und Bildung (als die) Hauptkriterien" für die Unterschiede in der bürgerlichen Gesellschaft bezeichnet (MEW Bd. 1, S. 284). Doch trotz einer bedeutenden Arbeiter-Bildungsbewegung und des Kampfes um Anerkennung des „Realitätsprinzips in der Bildung" blieb in Gymnasien und Hochschulen wie im kulturellen Leben der neuhumanistische Bildungsbegriff vorherrschend.

Durch die Erschütterungen des Ersten Weltkrieges und der Nachkriegszeit „verschiebt sich der thematische Horizont, in dem das Bildungsproblem gesehen wird, zunehmend von der kulturidealistisch-geisteswissenschaftlichen zur strukturtheoretischen, philosophisch-anthropologischen und personalistischen Problematik" (*E. Lichtenstein*, 1971). Doch erst nach dem Zweiten Weltkrieg, verstärkt seit Mitte der 60er Jahre, kam es im Zusammenhang der Kritik des gesamten Bildungs- und Ausbildungssystems zu einer breiten Kritik des traditionalen Bildungsbegriffs. Die inzwischen etablierten Sozialwissenschaften, Soziologie und Politologie wie eine zunehmend empirisch sich verstehende, kritische Pädagogik, trugen hierzu wesentlich bei. Jenseits klassen- und schichtspezifischer Differenzierungen wird Bildung als „Bürgerrecht" (*Ralf Dahrendorf*, 1965) und damit als Gleichheitsgrundsatz eingefordert.

Der **Bildungsbegriff in der DDR** hatte sich von den genannten Traditionen und Prinzipien keineswegs losgelöst. *Bernd-R. Fischer* (1993) weist zu Recht darauf hin, daß bei allen Unterschieden in der Ausprägung des Bildungs- und Schulsystems (vgl. w.u.) die vorherrschenden Bildungsideen sich nicht fremd waren. Die Akzentsetzungen dieser humanistisch-idealistischen Bildungstraditionen waren verschieden: im Hinblick auf Individuum und Gesellschaft und im Hinblick auf das genannte „Realitätsprinzip in der Bildung" – ihre Abkehr von jenem Idealismus, der nur noch schöner Schein ist und nichts an bestehenden Herrschaftsverhältnissen und sozialen Ungleichheiten ändern möchte.

2.2 Bildung und Kultur als Basis des Föderalismus. Grundzüge der westdeutschen Entwicklung

Zu den wichtigsten Charakteristika der Bildung und Kultur in Deutschland gehörten und gehören deren föderale Entwicklung und Struktur. Die bis in die Gegenwart relativ differenzierte deutsche „Kulturlandschaft" wäre nicht denkbar ohne den ursprünglich von der jeweiligen Territorialgewalt geförderten Aufbau der Schulen, Akademien und Universitäten, Theater, Bibliotheken und anderer Einrichtungen.

Nach dem Zweiten Weltkrieg wurde, nicht zuletzt auf Betreiben der Alliierten, an die föderale Tradition und Struktur der deutschen Kultur- und Bildungsgeschichte angeknüpft (vgl. den Quellenband zur Entwicklung der Bildungspolitik in beiden Teilen Deutschlands von 1945–1990, *Anweiler* et al., 1992).

Entsprechend der einflußreichen Theorie des Amerikaners *John Dewey* (1859–1952) sollte die „Fundamentaldemokratisierung" (*Karl Mannheim*, 1893–1947) der deutschen Gesellschaft in den Schulen, an der Basis, beginnen und mit dem Gemeindeleben in enger Wechselbeziehung stehen (zur Entwicklung des Bildungswesens im Zusammenhang der gesellschaftlichen Entwicklung nach 1945 vgl. *Ludwig von Friedeburg*, 1989, S. 281ff). Besonderes Gewicht wurde hierbei auch auf die politische Bildung gelegt (vgl. zur Geschichte der politischen Bildung nach 1945 *Walter Gagel*, 1994).

Für die Bundesrepublik wird die Kulturhoheit der Länder bzw. der Stadtstaaten vornehmlich aus den Art. 30 und 70 GG abgeleitet. Ansonsten war bzw. ist das Grundgesetz – im Gegensatz zur Weimarer Verfassung von 1919 – äußerst sparsam mit kultur- und bildungspolitischen Bestimmungen. Bis zur einschneidenden Grundgesetzänderung am 12.5.1969 war praktisch nur das Schulwesen erwähnt und in Grundzügen geregelt. Art. 7 GG bestimmt, daß das gesamte Schulwesen öffentlich ist und auch die prinzipiell erlaubten privaten Schulen unter der Aufsicht des Staates stehen.

Die umfangreiche Grundgesetzänderung der Großen Koalition vom Mai 1969 brachte Einbrüche in die Kulturhoheit der Länder:

Der Bund hat nunmehr eine Rahmenkompetenz (Art. 75 Abs. 1 GG) für die allgemeinen Grundsätze des Hochschulwesens, ferner eine Zuständigkeit für die Regelung der Ausbildungsbeihilfen (Bundesausbildungsförderungsgesetz; BAFöG) und im Rahmen der „Gemeinschaftsaufgaben" (Art. 91 a und b) Mitwirkungsrechte beim Ausbau und Neubau von Hochschulen und Hochschulkliniken.

2.3 Grundzüge des Bildungssystems der DDR

Der Einigungsvertrag zwischen der Bundesrepublik und der DDR vom 31.8.1990 bestimmte in § 37 u.a., daß in der DDR erworbene Bildungsabschlüsse als gleich zu behandeln sind, wenn Gleichwertigkeit gegeben ist. Hierüber gab und gibt es weiterhin Streit, weil das allgemeine Schulwesen in der DDR seit 1945/49, wie alle anderen gesellschaftlichen Bereiche auch, nach neuen Prinzipien gestaltet war (vgl. hierzu die Dokumentensammlung von *Anweiler* et al., 1992).

Bereits im Frühjahr 1946 wurde in den damals noch existierenden Ländern der SBZ ein „Gesetz zur Demokratisierung der deutschen Schule" verabschiedet, dessen Ziel die Gleichheit der Bildungschancen war und das sehr stark von der bedeutenden Reformpädagogik der Weimarer Zeit geprägt war (hierzu und zum Folgenden *Anweiler* 1989). Privatschulen wurden ebenso aufgehoben wie der Religionsunterricht als Schulfach. Ziel war, das dreigliedrige, als klassenspezifisch angesehene deutsche Schulsystem zu beseitigen. 1959 wurde die zehnjährige allgemeinbildende Polytechnische Oberschule (POS) als Pflichtschule festgelegt. Die Erweiterte Oberschule (EOS) führte mit den Klassen 11 und 12 zum Abitur. Die Abiturientenquote der EOS betrug 1970 9,8% und 1984 nur noch 8,4%. Ein zweiter Weg zum Abitur führte über die Berufsausbildung mit Abendschulen. Zusammen mit der EOS wurde eine Abiturientenquote von ca. 13% erreicht. Vor der Einigung lag also die Abiturquote in der DDR deutlich niedriger als die der Bundesrepublik mit etwa 35% pro Altersjahrgang.

Inzwischen haben die fünf neuen Bundesländer Schul- und Hochschulgesetze erlassen, die in die relative Einheitlichkeit der deutschen Schul- und Hochschullandschaft zurückführen sollen. Für die Schüler und Schülerinnen in den neuen Bundesländern erfolgte die Umstellung auf das Schulsystem der Bundesrepublik zumeist im Herbst 1992, verbunden mit der Entscheidung, von der POS entweder auf die Realschule oder auf das Gymnasium zu wechseln.

3. Funktionen und Aufgaben der Schule

Funktionen und Aufgaben der Schule in der arbeitsteiligen Industriegesellschaft sind mit der Durchsetzung der allgemeinen Schulpflicht nicht endgültig festgelegt, sondern sie unterliegen einem Wandel nach Inhalt und Schwerpunkten. *Emile Durkheim* als einer der frühesten soziologischen Theoretiker des Stellenwerts von Erziehung und Schule in den sich entwickelnden, komplexen Industriegesellschaften, verlangte von Schule und Erziehung, daß sie „unter den Bürgern eine ausreichende Gemeinsamkeit von Gedanken und Gefühlen sichern, ohne die jegliche Gesellschaft unmöglich ist. Um dieses Ergebnis zu erzielen, ist es auch notwendig, daß Erziehung nicht vollständig der privaten Willkür überlassen bleibt" (1972, S. 38f).

Neben diesen und bereits genannten Aufgaben der Schule werden, zum Teil im Anschluß an *Hermann Giesecke* (1977, S. 74f), folgende Aufgaben als besonders wichtig angesehen:

- **Sozialisation**. Sozialisationsprozesse in der „sekundären Sozialisationsinstanz Schule" (vgl. auch S. 119) gewannen in dem Maße an Bedeutung, wie die Familien bei zunehmender Arbeitsteilung und Verlagerung der Arbeit aus dem „Ganzen Haus" (vgl. S. 112) an Einwirkungsmöglichkeiten auf die Lebensführung und Daseinsgestaltung verloren haben. Die komplexer werdende Gesellschaft, deren Reproduktions- und Legitimationsbasis sich von patriarchalischen, hierarchisch-traditionalen, familiär und religiös fundierten Sozialbeziehungen auf gesamtgesellschaftlich orientierte und demokratisch verantwortete verlagert hat, mußte sich zwangsläufig eine Institution schaffen, in der diese Zusammenhänge in antizipatorischen Lernprozessen verdeutlicht werden können;
- **Zuteilung gesellschaftlicher und beruflicher Positionen**. Hiermit ist zweierlei gemeint: einmal die Tradierung vorhandener sozialer, insbesondere beruflicher Positionen als Grundlage des Tradierens einer Gesellschaftsordnung und Kultur an die nächste Generation; zum anderen wird in der Schule in einem gewissen Ausmaß vorentschieden, wie die Schüler auf das verfügbare Reservoir an sozialen Positionen verteilt werden;
- mit der Sozialisation ist die **Selektions-Funktion** eng verknüpft. Selektion heißt Auswahl; und Selektion bedeutet immer auch Ausschluß von Werten und Normen anderer Epochen, Religionen und Kulturen. Für die Schulen wird eine begründete Selektion des Lehrstoffes und der Sozialisationsleistungen wichtiger, weil ihr immer mehr an Aufgaben zugemutet wird: allgemeine und berufliche Sozialisation; politische und kulturelle Sozialisation; Grundlegung der Emanzipation, der Demokratisierung der Gesellschaft und ihrer Institutionen; Weckung und Vermittlung kreativer Fähigkeiten;
- **Vermittlung sachbezogener Verhaltensweisen**. Im Gegensatz zu den Verhaltensweisen in Familie und Spielgruppe werden die meisten Kinder in der Schule erstmals mit Verhaltensweisen konfrontiert, die überwiegend sachbezogen und funktional sind.

4. Die berufliche Ausbildung im dualen System

Zielt der traditionale Bildungsbegriff vor allem auf die sogenannte Allgemeinbildung und die Entwicklung eines „intelligiblen Charakters" (*I. Kant*), so der Begriff der Ausbildung auf bestimmte Qualifikationen für Beruf und Praxis. „Es ist für das Verhältnis von Bildungswesen und Arbeitswelt in Deutschland von erst heute voll abzusehenden Folgen gewesen, daß sich die Berufsausbildung getrennt vom allgemeinbildenden Schulwesen entwickelt hat, gleichwohl aber keinen eigenständigen Bildungsbegriff hervorgebracht hat" (*Ch. Oehler*, 1977, S. 143).

Seit der Ausdifferenzierung des dreigliedrigen Schulwesens im 19. Jahrhundert führt die Volksschule, aber auch die Realschule, nach dem erreichten Abschluß in der Regel zu einem Lehrverhältnis (seit 1969: Ausbildungsverhältnis), während im Anschluß an das Gymnasium in der Regel das Studium an einer Universität oder einer anderen Wissenschaftlichen Hochschule aufgenommen wird.

Werden also die Ausbildungsgänge für die sogenannten „höheren Berufe" über ein Hochschulstudium geregelt und in vielen Studiengängen (z.B. in allen Lehrerberufen) mit einer staatlichen Abschlußprüfung (Staatsexamen) beendet, gehört die berufliche Ausbildung überwiegend in die Zuständigkeit „gesellschaftlicher" Institutionen, ist also „privat" (im staatlichen Auftrag) organisiert.

Die berufliche Ausbildung kann in Deutschland auf eine ebenso lange Tradition zurückblicken wie die allgemeine Schulbildung. Die jetzige „duale" (zweigliedrige) Form der Berufsausbildung hat das Erbe der mittelalterlichen Zünfte und Innungen angetreten; sie ruht auf den beiden Säulen des **dualen Systems**: betriebliche und ein- bis zweitägige schulische Ausbildung (die heute oft als Blockunterricht in bestimmten Intervallen in Berufsschulzentren mit spezialisierten Lehrwerkstätten etc. erfolgt).

Auch diese Form der Ausbildung hat inzwischen eine über einhundertjährige Tradition. 1869 wurden in der „Gewerbeordnung" des von Preußen angeführten Norddeutschen Bundes erstmals die verschiedenen Ausbildungsvorschriften zusammengefaßt (über die gesetzlichen Grundlagen des heutigen beruflichen Bildungswesens im Übergang von der „alten Gesellschaft" zur modernen Industriegesellschaft, von 1869 bis 1918, vgl. den Quellen- und Dokumentenband von *Bruchhäuser/Lipsmeier*, 1985). Die „duale Berufsausbildung" wurde 1969 durch das jetzt geltende Berufsbildungsgesetz (BBiG) im Prinzip bestätigt. Nach diesem Gesetz sind weiterhin die Selbstverwaltungsorganisationen der Wirtschaft (die Handwerkskammern, Industrie- und Handelskammern und einige weitere Kammern der Landwirte, der Rechtsanwälte, der Ärzte usw.) die „zuständigen Stellen" (§ 44 BBiG), die die Ausbildung zu überwachen haben. Die Ausbildungsordnungen werden von einem paritätisch besetzten „Bundesinstitut für Berufsausbildung" (in Berlin) erarbeitet und vom Bundesminister für Bildung und Wissenschaft im Einvernehmen mit dem zuständigen Fachminister in Kraft gesetzt. Die Kammern entstanden im Zuge der Industrialisierung und der Entwicklung der bürgerlichen Gesellschaft als Körperschaften des Öffentlichen Rechts. Sie übernahmen für Teilbereiche, wie hier die Berufsausbildung, quasi hoheitliche Funktionen.

Nach dem Berufsbildungsbericht (Ausgabe 1994, S. 78) gab es 1993 374 anerkannte Ausbildungsberufe. 1950 waren es noch über 1000.

Tabelle 10 Auszubildende nach Ausbildungsbereichen in Deutschland.

Ausbildungsbereich	männlich	weiblich	insgesamt
Industrie und Handel	508 968	370 398	879 366
Handwerk	398 264	129 011	527 295
Landwirtschaft	23 961	13 567	37 548
Öffentl. Dienst	33 945	31 481	65 426
Freie Berufe	6 301	137 449	143 750
Hauswirtschaft	291	10 782	11 073
Seeschiffahrt	888	13	901
Summen	972 658	692 701	1 665 359

Quelle: Stat. Jb. BRD 1993, S. 423

Damals wie heute konzentrierte sich die überwiegende Mehrheit der Auszubildenden auf wenige Berufe. Bei den weiblichen Auszubildenden konzentrierten sich 1991 auf die ersten fünf Ausbildungsberufe 68% aller Auszubildenden, bei den männlichen 51%. Bei den weiblichen Auszubildenden sind es sogar nur zwei Ausbildungsberufe, die 43% ausmachen: die Ausbildungsbereiche Bürofach- und Bürohilfskräfte und der Bereich Warenkaufleute.

Die Bemühungen gehen dahin, durch eine noch größere Konzentration der Ausbildungsberufe die Berufsausbildung so breit anzulegen, daß der Einzelne befähigt wird, sowohl in seinem Berufsfeld den Arbeitsplatz zu wechseln (Querschnittsqualifikation) als auch den technologisch bedingten Wandlungen seines Berufes und Arbeitsplatzes gewachsen zu sein (Längsschnittqualifikation).

Die Kritik an der dualen Ausbildung hebt hervor,

- daß die überwiegende Mehrzahl der Klein- und Kleinstbetriebe gar nicht in der Lage sei, qualifiziert Lehrlinge auszubilden;
- daß die beiden Säulen des dualen Systems nur unzulänglich miteinander verknüpft sind;
- daß die Betriebe vorwiegend betriebsbezogen und nicht arbeitsmarktbezogen ausbilden;
- daß die Berufsausbildung nur kurzfristigen Marktinteressen, nicht aber langfristigen Qualifikationsinteressen der Auszubildenden entspreche;

- daß die in den Betrieben geleistete berufliche Sozialisation zu sehr am status quo orientiert sei und kaum Spielraum für Veränderungen lasse.

Diese Kritikpunkte sind im Hinblick auf eine generelle Gefährdung der dualen Ausbildung in den Hintergrund getreten. So macht *Manfred Tessaring* (1993) darauf aufmerksam, daß die nachlassende Nachfrage nach dualer Ausbildung strukturelle Gründe hat: so habe sich die Struktur des potentiellen Fachkräftenachwuchses in den letzten Jahrzehnten entscheidend verändert, nicht zuletzt deshalb, weil die Auszubildenden eine höhere Vorbildung haben, im Durchschnitt volljährig sind und mit höheren Erwartungen an die späteren beruflichen Möglichkeiten eine Ausbildung aufnehmen. Auf das höhere Qualifikationsniveau und Alter der Auszubildenden habe sich das duale System bisher nur ungenügend eingestellt.

5. Strukturen und Reformen im allgemeinen und beruflichen Bildungswesen

Erreicht wurden die Veränderungen im Bildungsstand der Bevölkerung durch Reformen des allgemeinen und beruflichen Schulwesens und eine Expansion des Universitäts- und Hochschulwesens nach 1965.

Nach dem Alarmruf *Picht*s (1964) über die „deutsche Bildungskatastrophe“ war es das Ziel der (föderativen) **Bildungspolitik**, die im internationalen Vergleich ungünstigen Quoten pro Altersjahrgang auf den weiterführenden Schulen und Hochschulen wie zahlreiche andere Relationen (z. B. Verhältniszahl von Schüler/Lehrer) zu verbessern. 1969 kam es zu Änderungen des Grundgesetzes, die dem Bund bei der Gestaltung des Bildungswesens, insbesondere des Hochschulwesens, erweiterte Kompetenzen einräumten (zur Bildungsreform in der Bundesrepublik seit Mitte der 60er Jahre vgl. *L. von Friedeburg*, 1989, S. 403ff).

5.1 Reformen im allgemeinbildenden Schulwesen

Neben der teilweisen Einführung der Gesamtschule waren es vor allem zwei Neuerungen im Bildungsbereich, die ein großes Interesse der allgemeinen und der fachwissenschaftlichen Öffentlichkeit fanden:

- die Aufgabe von Begriff und Struktur der **Volksschule** als einheitlicher, allgemeinbildender öffentlicher Pflichtschule (seit dem „Hamburger Abkommen“ der Länder zur Vereinheitlichung und Weiterentwicklung des Schulwesens, Oktober 1964);

• die „Vereinbarung zur Neugestaltung der gymnasialen Oberstufe“ der Kultus-Minister-Konferenz vom Juli 1972. Wenn auch die Durchführung in den einzelnen Bundesländern zu unterschiedlichen „Modellen“ führte, so ist dies doch eine der grundlegendsten Änderungen im deutschen Bildungswesen: teilweise Aufgabe der Jahrgangsklasse; Abrücken vom traditionalen Fächerkanon des Gymnasiums und damit von einem traditionalen Bildungsbegriff; Berücksichtigung der besonderen Interessen des Schülers in einem differenzierten Kern-Kurs-System.

Als umfassendster Reformplan zur Umgestaltung des „künftigen Bildungswesens“ wurde der von Bund und Ländern akzeptierte und verabschiedete **Bildungsgesamtplan** der „Bund-Länder-Kommission für Bildungsplanung“ 1973 vorgelegt. Im Anschluß an diesen Plan seien hier abschließend einige Punkte der Reform und damit der **Struktur des jetzigen und künftigen Bildungswesens** angeführt (1973, insbes. S. 6–12):

• Das Bildungswesen umfasse nach neuem Verständnis nicht nur Schule, Hochschule und berufliche Bildung, sondern ebenso die Elementarerziehung, die „systematisierte Weiterbildung und die Außerschulische Jugendbildung“;

• Gliederungsprinzip für das künftige Bildungswesen seien nicht mehr die Institutionen, sondern folgende „**Bereiche**“:

a) **Elementarbereich**. Hierzu gehören alle „Einrichtungen familienergänzender Bildung und Erziehung nach Vollendung des dritten Lebensjahres bis zum Beginn der Schule“. Der **Kindergarten** ist damit in die Systematik der Bildungsbereiche einbezogen.

b) **Primarbereich**. Dieser umfaßt das erste bis vierte Schuljahr (die Grundschule).

c) **Sekundarbereich I**. Er umfaßt alle Bildungsgänge vom fünften bis zum zehnten Schuljahr. In der sogenannten „Orientierungsstufe“, den beiden ersten Jahren im Sekundarbereich I, sollen Durchlässigkeit, Orientierung und Differenzierung verbessert werden. Schrittweise soll ein qualifizierender Sekundarabschluß I unter Einbeziehung der bisherigen mittleren Bildungsabschlüsse erreicht werden.

d) **Sekundarbereich II**. Hierzu gehören alle Bildungsgänge, die an den Sekundarbereich I anschließen.

e) **Tertiärer Bereich**. Hierunter werden alle Ausbildungsgänge verstanden, die an den jeweils letzten Abschluß einer Ausbildung des Sekundarbereichs II anschließen. Gemeint sind vor allem Hochschulen und Ausbildungsstätten mit berufsqualifizierenden Bildungsgängen.

f) **Weiterbildung**. Darunter wird „die Fortsetzung oder Wiederaufnahme organisierten Lernens nach Abschluß einer ersten Bildungsphase und nach der Aufnahme einer Berufstätigkeit“ verstanden (S. 11).

Von den Reformversuchen im Bildungssystem erregte in der breiten Öffentlichkeit die Konzeption und teilweise Durchsetzung der **Gesamtschule** das größte Interesse. Der Begriff „Gesamtschule“ wird überall dort verwendet, wo bisher getrennte Schulsysteme –

Tabelle 11 Verteilung der Jugendlichen auf das Schulsystem 1960, 1986 und 1992 (in Prozent der gleichaltrigen Bevölkerung).

Alter in Jahren	Jahr	insgesamt[1]			Grund-, Haupt- u. Sonderschulen		Realschulen[2]		Gymnasien[3]		Gesamtschulen		Berufsschulen[4]	
		insg.	m.	w.	m.	w.	m.	w.	m.	w.	m.	w.	m.	w.
14	1960	99,8	99,7	99,7	47,2	46,6	10,1	12,1	15,8	12,1	–	–	26,6	28,9
	1986	98,5	98,5	98,5	45,3	37,5	23,8	29,1	24,4	27,2	4,9	4,5	0,1	0,2
	1992[5]	91,4	91,0	91,9	32,6	25,5	33,3	34,9	25,1	31,4	–	–	–	–
16	1960	93,0	96,1	90,0	0,7	0,6	7,0	7,2	15,1	10,9	–	–	73,3	71,3
	1986	102,1	102,6	101,9	16,2	12,8	16,6	18,2	23,4	25,8	2,9	2,7	43,5	42,4
	1992	90,7	90,4	90,7	14,2	11,0	21,4	21,7	25,3	29,1	–	–	32,1	29,5
18	1960	31,9	37,6	26,0	–	–	0,6	0,2	10,4	6,3	–	–	26,6	19,5
	1986	80,6	84,7	76,5	–	–	0,9	0,6	20,4	21,5	0,8	0,8	62,6	53,6
	1992	81,5	85,3	78,1	–	–	1,0	0,8	21,0	24,6	–	–	61,9	50,0
20	1960	7,2	9,7	5,1	–	–	0,1	0,0	3,0	1,0	–	–	6,6	4,1
	1986	27,8	27,0	28,6	–	–	0,1	0,1	2,9	1,8	0,2	0,1	23,8	26,6
	1992	37,3	41,2	41,8	–	–	0,1	0,1	3,5	2,7	–	–	32,8	26,6

[1] Bevölkerung Jahresende; Schüler in der Regel Oktober; dadurch teilweise mehr als 100%
[2] Einschl. Abendrealschule
[3] Einschl. Abendgymnasium und Kollegs
[4] Einschl. Berufsgrundbildungsjahr, Berufssonder-, Berufsaufbau-, Berufsfach-, Fachober- und Fachschulen
[5] Zahlen für Gesamtdeutschland

Quelle: Grund- und Strukturdaten, hg. vom Bundesminister für Bildung und Wissenschaft, Ausgabe 1978, S. 32ff., Ausgabe 1987/88, S. 18ff., Ausgabe 1993/94, S. 22f.

- zu einer wirklichen „Umverteilung der Chancen“ und damit zum Abbau der Chancenunterschiede zwischen den Schichten ist es nicht gekommen (*Geißler*, 1994, S. 111ff).

Das Ursachengeflecht zwischen sozialer Herkunft und Wahrnehmung von Bildungs- und Ausbildungschancen ist immer noch sehr eng; daher zielten auch die intensiven Bildungsbemühungen seit Mitte der 60er Jahre darauf, Bildungsvorteile der Mittelschichten durch eine frühzeitige vorschulische Erziehung aufzufangen.

Aber auch nach neuesten Untersuchungen hat „die Mehrheit der Erwerbstätigen Berufspositionen inne, die in etwa ihrem Qualifikationsniveau entsprechen“ (*Palamidis/Vorholt*, 1988, S. 199; über Tendenzen der Entkopplung von Bildungs- und Beschäftigungssystem vgl. *I. Herlyn/A. Weymann*, 1987).

In einer vergleichenden Untersuchung über die intergenerative Bildungsmobilität in den alten und neuen Bundesländern, die zugleich die letzte repräsentative Untersuchung zur Bildungsmobilität in den alten Bundesländern vor der Vereinigung ist, wurde u.a. herausgefunden (*H. Apel*, 1992):

- in den **alten Bundesländern** haben Jugendliche bzw. junge Erwachsene, die die Hauptschule besuch(t)en, zu 82% Väter und zu 83% Mütter, deren höchster Schulabschluß ebenfalls die Hauptschule (bzw. Volksschule) war; umgekehrt verfügen nur 6% der Väter und 2% der Mütter, deren Kinder auf der Hauptschule sind, über die Hochschulreife;
- in den **neuen Bundesländern** ist die Situation anders und nur schwer vergleichbar. Während in den alten Bundesländern ca. ein Drittel eines Altersjahrgangs in den letzten Jahren das Abitur erworben hat, war dieser Anteil in den neuen Bundesländern erheblich geringer: in den letzten Jahren vor der Vereinigung lag er bei ca. 12–13% (*Apel*, 1992, S. 360).

Trotz aller Bemühungen um Chancengleichheit und darum, vor allem Arbeiter- und Bauernkinder studieren zu lassen („Arbeiter- und Bauernstaat“), gab es auch im DDR-Schulwesen eine bemerkenswerte „soziale Auslese bei der Rekrutierung der Bildungselite“: die Bildungschance von Akademikerkindern war deutlich höher als von Eltern mit acht- oder zehnjähriger Schulzeit. Für den Vergleich mit der BRD ist aber auch zu berücksichtigen, daß sich „Bildungspatente“ (*Max Weber*) wegen eines stark nivellierten Besoldungsniveaus weniger auszahlten als in der BRD (*Apel*, S. 364f).

Hat die Bildungsexpansion seit Beginn der 60er Jahre auch dazu beigetragen, daß das allgemeine und das berufliche Bildungswesen einen erheblichen Beitrag leisten, die Chancengleichheit zu erhöhen, so darf nicht übersehen werden, daß es im Hinblick auf die Wahrnehmung von Bildungschancen und Schichtzugehörigkeit weiterhin erhebliche, seit den 80er Jahren sich wieder vergrößernde Unterschiede gibt. Diese lassen sich wie folgt zusammenfassen (vgl. *R. Geißler*, 1994, S. 148f):

- Die Bildungschancen der Kinder aus fast allen Schichten haben sich erhöht, aber zu einer Umverteilung der Chancen ist es nicht gekommen;
- die Chancen auf eine höhere Ausbildung an Gymnasien und Universitäten sind eher ungleicher geworden; zum einen sind die Kinder der ungelernten Arbeiter vom Bildungsboom kaum erfaßt worden (ihr Rückstand gegenüber den Kindern von Facharbeitern und mittleren Berufsgruppen ist größer geworden); zum anderen konnten Beamtenkinder ihren Vorsprung an Gymnasien und an Universitäten erheblich ausbauen.

Wie in vielen anderen Sozialbereichen auch – Einkommens- und Vermögensverteilung z. B. – täuscht die Anhebung des Gesamtniveaus leicht darüber hinweg, daß damit kein Abbau sozialer Ungleichheit bzw. der Chancenunterschiede verknüpft ist.

7. Sozialstrukturelle Folgen der Bildungsexpansion

Die sozialstrukturellen Folgen der Bildungsexpansion in der BRD wie in der DDR müssen sehr differenziert gesehen werden, sowohl im Hinblick auf die beiden Gesellschaftssysteme bis 1989/90 (und zum Teil auch später) und im Zeitablauf. Die Bildungsexpansion hat kurz-, mittel- und langfristige Wirkungen und trägt zum Teil direkt, zum Teil indirekt zur Veränderung der Sozialstruktur bei. Einige Punkte seien abschließend genannt (vgl. auch *Geißler*, 1992, S. 218f):

- Mit der seit Beginn der 60er Jahre überproportionalen Bildungsexpansion von Mädchen und jungen Frauen ändert sich das Verhältnis der Geschlechter zueinander, wächst die Selbstbestimmung der Frau, aber auch die Konkurrenz um Studien- und Arbeitsplätze. Das familiale Leben ändert sich ebenso wie das Selbstverständnis der „natürlichen Rolle" der Frau;
- die Bildungsexpansion hat Auswirkungen auf die Prozesse der **Individualisierung**, die gestiegene Kritikfähigkeit gegenüber Politik und Macht, die gestiegenen beruflichen und sonstigen Optionen (bzw. deren Wahrnehmung);
- die Bildungsexpansion hat im Zusammenhang mit der Individualisierung auch die Pluralisierung der Lebensstile befördert.

Die längeren Ausbildungszeiten bewirken schließlich eine veränderte Altersstruktur der Auszubildenden und Berufsanfänger. Dies hat dazu geführt, daß sich das dritte Lebensjahrzehnt als Phase der **Postadoleszenz** teilweise verselbständigt hat gegenüber anderen Lebensphasen.

Sollte das gegenwärtig vorherrschende frühe Ausscheiden aus dem Beruf (Mehr als 50% vor Erreichen des 60. Lebensjahres) beibehalten werden, trägt die Bildungsexpansion auch erheblich zur Verkürzung der Lebensarbeitszeit bei.

Von entscheidender Bedeutung für die Sozialstruktur ist aber der durch die Bildungsexpansion ermöglichte Umbau der Beschäftigungsstruktur: Ausbau des tertiären und quartären Sektors und erforderliche Höherqualifizierung durch die Anforderungen der technologischen Umgestaltung von Produktions- und Arbeitsplatzstrukturen.

III. Religion und Kirchen als Elemente der Sozialstruktur

1. Kurze Sozialgeschichte von Religion und Kirchlichkeit in Deutschland

1.1 Die Entwicklung bis 1945

Religiosität und Kirchlichkeit waren dominante Elemente der Sozialstruktur, der Kultur und des Bewußtseins mittelalterlicher und ständischer Gesellschaften bis ins 19. Jahrhundert. Insbesondere in Deutschland wurde durch die Reformation und die geistes- und kulturgeschichtlich überragende Gestalt *Martin Luther*s eine Entwicklung angebahnt, die bis ins 20. Jahrhundert prägend blieb: seit dem Augsburger Religionsfrieden (1555) waren die konfessionelle Bindung der sich herausbildenden absolutistischen Staaten und eine territoriale Gliederung der Kirchen mitbestimmend für den weiteren Geschichtsverlauf (*H. Schilling*, 1988; *K. Gabriel/F.-X. Kaufmann*, 1988).

Aber es blieb nicht bei der Hoffnung des Augsburger Religionsfriedens und der Einhaltung des Prinzips **cuius regio eius religio**: Der Dreißigjährige Krieg (1618–1648) mit seinen für Deutschland verheerenden Folgen, bis hin zu den Konsequenzen einer „verspäteten Nation" (*Helmuth Plessner*), konnte nicht vermieden werden. Die Wunden heilten schwer; und die Versöhnung zwischen den Konfessionen erfolgte, streng genommen, erst in der Geschichte der Bundesrepublik (unter bereits genannten, vgl. S. 25, und noch zu nennenden Voraussetzungen). Entsprechend mühsam war der Weg, religiöse Toleranz und damit ein Element sich entwickelnder Bürger- und Menschenrechte durchzusetzen.

Unter der zeitweisen Herrschaft *Napoleons* bzw. durch die Auswirkungen der Napoleonischen Kriege wurde in Deutschland **Säkularisierung** in einem größeren Umfang wirksam: geistig und territorial. Dieser Prozeß wurde durch eine langandauernde Reaktion und die Konfessionalisierung des sich entwickelnden Volksschulbildungswesens abgelöst. Die Gründung oder Angliederung von Katholisch-

oder Evangelisch-Theologischen Fakultäten an bestehende Universitäten seit Beginn des 19. Jahrhunderts machte katholische wie lutherische Geistliche quasi zu Staatsdienern.

Die Kirche, v.a. die katholische, tat sich schwer, Aufklärung und Moderne, Liberalismus und Demokratie zu akzeptieren. Auch ihr soziales Engagement im frühen Industrialisierungs- und Verstädterungsprozeß folgte zunächst ständisch-feudalen Mustern. Doch ab ca. 1850 entwickelt sich eine Christliche Soziallehre, deren Tradition über den sog. „Christlichen Sozialismus" bis – wenn auch sehr verblaßt – in die Christlichen Sozialausschüsse von CDU/CSU reicht. 1891 wurden von der katholischen Kirche mit der **Sozialenzyklika Rerum Novarum** von Papst *Leo XIII.* die neuen sozialen (und staatlichen) Realitäten anerkannt. In dieser Enzyklika wurde nicht nur die Notwendigkeit staatlicher Sozialpolitik und die Sozialbindung des Eigentums gefordert, sondern auch die Koalitionsfreiheit.

Die großen Hilfswerke der beiden christlichen Kirchen entstanden durch die sozialen Herausforderungen der städtisch-industriellen Gesellschaft im 19. Jahrhundert. Die **Innere Mission** faßte auf Betreiben *Johann Hinrich Wicherns* (1808–1881) die zahlreichen Hilfswerke der evangelischen Kirche zusammen (seit 1848 als „Centralausschuß für die Innere Mission"). Auf katholischer Seite kam es 1897 zu einer vergleichbaren Zusammenfassung im **Deutschen Caritasverband**. 1957 wurde die Innere Mission mit dem „Hilfswerk der Evangelischen Kirche in Deutschland" (EKD) zum **Diakonischen Werk** zusammengefaßt.

Hinsichtlich der Staatskirchenverfassung brachte erst die Weimarer Reichsverfassung (1919) jenen Prozeß zum Abschluß, der die alten reichsrechtlichen und landesfürstlichen Sicherungen für die Kirchen durch die Freiheitsgarantien des modernen Verfassungsstaates ersetzte. „Die ältere Kirchen- und Staatsgeschichte blieb aber sichtbar in der Konfessionsverteilung, im öffentlichen Leben und nicht zuletzt in einem Bestand gemeinchristlicher Wertüberlieferungen" (*Maier*, 1989, S. 165). Für die evangelische(n) Kirche(n) stellte die Ablösung des Staatskirchentums 1919 einen größeren Einschnitt dar als für die katholische Kirche.

1.2 Die Entwicklung nach dem Zweiten Weltkrieg in Westdeutschland

1945 bedeutete auch für das konfessionelle und kirchliche Leben einen radikalen Einschnitt. Bereits an früherer Stelle (S. 25) wurde hervorgehoben, wie sich durch die territorialen Verschiebungen und die großen Wanderungsbewegungen die deutsche, zumal die spätere bundesrepublikanische, **Konfessionskarte** veränderte – was zusammen mit der Gründung der CDU/CSU als christlicher, aber überkonfessioneller Partei und den religions- und kirchenrelevanten Bestimmungen des Grundgesetzes nicht unerheblich zum erforderlichen Grundkonsens der Staats- und Gesellschaftsgründung beitrug.

Wenn auch die Kirchen nach dem ideologisch-weltanschaulichen Zusammenbruch des Nationalsozialismus und dem Verfall vieler Institutionen, aber auch aus Gründen innerkirchlichen Widerstandes im Dritten Reich, zunächst eine dominierende Stelle im öffentlichen und privaten Leben einnahmen, bedeutete dies aber nur ein Interregnum: „der politische Prälat verschwand allmählich aus den Landtagen und trat im Bundestag erst gar nicht auf" (*Maier*, S. 166). Die katholische Gewerkschaft wurde ebenso aufgegeben wie andere Vereinigungen und Parteien, die einen über die engeren kirchlichen Aufgaben hinaus wirkenden, allgemein-politischen Anspruch hatten.

Hingegen kam der aus dem 19. Jahrhundert stammenden Tradition der Katholikentage für die Repräsentanz des Katholizismus in der Öffentlichkeit eine bis heute anhaltende Bedeutung zu; ihnen „wurden seit 1949 die Deutschen Evangelischen Kirchentage an die Seite gestellt, seit 1957 in zweijährigem Rhythmus mit den Katholikentagen alternierend" (*Maier*, S. 167). Als „gesamtdeutsche Klammer" und Treffpunkt der Christen aus Ost und West hatten diese Veranstaltungen eine nicht zu übersehende politische Bedeutung, ebenso wie die in die DDR hineinreichende Bistumsgliederung der katholischen Kirche.

Nach langen Vorbereitungen und Erfahrungen, unter anderem mit der **Bekennenden Kirche** (1934f), kam es zur Gründung der **Evangelischen Kirche Deutschland (EKD)** als „Bund lutherischer, reformierter und unierter Kirchen". Die Grundordnung der EKD wurde nach einer ersten Kirchenversammlung in Treysa bei Kassel (Aug. 1945) im Juli 1948 in Eisenach (Thüringen) beschlossen. „Der Wechsel in der Namengebung von der ‚Deutschen Evangelischen Kirche' von 1933 zur ‚Evangelischen Kirche in Deutschland' von 1948 geschah in der Absicht, der Vorstellung einer mehr politisch bedingten Zuordnung von Nation, Staat und Kirche entgegenzutreten, aber zugleich die kirchliche Verpflichtung gegenüber dem deutschen Volk zu unterstreichen. Die EKD ist Kirche in dieser Nation und für diese Nation, aber sie ist keine Nationalkirche" (*E. Wilkens*, 1989, S. 185).

1.3 Die Entwicklung in der SBZ/DDR

Mit der Vereinigung der beiden deutschen Staaten am 3. Oktober 1990 wurden die Stammlande des deutschen Protestantismus als „neue Bundesländer" der bestehenden Staats- und Gesellschaftsordnung der Bundesrepublik eingegliedert, aber im Hinblick auf Konfessionalität und Kirchlichkeit der Bewohner in völlig veränderter Struktur.

Gehörten 1945 noch über 90% der Bevölkerung einer der beiden Kirchen (überwiegend der protestantischen) an, so war durch die äußerst rigide Kirchenpolitik der SED – zumal in den 50er und 60er Jahren – der Anteil der Kirchenzugehörigkeit auf deutlich unter 30% gesunken – „in den städtischen Ballungszentren und den Industrieregionen Ostdeutschlands sind es sogar weniger als 10% der Bevölkerung" (*Hartmann*, 1993, S. 404).

Nur langsam bekannte sich der SED-Staat zum historischen Luther-Erbe auf seinem Territorium, zumal begriffen wurde, daß es ein welthistorisches Erbe war und die Weltöffentlichkeit dem entsprechend Aufmerksamkeit schenkte. Die kirchlichen Feiern zum 450. Jahrestag des Wittenberger Thesenanschlags im Jahre 1967 wurden staatlicherseits als Jubiläum der frühbürgerlichen Revolution gefeiert, die sich leider noch im theologischen Gewand hätte darbieten müssen (und den alten Streit: *Martin Luther* hier, und der revolutionäre *Thomas Müntzer* dort, neu belebten).

Eine gewisse Wende und Entkrampfung brachten die weltweit beachteten Feiern zum 500. Geburtstag von *Luther* im Jahre 1983.

Doch sehr bald traten neue Spannungen auf, weil die Kirche als Hort der Dissidenten galt – und in der Tat für die Vorbereitung der „friedlichen Revolution" des Jahres 1989 eine bedeutende Rolle innehatte.

Trotz aller anti-religiösen und anti-kirchlichen Politik der DDR war sowohl das Hineinragen der katholischen Bistümer Fulda, Osnabrück, Paderborn und Würzburg in das DDR-Territorium (weil auch der Vatikan davon ausgehen mußte, daß neue Bistümer ohnehin illusorisch waren) als auch die erwähnte Gründung der **Evangelischen Kirche Deutschlands** – definitiv 1948 im thüringischen Eisenach – eine gesamtdeutsche Klammer. Dies wurde sogar von der Sowjetischen Militäradministration „als kirchliche Vorwegnahme der staatlichen Wiedervereinigung" begrüßt (*Henkys*, 1989, S. 195; später sollte vor allem der polnische Papst, Johannes Paul II., die „systemübergreifende Kraft der Kirche" ausdrücklich – zumal mit Blick auf das Bistum Berlin – betonen; vgl. *Höllen*, 1989, S. 176).

In dem Maße, wie diese Hoffnungen schwanden, verschärfte sich der Kirchenkampf des SED-Regimes; 1957 wurden die Verbindungen Kirche – Staat offiziell beendet; 1969 wurde nach langem Kampf die „gesamtdeutsche“ EKD aufgelöst. Aus Furcht vor noch größeren staatlichen Repressalien (zumal nach Verabschiedung der 1968 in Kraft getretenen neuen „sozialistischen Verfassung“) entschlossen sich die Verantwortlichen am 10.6.1969 zur Gründung des Bundes der Evangelischen Kirchen in der DDR; die Mitgliedschaft in der EKD wurde aufgekündigt (*Henkys*, S. 199f).

2. Zum Verhältnis Staat – Kirche – Gesellschaft

2.1 Die Bestimmungen des Grundgesetzes

Hinsichtlich des Verhältnisses von Kirche und Staat übernahm das Grundgesetz in Art. 140 die entsprechenden Artikel (136–139 und 141) der Weimarer Verfassung von 1919.

Darin heißt es unter anderem:

- „Die bürgerlichen und staatsbürgerlichen Rechte und Pflichten werden durch die Ausübung der Religionsfreiheit weder bedingt noch beschränkt“;
- „der Genuß bürgerlicher und staatsbürgerliche Rechte sowie die Zulassung zu öffentlichen Ämtern sind unabhängig von dem religiösen Bekenntnis“;
- „niemand ist verpflichtet, seine religiöse Überzeugung zu offenbaren“;
- „es besteht keine Staatskirche“;
- „Religionsgesellschaften bleiben Körperschaften des öffentlichen Rechts, soweit sie solche bisher waren“;
- „der Sonntag und die staatlich anerkannten Feiertage bleiben als Tag der Arbeitsruhe und der seelischen Erhebung gesetzlich geschützt“.

Weiter bestimmt Art. 140 GG, daß die Religionsgesellschaften freien Zugang zu öffentlichen Anstalten (wie Heer, Krankenhäuser, Strafanstalten) haben, wenn es dort „ein Bedürfnis nach Gottesdienst und Seelsorge“ gibt; und: die Religionsgesellschaften sind berechtigt, „auf Grund der bürgerlichen Steuerlisten nach Maßgabe der landesrechtlichen Bestimmungen Steuern zu erheben“ (zum **Staatskirchenrecht** und damit zu den Rechtsbeziehungen zwischen Staat und den Religionsgemeinschaften vgl. *A.v. Campenhausen*, 1980). Neben dem Staatskirchenrecht gibt es das **Kirchenrecht**, wonach den Kirchen für ihren eigenen Bereich „ein weitgehender Gestaltungsraum zugesprochen wird“ (vgl. *Kaufmann*, 1988; dort auch S. 113f zum „System der Kirchensteuer“).

2.2 Neue Differenzen im Verhältnis Kirche – Staat – Politik

Die kirchenfreundliche Stimmung in der Gründungsphase der Bundesrepublik, zu der auch die Alliierten erheblich beigetragen hatten, wich mehr und mehr der Skepsis und einem immer gespannteren Verhältnis von Kirche und Öffentlichkeit. Hierzu hatten u.a. der Militärseelsorgevertrag (1957) und der Kampf um die Bekenntnisschule bzw. gegen sie Anlaß gegeben. Einzelne gerichtliche Entscheidungen, z.B. über die Zulässigkeit des Schulgebets oder die staatlich erhobene Kirchensteuer, führten zu Massendemonstrationen.

Die 60er Jahre sollten, wie in anderen gesellschaftlichen Bereichen, zu einer tiefgreifenden Wandlung der innerkirchlichen Strukturen und des Verhältnisses Kirche und Gesellschaft führen. Auf katholischer Seite waren es u.a. die Auswirkungen des Zweiten Vatikanischen Konzils (1962–1965); auf evangelischer Seite sind es die seit 1962 herausgegebenen **Denkschriften**, die zur Aktualisierung religiös-kirchlicher Standpunkte im öffentlichen und privaten Leben erheblich beitrugen. Zu den besonders bekannt gewordenen Denkschriften der EKD rechnen: Eigentum, 1962; Landwirtschaft, 1965; Ostdenkschrift, 1965; Sexualethik, 1971; Grundwerte, 1979; Freiheitliche Demokratie, 1985 (*Wilkens*, 1989, S. 188).

Im Zusammenhang der **Studentenunruhen** (1967ff), ihrer Fundamentalkritik an Staat und Gesellschaft und den nachfolgenden politischen und sozialen Bewegungen kam es aufgrund der „konfessionellen Versäulung“ zu erneuten Auseinandersetzungen um das Verhältnis von Kirche und Staat. Aber einen neuen Kirchen- und Kulturkampf wie im vorigen Jahrhundert oder in der Zeit des Dritten Reiches wollte, auch unter gewandelten Verhältnissen, niemand, so daß die Säkularisierungs-Kampagne bald wieder beendet war (ausführlich zum Verhältnis der Kirchen zum politischen System der Bundesrepublik, zu ihrer wirtschafts- und sozialpolitischen Programmatik, ihrer Medienpolitik usw. *Abromeit/Wewer*, 1989).

3. Säkularisierung des öffentlichen und des privaten Lebens

Die Etappen dieses nicht kontinuierlich verlaufenden Prozesses können über erfolgte Hinweise hinaus nicht dargestellt werden. Das Resultat ist eindeutig: Religion und Konfessionalität traten zurück aus dem öffentlichen und privaten Leben und verloren für die Fundierung einer christlich orientierten „methodischen Lebensführung“ (*Max Weber*) an Bedeutung.

Hermann Lübbe (1986) nennt Beispiele, an denen man sich anhand seiner eigenen Alltagserfahrung und dem Vergleich mit Lebensbedingungen, die nur eine Generation zurückliegen, verdeutlichen kann, wie schnell und umfänglich dieser Prozeß der **Säkularisierung** vonstatten gegangen ist:

- die auffällige Säkularisierung von Geburts-, Heirats- und vor allem Todesanzeigen;
- der Wegfall des Tischgebetes in den meisten Familien;
- der Wegfall (neuer) religiöser Symbole am Haus und im Haus, an Wegen und Kreuzungen;
- der Wegfall des Priester- und Ordenshabits im Straßenbild (natürlich auch verursacht durch einen drastischen Rückgang der Welt- und Ordensgeistlichen in der letzten Generation);
- die Änderung der Freizeitgewohnheiten sowohl sonntags wie auch feiertags, verbunden mit der geringer gewordenen Zahl kirchlich religiöser Festtage und der abnehmenden Bestimmung des Jahres- und Tagesverlaufs durch den religiösen Festkalender;
- die abnehmende Bedeutung der Konfessionszugehörigkeit in fast allen Berufen, bei Heiraten, im geselligen Verkehr usw.;
- der weitgehende Wegfall des Schulgebetes und eines konfessionell geprägten Schulwesens.

Streiten mag man darüber, ob die **freiwillige Säkularisierung** des religiösen und öffentlichen Lebens in Westdeutschland oder die **erzwungene Säkularisierung** in Ostdeutschland in ihren Resultaten so grundverschieden sind, auch wenn die statistisch völlig verschiedenen Werte der Kirchenzugehörigkeit entsprechend differenzierte Einstellungen und Verhaltensweisen zunächst vermuten lassen.

Nach den Daten der Volkszählung vom 27.5.1987 gibt es folgende Religions- und Kirchenzugehörigkeiten (Tab. 12).

Wie aus der Tabelle entnommen werden kann, ist das Verhältnis von Katholiken und Protestanten in etwa ausgeglichen; aber es gibt nach wie vor, trotz aller Bevölkerungsumschichtungen nach 1945, eine sehr disproportionale Verteilung von Katholiken und Protestanten im früheren Bundesgebiet: der Norden und Berlin sind überwiegend protestantisch; das Saarland und Bayern überwiegend katholisch, gefolgt von Nordrhein-Westfalen und Rheinland-Pfalz.

Faßt man die Zugehörigkeit zu den beiden großen christlichen Kirchen zusammen, so ergibt sich nach der Volkszählung von 1987 ein Anteil von 84,5 % an der Gesamtbevölkerung – das sind zwar 7,1 % weniger als 1970, aber immer noch eine überwiegende Mehrheit der Bevölkerung. Der Einigungsprozeß hat die Relationen zugunsten des Protestantismus abermals verschoben. So spielte in den erregten Debatten um Berlin als alte/neue Hauptstadt Deutschlands auch die Befürchtung eine gewisse Rolle, Deutschland könne allein auf Grund dieses Tatbestandes wieder protestantisch/preußischer werden.

Tabelle 12 Bevölkerung[1] am 25.5.1987 nach ausgewählten Religionszugehörigkeiten und Ländern (nur frühere Bundesrepublik).

Land	röm.-kath. Kirche 1 000	%	evg. Kirchen[2] 1 000	%	islam. Rel.gem. 1000	%
Schleswig-Holstein	158,4	6,2	1 873,1	73,3	33,3	1,3
Hamburg	136,9	8,6	800,4	50,2	61,9	3,9
Niedersachsen	1 401,4	19,6	4 670,8	65,2	103,4	1,4
Bremen	65,9	10,0	402,4	61,0	24,4	3,7
Nordrhein-Westfalen	8 260,3	49,4	5 879,6	35,2	573,3	3,4
Hessen	1 674,4	30,4	2 848,0	51,7	170,6	3,1
Rheinland-Pfalz	1 977,8	54,5	1 352,0	37,2	58,3	1,6
Baden-Württemberg	4 203,1	45,3	3 782,1	40,7	273,2	2,9
Bayern	7 329,1	67,2	2 603,2	23,9	215,2	2,0
Saarland	767,8	72,7	228,7	21,7	9,9	0,9
Berlin (West)	256,9	12,8	972,4	48,3	127,5	6,3
Bundesgebiet	26 232,0	42,9	25 412,6	41,6	1 651,0	2,7

[1] Bevölkerung nach Ländern, siehe Tab. 4
[2] ohne evang. Freikirchen
Quelle: Statistisches Jahrbuch, 1989, S. 54

4. Vor einer neuen Religiosität?

Daniel Bell (1976) geht davon aus, daß sich die Faszination der **Moderne** erschöpft habe und alle Versuche der Neuzeit, die traditionelle Religion zu „ersetzen“ – *Bell* nennt Rationalismus, Ästhetizismus, Existentialismus, Zivilreligion und politische Ideen – gescheitert seien. Dieses Scheitern war natürlich in dem Maße vorprogrammiert, wie sich an diese intellektuell-modernistischen Deutungsformen der Welt Gesamt-Erklärungsansprüche des In-der-Welt-Seins des Menschen anhängten.

Wie die Dimensionen des Religiösen neu zu begründen oder zu festigen sind, kann hier nicht Gegenstand der Erörterung sein. Die zahlreichen soziologischen und psychologischen Analysen über die „Funktion der Religion“, von der Integrationsfunktion und Angstbewältigung bis zur „Kosmisierung“ und Transzendierung der Welt (*Kaufmann*, 1986, S. 303) können nicht als Ausgangspunkt genommen werden. Eine religions-soziologisch begründete Religiosität kann es ebensowenig geben wie eine soziologisch begründete Normativität der Gesellschaft. Darüber hinaus ist immer weniger klar erkennbar, wo die Grenzen vom Religiösen und Kirchlichen verlaufen, ja, wo die Grenzen des Religiösen selbst sind. In einer sich starr durch Dogmen abgrenzenden Kirche mag das klar sein; in einer Gesellschaft der **Posthistoire** (*Lutz Niethammer*, 1989), der Bewußtseins- und Handlungsformen aus Jahrtausenden zur Verfügung stehen, auch religiös und metaphysisch, ist dies schwieriger auszumachen. So erstaunt nicht, daß das zweifelsohne feststellbare neue Interesse an Religion(en) sehr unterschiedlichen Ursachen entspringt und mit kirchlich verfaßter Religiosität zumeist wenig zu tun hat (vgl. zu dieser Interessenvielfalt am Religiösen *W. Oelmüller*, 1984; zur Funktion der Religion vgl. *N. Luhmann*, 1982).

Die analytisch und empirisch gewonnenen Funktionsbestimmungen der Religion können beitragen zur geistigen und kulturellen Standortbestimmung der Gegenwart; ein moralisches und religiöses Fundament für die individuelle Standortgewinnung, Sinngebung oder Religiosität können sie nicht sein. Ebensowenig ist soziologisch oder irgendwie wissenschaftlich widerlegbar, daß Modernität der Anschauungen und des Lebensstils auf überzeugende Weise mit Gläubigkeit und Religiosität vereinbar sind und durchaus nicht – wie noch *Max Weber* unterstellte – das „Opfer des Intellekts" erfordern. Moderne und Säkularisierung, Verwissenschaftlichung und Dauerreflexion haben dem Glauben auf nicht vorhergesehene Weise „Platz gemacht" (*Kant*). Mit *Kaufmann* (1986, S. 284) wird davon ausgegangen, daß „das heute einsetzende Nachdenken über Modernität auch das Ende jener Selbstverständlichkeit anzeigt, mit der bisher über Religion im Lichte der Moderne nachgedacht wurde" (zur ausführlicheren Thematisierung des Zusammenhangs von Religion und Modernität vgl. *Kaufmann*, 1989, und *Schluchter*, 1988).

Hatte *Kant* in seiner Schrift über „Die Religion innerhalb der Grenzen der bloßen Vernunft" (zuerst 1793) gesagt, daß es „eine Religion, die der Vernunft unbedenklich den Krieg ankündigt, es auf Dauer gegen sie nicht aushalten" kann, so wird man heute sagen können: eine Vernunft, die jedweder Religion den Krieg ankündigt, ist auch nicht glaubhaft.

G. Grundlagen und Wandel des ökonomischen Systems

I. Einführung: Umfang und Eigenständigkeit des ökonomischen Systems

Die jeweils vorherrschenden Formen der Arbeit und des Wirtschaftens und damit der physischen Existenzerhaltung und materiellen Daseinssicherung können als „gesellschaftliches Totalphänomen" bezeichnet werden. Was *Marcel Mauss* (1872–1950) in seiner Analyse über „Form und Funktion des Austauschs in archaischen Gesellschaften" (zuerst 1925) als „phénomène social total" (gesellschaftliches Totalphänomen) herausgearbeitet hatte, gilt auch für Arbeit, Tausch und Wirtschaften in komplexeren Gesellschaften.

Talcott Parsons und *Neil J. Smelser* zeigten in ihrer strukturell-funktionalen Untersuchung „Economy and Society" (zuerst 1956), daß das ökonomische System eines von vier primären **funktionalen Teilsystemen*** der Gesellschaft ist und seine Hauptaufgabe in der Hervorbringung allgemein zugänglicher, austauschbarer Mittel besteht.

Obwohl seit der Ausdifferenzierung der einzelnen Handlungssysteme und ihres (relativen) Gewinns an Autonomie auch das ökonomische System sich aus dem umfassenden Lebens-, Sozial- und Sinngebungszusammenhang immer mehr herauslöste und verselbständigte, ist leicht nachweisbar, daß es mit allen anderen Daseinsbereichen (und Sozialsystemen) mehr oder weniger eng verknüpft ist: mit dem Bildungssystem; der Siedlungsstruktur; den Freizeitgewohnheiten; der sozialen Sicherheit, insbes. der Alterssicherung; den Familienstrukturen; der Rechtsordnung (z. B. als Eigentumsordnung); den internationalen Beziehungen; dem kulturellen Leben.

Trotz der weitreichenden **Interpenetration**, der wechselseitigen Durchdringung ökonomischer Strukturen mit anderen gesellschaftlichen Systemen, kann das ökonomische System als selbständiges Handlungssystem mit eigener Strukturbildung analysiert werden. Es erhielt durch seine Ausdifferenzierung, durch sein „Heraustreten" aus dem umfassenden Lebenszusammenhang erst seine Dynamik und Bedeutung. Hierin ist keine Besonderheit zu sehen: auch Wissenschaft, Politik und andere Bereiche wurden erst „effizient" durch Ausdifferenzierung und eigene Strukturbildung.

Die Eigenständigkeit und Dynamik des wirtschaftlichen Systems wurde erhöht, nachdem es seit Beginn der Industriellen Revolution eine enge Verbindung zu den Naturwissenschaften und zur Technik eingegangen war. Die Entwicklung zur modernen Industriegesellschaft hat in diesem Dreierverhältnis ihre Wurzel (zur Entwicklung der modernen **Industriegesellschaften**, ihrer Sozial- und Technikgeschichte vom Mittelalter bis zur „dritten industriellen Revolution" der Gegenwart, vgl. *D. Otten*, 1986).

II. Grundelemente der Wirtschaftsstruktur

Vorbemerkung: Ergänzend sind zu diesem und den folgenden Kap. heranzuziehen die Kap. B.I. (4.2 „Soziale Marktwirtschaft") und die Ausführungen über „Grundgesetz und Wirtschaftsordnung" (S. 55f).

Wie in anderen Daseinsbereichen, die sich als relativ eigenständige soziale Systeme herausgebildet haben, können auch für das ökonomische System einige Grundelemente und Grundstrukturen genannt werden, die den systemspezifischen Handlungsprozessen ihre besondere Ausprägung geben.

Von diesen Grundelementen seien hier die folgenden hervorgehoben: Arbeit und Arbeitsteilung; Eigentum, Wettbewerb und Marktordnung; das Leistungsprinzip als Grundelement der „Leistungsgesellschaft".

Die Differenzierung des ökonomischen Systems der Bundesrepublik in ein

- **marktwirtschaftliches System**, das einzelwirtschaftliche Produktions- und Verbrauchspläne über den Preis koordiniert, und in ein
- **öffentliches Wirtschaftssystem**, das „öffentliche Güter" produziert, für die es praktisch keine Marktpreise und keine Konkurrenz gibt,

wird hier nur indirekt behandelt. Zu berücksichtigen ist aber für die folgenden Ausführungen, daß mit der Ausweitung der öffentlichen Wirtschaft auch die sogenannte **Staatswirtschaftsquote** – und damit der Umfang der vom Staat direkt oder indirekt beeinflußten Produktion – permanent zugenommen hat (vgl. S. 208f).

1. Arbeit und Arbeitsteilung. Definitionen und sozialgeschichtliche Entwicklung

Arbeit nennen wir eine zielgerichtete menschliche Tätigkeit zum Zwecke der Existenzsicherung; sie ist tätige Auseinandersetzung mit der Natur und der vom Menschen geschaffenen Welt, um Mittel zur Befriedigung seiner Bedürfnisse bereitzustellen. Arbeit ist damit ein Grundphänomen menschlicher Existenz überhaupt. Von ihren Notwendigkeiten und jeweiligen Anforderungen nimmt die Differenzierung der Formen des menschlichen Zusammenlebens ihren Ausgang (zur Begriffs- und Sozialgeschichte der Arbeit vgl. *Werner Conze*, 1972).

Arbeit bedeutet vom lat. Wortstamm her „gepflügter Acker" (arvum) und deutet auf Mühsal und Notwendigkeit und damit auf die **conditio humana** hin, die Bedingungen des Menschseins. Nach ihrem lat. Wortursprung verständlich, war Arbeit im Altertum nicht sehr geschätzt. Man stellte ihr („Sklaven-Arbeit") die freien Künste und Tätigkeiten des freien Mannes gegenüber, zu denen Wissenschaft, Kunst und Staatsdienst zählten. Erst seit der Durchsetzung des Christentums, der Arbeit der Mönche für Kloster und Welt und der Reformation beginnt eine Aufwertung der Arbeit. Das sich herausbildende protestantisch-calvinistische „Arbeits-Ethos" war eine der„geistigen" Grundlagen der Industriellen Revolution. Die „puritanische Lebensauffassung", die „innerweltliche Askese", so *Max Weber*, „stand an der Wiege des modernen ‚Wirtschaftsmenschen'" (1956, S. 373) und der „Arbeitsgesellschaft".

Arbeit dient der Befriedigung von **Bedürfnissen**, die entsprechend ihrer Entfaltung („Kultivierung") im historisch-gesellschaftlichen Prozeß stets neue Waren/Güter/Dienstleistungen und damit eine Differenzierung der Arbeitsprozesse selbst erfordern.

Bei *Karl Marx* wird der Begriff der Arbeit zu einem Schlüsselbegriff seiner Kritik der politischen Ökonomie. Menschliche Arbeit, nicht Kapital oder Boden, ist der eigentliche Wertschöpfer und damit Wertmaßstab des Produktionsergebnisses.

Die sich herausbildende Trennung von geistiger und körperlicher Arbeit, von – wie es später in den USA hieß – „white and blue collar worker", war zugleich das entscheidende Kriterium der Differenzierung sozialer Schichten (Klassen) in Gesellschaften, in denen prinzipiell alle arbeiten müssen, um ihren Lebensunterhalt zu sichern. Die Form, Qualifikation und Gratifikation (Entlohnung) der Arbeit bzw. des Berufes und die Tatsache des Besitzes oder Nicht-Besitzes von Produktionseigentum wurden zu den entscheidenden Kriterien der **Schicht-Bildung**.

Die Differenzierung der Arbeitsprozesse entlang der Differenzierung der **Bedürfnisse** führte zu einer immer umfassenderen **Arbeitsteilung**. Hierunter verstehen wir die (**technologische**) Differenzierung eines ganzheitlichen Arbeitsprozesses in Teilprozesse sowie die (**soziale** und **territoriale**) Spezialisierung auf einzelne Arbeiten und/oder Produkte.

Es sind also zumindest drei Formen der Arbeitsteilung zu unterscheiden:

- **innerbetriebliche Arbeitsteilung**;
- **zwischenbetriebliche Arbeitsteilung;**
- **regionale** bzw. **territoriale** (nationale und internationale) **Arbeitsteilung**.

Die Arbeitsteilung ist ein fundamentales gesellschaftliches Strukturprinzip; ihre Differenzierung in den einzelnen Gesellschaften ist auch ein Indikator für die soziale Differenzierung überhaupt.

Gehen wir bei der theoretischen Begründung und Durchdringung der Arbeitsteilung auf ihren ersten wichtigen Vertreter, *Aristoteles*, hier nicht ein, sondern beginnen wir mit dem Zeitalter der Industriellen Revolution, so lassen sich u.a. folgende Ansätze unterscheiden:

- *Adam Smith* und *David Ricardo* sehen die produktions- und austauschbedingten Vorteile einer Arbeitsteilung im einzelnen Betrieb (Stecknadel-Beispiel) wie zwischen den Volkswirtschaften;
- *Adam Ferguson* (1723–1816) sieht als einer der ersten und differenzierter als *Aristoteles*, daß Arbeitsteilung durch die Verschiedenheit der arbeitsteilig verbundenen Menschen zu neuen Formen der Gemeinschaft führen muß;
- *Marx* unterscheidet die manufakturmäßige Arbeitsteilung (technologisch) von ihren sozialen Konsequenzen, der Entstehung des sogenannten „**Teilarbeiters**" und der damit verbundenen „**Entfremdung**" des Menschen von den Produkten seiner Arbeit (vgl. das 12. Kap. im 1. Bd. des „Kapital": „Teilung der Arbeit und Manufaktur");
- *Emile Durkheim* legt mit seinem Werk „De la Division du Travail social" (Über die soziale Arbeitsteilung; zuerst 1893) eine erste umfassende soziologische Theorie der Arbeitsteilung vor (nachdem *Gustav von Schmoller*, 1838–1917, bereits einige Jahre zuvor glaubte, das „Wesen" der Stände- und Klassenbildung aus der Arbeitsteilung erklären zu können). Bei *Durkheim* ist es die **Arbeitsteilung**, die die „**organische Solidarität**" in komplexen Gesellschaften überhaupt erst bewirkt und ermöglicht (im Gegensatz zur „**mechanischen Solidarität**" in weniger komplexen Gesellschaften).

Eine besondere Entwicklung nahm die innerbetriebliche Arbeitsteilung seit den einflußreichen Arbeiten des amerikanischen Ingenieurs *Frederick W. Taylor* (1856–1915). *Taylor* war ein Vertreter der **wissenschaftlichen Betriebsführung** (scientific management): Durch immer genauere Arbeitszeitstudien sollte zweierlei gewährleistet werden: der effizienteste Einsatz der individuellen Arbeitskraft und der Arbeitszeit zum einen, ein höchstmöglicher Ertrag für das Unternehmen zum anderen. *Taylor* ging davon aus, daß dieses System der wissenschaftlichen Betriebsführung und Arbeitsrationalisierung nur mit einem entsprechenden Lohn- und Akkordsystem durchsetzbar ist.

In Deutschland wurde der **Taylorismus** nach dem Ersten Weltkrieg als REFA-System institutionalisiert: ein 1924 gegründeter „Reichsausschuß für Arbeitszeitermittlung", seit 1948 „Verband für Arbeitsstudien" genannt.

Gegen den **Taylorismus** entwickelte sich seit den 30er Jahren die Human-Relations-Bewegung im Betrieb.

Wie sich die Arbeitsteilung unter den neuen technologischen Bedingungen (vgl. Punkt IV.) entwickeln wird, ist umstritten. *Kern/ Schumann* sprachen, auf der Basis ihrer Anfang der 80er Jahre angestellten Untersuchungen über Rationalisierungsprozesse in der industriellen Produktion, vom „Ende der Arbeitsteilung" (1984) (gemeint ist die innerbetriebliche Arbeitsteilung im bisherigen tayloristischen Verständnis). Hierfür nennen sie u.a. folgende Gründe:

- Durch die „Indienstnahme der EDV ist die Transparenz in den Betrieben erhöht und das Bewußtsein für die Verschränktheit betrieblicher Abläufe gesteigert worden" (S. 16);
- die Einführung der Mikroelektronik in Planung und Steuerung der Produktion führt zu neuen Qualifikationsprozessen, vor allem solchen, die das Denken und Handeln in komplexen Strukturen voraussetzen;
- gleichzeitig erhöhen sich die „Voraussetzungen für kompetentes, selbstbewußtes Verhalten im Arbeitsprozeß entscheidend" (S. 327).

2. Eigentum, Wettbewerb und Marktordnung

2.1 Bedeutung des Eigentums

Wie für die Entstehung der **bürgerlichen Gesellschaft** überhaupt, so ist auch für die gegenwärtige Gesellschaft das Eigentum und die private Verfügung über Eigentum ein Grundelement der Gesellschaftsstruktur und – sofern es sich um Produktionseigentum handelt – der Wirtschaftsordnung. *Thomas Hobbes*, einer der frühesten und bis heute wichtigsten Theoretiker der bürgerlichen Gesellschaft, mißt dem Eigentum für die Entfaltung und Autonomie des Bürgers ebenso große Bedeutung bei wie später *John Locke* (1632–1704), *Immanuel Kant* (1724–1804) und insbesondere *Hegel* (1770–1831).

In einer auf Tausch basierenden Gesellschaft ist das Eigentum und eine darauf gegründete Warenproduktion die wesentliche Grundlage, mit anderen Menschen in Beziehung und Austausch zu treten. Das gilt auch für alle Formen des Grundeigentums, da hier Größe und Verfügungsbefugnisse sich auf die Gesellschaftsstruktur unmittelbar auswirken bzw. diese konstituieren.

In der **bürgerlichen Gesellschaft**, in der autonome Individuen vermittels des Eigentums sich einen Raum individueller Freiheit als Wirtschaftssubjekte und als Subjekte überhaupt verschaffen, geschieht der Austausch durch **Vertrag**, d.h. durch übereinstimmende Willenserklärung zweier autonomer Rechtspersönlichkeiten, nicht mehr auf der Basis ständisch-feudaler Prinzipien und Abhängigkeiten. Eigentum und Vertrag sind daher als entscheidende Grundlagen der bürgerlichen Gesellschaft anzusehen (vgl. *Manfred Riedel*, 1972). Die bürgerliche Gesellschaft wird daher auch zu Recht als Eigentums- und/oder **Vertragsgesellschaft** bezeichnet.

Wie ausgeführt (S. 27f), sollte nach dem Zweiten Weltkrieg, auch nach dem anfänglichen Willen der CDU, das gesellschaftlich wichtige Produktionseigentum der sogenannten „Schlüsselindustrien" in eine neue Ordnung überführt werden („**Sozialisierung**", „**Vergesellschaftung**"). Die bereits erwähnten Artikel 14 und 15 GG wirken daher heute – zumindest Art. 15 – etwas wie ein Fremdkörper; sie sind ein „Erinnerungsposten" an die eigentums-politischen Auseinandersetzungen der Jahre 1945–1948/49 (in den drei Westzonen).

Die Entwicklung verlief dann in dem Sinne „restaurativ", daß die Grundlagen der alten Eigentumsordnung im Zusammenhang der bürgerlichen Grund- und Freiheitsrechte beibehalten wurden, kaum abgemildert durch die Konzeption der Sozialen Marktwirtschaft (deren Grundlagen bereits dargestellt wurden) und die Verpflichtung auf das Sozialstaatsprinzip.

2.2 Die Eigentumsordnung in der DDR. Grundzüge der Planwirtschaft

Im vollständigen Umbau der bürgerlich-kapitalistischen Eigentumsordnung wurde – entsprechend den Lehren des **Sozialismus** und Kommunismus – der Schlüssel zum Aufbau einer Gesellschaft von Freien und Gleichen gesehen.

Nach der Verfassung der DDR (Art. 2) gab es folgende Eigentumsarten: sozialistisches Eigentum; persönliches und privates Eigentum. Vorrang hatte nach Art. 2, Abs. 2 das sozialistische Eigentum. Dieses war wiederum in die folgenden drei Formen unterteilt: **Volkseigentum** (z.B. Banken/Versicherungen; Industriebetriebe; Bergwerke und Kraftwerke); **genossenschaftliches Eigentum** (z.B. Landwirtschaftliche Produktionsgenossenschaften/LPGs); **Eigentum gesellschaftlicher Organisation** (z.B. Eigentum der SED und der anderen Parteien).

Das **persönliche Eigentum** war zweckgebunden und setzte die persönliche Nutzung voraus (z.B. Ein- bis Zweifamilienhäuser). Zum **privaten Eigentum** gehör(t)en z.B. die gewerblich genutzten Grundstücke der privaten Einzelhändler oder Händler.

Gab es 1955 noch einen Anteil von 20% Selbständigen an der Gesamtzahl der Erwerbstätigen, so war dieser Wert 1988 auf 2% gesunken. Diese insgesamt 181,6 Tsd. Selbständige verteilten sich wie folgt: Handwerk 81,7 Tsd.; Handel 39,2 Tsd.; Dienstleistungen 27 Tsd.; Land- und Forstwirtschaft 5,9 Tsd.; Sonstige 27,8 Tsd. (zu diesen und den folgenden Zahlen vgl. Dossier in DIE ZEIT Nr. 12/1990).

Noch mehr als die obigen Zahlen verdeutlichen den radikalen Umbau der Sozialstruktur der DDR die folgenden Angaben: Von 1952 bis 1985 sank der Anteil des Privateigentums an Betrieben und Ländereien auf 4,6%. Im Agrarbereich wurde – bis auf 6% – fast die gesamte Fläche in die LPGs eingebracht.

Die im Marxismus grundgelegte „Vergesellschaftung der Produktionsmittel" wurde in der DDR so weit getrieben, daß das Eigentum als Garant individueller, bürgerlicher Freiheiten (*John Locke; Immanuel Kant; Adam Smith*) aufgehoben war. Die Errichtung einer neuen Eigentumsordnung wird noch auf Jahre hin zu den zentralen gesellschaftlichen Problemen gehören, was noch verschärft wird durch Eigentumsansprüche ehemaliger, aber seit langem im Westen wohnender DDR-Bürger. Das Bundesverfassungsgericht hat im April 1991 hierzu ein Grundsatzurteil gefällt und den von der Bundesregierung zuvor artikulierten Willen bestätigt, daß in bestimmten Fällen die Entschädigung Vorrang vor der Rückgabe hat.

Der parteilich indoktrinierten und gesteuerten **Zentralverwaltungswirtschaft** sowjetischen Typs, die in mehreren Etappen in der DDR eingeführt wurde (1945–1949; 1952; 1963; 1971; 1974), war das gesamte gesellschaftliche Leben untergeordnet. In Art. 9 der Verfassung von 1974 hieß es: „Die Volkswirtschaft der Deutschen Demokratischen Republik ist sozialistische Planwirtschaft ... Die Festlegung des Währungs- und Finanzsystems ist Sache des sozialistischen Staates".

Wie in anderen Bereichen auch (Kultur, insbes. Radio und Fernsehen, Gewerkschaften, Freizeit, Justiz, Verwaltung) war die Suprematie der SED in der Planung und Lenkung auf allen Ebenen durchgesetzt; in der sozialistischen Eigentumsordnung wie im Währungs- und Finanzsystem, in der Preisgestaltung wie in der Außen- und Valutawirtschaft; in der Wohnungs-, der Energie- und der Rohstoffversorgung, in der Verkehrs- und Städtebaupolitik. Daß die zentrale Planung und Lenkung mehr schlecht als recht funktionierte, kann hier nicht weiter dokumentiert werden.

Der Dienstleistungssektor war völlig vernachlässigt. Die Erklärung liegt darin, daß er als nicht-produktiv galt und in der Bilanzierung des gesellschaftlichen Gesamtprodukts nicht auftauchte (*Thalheim*, 1983).

Löhne und Gehälter wurden ebenso staatlich festgesetzt wie der Staat die Preise für Wohnung, Grundnahrungsmittel etc. niedrig hielt, jenseits einer vernünftigen Kostenkalkulation und damit einer Investitions- bzw. Renovierungsmöglichkeit.

Eine besondere Stellung im Wirtschaftsgeschehen, mit erheblichen Auswirkungen auf den Gesellschafts- und Verwaltungsaufbau der DDR, hatten die sogenannten **Kombinate.** Ein Kombinat war nach § 1 Abs. 1 der „Verordnung über die volkseigenen Kombinate, Kombinationsbetriebe und volkseigenen Betriebe" vom 8.11.1979 die grundlegende Wirtschaftseinheit der materiellen Produktion auf der Grundlage des einheitlichen staatlichen Volkseigentums (vgl. „Materialien ...", 1987, S. 176). 1986 gab es 224 Industriekombinate; in ihnen waren seit Anfang der 80er Jahre, bis auf ganz wenige Ausnahmen, alle **Volkseigenen Betriebe** (VEB) zusammengeschlossen. Die Kombinate bestimmten aber auch einen Teil der Forschungspolitik, der Freizeit- und Feriengestaltung, der sozialen Sicherheit und anderes mehr. Also Allzuständigkeit für Aufgaben, die in allen westlichen Industrienationen auf eine Vielzahl von Bereichen, Politiken, Institutionen und Handlungsebenen verteilt sind.

Eine Ausdifferenzierung des Wirtschaftssystems, wie sie für die Entwicklung moderner Gesellschaften typisch ist, eine hochgradige Spezialisierung auf den primären Zweck hat also nicht stattgefunden; wo es sie gab, wurde sie rückgängig gemacht. Gerade im Wirtschaftssystem zeigte sich der Sozialromantizismus des Sozialismus überdeutlich, indem funktionsspezifische Differenzierungen nach den Mustern partikularer Gesellschaften – Gemeinschaft und Brüderlichkeit, den Idealen der bürgerlichen und der proletarischen Revolutionen – ausgerichtet wurden.

2.3 Grundsätze der marktwirtschaftlichen Ordnung

Die in Pt. 2.1 skizzierte Eigentumsordnung ist Grundlage der **Marktwirtschaft**. Sie fußt weiterhin auf der aus Art. 2 Abs. 1 GG abgeleiteten wirtschaftlichen Betätigungsfreiheit und der in Art. 12 GG garantierten Arbeits-, Berufs- und Gewerbefreiheit.

Unter einer **marktwirtschaftlichen Ordnung** verstehen wir jene Form der Ordnung des Wirtschaftslebens, in der die Entscheidungen über Gütererzeugung und Güterverbrauch und damit Angebot und Nachfrage den Individuen und dem „freien Spiel der Kräfte" überlassen bleiben. Das Gegenteil wäre die von dem Ökonomen *Walter Eucken* (1891–1950) so genannte **Zentralverwaltungswirtschaft** mit ihrem System der Planwirtschaft. Nach marktwirtschaftlicher Auffassung hat der Preis am Markt die entscheidende Regulierungsfunktion; er ist letztlich ein Ausdruck für die Dringlichkeit der **Bedürfnisse** und die Möglichkeit, diese zu befriedigen.

Es ist ausgeführt worden, daß die liberale marktwirtschaftliche Ordnung des 19. Jahrhunderts nicht einfach restauriert werden sollte, sondern nur akzeptabel erschien in Form der **Sozialen Marktwirtschaft**, einer Konzeption, die in den Jahren 1940–1948 im wesentlichen ausgearbeitet worden ist (vgl. S. 25f). Doch verlief, unabhängig von den Erfolgen der Sozialen Marktwirtschaft und einem breiten Ausbau der Sozialleistungen, die Entwicklung nicht nur in die gewünschte Richtung. Als Kritikpunkte werden hervorgehoben:

- Trotz des Gesetzes gegen Wettbewerbsbeschränkung, dem **Anti-Kartell-Gesetz** von 1957 (in der jetzigen Fassung von 1973) wurde die **Unternehmenskonzentration** – aufgrund des technologischen Wandels, der nationalen und internationalen Kapitalverflechtungen – fortgesetzt und erreichte ein bisher unvorstellbares Ausmaß;
- in einer marktwirtschaftlichen Ordnung haben die (kurzfristigen) Konsumbedürfnisse gegenüber den (langfristigen) Investitionen im **Infrastrukturbereich** (Schulen, Bildungsaufgaben, Gesundheitswesen etc.) stets Vorrang; eine rein marktwirtschaftliche Ordnung sei zudem gar nicht in der Lage, langfristige Infrastruktureinrichtungen zu erstellen;
- die Privatwirtschaft sei inzwischen so umfassend staatlich geschützt, daß ihre Grundlagen schon weitgehend auf einer Fiktion beruhten. In Wirklichkeit handele es sich gar nicht mehr um freie Konkurrenz und marktwirtschaftliche Preisbildung; ein Wirtschaftszweig nach dem anderen ist in das System der **staatlichen Subventionsleistungen** einbezogen worden: ob im Bereich der Produktion (wie in der Landwirtschaft), des Absatzes (z. B. im Außenhandel) oder auch der Forschung (wie selbst in der Chemischen Industrie);
- auf dieser Basis sei es möglich, daß die staatlich geschützte Privatwirtschaft in Zeiten der Prosperität und des Aufschwungs (frz. **Hausse**) die Gewinne „privatisiere" und in Zeiten der Konjunkturabschwächung (frz. **Baisse**) die Verluste "sozialisiere", d.h. auf die Allgemeinheit abwälze (so ist der Fall recht häufig, daß ein konkursbedrohter Betrieb deshalb gestützt wird, weil seine Schließung in der betroffenen Stadt bzw. Region strukturell nicht zu verantworten ist).

Diesen Entwicklungstendenzen der Marktwirtschaft bzw. der Sozialen Marktwirtschaft versuchte der Gesetzgeber entgegenzuwirken. Zwei bedeutende Gesetze waren es vor allem, die in den ersten beiden Jahrzehnten bundesrepublikanischer Wirtschaftsgeschichte die Grundlagen der Marktwirtschaft erhalten wie im Rahmen der staatlichen Steuerungspolitik Stabilität und Wachstum der Wirtschaft sichern sollten:

- das bereits erwähnte **Gesetz gegen Wettbewerbsbeschränkung** (von 1957; in der Fassung von 1973), das die Aufgabe hat, eine wirksame **Kon-**

kurrenz zu gewährleisten wie eine „ruinöse“ schrankenlose und unlautere Konkurrenz zu vermeiden (z. B. durch das Verbot der Kartellbildung, der Preisabsprachen etc.);

- das **Stabilitätsgesetz** (Gesetz zur Förderung der Stabilität und des Wachstums der Wirtschaft) vom Juni 1967, seinerzeit die „Antwort“ der Großen Koalition auf die Rezession der Jahre 1966/67.

Seit Anfang der 70er Jahre zeichneten sich für die marktwirtschaftliche Ordnung neue Problemfelder ab, für die es bisher auch nur Teil-Lösungen gibt:

- Die Umwelt- und Energiekrise;
- die durch die Mikroelektronik ausgelöste neue Stufe der industriellen Revolution;
- die Problematik der Massenarbeitslosigkeit.

3. Bedeutung und Kritik des Leistungsprinzips

Ein weiteres Grundelement der ökonomischen und der gesamtgesellschaftlichen Struktur bleibt zu erläutern: **Leistung** als strukturbildendes Element industrieller Gesellschaften, als „gesellschaftliches Gestaltungsprinzip“ (*K.M. Bolte*, 1979), das nach *Bolte* anderen Gestaltungsprinzipien vergleichbar ist: dem Pluralismusprinzip, dem Rechtsstaatsprinzip, dem Solidaritätsprinzip etc.

Wie immer, wenn es sich um Elementarkategorien handelt – „Freiheit“; „Demokratie“; „Arbeit“ etc. –, sind Definitionen schwierig. **Leistung** ist als spezifisches Element menschlicher Aktivität von umfassender strukturbildender Wirkung; sie ist Grundlage und Ergebnis menschlicher Arbeit zugleich, wie sie – und das zeigt die Ambivalenz dieser Kategorie überdeutlich – Ursache von „Streß“ und der Lebensfreude sein kann. Überzogene Leistungsanforderungen können demotivierend sein, aber eine herausragende **Eigenleistung** (*Hans Lenk*, 1983) kann Selbstbewußtsein und Selbstvertrauen stärken.

Die strukturbildende Wirkung der Leistung in sozialen Prozessen und Systemen beruht auf einer zumeist hierarchischen Klassifikation und Bewertung. Gleichwohl bleibt schwierig, Leistungen zu messen (man denke an den künstlerischen Bereich).

Die Bedeutung des Leistungsprinzips und damit des „egalisierenden“, „demokratischen“ Prüfungssystems wird deutlich, wenn man nach Alternativen zur Verteilung von Kompetenz („Macht“), Verantwortung und Prestige in sozialen Systemen fragt. Nach *Christian von Krockow* (1974) lassen sich hinsichtlich der überhaupt möglichen Auswahlkriterien der Statuszuweisung unterscheiden: Geschlecht, Geburt, Alter, Wahl und Leistung. Geschlecht, Geburt und Alter sind **zugeschriebene Rollen** (vgl. S. 244); sie können „natürliche“ Selektions- und Statuszuschreibungskriterien genannt werden. Leistung und Wahl beruhen auf **erworbenen Rollen**; für sie müssen Regeln der Auswahl festgesetzt werden.

Ihrem eigenen Selbstverständnis nach verleiht die gegenwärtige Gesellschaft als „Leistungsgesellschaft“ soziale Positionen und Prestige nicht nach Herkommen, Geschlecht oder Alter, sondern aufgrund individueller Fähigkeiten und der Bereitschaft zur Übernahme von Aufgaben und Verantwortung.

Das Leistungsprinzip ist, zumal am Beginn seiner Durchsetzung, mit dem **Konkurrenzprinzip** und dem **Gleichheitsprinzip** untrennbar verknüpft: Gleiche und Freie sollen am Markt um die besten Chancen in Wettbewerb treten, beim Sport – dessen Regeln in der englischen Gesellschaft zum Beispiel sehr früh eine wichtige Rolle spielten – wie bei der Konkurrenz um Meinungen und Stimmen im Wahlkampf.

Die neuere Diskussion um die Grundlagen der Leistungsmotivation ist vor allem an den Untersuchungen von *Ronald Inglehart* (1979) und daran anschließende Kontroversen orientiert.

Inglehart will empirisch nachgewiesen haben, daß es in den westlichen Industrienationen seit den 60er Jahren einen fundamentalen Wandel gesellschaftlich relevanter Werte gegeben habe: weg von den sog. „materiellen“ Werten (wie stabile Wirtschaft und stabiles Wachstum; soziale Sicherheit; familiäre Geborgenheit; Aufrechterhaltung der Ordnung) und hin zu den sog. „postmateriellen“ Werten (wie eine friedliche Welt; höhere Partizipation am Arbeitsplatz und in der Politik; Gleichheit und Brüderlichkeit; eine weniger „kalte“ Gesellschaft). Diese Einstellungen hätten sich vor allem in der jüngeren Generation der 60er Jahre auf der Basis überwundener Nachkriegsprobleme, einzigartiger Wohlstandsmehrung und sozialer Sicherheit entwickelt.

Von einem Nachlassen der Leistungsmotivation kann wohl nur bei einem Teil der jüngeren Generation die Rede sein. Was sich vor allem geändert hat, ist die Dominanz der auf die Arbeitswelt bezogenen Wertmuster. Leistungsorientierte Werthaltungen in der Arbeitszeit und „postmaterielle Wertorientierungen“ in der Freizeit scheinen sich nicht unbedingt auszuschließen (vgl. hierzu die differenzierenden Untersuchungsergebnisse bei *Baethge* et al., 1988, S. 187f). Auch wird deutlich, daß Arbeits- und Lebenswelt hinsichtlich grundlegender bzw. verbindender Wertmuster immer mehr auseinandertreten.

III. Wandel der Produktionssektoren, der Betriebsgrößen und der Erwerbsquoten

1. Die Theorie der Produktionssektoren

Der französische Ökonom *Jean Fourastié* hat in einer der bekanntesten Theorien des ökonomischen und damit des gesamtgesellschaftlichen Strukturwandels (1949/1969) das Wirtschaftssystem in die folgenden Produktionssektoren unterteilt:

- **primärer Sektor** (vor allem Landwirtschaft, Urgewinnung);
- **sekundärer Sektor** (vor allem verarbeitendes Gewerbe wie Industrie und Handwerk);
- **tertiärer Sektor** (vor allem Handel, Verwaltung, freie Berufe, Dienstleistungsberufe).

Diese Einteilung in drei Produktionssektoren geht zwar auf die Ökonomen *Allan B.G. Fisher* (1935) und *Colin Clark* (1940) zurück, hat aber bei *Fourastié* eine bedeutende Erweiterung erfahren: Es geht nicht, wie vielfach fälschlich unterstellt, um eine Klassifikation der Wirtschaftsbereiche, sondern um eine Theorie, die die Auswirkungen des technischen Fortschritts bzw. der **Arbeitsproduktivität** in den einzelnen Wirtschaftsbereichen analysiert (wobei **Arbeitsproduktivität** definiert ist als Arbeitsergiebigkeit, als Verhältniszahl des Produktionswertes und damit der Wertschöpfung im Hinblick auf die eingesetzte Arbeitsmenge). Auf dieser Grundlage kommt *Fourastié* zu folgender Differenzierung (1969, S. 27, 74):

- **Primär** ist ein Produktionssektor, in dem der technische Fortschritt und damit die Steigerung der Arbeitsproduktivität mittelmäßig stark ist;
- **sekundär** ist ein Produktionssektor mit großem technischen Fortschritt;
- **tertiär** ist ein Produktionssektor mit geringem oder gar keinem technischen Fortschritt.

Neben anderen Forschern erkannte *Fourastié* den technischen Fortschritt als „Grund- und Hauptfaktor der wirtschaftlichen Entwicklung" (S. 44). Dies hat zwei Konsequenzen:

- die „wirtschaftliche und gesellschaftliche Entwicklung der Gegenwart ... ist von der Steigerung der Arbeitsproduktivität (als Maß für den technischen Fortschritt; B.S.) beherrscht"; und:
- die unterschiedlichen Raten und Steigerungsraten der Arbeitsproduktivität in den einzelnen Produktionsbereichen schaffen, so könnte man folgern, Spannungszustände, Ungleichgewichte in und zwischen den Produktionsbereichen.

Damit ist eine wichtige Erkenntnisquelle erschlossen, weil gesellschaftliche Strukturänderungen sich auf die **Entwicklung der Arbeitsproduktivität** in den einzelnen Wirtschaftssektoren zurückführen lassen. Aber auch *Fourastiés* Theorie und Prognose sind zeitbedingt, wie an der Automatisierung und datengestützten Informatisierung im Bereich der Büroarbeit und damit großer Teile des Dienstleistungssektors sichtbar wird. Die Bezeichnung „tertiärer Sektor" für diesen Bereich ist nicht länger zulässig, weil es sich nicht mehr um nur drittklassige Möglichkeiten der Steigerung der Arbeitsproduktivität in diesem Sektor handelt.

2. Produktionssektoren und Erwerbsquote

Wie ausgeführt wurde, sind die Anteile der Erwerbstätigen in den drei Produktionssektoren ein wichtiger Indikator für Struktur und Wandel des ökonomischen und gesamtgesellschaftlichen Systems.

In der früheren Bundesrepublik haben sich seit 1950 folgende Änderungen ergeben:

Tabelle 13 Anteile der Produktionssektoren an der Gesamtzahl der Erwerbstätigen seit 1950 in %.

	1950	1960	1970	1980	1990
primärer Sektor:					
Land- und Forstwirtschaft; Tierhaltung; Fischerei	23,2	13,7	8,5	5,5	3,6
sekundärer Sektor:					
produzierendes Gewerbe	42,3	48,0	48,9	44,1	40,6
tertiärer Sektor:					
Handel und Verkehr; Dienstleistungen	32,3	38,3	42,6	50,4	55,8
nicht klassifizierbar	2,2	–	–	–	–
insgesamt in %	100,0	100,0	100,0	100,0	100,0
insgesamt in 1 000	22 074	26 063	26 560	26 278	29 334

Quelle: Statistisches Jahrbuch 1954, S. 112; 1989, S. 92; Datenreport 1992, S. 97

Zum Vergleich: in der DDR betrugen 1990, dem Jahr des Einigungsprozesses, die Anteile im primären Sektor 8,2%, im sekundären Sektor 44,8% und im tertiären Sektor 47,0% (bei insgesamt 7,6 Mill. Erwerbstätigen). Zu berücksichtigen ist aber vor allem die völlig andere Struktur des tertiären Sektors.

Auffälligste Merkmale der Entwicklung der Erwerbs- und der Produktionsstruktur der früheren Bundesrepublik (wie vergleichbarer Industrienationen) sind:

- Der absolute und relative Rückgang der Beschäftigten in Land- und Forstwirtschaft;
- der absolute und relative Anstieg der Beschäftigten im Dienstleistungssektor;
- der Rückgang der Selbständigen und mithelfenden Familienangehörigen und der Anstieg der unselbständig Beschäftigten („Lohnabhängigen") auf fast neun Zehntel aller Erwerbstätigen.

Die Anteile der Produktionssektoren an der Erstellung des Bruttosozialprodukts änderten sich wie folgt (unter **Bruttosozialprodukt** = Bruttoinlandsprodukt wird die Gesamtleistung einer Volkswirtschaft in einem Zeitabschnitt, zumeist ein Jahr, verstanden; es entspricht dem Wert der in dieser Zeit produzierten Waren und marktgängigen bzw. kostenrelevanten Dienstleistungen. Abzüglich der Abschreibungen auf das Anlagevermögen ist das BSP mit dem **Nettosozialprodukt = Volkseinkommen** identisch; das VE ist also die Summe aller Erwerbs- und Vermögenseinkommen).

Tabelle 14 Beiträge der Wirtschaftsbereiche zum Bruttoinlandsprodukt (früheres Bundesgebiet) in %.

Sektoren	1950	1960	1970	1980	1993
Primärer Sektor					
Land- und Forstwirtschaft	9,1	5,5	3,9	2,2	1,1
Sekundärer Sektor	44,5	53,5	57,6	44,8	36,4
Energiewirtschaft und Bergbau	6,0	4,8	4,2	3,5	–
Verarbeitendes Gewerbe	31,4	41,2	46,0	34,3	–
Baugewerbe	7,1	7,5	7,4	7,0	–
Tertiärer Sektor	46,6	40,9	38,7	53,0	62,5
Handel und Verkehr	20,7	19,8	18,8	15,8	14,1
Dienstleistungen	12,3	11,9	11,7	23,2	34,8
Staat	10,5	7,4	7,0	12,0	} 13,6
Private Haushalte	3,1	1,8	1,2	2,0	

Quelle: Wirtschaft und Statistik, H. 1/1978; Stat. Jb. 1984, S. 540f; 1989, S. 545f; für 1993: Zahlen zur wirtschaftlichen Entwicklung BRD, 1994

Für Ostdeutschland sind die Prozentwerte für die drei Produktionssektoren 1993: 1,3; 35,5; 63,2. Nur folgender Trend sei hervorgehoben: der extreme Rückgang des Anteils im primären Sektor und die starke Zunahme des tertiären Sektors in der Bruttowertschöpfung.

Die Anteile der einzelnen Regionen und Bundesländer an der Bruttowertschöpfung variieren sehr stark, und damit auch das durchschnittliche Pro-Kopf-Einkommen in den Ländern. Die im Grundgesetz verankerten Bestimmungen zum Länderfinanzausgleich (vgl.

Art. 107) sollen eine bestimmte „Gleichwertigkeit" der Lebensbedingungen" sicherstellen. Davon kann noch keine Rede sein. 1993 betrug das Volkseinkommen je Einwohner im Durchschnitt 28 900 DM, in den neuen Bundesländern und Ost-Berlin waren es mit 14 500 DM nur 45% des durchschnittlichen Pro-Kopf-Einkommens in der früheren Bundesrepublik (DM 32 300). 1992 hatte der Anteil 40% betragen (Wirtschaft und Statistik 1/1994).

Tabelle 15 Erwerbstätige nach Wirtschaftsbereichen. Deutschland, April 1991.

Wirtschaftsbereich	insgesamt in 1.000	Männer in %	Frauen in %
Land- und Forstwirtschaft, Fischerei	1.575	58,9	41,1
Produzierendes Gewerbe	15.350	73,8	26,2
Handel, Verkehr und Nachrichtenübermittlung	6.666	51,4	48,6
Übrige Wirtschaftsbereiche (Dienstleistung)	13.854	44,7	55,3
insgesamt	*37.445*	*58,4*	*41,6*

Quelle: Stat. Jb. BRD 1993, S. 118.

Bei den in vorstehender Tab. genannten Zahlen ist zu berücksichtigen, daß ein Teil der Erwerbstätigen nicht **vollzeitbeschäftigt** ist (mit wöchentlich mehr als 36 Stunden). Bei den Männern sind weniger als 36 Stunden/wöchentlich beschäftigt 3,4%, bei den Frauen sind es 32,6% (5 078 von 15 570 Mill. **erwerbstätigen Frauen**).

Die Gesamtzahl der **Erwerbspersonen** (Erwerbstätige und Erwerbslose) in Relation zur Gesamtbevölkerung nennen wir **Erwerbsquote**.

Wie bereits hervorgehoben (vgl. S. 129ff), war die Erwerbsquote in der DDR, vor allem bei den Frauen, sehr viel höher als im früheren Bundesgebiet.

Tabelle 16 Entwicklung der Erwerbsquote seit 1950 (alte Bundesländer).

Jahr	Erwerbsquote in %	Erwerbspersonen in Mill.	Bevölkerung in Mill.
1950	46,2	23,5	50,8
1960	47,7	26,7	55,9
1970	43,9	26,6	60,6
1980	44,2	27,2	61,6
1991*	46,9	37,4	79,8

Quelle: Statistisches Bundesamt. Bevölkerung und Wirtschaft 1872–1972, S. 140; für 1980f: Statistisches Jahrbuch BRD * Deutschland

3. Besonderheiten der Frauenerwerbsquote

Die Erwerbsquoten bei Männern und Frauen sind sehr unterschiedlich. Auch die einst sehr hohen Erwerbsquoten der Frauen in der DDR sind inzwischen rückläufig.

Nach wie vor gibt es, benachteiligend für Frauen, einen „geschlechtsspezifischen Arbeitsmarkt" (*Beck-Gernsheim*, 1976). Seine wichtigsten Merkmale sind in folgenden Punkten zu sehen:

- Die vielfach immer noch begrenzten Zugänge zum Arbeitsmarkt;
- die grundgesetzwidrige, gegenüber Männern ungleiche Bezahlung für gleiche Tätigkeit;
- die schwierige Vereinbarung von Familien- und Berufspflichten (durch fehlende Kinderbetreuungseinrichtungen usw.);
- die problematische Rückkehr in den Beruf nach einer Familienphase.

Betrachtet man die **Frauenerwerbstätigkeit** nach Wirtschaftsbereichen, Berufsgruppen und Verdienst, so sind folgende Merkmale hervorzuheben:

- Einzelne Berufsgruppen sind weit überproportional mit Frauen besetzt: Tierpfleger; Textilverarbeiter; Warenkaufleute im Groß- und Einzelhandel; Bürofachkräfte (6,5 Mill. weibl. Erwerbstätige); ärztliche Pflege- und Hilfsberufe; Sozialpflegeberufe; Reinigungsberufe (Stat. Jb. BRD 1993; S. 120);
- während 1991 von den männlichen Erwerbstätigen 7% ein Nettoeinkommen von mehr als DM 5 Tsd. monatlich hatten, waren es bei den Frauen nur 0,8% (Stat. Jb., S. 118);
- Frauen haben bei hochqualifizierten Führungs- und Berufspositionen (Abteilungsleiter; Amtsleiter; Direktoren/Prokuristen; Professoren etc.) zumeist deutlich weniger als ein Zehntel Anteil an den entsprechenden Stellen. Nur bei einigen akademischen Berufen sind die Frauen in der Überzahl: Lehrerinnen (55% Anteil, jedoch bei den Schulleiterinnen nur 20%; bei Ärztinnen und Apothekerinnen beträgt der Anteil 46% (zu diesen und weiteren Zahlen – auch im Vergleich zur DDR – vgl. *Geißler*, 1992, S. 246).

4. Änderung der Betriebsgrößen

4.1 Landwirtschaft

Seit 1950 haben sich die Anteile der Produktionssektoren bei der Erstellung des BSP stark verändert. Im gleichen Maße haben sich die Betriebsgrößen der Produktionsstätten verändert, am auffälligsten in der **Landwirtschaft**. (Auf die Entwicklung der Landwirtschaft in der DDR wurde S. 176f eingegangen).

Tabelle 17 Rückgang der landwirtschaftlichen Betriebe und Wandel der Betriebsgrößenstruktur im früheren Bundesgebiet.

Landwirtschaftlich genutzte Flächen von ... bis unter ... ha	1949	1960	1971	1979	1992
			Zahl der Betriebe		
1–2 ha	305 723	230 368	138 255	103 812	71 630
2–5 ha	553 061	387 069	225 420	157 619	99 825
5–10 ha	403 699	343 017	213 417	153 189	96 431
10–15 ha	171 819	188 172	146 951	105 474	64 594
15–20 ha	84 436	98 298	105 822	81 171	50 309
20–30 ha	72 170	79 162	108 214	103 951	72 147
30–50 ha	40 251	42 853	58 478	74 571	72 922
50–100 ha	12 621	13 672	17 899	25 969	45 262
100 und mehr ha	2 971	2 639	3 241	4 278	8 814
Betriebe insgesamt	1 646 751	1 385 250	1 017 697	810 034	581 934

Quelle: Statistisches Jahrbuch 1989, S. 132; 1993, S. 158

In den neuen Bundesländern und Ost-Berlin wurden 1992 18 609 Betriebe gezählt. Betrug der Anteil der Betriebe mit mehr als 50 ha zu diesem Zeitpunkt im früheren Bundesgebiet 9,3%, so in den neuen Bundesländern und Ost-Berlin 35,2%.

Im gleichen Zeitraum (1949–1992) ging die landwirtschaftlich genutzte Fläche des früheren Bundesgebietes von 132 796 qkm auf 117 470 qkm zurück – vor allem durch den Rückgang der kleinen und mittleren Betriebe (das sind 47,2% der Gesamtfläche des früheren Bundesgebietes). Die Betriebsfläche der Betriebe mit 100 und mehr ha wurde hingegen von 5441 qkm auf 13 265 qkm erweitert, das sind 11,3% der gesamten landwirtschaftlichen Nutzfläche. In den neuen Bundesländern und Ost-Berlin liegt dieser Anteil – ebenfalls 1992 – bei 95,6%.

Trotz drastischen Rückgangs der in der Landwirtschaft Beschäftigten (vgl. Tab. 13) und Verminderung der landwirtschaftlichen Nutzfläche ist die Agrarproduktion ständig angestiegen. Der Selbstversorgungsgrad mit Grundnahrungsmitteln ist in der Bundesrepublik erstaunlich hoch (vgl. hierzu die Angaben im Stat. Jb. 1993, S. 593).

4.2 Industrie

Wie sich die Betriebsgrößen in der Industrie verändert haben, zeigt die nachfolgende Tabelle.

Tabelle 18 Industrie nach Betriebsgrößenklassen (früheres Bundesgebiet).

	Anzahl der Betriebe mit . . . Beschäftigten						
Jahr	1-19	20-99	100-199	200-499	500-999	1 000 u.mehr	insges.
1960	52 485	26 628	6 166	4 521	1 508	1 172	92 480
1970	52 209	28 346	6 815	4 964	1 695	1 248	95 313
1980	6 143	29 170	6 307	4 529	1 468	1 102	48 719
1992	5 849	28 100	6 305	4 564	1 497	998	47 313
	Anteil an den Beschäftigten in %						
1960	4,0	15,0	10,7	17,3	12,9	40,1	100
1970	3,9	14,6	10,8	17,3	13,2	40,2	100
1980	0,9	17,3	11,4	18,1	13,2	39,2	100
1992	0,8	17,7	12,0	19,0	14,0	36,4	100

Quelle: Zahlen zur wirtschaftlichen Entwicklung der Bundesrepublik Deutschland 1994, hrg. vom Institut der deutschen Wirtschaft

In den westdeutschen Betrieben waren 1992 7,7 Mill. Beschäftigte. In den neuen Bundesländern und Ost-Berlin waren 1992 6364 Betriebe gemeldet (Anteil von 11,9% an der Gesamtzahl von 53 677 Industriebetrieben in Deutschland). In den ostdeutschen Betrieben wurden 878 Tsd. Beschäftigte gezählt.

IV. Entwicklung der Arbeitsproduktivität unter neuen technologischen Bedingungen

1. Definition, Einsatz und Auswirkung neuer Technologien. Große Technische Systeme

Durch die sog. **neuen Technologien** wurde eine neue Stufe der industriellen Entwicklung bzw. der industriellen Revolution erreicht.

Unter **neuen Technologien** wird allgemein verstanden:

- Die elektronische Datenverarbeitung (EDV) und ihr Einsatz in allen Informations-, Kommunikations- und Produktionsbereichen;
- die Entwicklung neuer Kommunikationsmedien der Text-, Daten- und Bildverarbeitung;
- die Entwicklung numerisch gesteuerter Planungs- und Produktionsprozesse.

Die Einführung neuer Technologien in Produktion und Verwaltung, im Medien-, Unterrichts- und Kommunikationsbereich hat nicht nur zahlreiche Rationalisierungs-Effekte (wobei der Begriff Rationalisierung in diesem Zusammenhang zumeist einseitig mit Personaleinsparung verknüpft wird), sondern sie hat auch innovativen Charakter für die Entwicklung neuer Produkte und Produktionsabläufe wie neue Formen der Arbeitskooperation.

Große Technische Systeme werden auch Großtechniken oder Großtechnologien genannt.

Bernward Joerges (1988) schlägt folgende Unterteilung der Großen Technischen Systeme vor:

- Große Technische Netzwerke (wie z. B. das Telefonnetz: „das größte funktionierende technische System", das bisher in der Weltgesellschaft eingerichtet wurde; S. 21);
- Große Technische Programme (wie z. B. das Shuttle-Programm; Verteidigungs-Systeme; aber auch der Assuan-Staudamm, Kernreaktoren und andere Großtechniken werden hier genannt).

An einzelnen Großen Technischen Systemen läßt sich leicht nachweisen, wie sie mit der Herausbildung nationaler und internationaler ökonomischer Interdependenzen mitgewachsen sind: die großen Energieträger Elektrizität, Gas, Erdöl und schließlich die Kernenergie; aber auch die Infrastruktursysteme des Schienen-, Straßen- und Luftverkehrs. Ohne den Einsatz neuer Technologien sind Große Technische Systeme weder steuer- noch kontrollierbar.

Große Technische Systeme verdeutlichen das Dilemma der gegenwärtigen industriellen wie der sich industrialisierenden Länder: unter Gesichtspunkten der Effizienz, der Vernetzung und der weltgesellschaftlichen Kommunikation scheinen sie unvermeidlich; gleichzeitig erhöhen sie die Probleme der Kontrolle, der Stör- und der Sabotagemöglichkeiten in der **„Risikogesellschaft"** (*U. Beck*).

Große Technische Systeme zeigen noch ein anderes Dilemma: das der Machtkonzentration der multinationalen Konzerne und das schwierige Problem der öffentlichen Kontrolle von z.T. sehr risikobehafteten Arbeitsplätzen.

2. Auswirkung neuer Technologien auf Arbeitsplätze und Qualifikation

Die Behauptung, daß die Einführung neuer Technologien Arbeitsplätze zerstöre („wegrationalisiere"), begleitet die Entwicklung des Maschinen- und Industriezeitalters von Anfang an; sie ist sowohl Thema der ökonomischen Forschung als auch der Arbeitskämpfe (vgl. *Emil Lederer*, 1882–1939, Technischer Fortschritt und Arbeitslosigkeit, 1938; Neudruck 1981). Auf einzelne Arbeitsplätze bzw. Produktionsbereiche bezogen, ist die Behauptung zutreffend; auf größere Zusammenhänge bezogen, ist der Nachweis schwer zu führen, denn dann müssen auch die neuen Prozesse der Qualifizierung, der Forschung, der im Zusammenhang der Einführung und Durchsetzung neuer Technologien entstehenden Arbeitsplätze usw. berücksichtigt werden.

Ebenso einseitig sind die Behauptungen einer **Dequalifizierung** von Arbeitskräften durch die neuen Technologien. Es gibt auch, ebenso durch Forschungen untermauert, die **Höherqualifikationsthese**. Hierfür sprechen u.a. folgende Gründe:

- Im Bürobereich stellt der Umgang mit den neuen Technologien der Text-, der Daten- und der Bildverarbeitung, der entsprechenden Speicherung und Telekommunikation (Datenübermittlung, elektronische Post, Telekopieren, Videotext usw.) völlig neue Qualifikationsanforderungen;
- im Produktionsbereich haben die numerisch gesteuerten Prozesse der Produktionsplanung und -fertigung zu völlig neuen Ausbildungsgängen geführt: ein neues Verhältnis Mensch-Maschine bzw. Mensch-Technik ist nicht die unwichtigste Komponente der Einführung neuer Technologien im Produktionsbereich.

Die Probleme der Dequalifizierung sind vor allem für ältere Arbeitnehmer nicht von der Hand zu weisen, zumal die Kategorie „älterer Arbeitnehmer“ angesichts des rapiden technologischen Wandels sich auf immer jüngere Jahrgänge erstreckt.

3. Neue Formen der Arbeitsorganisation: autonome und teilautonome Arbeitsgruppen

Seit Beginn der 80er Jahre gibt es eine intensive, weltweite Diskussion darüber, ob der **Taylorismus** und **Fordismus** (Prinzip der Fließbandfertigung) passé sind und wie eine posttayloristische bzw. postfordistische Arbeitsorganisation auszusehen habe. Hierbei ist, vor allem durch den Stellenwert Japans in der Weltökonomie, der **autonomen Arbeitsgruppe** ein großer Stellenwert zugekommen.

Ein anderer Bezugspunkt der neueren Diskussion ist mit dem Stichwort **Lean Production** umschrieben. Was bedeutet dies für gruppenspezifische Arbeitsformen? Der Begriff **Lean Production** wurde durch die weltweit bekannte MIT-Studie von *Womack* et al., 1992 eingeführt; er ist die engl. Bezeichnung für das von *Taiichi Ohno* (1993) entwickelte **Toyota-Produktionssystem**. Dies basiert auf dem von ihm so genannten Prinzip der **Just-in-Time-Produktion.** Als Charakteristika der „Schlanken Produktion“ werden genannt: Perfektion; sinkende Preise; Minimierung von Fehlern; wenig bzw. keine Nacharbeit; keine Lagerstätten; beliebige Produktvielfalt.

Bei der Arbeitsweise impliziere dies: höhere Anforderungen an jeden Arbeitnehmer; Abbau von Hierarchien; Erhöhung individueller Verantwortung; Team- bzw. Überqualifikation (in dem Sinne, daß in der Gruppe jeder jeden ersetzen kann). Als weitere Charakteristika werden genannt (*Antoni*, 1993, S. 46): die Delegation von Verantwortung und Kompetenz vor Ort; Teamarbeit in und zwischen allen Unternehmensbereichen und mit Zulieferunternehmen.

Nicht eindeutig abgrenzbar zur **autonomen Arbeitsgruppe** ist die **teilautonome Arbeitsgruppe**, für die als Merkmale genannt werden (*Antoni*, 1993, S. 48): Boxenfertigung/Fertigungsinseln/Lerninseln; individuelle und gruppenspezifische Freiheitsgrade im Hinblick auf Arbeitsplatzgestaltung und Zeiteinteilung; statt des Meisters gibt es einen Gruppensprecher und neue Formen der Partizipation.

Die Auswirkungen dieser Form der Produktion und Arbeitsorganisation sind nicht nur betriebsintern, sondern berühren das Ausbildungssystem ebenso wie die Verkehrsplanung, die Re-Organisation der Zulieferindustrie wie des gesamten Informationssystems.

V. Wandel der Berufe und der Berufsgruppen

Struktur und Wandel der Berufe in einer Gesellschaft gehören zu den wichtigsten Strukturmerkmalen eines ökonomischen Systems und damit der Gesellschaftsstruktur überhaupt. Qualifikation und Häufigkeit der einzelnen Berufe sind zugleich ein Indikator für den Entwicklungsstand einer Gesellschaft.

1. Definition und Strukturbedeutung des Berufs

Unter **Beruf** verstehen wir:

- Die Kombination von spezialisierten Kenntnissen und Fähigkeiten zur Erbringung bestimmter Leistungen;
- die „Grundlage für eine kontinuierliche Versorgungs- und Erwerbschance" (*Max Weber*), oder wie es in der Definition für den **Weltzensus** 1961 hieß: „die auf Erwerb gerichtete, besondere Kenntnisse und Fertigkeiten sowie Erfahrung erfordernde Arbeitsverrichtung, durch die der einzelne an der Leistung der Gesamtheit im Rahmen der Volkswirtschaft mitschafft und die in der Regel auch die Lebensgrundlage für ihn und seine nichtberufstätigen Angehörigen bildet";
- die für den sozialen Status eines Individuums wichtigste soziale Position.

Berufsgliederung und Arbeitsteilung stehen in einer ebenso engen Verbindung wie Berufsgliederung und soziale Schichtung. Die „Verberuflichung" und die damit verbundene arbeitsteilige Differenzierung der Gesellschaft sind zugleich wichtige Teilprozesse und Indikatoren des gesellschaftlichen Strukturwandels. Die „berufliche Organisationsform menschlichen Arbeitsvermögens" (vgl. *Beck/Brater*, 1977) wird jedoch zunehmend kritisiert, weil die Festlegung auf **einen** Beruf für die ganze Lebensarbeitszeit weder dem individuellen Wunsch nach Veränderungen, noch den Erfordernissen des raschen ökonomischen Wandels entspricht.

2. Struktur und Entwicklung der Berufsgruppen

Ein statistischer Überblick läßt sich nur durch drastische Vereinfachung gewinnen. So wird in der Statistik neben der Erfassung von **Branchen** (den Wirtschaftszweigen) seit einigen Jahrzehnten in folgende Hauptgruppen untergliedert:

- Arbeiter;
- Angestellte und Beamte;
- Selbständige;
- mithelfende Familienangehörige.

Im Hinblick auf diese Berufsgruppen ist folgende Entwicklung zu verzeichnen:

Tabelle 19 Erwerbstätige nach Stellung im Beruf (Anteile in %).

Jahr	Arbeiter	Beamte und Angestellte	Selbständige	mithelfende Familienangehörige	Erwerbstätige insgesamt
1950	51,0	20,6	14,5	13,8	100,0
1960	49,7	28,1	12,4	9,8	100,0
1970	46,6	36,2	10,4	6,7	100,0
1980	42,3	45,7	8,6	3,4	100,0
1991*	38,9	51,6	8,1	1,4	100,0

Quelle: Statistisches Bundesamt. Bevölkerung und Wirtschaft 1872–1972, S. 142; für 1980f: Statistisches Jahrbuch BRD
* Deutschland; 1950–1980: alte Bundesländer

In den neuen Bundesländern und Ost-Berlin betrugen (1991) die Anteil der Selbständigen 4,5%, der Beamten und Angestellten 50,1%, der Arbeiter 45,4%.

Die größten Unterschiede zwischen alten und neuen Bundesländern gab und gibt es im Hinblick auf die Kategorie der Selbständigen und der Beamten. Der Anteil der Beamten betrug 1991 im Westen 6,7%, im Osten 1,2%. Wie an anderer Stelle hervorgehoben (S. 177), gab es Selbständige nur im eng begrenzten Umfang (im Handwerk z.B.); Beamte waren mit der Bestimmung, wie sie sich noch im Grundgesetz (Art. 33 V) findet, aus ideologischen Gründen abgeschafft.

Für 1991 betragen die Prozentanteile der Frauen: bei den Selbständigen 25,7; mithelfenden Familienangehörigen 84,0; Beamte 22,3; Angestellte 56,2; Arbeiter 29,8.

2.1 Arbeiter

Der **Arbeiter** ist ein Berufstätiger, der seine Kenntnisse und Fertigkeiten gegen Entgelt (Lohn) einem „Arbeitgeber“ (Staat; Private etc.) zur Verfügung stellt. Gegenüber anderen Berufsgruppen in ebenfalls abhängiger Beschäftigung – den Angestellten und Beamten – ist die überwiegend körperliche Arbeit ein Merkmal dieser Berufsgruppe. Ausschlaggebend sind aber – ebenso wie bei anderen Berufsgruppen – arbeits- und sozialrechtliche Bestimmungen und Zuordnungen.

Arbeiter ist also ebenso der **gelernte** Facharbeiter am Hochofen wie der **angelernte** Arbeiter am Fließband einer Automobilfabrik wie der **ungelernte** Waldarbeiter. Finden wir also den Arbeiter in allen Bereichen der Wirtschaft auch im Bereich des sogenannten „Öffentlichen Dienstes“, so ist doch seit der Industriellen Revolution und der Entstehung der Fabrik-Arbeit der Begriff mit dem **Industriearbeiter** aufs engste verknüpft. In den nach 1860 sich herausbildenden **Arbeiterparteien** und **Gewerkschaften** gab sich die Arbeiterschaft Organisationen, die seither auf den Geschichtsverlauf und die Entwicklung der Gesellschaftsstrukturen in allen industriellen und sich industrialisierenden Gesellschaften großen Einfluß ausübten.

Tabelle 20 Entwicklung der Arbeiterschaft.

Jahr	Arbeiter in Tsd.	Anteil in % Arbeiterinnen	Anteil der Arbeiter an den Erwerbspers.[1]	Anteil der Arbeiter an den Lohnabhäng.
1882	10 576	33,1	55,8	90,2
1925	15 759	30,5	49,2	74,0
1950	11 967	28,4	50,9	71,1
1960	13 201	29,7	50,1	65,1
1970	12 474	27,9	47,4	57,4
1980	11 372	27,9	42,3	48,1
1991*	14 568	29,8	38,9	43,0

[1] ab 1970 Erwerbstätige
Quelle: nach „Klassen- und Sozialstruktur der BRD, 1950–1970“, Teil II, S. 153 (dort ausführliche Quellenhinweise); für 1970ff: Statistisches Jahrbuch
* Deutschland

Zur Erläuterung von Tabelle 20 sind folgende Aussagen anzufügen:

- Der Anteil der Arbeiter an der Gesamtzahl der Beschäftigten ist seit über 100 Jahren rückläufig; wegen des höheren Anteils der Arbeiter in der DDR wurde der Rückgang nach der Einigung (1990) vorübergehend abgeschwächt;

- ein überaus starker Rückgang der Arbeiterbeschäftigung fand statt in den Wirtschaftsbereichen Land- und Forstwirtschaft (einschließlich Fischerei) und **Bergbau**. Während sich im ersten Sektor die Zahl der Arbeiter von 1950–1970 auf ein Viertel der 1,1 Mill. Arbeiter des Jahres 1950 verringerte, gab es im Bergbau allein in den Jahren 1961–1970 eine Halbierung der Arbeiterschaft (von 491 Tsd. auf 234 Tsd.);

- die seit 1974 einsetzende Entwicklung ist von hoher **struktureller Arbeitslosigkeit** gekennzeichnet, die sich am stärksten in der Arbeiterschaft auswirkt. „Strukturelle Arbeitslosigkeit" ist v.a. verursacht durch Änderung der technologischen Grundlage der Produktion und Änderungen der nationalen wie internationalen Nachfrage. Aber auch Änderungen in der Bedürfnis- und Nachfragestruktur und mangelnde Flexibilität in der Anpassung müssen als Ursache gesehen werden.

Mit den Wandlungen in der Zusammensetzung der Arbeiterschaft waren und sind verbunden der bereits erwähnte Wandel der **Qualifikationsstruktur**. Die sich ändernde Qualifikationsstruktur ist letztlich die – mehr oder weniger schnell erfolgende – Reaktion des Bildungs- und Ausbildungssektors auf den **technologischen Wandel**.

Mit aller Vorsicht und Einschränkung seien für die Bundesrepublik wie vergleichbare Industrienationen folgende Entwicklungstrends genannt:

- Für einen großen Teil der Arbeiter-Positionen ist mit dem technologischen Wandel von der „typischen" Fabrikarbeit zu Fließband und **Automation** eine Umstellung von harter körperlicher Arbeit zu hochmechanisierten „Teil-Arbeiten" oder „bloßen" Kontrollfunktionen (wie in der Automation) verbunden;

- die technologische Entwicklung erforderte zwar eine Reihe von Höher-Qualifikationen, ließ aber auch neue Arbeiter-Positionen entstehen, die zunehmend durch „Angelernte" ausgefüllt werden;

- diese Entwicklungen führten dazu, daß seit ca. 1950 der Anteil der **Facharbeiter** an der Industriearbeiterschaft zurückging, ebenso der Anteil der **Ungelernten**, hingegen die Position der **Angelernten** stark zunahm (durch Zunahme der Fließband-Produktion, die auch für den überwiegenden Teil der industriellen Frauen-Arbeit typisch ist); die Angelernten-Positionen wurden mehr und mehr durch ausländische Arbeitnehmer („**Gastarbeiter**") besetzt;

- verbunden mit diesen Entwicklungen stieg gleichzeitig der Anteil der Angestellten im industriellen Fertigungsbereich.

2.2 Angestellte, Beamte und Öffentlicher Dienst

Die Angestellten als selbständige Berufsgruppe entwickelten sich durch Spezialisierung von Verkaufs- und Verwaltungsfunktionen in Industrie-, Handels- und Verkehrsbetrieben wie durch zunehmende Bürokratisierung des staatlichen und öffentlichen Lebens (vgl. zur begriffs- und sozialgeschichtlichen Entwicklung *Kocka*, 1972; 1981). Übernahmen sie im erstgenannten Bereich Funktionen der Selbständigen und der Betriebseigner, so ergänzten sie im Bereich des Öffentlichen Dienstes die Beamtentätigkeiten. Ihr Anteil an der Gesamtzahl der Beschäftigten hat sich in den letzten 45 Jahren von ca. 16 % auf 45 % erhöht.

Diese erstaunliche Expansion einer einzelnen Berufsgruppe gehört zu den wichtigsten Strukturmerkmalen und Kennzeichen des sozialen Wandels im genannten Zeitraum. Vereinfachend könnte man die Bedeutung der Angestelltenschaft auf die Formel bringen: Wenn der Industriearbeiter (der **Proletarier**) der „typisch" lohnabhängig Beschäftigte für die erste Phase der Industriellen Revolution war, also bis zur Jahrhundertwende, dann ist die Heraufkunft der Angestellten ein wesentliches Merkmal der seitherigen Entwicklung.

Die Gruppe der Angestellten teilt mit der Gruppe der Selbständigen eine äußerst heterogene Zusammensetzung und die volle Breite der Lohnskala: ein hochbezahlter Generaldirektor oder Vorstands-Vorsitzender findet sich hier ebenso wie eine Sekretärin oder ein im Krankenhaus angestellter Arzt.

Doch für fast alle Angestellten-Positionen gilt seit Anfang der 80er Jahre, daß die skizzierten Neuen Technologien verstärkt Eingang gefunden haben in ihre Tätigkeit. Erhebliche Veränderungen in den Qualifikationsanforderungen, in der Arbeitsorganisation und den Arbeitsbeziehungen waren und sind die Folge (vgl. *M. Baethge, H. Oberbeck*, 1986).

Zur Entwicklung, Struktur und Theorie der Angestelltenschaft können hier nur einige Punkte genannt werden:

- Die Heraufkunft einer lohnabhängigen Schicht, die eindeutig nicht den Arbeitern, Selbständigen oder Beamten zuzurechnen war, zeichnete sich seit dem letzten Drittel des 19. Jahrhunderts ab;
- seit 1882 taucht in der deutschen amtlichen Statistik der Begriff „Angestellte" auf;
- für die Zuordnung zur Angestelltenschaft sind zumindest folgende Kriterien maßgebend: arbeitsrechtliche Bestimmungen (seit 1891) und sozialrechtliche Bestimmungen (seit 1911); innerbetriebliche Regelungen, damit verknüpfte Rechtsauslegungen und die Zuschreibung von Angestelltenpositionen in der Bevölkerung (mit Prestige-Gewinn gegenüber der Position des Arbeiters).

Eine Sonderstellung im Dienstleistungsbereich bzw. tertiären Sektor haben die Angehörigen des **Öffentlichen Dienstes** (vgl. *T. Ellwein, R. Zoll*, 1973). Als typisch gilt hier die für die deutsche Tradition und Geschichte so wichtige Position des **Beamten**. Auf seine im Grundgesetz verankerte Sonderstellung wurde bereits hingewiesen. Der Beamte tritt zum Staat bzw. einer sonstigen Gebietskörperschaft nicht nur in ein Dienst-, sondern auch in ein besonderes Treueverhältnis. Er übernimmt, zumindest nach der ursprünglichen Vorstellung, hoheitliche Funktionen und kann für die Übernahme zusätzlicher Verpflichtungen, die zum Beispiel auch seine private Lebensführung betreffen, den Anspruch einer lebenslangen Versorgung und Fürsorge stellen.

Beim **Öffentlichen Dienst** wird unterschieden in „Unmittelbarer Öffentlicher Dienst" (Gebietskörperschaften, also Bund, Länder und Gemeinden) und „Mittelbarer Öffentlicher Dienst"; hierzu rechnen die Sozialversicherungsträger (Kranken- und Rentenversicherung z.B.) und die Beschäftigten der Bundesanstalt für Arbeit (1992 in Deutschland 97 Tsd. Beschäftigte). Bis zur Privatisierung von Bahn und Post gehörten auch deren Beschäftigte zum Öffentlichen Dienst.

2.3 Selbständige und mithelfende Familienangehörige

Als „**Selbständige**" bezeichnet man folgende Berufsgruppen:

- die Eigentümer und Pächter von landwirtschaftlichen und gewerblichen Betrieben, die die Leitungsfunktion selbst ausüben;
- die freiberuflich Tätigen wie Ärzte, Rechtsanwälte oder Schriftsteller.

Die **mithelfenden Familienangehörigen** sind in der amtlichen Statistik als jene Berufsgruppe definiert, „die ohne Lohn oder Gehalt in einem Betrieb mitarbeiten, der von einem Familienmitglied als Selbständigem geleitet" wird (in der Mehrzahl der Fälle handelt es sich also um die Ehefrau des Selbständigen).

Die Selbständigen sind zwar nach ihrer Stellung im Beruf als einheitliche Gruppe auszumachen, nach ihrem Einkommen (vgl. S. 202), ihrer sozialen Stellung und ihren Tätigkeitsfeldern zeigen sie die allergrößten Unterschiede: wir finden hier ebenso den Großgrundbesitzer wie den Kleinbauern; den Eigentümer großer Industrieunternehmen wie den Pächter einer Tankstelle; den selbständigen Handwerksmeister wie den freiberuflich tätigen Arzt oder Architekten.

Anders ausgedrückt: in der Gruppe der Selbständigen und der mit ihr eng verflochtenen Gruppe der mithelfenden Familienangehörigen finden sich Angehörige der **Großbourgeoisie** und damit des „Kapitals", des alten Mittelstands wie Existenzen, die von der Entwicklung an den Rand gedrängt wurden und gerade noch das Existenzminimum erwirtschaften können (man denke an kleine Lebensmittelläden; an bäuerliche Kleinexistenzen).

Im Berufsgruppenbereich der Selbständigen finden wir also die typischen **Übergangsklassen** (*Marx*), die den Wandel von der selbständigen, zumeist auf Eigentum gegründeten Existenzweise zur lohnabhängigen, unselbständigen Existenzweise jetzt oder in der nächsten Generation durchmachen. Nur ein kleiner Prozentsatz der Selbständigen verfügt über Produktionseigentum in einem sozialstrukturell (kommunal, regional, gesamtgesellschaftlich) bedeutsamen Umfang.

Als besondere Merkmale der Selbständigen-Tätigkeit gelten:

- Nicht lohnabhängig zu sein;
- frei über den Einsatz der Produktionsfaktoren disponieren zu können;
- frei über Arbeitszeit, Urlaub und Beginn des „Renten"-Alters entscheiden zu können;
- von den (staatlichen) Systemen der Sozial- und Krankenversicherung (relativ) unabhängig zu sein.

Machen diese Faktoren den Anreiz der Selbständigenexistenz aus, so sind aber auch als typisch zu nennen: in vielen Fällen große Abhängigkeit von Konjunkturlagen und geeigneten Beschäftigten; Gefahr der Überschuldung durch Kreditaufnahme usw.

Tabelle 21 Anteil der Selbständigen und mithelfenden Familienangehörigen an der Gesamtzahl der Erwerbstätigen in %.

Jahr	Selbständige	mithelfende Familienangehörige	Selbständige und mithelfende Familienangehörige
Reichsgebiet			
1882	28,0	10,2	38,2
1907	19,6	15,3	34,9
1939	13,4	15,8	29,2
früheres Bundesgebiet			
1950	14,5	13,8	28,3
1960	12,4	9,8	22,2
1970	10,4	6,7	17,1
1991*	8,1	1,4	9,5

Quelle: Statistisches Bundesamt. Bevölkerung und Wirtschaft 1872–1972, S. 142; für 1991: Statistisches Jahrbuch 1993, S. 116
* Deutschland

Die Wirklichkeit entspricht den genannten Merkmalen nur bedingt. In Angestellten- oder Beamtenpositionen gibt es vergleichbar „freie" Dispositionen über Arbeitszeit und Arbeitsplatz (man denke an Richter, Professoren). Im Gegensatz zum 19. und beginnenden 20. Jahrhundert überschreitet die Arbeitszeit der Selbständigen in der Mehrzahl der Fälle die der lohnabhängig Beschäftigten. Auch Unabhängigkeit von den (staatlichen) Systemen der Sozial- und Krankenversicherung und damit die Möglichkeit, nach eigenem Vermögen und ausschließlich individueller Disposition Vorsorge für Alter und Krankheit zu treffen, trifft ebenfalls nur noch für eine kleine Gruppe der Selbständigen zu.

Der wichtigste Grund für den Rückgang der Selbständigen wie der mithelfenden Familienangehörigen ist vor allem in der Aufgabe kleiner Betriebe im Bereich der landwirtschaftlichen und gewerblichen Produktion, aber auch des Handels („Tante-Emma-Läden") und bei den Pächtern (z. B. kleiner Tankstellen usw.) zu sehen. Hierfür sei als Beispiel die **Konzentration im Einzelhandel** herausgegriffen. In Westdeutschland gingen von 1970 bis 1992 die Anteile der nicht-organisierten Betriebe von 29,2 auf 13,8% zurück; die der „Ketten" und Großbetriebe stiegen hingegen von 35,7 auf 44,8 bzw. auf 41,4%.

Relativ betrachtet findet sich der größte Anteil der Selbständigen immer noch im Bereich der Land- und Forstwirtschaft. Unter den in Tab. 21 für 1991 genannten 8,1% Selbständigen (absolut: 3,037 Mill.) sind 777 Tsd. Selbständige in Land- und Forstwirtschaft (von insgesamt 1,575 Mill. dort Erwerbstätigen).

Seit einigen Jahren zeichnen sich für die Entwicklung der Selbständigen-Tätigkeit jedoch neue Möglichkeiten ab, die vor allem im Bereich der durch die mikroelektronische Revolution hervorgerufenen Umstrukturierungsprozesse liegen (z. B. Entwicklung von spezifischer Software, Beratungsfirmen usw.).

VI. Gewerkschaften und Mitbestimmung

1. Von der Richtungsgewerkschaft zur Einheitsgewerkschaft

Die unter der nationalsozialistischen Herrschaft (1933–1945) zerschlagene bzw. im Hinblick auf die nationalsozialistische Ideologie „gleichgeschaltete" Arbeiterbewegung („Deutsche Arbeitsfront") konnte mit ihren Parteiorganisationen (insbesondere SPD und KPD) und Gewerkschaften unmittelbar nach Kriegsende wieder aktiv werden, weil sie in der „inneren" oder „äußeren" Emigration nicht aufgehört hatte zu existieren.

In der gewerkschaftlichen Organisation ergab sich eine wesentliche Änderung: die **Freien Gewerkschaften**, die in Deutschland von 1865 bis 1933 bestanden hatten und in dieser Zeit die mächtigste gewerkschaftliche Organisation waren, kamen mit den **Christlichen Gewerkschaften** und den **Hirsch-Dunckerschen Gewerkschaften** überein, eine einheitliche Gewerkschaft zu gründen: einheitlich nach Industriezweigen; unabhängig von Konfessionen und Parteien. (Die **Hirsch-Dunckerschen Gewerkschaften** zählten zu den ältesten deutschen Gewerkschaften überhaupt; sie waren nach englischem Vorbild entstanden und benannt nach dem Volkswirt *Max Hirsch*, 1832–1905, und dem Verleger *F. Duncker*, 1822–1888).

1.1 Die Entwicklung in der früheren Bundesrepublik

Durch einstimmigen Beschluß aller Delegierten wurde am 13.10.1949 in München der **Deutsche Gewerkschaftsbund** (DGB) gegründet. (Über die Entstehung der Gewerkschaften im damaligen Kontext und im Vergleich zu anderen Ländern Westeuropas vgl. *L. Niethammer*, 1975; *K. von Beyme*, 1977.) Was auch für andere Bereiche der Sozialstruktur und Sozialentwicklung nach 1945 hervorgehoben wurde (z. B. für die Soziale Marktwirtschaft), gilt auch hier: die Einrichtung neuer Institutionen ging deshalb so zügig voran, weil es schon in der Weimarer Republik und während der Jahre 1933–45 entsprechende Überlegungen und Pläne gegeben hatte. Das bereits 1949 verabschiedete **Tarifvertragsgesetz** (TVG; jetzige Fassung von 1969) begründete zusammen mit Art. 9, Abs. 3 GG (**Koalitionsfreiheit**) die **Tarifautonomie** der Tarifvertragsparteien: Gewerkschaften und Arbeitgeberverbände.

Die Einheitsgewerkschaft trat also an die Stelle der bis dahin vorherrschenden Richtungsgewerkschaft(en); die Berufszugehörigkeit als Gliederungsprinzip trat zurück zugunsten der einheitlichen Vertretung von Industriezweigen. Der DGB hat seine Hauptverwaltung in Düsseldorf; er ist Mitglied des Internationalen Bundes Freier Gewerkschaften (Sitz in Brüssel).

Von einer vollständigen Verwirklichung des Prinzips der **Einheitsgewerkschaft** kann jedoch aus folgenden Gründen nicht gesprochen werden:

- Für die Angestellten und Beamten entwickelten sich (bzw. wurden fortgesetzt) eigene Statusgruppen, zum Teil im Gegensatz zum DGB und seinem Alleinvertretungsanspruch: 1949 erfolgte der Zusammenschluß verschiedener Angestelltengewerkschaften der drei westlichen Besatzungszonen zur **Deutschen Angestelltengewerkschaft** (DAG);
- 1950 wurde der **Deutsche Beamtenbund** (DBB) neu gegründet; er nennt sich zwar Gewerkschaft des Öffentlichen Dienstes, ist aber nicht tariffähig (dem stehen entsprechende Artikel des GG über das Berufsbeamtentum entgegen);
- 1955 trennte sich ein Teil der christdemokratischen Gewerkschaften vom DGB, weil sie ihm eine zu einseitige Parteinahme zugunsten der SPD vorwarfen (v.a. im Zusammenhang der damals hitzigen Wiederbewaffnungsdiskussion).

1.2 Die Entwicklung in der SBZ/DDR

Der Aufbau der Gewerkschaften in der SBZ nach dem Zweiten Weltkrieg verlief völlig anders als in den drei Westzonen. *Lenin* hatte die Gewerkschaften als „Schule des Kommunismus", als „Transmissionsriemen" bezeichnet (vgl. *Voigt* et al., 1987, S. 102ff).

Bereits 1945 wurde der „Freie Deutsche Gewerkschaftsbund" (FDGB) gegründet. Bald nach seiner Gründung wurden alle nichtkommunistischen Kräfte ausgeschaltet, so daß der FDGB zur wichtigsten Massenorganisation der DDR werden konnte. Bereits auf dem 3. Kongreß des FDGB, 1950, wurde die „führende Rolle" der SED beim Aufbau des Sozialismus anerkennt und auf nachfolgenden Kongressen immer wieder bestätigt. In Art. 44 der Verfassung der DDR von 1974 hieß es: „Die freien Gewerkschaften, vereinigt im Freien Deutschen Gewerkschaftsbund, sind die umfassende Klassenorganisation der Arbeiterklasse".

In den „Volkseigenen Betrieben", die 1989 ca. 80% des gesamten Arbeitskräftepotentials erfaßten, waren fast alle Werktätigen auch Mitglied des FDGB, so daß seine Mitgliederzahl in etwa identisch war mit der Zahl der Erwerbstätigen. Etwa jedes vierte Mitglied im FDGB hatte eine „gesellschaftliche Funktion", so daß der FDGB zusammen mit der FDJ zum einen als wichtiges gesellschaftliches Integrationsinstrument, zum anderen als Basis für den Nachwuchs in den Führungs-Kadern von SED und Staatsapparat diente.

1.3 Die Gewerkschaften im Vereinigungsprozeß

Hatten sich die westdeutschen Gewerkschaften, also vor allem der DGB, nach der Maueröffnung zunächst zurückgehalten, so setzte nach den Wahlen des 18. März 1990 ein Prozeß der Integration ein, der im Hinblick auf die zum 1. Juli 1990 wirksame Sozial-, Währungs- und Wirtschaftsunion verstärkt wurde (das letzte DDR-Gewerkschaftsgesetz vom 6. März 1990 blieb somit weitgehend folgenlos). Die Strukturen der Gewerkschaften in der DDR und in der BRD waren nicht vereinbar, so daß es faktisch zu Neugründungen kam. Es gab nur Einzelübertritte vom FDGB in den DGB, bei sehr geringer Übernahme von Funktionären des FDGB in neue Führungsfunktionen.

Auf dem DGB-Kongreß 1990 wurde die Satzung so geändert, daß sich der Organisationsbereich des DGB auch auf die neuen Bundesländer und Ost-Berlin erstreckte. Dem folgte am 30. September 1990, also drei Tage vor der Einigung, die formelle Auflösung des FDGB.

Konnte der DGB im ersten Jahr der Einigung zunächst einen höheren Organisationsgrad realisieren als in Westdeutschland, so ging – bedingt vor allem durch Arbeitslosigkeit und Umorganisation der Wirtschaftsstruktur – dieser Anteil wieder deutlich zurück (vgl. über Gewerkschaften im Einigungsprozeß *Perner*, 1993).

1.4 Organisationsgrad der Arbeiter, Angestellten und Beamten

Am 31.12.1992 zählte der DGB 11 Mill. Mitglieder, davon ca. 7,9 Mill. in den alten und 3,1 Mill. in den neuen Bundesländern. Die Anteile der Arbeiter/innen betrugen 62,6%, der Angestellten 29,4% und der Beamten/innen 7,4%.

Der Anteil der weiblichen Mitglieder betrug 32%, in der Gruppe der Arbeiter/innen 21,6%, der Angestellten 56,4% und der Beamten/innen 22,3%.

Die Deutsche Angestelltengewerkschaft, der Christliche Gewerkschaftsbund Deutschlands und der Deutsche Beamtenbund zählten zusammen weitere 2 Mill. Mitglieder (vgl. Stat. Jb. BRD 1993, S. 759), so daß der Organisationsgrad, gemessen an der Zahl der lohnabhängigen Erwerbspersonen (also incl. Arbeitslose) von ca. 37 Mill., ungefähr 30% betrug.

2. Arbeitsbeziehungen und Konfliktaustragung

Die Beziehungen zwischen Kapital und Arbeit, zwischen Arbeitgebern und Arbeitnehmern, letztlich also zwischen den Gewerkschaften und den Verbänden der Arbeitgeber werden – in wörtlicher Übersetzung von engl. Labour Relations bzw. Industrial Relations – als **Arbeitsbeziehungen** oder als **industrielle Beziehungen** definiert (vgl. *G. Endruweit*, 1985, *W. Müller-Jentsch*, 1986).

Trotz der bereits hervorgehobenen **Koalitionsfreiheit** (Art. 9 Abs. 3 GG) und der mit ihr verbundenen **Tarifautonomie** gibt es keine ein für allemal bestehende Form der Arbeitsbeziehungen. Sie wandelt sich nicht nur mit der Struktur der kapitalistischen Wirtschaftsordnung, sondern ist selbst ein Faktor in diesem Wandlungsprozeß. Auch die Technikentwicklung und daraus resultierende neue Formen der Arbeitsteilung sind Änderungsfaktoren für die Struktur der industriellen Beziehungen (vgl. hierzu *Düll/Lutz*, 1989).

Über die gegenwärtig vorherrschende Struktur der Arbeitsbeziehungen gibt es keine einheitliche Auffassung: sie hängt vom gesellschafts- und gewerkschaftspolitischen Standpunkt des Betrachters ebenso ab wie von der Ebene (betrieblich, national, international), auf der die Austauschbeziehungen zwischen Arbeit und Kapital betrachtet werden. Nur zwei Positionen seien hervorgehoben (vgl. die Zusammenfassung bei *Lash/Bagguley*, 1988):

- Die **post-fordistische Position**, nach der die im **Fordismus** (in etwa identisch mit dem **Taylorismus** der Zwischenkriegszeit) noch vorausgesetzte Einheit der Arbeiterklasse nicht mehr besteht, sondern von ihrer Fragmentierung ausgegangen wird. Damit dezentralisieren sich auch die Verhandlungspositionen der Arbeiterklasse bzw. der Gewerkschaften;
- die **neo-korporatistische Position**, die im Gegensatz dazu die Kontinuität des kollektiven Verhandlungssystems voraussetzt, weil der organisierten Arbeiterschaft ein zunehmend organisierter, staatlich geschützter Kapitalismus gegenüberstehe.

Entscheidend für die Arbeitsbeziehungen ist aber nicht nur die Frage nach der (internationalen) Struktur des Kapitalismus, sondern auch nach der Betriebsverfassung und den Arbeitsbeziehungen an der Basis: das sind die Betriebsvereinbarungen zwischen Betriebsrat und Firmenleitung (Management). Prinzipiell ist der Betriebsrat gegenüber der jeweiligen Gewerkschaft des DGB autonom.

Der Rahmen für die formalisierte Auseinandersetzung von „Arbeit" und „Kapital" ist im **Tarifvertragsgesetz** vom 25.8.1969 festgelegt. Nach § 2 TVG sind zuständige Tarifvertragsparteien die „Gewerkschaften, einzelne Arbeitgeber sowie Vereinigungen von Arbeitgebern". Arbeitgeber und Arbeitnehmer verstehen sich auf dieser Basis als **Tarifpartner**, als Sozialpartner. Viele Kritiker sehen in dem Tatbestand, daß die Arbeitnehmer dieses Gesetz als „legalen" Rahmen für die Tarifgestaltung und als Voraussetzung für den Verlauf des Arbeitskampfes akzeptieren, eine Preisgabe klassenkämpferischer Positionen und eine Zementierung des „status quo" im Verhältnis von „Arbeit" und „Kapital".

Wie bereits hervorgehoben (vgl. S. 56), sind **Streik** und **Aussperrung** (nach erfolglosen Schlichtungsverhandlungen) als Instrumente des Arbeitskampfes akzeptiert. Diese Anerkennung beruht auf gesetzlicher Grundlage (ausgehend von Art. 9 III GG) wie auf Rechtsprechung, die sich natürlich am Grundgesetz, am Betriebsverfassungsgesetz und anderen gesetzlichen Grundlagen orientiert. Es sind im wesentlichen zwei Entscheidungen des Bundesarbeitsgerichts in Kassel (vom 28.1.55 und 21.4.71), die der Theorie und Praxis des Streiks den Rahmen abstecken. Hierzu gehören das Prinzip der Verhältnismäßigkeit (Streik als ultima ratio, als „das letzte Mittel", des **Arbeitskampfes**); das Gebot des fairen Kampfes; die Verpflichtung, sowohl das Gemeinwohl wie die wirtschaftliche Gesamtlage zu berücksichtigen. Hinzu kam 1980 die höchstrichterliche Entscheidung, daß die **Aussperrung** als Mittel des Arbeitskampfes der Arbeitgeber zulässig ist (und damit Art. 29 V der Hessischen Landesverfassung, der die Aussperrung verbietet, unwirksam ist).

Diese – nicht immer eindeutigen – Grenzen des Streiks wie prinzipielle Zustimmung der Gewerkschaften zur Staats- und Gesellschaftsordnung der Bundesrepublik haben dazu beigetragen, daß diese Instrumente bisher (im Vergleich zum Kaiserreich und zur Weimarer Republik) eine untergeordnete Rolle gespielt haben.

3. Gewerkschaftspolitik und Mitbestimmung

Als wichtigste Ziele der gegenwärtigen Gewerkschaftspolitik lassen sich nennen:

- Kampf gegen sozialrechtlich nicht abgesicherte Teilzeit-Arbeitsplätze (wie v.a. bei der Frauenarbeit verbreitet) und gegen kurzfristige Arbeitsverträge;
- Sicherung der Arbeitsplätze und Abbau der Arbeitslosigkeit;
- Humanisierung der Arbeitswelt (mit detaillierten Bestimmungen in neueren Tarifverträgen, z. B. die Akkord- und Fließbandarbeit betreffend);
- Verbesserung der Arbeitsbedingungen und der Möglichkeiten des Wiedereintritts in das Berufsleben für weibliche Arbeitnehmer;
- Verhinderung von Dequalifizierung einzelner Arbeitnehmer und ganzer Berufsgruppen durch Einführung neuer Technologien;
- gerechtere Vermögensverteilung (mit verschiedenen Modellen, die „Vermögen in Arbeitnehmerhand" gewährleisten sollen);
- Ausbau der Alterssicherung und des Unfallschutzes;
- Verbesserung der Berufsausbildung;
- Verbesserung des Lohnniveaus.

Andere, mehr „traditionelle" Ziele der Gewerkschaftspolitik, wie die Verkürzung der Arbeitszeit, werden seit der Diskussion um neue Arbeitszeitmodelle (verstärkt seit 1993) in völlig neuen Kontexten diskutiert, u.a. stärker auf den Einzelbetrieb bezogen.

Von größerer Kontinuität ist hingegen die grundlegende, strukturverändernde Forderung zur Erweiterung der **Mitbestimmung**. Dieser Begriff umfaßt seit Beginn der organisierten Arbeiterbewegung eines der bedeutendsten Konfliktfelder der Gesellschaftspolitik überhaupt (zur „Geschichte der industriellen Mitbestimmung in Deutschland", zu „Ursprung und Entwicklung ihrer Vorläufer im Denken und in der Wirklichkeit des 19. Jahrhunderts" vgl. die Untersuchung von *Hans Jürgen Teuteberg*, 1961).

Die Auseinandersetzungen um die Mitbestimmung hatten in den 50er Jahren zu folgenden gesetzlichen Regelungen geführt:

- 1951 zum Mitbestimmungsgesetz für die Montanindustrie (Durchsetzung der **paritätischen Mitbestimmung**);
- 1952 zum Betriebsverfassungsgesetz für die übrige gewerbliche Wirtschaft;
- 1955 zum Personalvertretungsgesetz für den Öffentlichen Dienst;
- 1956 zum Mitbestimmungsergänzungsgesetz für die Holding-Gesellschaften des Bergbaus und der Eisen- und Stahlindustrie (Montanindustrie);
- 1976 zum Mitbestimmungsgesetz für Großunternehmen der (übrigen) Industrie mit mehr als 2 Tsd. Beschäftigten (heftig umstrittene Durchsetzung der **paritätischen Mitbestimmung**; der Vorsitzende des Aufsichtsrates darf jedoch nicht gegen den Willen der Kapitalseite gewählt werden).

Alle Gesetze haben eine unterschiedliche Qualität hinsichtlich der Mitwirkungs-, Mitbestimmungs-, Informations- und Einwirkungsrechte der Arbeitnehmer. Man kann aber sagen, daß allein das Mitbestimmungsgesetz von 1951 noch von der erwähnten antikapitalistischen Einstellung und den programmatischen Erklärungen der beiden großen Parteien in den Jahren 1945–1948 getragen ist und wohl nur deshalb durchgesetzt werden konnte, weil die Bestimmungen des Gesetzes durch betriebsinterne Vereinbarungen bereits Praxis waren und die Gewerkschaften mit einer eindeutigen Streikdrohung hinter diesen Forderungen standen.

Neue Formen der Betriebs- und Unternehmensorganisation, die aus den neuen Technologien herrührenden Vernetzungen, neue Dimensionen der Kapitalverflechtung auf europäischer und weltweiter Basis wie andere Entwicklungen, die mit der weltweiten Durchsetzung kapitalistischer Produktions- und Absatzstrukturen (und Mentalitäten) zu tun haben, können die klassischen Formen der Mitbestimmung aushöhlen. Diese Entwicklungen werden zu neuen Formen der Arbeitsbeziehungen und der Konfliktaustragung führen.

VII. Ökonomie und Ökologie

1. Zur Entwicklung des Problembewußtseins

1.1 In der früheren Bundesrepublik

Die Problematik einer umwelt- und naturverträglichen Technologie und Ökonomie ist seit den 70er Jahren ein zentrales Thema der Wirtschafts- und Gesellschaftspolitik, aber auch des Bewußtseins- und Einstellungswandels zu bisher weitgehend unbefragten „kulturellen Selbstverständlichkeiten“ wie „reales“ (=quantitatives)

Wachstum; Erhöhung des Lebensstandards usw. Hierbei geht es nicht nur um Umwelt im materiellen Sinne, sondern um ein neues Verhältnis des Menschen zur Natur.

Diese Problematik wurde in der früheren Bundesrepublik erst Ende der 60er, Anfang der 70er Jahre Gegenstand öffentlicher Diskussionen. Vorherige Warnungen blieben in der Wachstumseuphorie der 60er Jahre ohne jede Resonanz. Auch die Studentenbewegung kann hier keine Pionierleistung für sich verbuchen.

Wie zu erwarten, waren es keine „system-internen" Infragestellungen oder eine von der ökonomischen Theorie ausgehende Initialzündung, die das Umdenken einleiteten, sondern von außen dem System aufgezwungene Auseinandersetzungen.

Waren es in der Bundesrepublik u.a. Schriften und Reden von *Erhard Eppler* und *Herbert Gruhl*, die noch vor Gründung der Öko-Bewegung (vgl. S. 82f) das öffentliche Bewußtsein wachrütteln wollten, so wurde das Jahr 1972 in der internationalen Diskussion zum Verhältnis von Ökonomie und Ökologie zu einem Wendepunkt: es erschien die berühmt gewordene Studie von *Dennis L. Meadows* und Mitarbeitern über „Die Grenzen des Wachstums" (1972 auf amerik. und dt.); weiterhin erschien die Pionierarbeit von *Jay W. Forrester*, „Der Teuflische Regelkreis", und 1972 starteten die Vereinten Nationen das „United Nations Environmental Program" und veranstalteten eine erste UN-Konferenz über „Human Environment" in Stockholm (*Harborth*, 1989, S. 15).

Die Öko-Problematik ist ein weiterer Beweis dafür, daß nötige Veränderungen nur über Katastrophen möglich zu sein scheinen und die „**Risikogesellschaft**" (*Ulrich Beck*) an entscheidender Stelle jener „Ressource" ermangelt, die angeblich ihr Fundament ist: abendländische Rationalität und Vernunft. Risiken und Katastrophen haben vor allem im Bereich der immer schwieriger zu beherrschenden Großtechniken schnell zugenommen und Katastrophen gleichsam „normal" werden lassen (*Perrow*, 1987). Aber auch die rasche Zunahme von Umweltkatastrophen, die durch ökologische Veränderungen hervorgerufen werden, sind hier zu nennen.

1.2 In der DDR und in den neuen Bundesländern

Die Vereinigung der beiden deutschen Staaten machte das Ausmaß der ökologischen Schäden in der früheren DDR offenbar: „Die Verwendung der heimischen, z.T. besonders schwefelhaltigen Braunkohle als bedeutendstem Energieträger der DDR ... führte zur europaweit höchsten Belastung mit Schwefeldioxid. ... Die Region um Bitterfeld hatte lange vor dem Mauerfall durch ihre hohen Belastungen ... und die hohe Säuglingssterblichkeit traurige Berühmtheit erlangt. Kalisalze und Abwässer wurden zum überwiegenden Teil ungefiltert in die Werra abgegeben" (*Hillenbrand*, 1993). Hierdurch und wegen vergleichbarer Umweltsünden wurde auch das Territorium der Bundesrepublik erheblich belastet. Nach kleineren Vereinbarungen kam es erst September 1987 zu einem deutsch-deutschen Umweltabkommen.

Umweltdaten wurden in der DDR geheimgehalten; gegen umweltfeindliche Einrichtungen oder Verhaltensweisen konnten die Bürger der DDR nicht demonstrieren oder Beschwerde bei Verwaltungsgerichten einlegen. Bürgerbewegungen und Bürgerbegehren gab es nicht. Erwähnt werden sollte die in der DDR nicht unwichtige Stimme der Dichtung: 1987 erschien *Christa Wolf*s „Störfall", veranlaßt durch Tschernobyl.

Wie bei anderen Belangen bildeten sich gleichwohl unter dem Dach der Kirche Umweltschutzgruppen, die dann wiederum an den Demonstrationen im Herbst 1989 nicht unwesentlichen Anteil hatten (und als „Die Grünen/Bürgerbewegung '90" Dezember 1990 in den Bundestag gewählt wurden; *Hillenbrand*, 1993, S. 653).

Der Vereinigungsprozeß hat zwar das Ausmaß der Öko-Schäden in den neuen Bundesländern offenkundig gemacht, doch „die mit der Vereinigung Deutschlands verbundenen Probleme haben die Belange des Umweltschutzes in den Hintergrund gedrängt" (*Hillenbrand*).

Aber in den Einigungsverträgen sind bestimmte Auflagen für das staatliche Handeln festgeschrieben: in Art. 34 („Umweltschutz") des „Einigungsvertrages" heißt es u.a., daß es Aufgabe der Gesetzgeber sei, „die natürlichen Lebensgrundlagen des Menschen unter Beachtung des Vorsorge-, Verursacher- und Kooperationsprinzips zu schützen und die Einheitlichkeit der ökologischen Lebensverhältnisse auf hohem, mindestens jedoch dem der in der Bundesrepublik Deutschland erreichten Niveau zu fördern".

2. Reaktionen im ökonomischen und politischen System

Die Bewegung der **alternativen Ökonomie**, die als Teil der Alternativbewegung seit Anfang der 70er Jahre entstand, weckte auch beim Verbraucher eine zunehmend umweltkritische Einstellung gegenüber den Produkten. Das Wort „umweltfreundlich" wurde mehr und mehr in der Produktwerbung verwandt: entsprechende Güter durften sich seit 1977 mit dem offiziellen Umweltzeichen des „Blauen Umweltengels" schmücken.

Umweltbewußte Produkte und entsprechende Werbungen gehören inzwischen zum Image auch der Chemischen Industrie, der Betreiber von Kernkraftwerken, des Deutschen Bauernverbandes usw., doch die tatsächlichen Änderungen halten sich in engen Grenzen.

So hat z. B. die Zahl der biologisch anbauenden Landwirtschaftsbetriebe relativ schnell zugenommen; aber die Bewirtschaftungsfläche beträgt erst ca. 1 % des Agrarlandes. Das „offizielle" Wirtschafts- und Ausbildungssystem reagiert auf diese Öko- und Bio-Initiativen zudem mehr als zurückhaltend.

Nach Verkündung des ersten **Umweltprogramms** der Bundesregierung (1971) kam es zu einer gleichzeitig beginnenden Verkündung von zahlreichen neuen, den **Umweltschutz** institutionalisierenden Gesetzen (gegen Fluglärm, DDT, Luftverunreinigung usw.).

Als unmittelbare Reaktion auf die Reaktor-Katastrophe von Tschernobyl (April 1986) wurde in der Bundesrepublik noch im Mai gleichen Jahres das „Bundesministerium für Umwelt, Naturschutz und Reaktorsicherheit" eingerichtet. Die Anstrengungen dieses Ministeriums machen fast täglich einen Widerspruch deutlich, den *Udo Ernst Simonis* (1988) wie folgt formuliert: „Das ökonomische System und das ökologische System folgen nicht den gleichen Regeln: einerseits überfordern die ökonomischen Bedingungen und Ergebnisse die ökologischen Kapazitäten, andererseits übersteigen die ökologischen Erfordernisse vielfach die Möglichkeiten der Ökonomie. Die hinlänglich bekannte Dichotomie zwischen dem individuellen und betriebswirtschaftlichen Handeln und den gesamtwirtschaftlichen und gesamtgesellschaftlichen Möglichkeiten erfährt angesichts weitreichender Umweltschäden eine neue Bestätigung."

Es geht bei den Bemühungen um die Berücksichtigung ökologischer Dimensionen der Produktion, der Distribution und der Konsumtion auch um eine zeitgemäße Erweiterung des Ordnungsrahmens der Sozialen Marktwirtschaft – und d.h. auch, daß die Dimensionen des Sozialen enger als bisher mit Umweltfragen und dem Umweltverhalten von einzelnen Individuen und Kollektiven zu verknüpfen sind.

3. Weitere ungelöste Probleme

Trotz aller Verbesserungen, die erreicht werden konnten (z.B. Reduzierung der Emissionen in Flüsse; Müllsortierung; Reduktion des Verpackungsmaterials; Luftreinhaltung), sind fast alle umweltrelevanten Probleme und damit das Verhältnis von Ökologie und Ökonomie ungelöst, und zwar national wie international.

In nationaler Perspektive sind ungelöst:

- Das Waldsterben;
- die Müllbeseitigung, v.a. die des „Sondermülls";

- die Entsorgung von Kernkraftwerken;
- die Belastung des Bodens, der Gewässer und des Trinkwassers.

Ein gravierendes Problem ist, daß Verursachung und Verantwortung und damit Umweltschädigung und Strafmaß noch weit auseinanderklaffen. Es ist eben immer noch billiger, gelegentliche Strafen als Kosten zu verbuchen (bei geringer Wahrscheinlichkeit, ertappt zu werden), als die für eine umweltfreundliche Produktion erforderlichen Investitionen vorzunehmen.

Das äußerst gravierende Problem der „Altlasten" im Boden zeigt im übrigen, daß die gegenwärtige Generation nicht nur die eigenen, sondern die Umweltsünden seit Beginn des industriellen Zeitalters abzutragen hat (was nicht heißen soll, daß es vor Beginn des industriellen Zeitalters nicht auch gravierende, bis heute nachwirkende Umweltschädigungen gegeben hätte). Die ökologisch äußerst gravierende Situation in vielen Regionen der früheren DDR (z.B. denen des Uranabbaus durch die Sowjetunion, des Braunkohlenabbaus, der Deponie durch Sondermüll, auch aus Westdeutschland) wird Jahrzehnte für die Sanierung in Anspruch nehmen (vgl. im einzelnen *Hillenbrand*, S. 661f).

Um der rechtlichen Seite mehr Nachdruck zu verleihen, wurde wiederholt vorgeschlagen, den Umweltschutz zu einer grundgesetzlich verankerten Staatszielbestimmung zu machen; zusammen mit anderen Grundgesetzänderungen wurde dies 1994 erreicht (vgl. S. 54). Indirekt ist diese Aufgabe auch in Art. 2 GG angesprochen: das Recht auf „freie Entfaltung der Persönlichkeit" muß ebenso gewährleistet sein wie das „Recht auf Leben und körperliche Unversehrtheit".

VIII. Ökonomisches System und Staatstätigkeit

1. Zur sozialgeschichtlichen Entwicklung

Wolfram Fischer (1962) und andere Sozialhistoriker (*Hans-Ulrich Wehler*, 1987) haben gezeigt, daß das Verhältnis von Staat und Ökonomie seit Beginn der Industriellen Revolution sehr eng war und stetig enger wurde. Waren im Absolutismus bereits wichtige Voraussetzungen für das enge Zusammenspiel von Ökonomie und Staat, Recht und Wirtschaftspolitik geschaffen worden, so erforderten die „Gesetzlichkeiten" der industriell-kapitalistischen Produktion eine Intensivierung dieses Verhältnisses. Den von *Ferdinand Lassalle* verspotteten liberalen Rechtsstaat als „Nachtwächterstaat", der seine Bürger nur nach von ihnen kontrollierten Marktgesetzen schalten und walten läßt, hat es nie gegeben. Hier seien nur einige Aufgabenfelder genannt, auf denen der sich seit dem Absolutismus herausbildende **Nationalstaat** entweder schon tätig war oder sein Engagement steigerte:

- Die Entwicklung und Durchsetzung eines den industrie- und marktgesellschaftlichen Erfordernissen entsprechenden Rechtsrahmens, vom Vertragsrecht bis zum Gesellschaftsrecht (der Aktiengesellschaften usw.); vom Wettbewerbs- bis zum Außenhandelsrecht;
- die Einrichtung bzw. Förderung ökonomisch relevanter Institutionen, z. B. der „Kammern" (Industrie- und Handwerkskammern usw.);
- die Einrichtung von Schulen und Hochschulen mit entsprechenden Qualifizierungen und Zertifikaten;
- die Einrichtung eines den neuen Erfordernissen entsprechenden Infrastruktursystems (Bahn, Post, Straßen, Kanäle usw.);
- die aus dem Absolutismus übernommene Förderung von (neuen) Industrien, technischen Innovationen, schließlich der wissenschaftlichen Grundlagenforschung.

In Deutschland wurde noch vor Einrichtung des Sozialstaats durch den Ökonomen, Finanzwissenschaftler und Kathedersozialisten* *Adolf Wagner* (1835–1917) und das von ihm aufgestellte „Gesetz der wachsenden Ausdehnung der öffentlichen bzw. der Staatstätigkeiten" (1879) die Aufmerksamkeit darauf gelenkt, daß mit der wachsenden Ausgabentätigkeit (und Übernahme von Aufgaben) wachsende Verflechtungen mit dem ökonomischen System entstehen.

Die großen ökonomischen Krisen („Depressionen") des industriellen Zeitalters bewirkten ein übriges, dieses Verhältnis noch enger zu gestalten.

In Deutschland trug darüber hinaus die Einführung der Kriegswirtschaft im Ersten Weltkrieg dazu bei, die staatlichen Steuerungsmöglichkeiten der Wirtschaft auszubauen (*Lenin* entwickelte in diesem Zusammenhang seine These vom „staatsmonopolistischen Kapitalismus").

Ein weiterer Anstoß zur Durchsetzung entsprechender Instrumentarien der wirtschaftlichen Globalsteuerung ging von der **Weltwirtschaftskrise** (1929f) aus. Der Einbau planwirtschaftlicher Elemente in die Wirtschaftsordnung der Marktwirtschaften schien unausweichlich; die USA entwickelten Theorie und Praxis des **New Deal**. Die von dem britischen Ökonomen *John Maynard Keynes* (1883–1946) aufgestellte „Allgemeine Theorie der Beschäftigung, des Zinses und des Geldes" (engl. 1936; dt. 1936) konnte erst nach dem Zweiten Weltkrieg ihren vollen Einfluß gewinnen. Sie hat nicht zuletzt das **Stabilitätsgesetz** vom Juni 1967 beeinflußt – eine Initiative des damaligen Wirtschafts- und Finanzministers *Karl Schiller* (SPD), einem erklärten Anhänger des Neo-Keynesianismus. Die

Instrumente des Stabilitätsgesetzes wie die Ende der 60er und Anfang der 70er Jahre so erfolgreiche „**konzertierte Aktion**" (von Arbeitgebern, Arbeitnehmern, Banken usw.) und der Konjunkturrat (§ 18 StabG) werden kaum oder gar nicht mehr genutzt.

2. Kontrolle der Wirtschaftsmacht und der Konzentration in der Wirtschaft

An den Staat als dem der Allgemeinheit und – als Sozialstaat – dem Allgemeinwohl verpflichteten gesamtgesellschaftlichen Akteur werden u.a. die folgenden kritischen Fragen gestellt:

- Welchen Handlungsspielraum hat der Staat bzw. die Regierung gegenüber dem ökonomischen System, d.h.: gegenüber den Großunternehmen, Unternehmerverbänden, den Banken, Versicherungen, Börsen etc.? Die Frage gilt für alle Ebenen des Staatshandelns (Bund, Länder, Kreise) wie für die Gemeinden, die „vor Ort" sich mit dem Einfluß der genannten Wirtschaftskräfte auseinandersetzen müssen;
- welchen Handlungsspielraum hat der Staat bzw. die Regierung (auch zum Beispiel die Europäische Gemeinschaft) gegenüber den **multinationalen Konzernen**, den sogenannten „multi-nationals"?

Diese Fragen sind um so drängender, als in der Wirtschaftsgeschichte der früheren Bundesrepublik (wie der DDR) und nunmehr in West- und Ostdeutschland die Konzentration von Wirtschaftsmacht und unübersehbare Monopolisierungstendenzen zugenommen haben.

Aus Untersuchungen von *Rolf Ziegler* et al. (1985) und *Franz U. Pappi* et al. (1987) über das „korporative Netzwerk" des westdeutschen Industrie- und Bankenwesens geht u.a. hervor:

- Die von Anfang an bedeutende Rolle des Bankwesens im deutschen Industrialisierungsprozeß hat sich seit dem Zweiten Weltkrieg noch verstärkt; der Deutschen Bank kommt im Kontroll- und Einflußbereich der Großindustrie, der großen Versicherungs- und Handelsfirmen eine Schlüsselposition zu, gefolgt von der Dresdner Bank und der Commerzbank;
- es gibt eine hohe Kohäsion der wirtschaftlichen Machtkonzentration durch ein Netzwerk personengebundener Querverbindungen: durch Kumulation von Vorstands-, Direktoren- und Aufsichtsratsposten in den Schlüsselindustrien, -banken und -institutionen der deutschen Wirtschaft.

3. Neue Dimensionen im Verhältnis von Ökonomie und Staat: Die Treuhandanstalt

Die Gründung der Treuhandanstalt entsprang mehreren Motiven: die DDR-Regierung unter Ministerpräsident *Hans Modrow* verfolgte seit Februar 1990 das Ziel, das Vermögen der „Volkseigenen Betriebe“ und sonstige DDR-Staatsvermögen auf die Bürger der DDR zu übertragen; die Bundesregierung hingegen verfolgte das Ziel einer raschen Umwandlung der volkseigenen Betriebe in privatrechtliche Gesellschaften, damit sich westdeutsche Unternehmen beteiligen konnten (hierzu und zum Folgenden *Roland Czada,* 1994).

Die Idee zu einer Treuhandanstalt kam aber ursprünglich aus der Bürgerbewegung und von den **Runden Tischen** nach der Wende, um den befürchteten Transfer von DDR-Vermögen zu unterbinden. Deshalb gründete am 1. März 1990 der DDR-Ministerrat die Treuhandanstalt. Die parlamentarische Legitimation erfolgte in der DDR-Volkskammer mit dem **Treuhandgesetz** vom 17. Juni 1990. Der Treuhandanstalt wurden drei Aufgaben zugewiesen: Privatisierung; Herstellung von Wettbewerbsfähigkeit; Stillegung von nicht sanierungsfähigen Betrieben.

Noch die Präambel dieses Gesetzes räumte den Bürgern der (Noch-)DDR Anteilsrechte „am volkseigenen Vermögen“ ein. Der Wert der DDR-Wirtschaft wurde auf 1 Tsd. Milliarden Mark geschätzt. Bald danach setzte Ernüchterung ein: die geschätzten Sanierungs- und Stillegungskosten überstiegen bei weitem die Erträge.

Im Einigungsvertrag vom 31. August 1990 wurde in Art. 25 („Treuhandvermögen“) bestimmt, daß die Treuhandanstalt gemäß den Bestimmungen des Treuhandgesetzes damit beauftragt sei, „die früheren volkseigenen Betriebe wettbewerblich zu strukturieren und zu privatisieren. Sie wird rechtsfähige bundesunmittelbare Anstalt des öffentlichen Rechts. Die Fach- und Rechtsaufsicht obliegt dem Bundesminister der Finanzen ...“.

Im August 1992 hatte die Treuhandanstalt ca. 4 Tsd. Angestellte, die auf die Berliner Zentrale und 15 Außenstellen verteilt waren. Die Anstalt ist ein Zwitter und wirtschaftspolitisch etwas völlig Neues: rechtlich kein Unternehmen und faktisch keine staatliche Behörde, „an der Schnittstelle von Staat und Ökonomie“ (*Czada*, 1994, S. 15). Sie entwickelt im Auftrag des Staates die private Wirtschaft. Verglichen wird sie mit der „Kreditanstalt für Wiederaufbau“, die wiederum aus der Verwaltung der Mittel des Marshall-Plans hervorgegangen war (vgl. S. 29).

Auch aus diesem Grund war die am 31.12.1994 aufgelöste Treuhandanstalt ein Zwitter. Von ihrer Größe und Bedeutung her („größte Staatsholding der Welt“) hätte sie strenger parlamentarischer Kontrolle zu unterliegen (rechtlich dem Haushaltsausschuß des Bundestages), von ihrer Arbeitsweise und erhofften Effizienz her war sie auf Vertraulichkeit und Verschwiegenheit angewiesen (zur Organisation, Arbeitsweise etc. *Czada*, 1994).

H. Struktur und Wandel des Sozialstaats und des Systems der sozialen Sicherheit

I. Der Verfassungsauftrag. Vereinbarkeit von Grundprinzipien

1. Rechts- und Sozialstaat im Konflikt?

Das Staats- und Gesellschaftssystem der Bundesrepublik wird auf **Sozialstaatlichkeit** (Art. 20 und 28 GG) und damit auf eine aktive Sozialpolitik verpflichtet. Zusammen mit einigen anderen Artikeln des Grundgesetzes – die die Gleichheitsproblematik direkt oder indirekt berühren – werden Staat und Gesellschaft auf ein im einzelnen schwer zu bestimmendes Maß an sozialer Gleichheit bzw. zur Begrenzung der Ungleichheit festgelegt.

Bei der Verwirklichung dieser Grundsätze kommt es immer wieder und auch in Zukunft unvermeidlich zur „Konfrontation" von Rechts- und Sozialstaat. Dies ist schon deshalb unvermeidlich, weil im Grundgesetz nur einige Sozialrechte festgelegt sind. Hier gibt es einen deutlichen Unterschied zur Weimarer Reichsverfassung von 1919. Die „Väter und Mütter des Grundgesetzes" incl. die Vertreter der SPD (namentlich z. B. *Carlo Schmid*) wollten keine zu weitgehende Festlegung sozialstaatlicher Prinzipien im Grundgesetz, sondern deren Ausgestaltung der Sozialpolitik überlassen. So gibt es in einigen Länderverfassungen – z. B. Hessen – mehr an Sozialrechten und Sozialstaatsgeboten als im Grundgesetz.

Unabhängig von der schmalen grundgesetzlichen Basis hat der Staat nach Auffassung verschiedener Interpreten des Sozialstaatsprinzips (z. B. *Hans-Hermann Hartwich*, 1980) die Verpflichtung, die im gesellschaftlichen Prozeß sich ständig neu ergebenden sozialen Ungleichheiten zu beseitigen bzw. durch Umstrukturierung des ökonomischen Systems Vorsorge zu treffen, daß sie gar nicht erst auftreten.

Die Verwirklichung eines vorrangigen Sozialstaatspostulats ist verfassungsrechtlich umstritten, weil die Anhänger liberaler Rechtsstaatsideen in – nach ihrer Meinung – zu weit gehenden Sozialstaatsentwicklungen eine Gefährdung der individuellen Freiheit und Entfaltungsmöglichkeiten sehen, den wichtigsten Anliegen des liberalen Rechtsstaats (vgl. zu diesen Positionen *Ernst Benda*, 1983).

2. Soziale Gerechtigkeit. Soziale Gleichheit. Soziale Sicherheit

Die Herstellung sozialer Gerechtigkeit und sozialer Gleichheit gelten als wesentliche Legitimationsgrundlagen des Sozialstaats. Ergänzt durch das Prinzip der sozialen Sicherheit handelt es sich um jenes Dreigestirn, in dem alle historischen Wurzeln (des **bonum commune**, des Wohlfahrtsstaats), alle sozialethischen Imperative und alle staats- und verfassungsrechtlichen Grundlagen (und Probleme) des Sozialstaats beschlossen liegen.

Gerechtigkeit ganz allgemein manifestiert sich im Willen, „jedem das Seine“ zuzuteilen (ggf. mit Hilfe von **justitia**); sie ist ein Grundprinzip menschlichen Zusammenlebens. Ist hierbei die Zuteilung (oder Umverteilung) materieller Güter und die soziale Existenzsicherung berührt, so ist die Frage nach der **sozialen Gerechtigkeit** gestellt. Seit den bürgerlichen Revolutionen ist diese Frage untrennbar mit der Herstellung **sozialer Gleichheit** verknüpft. Mit Nachdruck wurde und wird darauf verwiesen, daß die im liberalen Rechtsstaat zugestandenen Grund- und Freiheitsrechte nur dann gesichert sind, wenn die Bürger auch materiell instandgesetzt werden, sie wahrzunehmen.

Der Sozialstaat und die ihn realisierende Sozialpolitik haben nicht die Aufgabe, völlige soziale Gleichheit herzustellen, sondern für einen **sozialen Ausgleich** in dem Maß zu sorgen, daß aus der ungleichen Verteilung von Ressourcen keine sozialen Konflikte, Deprivationen, rechtliche, soziale und kulturelle Ausgrenzungen von bestimmten Sozialgruppen sich entwickeln. Hierfür ein Maß anzugeben, ist kaum möglich. *John Rawls* hat in seiner „Theorie der Gerechtigkeit“ hierzu (1971/1975) einen wichtigen Versuch unternommen. Nach *Rawls* können Gesellschaften nur in dem Maße gerecht sein, wie sie folgende Prinzipien befolgen:

„1. Jedermann soll gleiches Recht auf das umfangreichste System gleicher Grundfreiheiten haben, das mit dem gleichen System für alle anderen verträglich ist.
2. Soziale und wirtschaftliche Ungleichheiten sind so zu gestalten, daß (a) vernünftigerweise zu erwarten ist, daß sie zu jedermanns Vorteil dienen, und (b) sie mit Positionen und Ämtern verbunden sind, die jedem offen stehen.“ (S. 81).

Doch was immer auch geschieht, um diesen Prinzipien zur Geltung zu verhelfen, am Ende steht die Einsicht von *Alexis de Tocqueville*, diesem hellsichtigen Theoretiker von Demokratie und Gleichheit am Beginn des Industriezeitalters und der Massengesellschaft: „Niemals werden die Menschen eine Gleichheit begründen, die ihnen genügt".

Das individuelle bzw. kollektive Sicherheitsstreben wird als eine Grundgegebenheit menschlicher Verhaltensorientierung angesehen: Umwelt, Hunger, Krankheit, Tod und schließlich die Gefährdungen durch seinesgleichen und die Ungewißheiten der Zukunft sind und waren existentielle Herausforderungen, Abhilfe zu schaffen und Vorsorge zu treffen. Das Streben nach Sicherheit ist daher für den Menschen so charakteristisch, daß die Entwicklung der Kulturen und Zivilisationen mit großem Erkenntnisgewinn unter dieser Perspektive betrachtet worden ist (zu den anthropologischen und psychologischen, institutionellen und gesellschaftlichen Voraussetzungen der sozialen Sicherheit vgl. *Franz-Xaver Kaufmann*, 1973).

Der primäre Zweck des Sozialstaats und der ihn aktualisierenden Sozialpolitik liegt also nicht in der Herstellung von Gleichheit, sondern muß in der Wahrung **sozialer Sicherheit** gesehen werden. Soziale Sicherheit ist für Struktur und Stabilität fortgeschrittener Industriegesellschaften von fundamentaler Bedeutung; sie ist zu einer regulativen „Wertidee hochdifferenzierter Gesellschaften" geworden (*Kaufmann*, 1973). Die soziale Sicherheit, die objektiv gegeben ist oder subjektiv als gegeben oder nicht gegeben angesehen wird, ist für die Einstellung des einzelnen zu seiner Arbeit, zum Wirtschafts-, Gesellschafts- und Staatssystem und schließlich für seine Zukunftsplanung und Zukunftsperspektiven zentral wichtig.

Auch neuere Untersuchungen (*Zapf* u.a., 1987; *Nullmeier/Rüb,* 1993) zeigen, daß die Bürger vom Staat (nicht: vom **Sozial**staat) vorrangig die Gewährleistung sozialer Sicherheit erwarten und den intermediären Institutionen und privaten Kräften hierfür allenfalls stützende, aber keine grundlegenden Aufgaben zuweisen.

II. Zur Entwicklung des Sozialstaats

1. Von der Armenfrage zur Sozialpolitik

Ergänzend zu nachfolgenden Ausführungen sei auf den Art. **Wohlfahrtsstaat** im **Glossar** verwiesen.

Die Industrialisierung und die mit ihr einhergehenden sozialstrukturellen Wandlungen bedeuten auch für das System der sozialen Sicherheit eine grundlegende Änderung. Die sich entwickelnde industrielle Gesellschaft entzog den traditionalen, gemeinschaftsbezogenen Systemen der Daseinsvorsorge ihre Basis oder führte zu einer Einengung des Wirkungskreises der genossenschaftlichen Einrichtungen: der Gilden, Zünfte und Innungen in den Städten und der vielen kirchlichen (klösterlichen, parochialen) Stifte, Armenhäuser, Waisenhäuser usw. Aus der „**Armenfrage**“ der Umbruchsituation wurde die „**Sociale Frage**“ und „Arbeiterfrage“ der industriellen Gesellschaft. Dabei waren die Anfänge der staatlichen Sozialreform in Deutschland sehr schwankend – so wie das Wissen über die Strukturen der sich herausbildenden bürgerlich-industriellen Gesellschaft (zu diesen Anfängen und Vorläufern der organisierten Sozialreform, und wie aus der Armenfrage die sociale Frage und schließlich staatliche Sozialpolitik wurde vgl.: *E. Pankoke*, 1970; 1983; *A. Gladen*, 1974; *F. Tennstedt*, 1981; *W. Fischer*, 1982; *St. Leibfried* u.a., 1985; zur gegenwärtigen Armenfrage und Armenpolitik in der Bundesrepublik, auch im internationalen Vergleich, vgl. *Leibfried/Voges*, 1992).

Die von vielen Personen, z. B. den **Kathedersozialisten***, dem renommierten Arzt und praktischen Hygieniker *Rudolf Virchow* (1821–1902), zahlreichen Sozialgruppen und Parteien geforderten Sozialgesetze auf staatlicher Basis wurden schließlich von Reichskanzler *Otto von Bismarck* (1815–1898) ins Werk gesetzt. Die sog. **Bismarcksche Sozialgesetzgebung** umfaßte die 1883 verabschiedete Krankenversicherung, die Unfallversicherung von 1884 und die Invaliditäts- und Altersversicherung von 1889. *Bismarck*s antisozialistische Zielsetzung (gleichzeitig, 1878–1890, waren ja die sog. **Sozialistengesetze** in Kraft) sollte das Fortschrittliche des Gesetzgebungswerkes nicht übersehen lassen – es hatte „als sozialreformerisches Großexperiment auch im Ausland keine Vorläufer ähnlichen Umfangs“ (*Neumann/Schaper*, 1984, S. 23). Dieses Gesetzgebungswerk bedeutete einen entscheidenden Einschnitt in der sozialen und politischen Geschichte des sich industrialisierenden deutschen Nationalstaats, es markierte

- den Beginn einer staatlich garantierten **Daseinsvorsorge** und den Ausbau einer staatlichen Sozialpolitik und damit des Sozialstaats;
- den Versuch der Integration breiter Bevölkerungsgruppen in das staatliche und gesellschaftliche System, insbesondere derjenigen, die durch den Industrialisierungsprozeß vor völlig neue Bedingungen der Arbeit und der Existenz gestellt waren;
- den Beginn einer engeren Verbindung von Wirtschaftssystem und staatlicher Lenkung (unter völlig anderen Bedingungen als beispielsweise im Absolutismus des 17. und 18. Jahrhunderts);
- den Versuch, die von den Kritikern der industriell-kapitalistischen Gesellschaft antizipierten Radikallösungen einer völlig neuen gesellschaftlichen Ordnung („Diktatur des Proletariats“) zu vermeiden bzw. zu unterlaufen.

Auf den fundamentalen sozialen Wandel, der mit der Ablösung der traditionalen, gemeinschaftsbezogenen Formen sozialer Sicherheit und der Einführung der kollektiv garantierten, prinzipiell aber anonymen sozialen Sicherheit verbunden ist, verweist *Franz-Xaver Kaufmann*, wenn er schreibt: die Systeme der sozialen Sicherheit erbringen „Leistungen, die unterschiedlichen individuellen Zielen dienstbar gemacht werden können, aber sie können die mit ihnen interagierenden Subjekte nicht umfassend stabilisieren, ihnen ‚Lebenssinn' vermitteln ... Wo die personale Homogenität sozialer Umwelten verloren gegangen ist, ist ‚ganzheitliche', gesellschaftlich vermittelte ‚Sicherheit' nicht mehr zu erreichen" (1973, S. 342).

2. Sozialstaatliche Entwicklung nach 1945/49

2.1 Westdeutschland

Sozialhistorisch betrachtet gab es folgende Eckpfeiler für die Entwicklung des Sozialstaats nach 1945/49:

- das bestehende System sozialer Sicherheit, das trotz Nationalsozialismus und Krieg in seinen vor allem in der Weimarer Republik ausgebauten und erweiterten Grundlagen übernommen wurde;
- die Bestimmungen des Grundgesetzes und die Verpflichtung auf die Prinzipien der Sozialen Marktwirtschaft (vgl. den „Sozialkatalog", S. 26f);
- die Beseitigung der aus Krieg und Kriegsfolgen herrührenden Notlagen.

Die Kontinuität des Sozialstaats i.e.S. über die Jahre 1933–45/49 hinweg ist ein erstaunliches Faktum der westdeutschen Gesellschaftsgeschichte (für jene Bereiche der sozialen Sicherheit, die die inner- und außerbetriebliche Selbstverwaltung, die Mitbestimmung und andere Sozialrechte der Arbeitnehmer berühren, hatte es jedoch einen totalen Kontinuitätsbruch im Hinblick auf die sozialen Errungenschaften des 19. und 20. Jahrhunderts gegeben).

Zu den Eckpfeilern ideeller und normativer Art der sozialstaatlichen Entwicklung nach 1945 gehörten die damals breit diskutierten Auffassungen der katholischen und evangelischen Soziallehren, die auf entsprechende Vorstellungen der CDU/CSU bzw. ihre „Sozialausschüsse" großen Einfluß hatten; die davon ebenfalls beeinflußten Vorstellungen einer Sozialen Marktwirtschaft und die Forderungen eines freiheitlichen, demokratischen Sozialismus (zu diesen ideellen, v.a. christlich-sozialen Wurzeln des Sozialstaats und seinen Legitimitätsproblemen vgl. *Spieker*, 1986).

Wichtige Etappen in der Entwicklung des westdeutschen Sozialstaats nach 1949 lassen sich wie in Tabelle 22 zusammenfassen.

Die Fülle der Gesetze im Arbeitsschutz (z. B. Kündigungsschutzgesetz 1951; Jugendarbeitsschutzgesetz 1960) und in den Bereichen der Wohnungsbauförderung (Erstes Wohnungsbaugesetz 1950), der Sparförderung, der Vermögensbildung, der Gewährung von Kin-

Tabelle 22 Entwicklung des westdeutschen Sozialstaats nach 1949.

Jahr	Soziale (Ver)Sicherung	Arbeitsmarktstruktur/ Betriebsverfassung
1949		Tarifvertragsgesetz (TVG)
1950	Bundesversorgungsgesetz (Kriegsopferversorgung)	
1951	Selbstverwaltungsgesetz (für die Sozialversicherung)	Montan-Mitbestimmungsgesetz
1952	Lastenausgleichsgesetz Errichtung der Bundesanstalt für Arbeit	Betriebsverfassungsgesetz
1957	*Rentenversicherungsreform*	
1961	*Bundessozialhilfegesetz* (Garantie des Existenzminimums)	
1964/ 1965	Wohngeldgesetz	
1969	Lohnfortzahlung im Krankheitsfall für Arbeiter (6 Wochen)	Arbeitsförderungsgesetz (AFG)
1972	Rentenreformgesetz (flexible Altersgrenze; Öffnung für jedermann)	
1976 (–1982)	Sozialgesetzbuch – Allgemeine Teile (Sozialcharta)	Mitbestimmungsgesetz
1984	Vorruhestandsgesetz	
1988	Gesundheitsreformgesetz	
1989/92	Gesetz zur Reform der gesetzlichen Rentenversicherung (Rentenreformgesetz/RRG 1992) vom 18.12.1989 (zugleich Sozialgesetzbuch SGB Teil VI)	ca. 90 Einzelgesetze auf dem Gebiet des Arbeits-, Sozial-, Renten- und Gesundheitsrechts werden geändert/neu gefaßt (z.T. rückwirkend wirksam, im Kern ab 1992)

Quelle: bis 1982: *Neumann/Schaper*, 1984, S. 32 ff

dergeld usw. kann hier nicht aufgezählt werden (vgl. *Neumann/Schaper*, 1984; *Bäcker* et al., 1989; *Alber*, 1989; *Blüm/Zacher*, 1989). Nur ein Gesetz sei in seinen Grundzügen und gegenwärtig offenkundig werdenden Problemen hier kurz erläutert: die Struktur der **Rentenversicherung** aus dem Jahre 1957.

Neben der Absicherung der Gesundheitsrisiken ist die Vorsorge für das Alter bzw. die Zeit nach dem „Arbeitsleben" ein Eckpfeiler der sozialen Sicherheit.

1889 wurde mit der Invaliden- und Altersversicherung hierfür der Grundstein gelegt. Galt diese zunächst für die Arbeiter (nicht alle Gruppen), so wurden 1911 die Angestellten einbezogen. In verschiedenen Etappen wurde die **Rentenversicherung** 1972 für alle Sozialgruppen geöffnet. Inzwischen erfaßt sie rund 80 % der Erwerbstätigen (und ihrer Familienangehörigen).

Grundlegend war die **Rentenreform** von 1957. Sie basiert auf folgenden Prinzipien:

- Dem sog. „**Generationenvertrag**": die Generation der jetzt im Erwerbsleben Stehenden versorgt die nicht mehr arbeitende Bevölkerung über Transferzahlungen mit Renteneinkommen usw. (dieses Umlageverfahren wurde und wird sehr heftig kritisiert, weil es faktisch heißt, „von der Hand in den Mund zu leben");
- der **Dynamisierung der Rentenhöhe** entsprechend der allgemeinen Lohnentwicklung (Modifizierungen durch die verschiedenen Rentenanpassungsgesetze).

Der Grundgedanke der Rentenreform von 1957 geht zurück auf Vorstellungen des Sozialökonomen *Wilfrid Schreiber* (1904–1975) und seine Schrift von 1955: Existenzsicherheit in der industriellen Gesellschaft. *Schreiber* selbst (1971) kritisierte jedoch, daß sein Verständnis des Generationenvertrages nur zum Teil berücksichtigt wurde, weil die Kinder als dritte Generation nicht einbezogen wurden. Entsprechend liefen einige Reformvorschläge des am 18.12.1989 verabschiedeten **Rentenreformgesetzes 1992** darauf hinaus, die Kinderlosen zur Abgabe eines „Solidarbeitrages" für die Finanzierung ihrer künftigen Renten heranzuziehen.

2.2 DDR und neue Bundesländer

Nach marxistisch-leninistischer Auffassung war der parallel zum bürgerlichen Rechtsstaat entwickelte Sozialstaat immer nur eine Art „Reparaturbetrieb" für alle die Mängel, die die kapitalistische Wirtschafts- und Eigentumsordnung hervorrufe. So wurde im vorigen Jahrhundert die **Bismarcksche Sozialgesetzgebung** ebenso abgelehnt wie – nach Etablierung der sozialistischen Staaten – die Übernahme einer bürgerlich-rechtlichen Sozialordnung.

In dieser „Tradition" begann auch der Aufbau des Sozialismus in der DDR. Die auftauchenden Widersprüche bzw. Problemlagen wurden dadurch gelöst, daß man zwar praktische Sozialpolitik betrieb, sie aber nicht so benannte. Erst Ende der 50er Jahre führte dieser „Widerspruch zwischen Ideologie und praktischer Sozialpolitik" (*Vortmann*, 1989) dazu, daß nunmehr der Begriff Sozialpolitik auch offiziell verwendet wurde. Die Erfolge des sozialstaatlichen Ausbaus in Westdeutschland mögen hierzu ebenfalls beigetragen haben.

Die Besonderheiten im Aufbau eines Sozialversicherungswesens in der DDR erkennt man auch daran, daß der Freie Deutsche Gewerkschaftsbund (FDGB, vgl. S. 200) von Anfang an an seinem Ausbau beteiligt war. Viel stärker noch als in der Bundesrepublik war das Arbeitsverhältnis und der „Volkseigene Betrieb" Angelpunkt der sozialen Sicherheit (das Recht auf Arbeit war bereits in der ersten Verfassung von 1949 verankert; zu den Systemen, Leistungen und Problemen des Sozialversicherungssystems der DDR vgl. *Vortmann*, 1989).

Rechtlich betrachtet schufen die Einigungsverträge und das Rentenüberleitungsgesetz bis zum 1. Januar 1992 die Voraussetzungen, das Sozialleistungssystem der Bundesrepublik auch auf die neuen Bundesländer und Ost-Berlin zu übertragen. Die dabei auftretenden Probleme und Kosten sind erheblich und machen einen Großteil der Einigungsproblematik überhaupt aus (unterschiedliche Demographie, Erwerbsquote, Rentenniveau usw.; vgl. hierzu den Überblick bei *Geißler*, 1992; *Meusch*, 1993).

III. Prinzipien, System und Umfang der sozialen Sicherheit

1. Prinzipien

Neben den bereits genannten verfassungsrechtlichen und ideellen Voraussetzungen basiert das System der sozialen Sicherheit auf folgenden Prinzipien:

- Herstellung **sozialer Gerechtigkeit** über eine (Sozial-)Politik des **sozialen Ausgleichs** (hier haben die alten Ideen vom **bonum commune**, vom Gemeinwohl und Wohlfahrtsstaat ihre bis heute fortwirkende Tradition);
- **Eigenvorsorge** und **Selbsthilfe**;
- **Solidaritätsprinzip**, das nicht nur ein genossenschaftliches Organisationsprinzip ist, sondern auch allen Sozialversicherungssystemen zugrunde liegt;
- **Subsidiaritätsprinzip**.

Das **Subsidiaritätsprinzip** (von lat. **subsidium**, „Hilfe") wurde vor allem in der Katholischen Soziallehre ausgearbeitet; es wendet sich gegen einen ausschließlichen oder zu weitgehenden Zentralismus des Staates im Bereich der sozialen Hilfen, insbesondere des Gesundheitswesens („Krankenpflege") und der sozialen Fürsorge („Armenpflege"). Eine Grundlage des „Subsidiarismus" ist weiterhin, daß einzelne bzw. die jeweils kleinere soziale Einheit (soziale Gruppe) helfend und fürsorgend tätig werden: also zum Beispiel die Familie, dann die Verwandtschaft, ggf. die Nachbarschaft, dann die kommunalen und kirchlich-karitativen Einrichtungen, schließlich die Kommune und dann die staatlichen Organisationen.

Das Subsidiaritätsprinzip, das in der Sozialenzyklika „Quadragesimo Anno" von 1931 durch *Oswald von Nell-Breuning* (1890–1991) seine bis heute nachwirkende Definition erhielt, ist als Grundlage der Sozialen Sicherheit in der Bundesrepublik von allen Regierungen anerkannt worden und wirkt in der Tat einer unnötigen Zentralisierung, ideellen bzw. ideologischen Monopolisierung und Bürokratisierung entgegen. Der Subsidiarismus verweist darauf, daß nicht alle Hilfe und Fürsorge vom Staat kommen kann, sondern die einzelnen wie die Familien auch hier weiterhin Eigenverantwortung haben (vgl. *Nell-Breuning*, 1984).

Es darf jedoch nicht übersehen werden, daß das Subsidiaritätsprinzip auch zu Konflikten führen kann: z. B. zwischen Kommune und kirchlich-karitativen Einrichtungen bei der Verantwortlichkeit (Planung, Finanzierung usw.) von Kindergärten, Altenheimen, Krankenhäusern usw.

Die soziale Sicherung, die Ziel jeder Sozialpolitik ist, erfolgt im Einzelfall

- nach dem **Versicherungsprinzip** (freiwillig oder mit Zwangsmitgliedschaft wie bei der Sozialversicherung);
- nach dem **Versorgungsprinzip**, wonach ein Rechtsanspruch aufgrund von Versorgungsberechtigungen besteht;
- nach dem **Fürsorge-Prinzip** , seit 1961 Sozialhilfe genannt, die nicht generell gewährt wird, sondern aufgrund einer – vielfach vorübergehenden – Bedürfnislage.

2. Das System sozialer Sicherheit

Die Leistungen der staatlichen Sozialpolitik und Daseinsvorsorge wurden und werden ergänzt durch betriebliche soziale Leistungen, die entweder tarifvertraglich festgelegt sind oder auf freiwilligen Mehrleistungen und Anreizen beruhen.

Gerade die **betriebliche Sozialpolitik** hat in Deutschland eine lange Tradition; erinnert sei an die Initiativen der Unternehmer *Franz Haniel* (1779–1868) im Bergbau; *Alfred K. Krupp* (1812–1887) in der Eisenindustrie nach 1830; vor allem aber an die betriebliche Sozialpolitik *Ernst Abbe*s (1840–1905), seit 1875 Teilhaber der optischen Werke von *Carl Zeiss* (1816–1888). Viele Maßnahmen, die erst gewerkschaftlich für alle Arbeiter durchgesetzt werden mußten (Urlaubsgeld, Gewinnbeteiligung, Wohnungsgeld etc.), wurden von *Abbé* und anderen zum Teil Jahrzehnte früher in ihren Betrieben eingeführt. Es dürften die jeweils fortschrittlichsten und wachstumsintensivsten Industriezweige und Betriebe gewesen sein (wie in den 50er und 60er Jahren die Automobilindustrie), die auch hier der allgemeinen Entwicklung und Gesetzgebung vorangegangen sind (über die Entwicklung betriebsbezogener sozialer Maßnahmen in Deutschland nach 1830 vgl. *Hans Jürgen Teuteberg*, 1961, S. 115ff, insbes. S. 190f).

Damit sind sowohl die drei Säulen des Systems der sozialen Sicherheit wie die drei Säulen der Sozialpolitik angesprochen; sie lassen sich wie folgt zusammenfassen:

Übersicht 3 Die drei Säulen des Systems der sozialen Sicherheit.

Eigenvorsorge
z. B. Priv.-Vers.;
Immobilien

Sozialpolitik
- staatlich
- betrieblich
- verbandsmäßig (karitativ)

Selbsthilfe
z. B. Familien;
Gruppen;
Nachbarschaft

Umverteilungsmaßnahmen

nichtfinanzielle Hilfemaßnahmen
z. B. Beschäftigungsgebote/
Beschäftigungsverbote

Versicherungsmaßnahmen
- Alter; Tod
- Krankheit
- Unfall

Versorgungsmaßnahmen
z. B. für Beamte

Sozialhilfe/ Sozialfürsorge
z. B. für vorübergehend in Not geratene Personen

soziale Subvention Steuerpräferenz
z. B. Kindergeld;
Freibeträge

Quelle: nach *Neumann/Schaper*, 1984

Von einem „System der Sozialen Sicherheit" zu sprechen, ist auch deshalb gerechtfertigt, weil das sog. **Sozialrecht**, in dem die Grundlagen für die soziale Sicherung zusammengefaßt sind, ein eigenständiges Rechtsgebiet ist, mit eigener Gerichtsbarkeit (das Bundessozialgericht in Kassel ist eines der fünf „oberen Bundesgerichte", die nach Art. 95 GG zu errichten waren). Der am 19. Juni 1975 vom Bundestag verabschiedete Allgemeine Teil des **Sozialgesetzbuches** war ein Auftakt, das uneinheitliche, aus vielen Jahrzehnten stammende Sozialrecht zu einer einheitlichen gesetzlichen Grundlage zusammenzufassen.

3. Grundlagen sozialer Sicherheit in der Europäischen Union (EU)

1964 unterzeichnete die Bundesrepublik die **Europäische Sozialcharta** der Mitgliedsländer des Europarates.

Die Charta war gedacht als Ergänzung zur **Europäischen Menschenrechtskonvention** von 1950 auf sozialem Gebiet. Die **Charta** enthält insgesamt 19 **soziale Grundrechte**. Seither wächst das Sozialrecht der Mitgliedsländer des Europarates bzw. der EG in einzelnen Teilen zu einem einheitlichen europäischen Sozialrecht zusammen (vgl. *B. Schulte*, 1990; *W. Mäder*, 1992).

Hier können nur einige Grundlagen und Instrumente genannt werden (vgl. auch S. 316ff)::

- Gesetzliche Grundlage der europäischen Sozialpolitik sind die Art. 117–128 des EWG-Vertrages von 1957 („Römische Verträge"); diese Artikel wurden durch zusätzliche Bestimmungen der Einheitlichen Europäischen Akte von 1986 und einem Zusatzprotokoll zu den „Verträgen über die Europäische Union" (**Maastricht-Verträge** vom 7.2.1992) ergänzt;
- die EU hat das **Subsidiaritätsprinzip** auch für ihre Sozialpolitik und ihr Sozialrecht anerkannt;
- der **Europäische Sozialfonds** ist neben dem Regional- und dem Agrarfonds einer von drei europäischen Strukturfonds; er dient der „Verbesserung der Beschäftigungsmöglichkeiten der Arbeitskräfte im gemeinsamen Markt";
- eine vollständige Harmonisierung der sehr unterschiedlichen Systeme Sozialer Sicherung in den 15 Mitgliedsländern der Europäischen Union wird in absehbarer Zukunft kaum möglich sein; neben der Freizügigkeit in der Wahl des Arbeitsplatzes, der Vereinheitlichung des Arbeitsschutzes, der Vermeidung eines „sozialen Dumping" in der EU bleiben auch im Hinblick auf den angestrebten einheitlichen Binnenmarkt genügend Aufgabenfelder für eine europäische Sozialpolitik und den Ausbau des EU-Sozialrechts.

4. Sozialstrukturelle Bedeutung der Sozialleistungsquote

4.1 Sozialleistungsquote und Sozialbudget

Die Gesamtausgaben für die soziale Sicherung werden als „**Sozialleistungsquote**" bezeichnet und in Prozent des Bruttosozialprodukts angegeben.

Tabelle 23 Sozialleistungen und Sozialleistungsquote in der Bundesrepublik Deutschland.

Jahr	1950	1960	1970	1980	1988	1992[1]
Sozialleistungen in Mrd. DM	12,5	68,9	180,1	475,5	660,2	1001,4
Anteil am BSP in %	17,1	20,7	25,7	30,6	31,1	33,1

Quellen: berechnet nach Basisdaten S. 536 (1950); für die Jahre 1960 bis 1980: Gesellschaftliche Daten 1982, S. 281; für 1988f: Stat. Jb. BRD
[1] Deutschland

Die Höhe der Sozialleistungsquote macht das Interesse des Staates an einer gesamtgesellschaftlichen, verantwortungsvollen Steuerung des Wirtschaftssystems verständlich; sie ist zugleich die Ursache der sich gegenwärtig als besonders problematisch erweisenden Wechselbeziehungen zwischen der gesamtwirtschaftlichen Entwicklung und dem erreichten Umfang der sozialen Leistungen. Um die Gefahren negativer Wechselwirkungen zu mildern oder auszuschließen, veröffentlichte die Bundesregierung 1968 erstmals ein **Sozialbudget**, das im Rahmen der sogenannten „**Mittelfristigen Finanzplanung**" Vorausberechnungen über den zu erwartenden bzw. sozialpolitisch anzusteuernden Umfang der Sozialleistungen enthält.

Der Tatbestand, daß das System der sozialen Sicherung die ganze Bevölkerung erfaßt, hat erhebliche Auswirkungen auf die Sozialstruktur, auf Psyche und Erwartungshaltung der Bürger und damit auf die politischen Auseinandersetzungen und das **Parteiensystem**. Gerade weil vom System der sozialen Sicherheit alle Bundesbürger betroffen sind, ist es – und dies nicht erst seit Beginn der hohen Arbeitslosigkeit und dem Streit um die Finanzierbarkeit der Renten – Gegenstand heftiger Kontroversen.

4.2 Die sozialstrukturelle Bedeutung der erhöhten Sozialleistungsquote

Die Sozialleistungsquote ist inzwischen so groß, daß etwa ein Viertel aller Einkommen in der Bundesrepublik auf sozialstaatlichen Transferzahlungen beruht.

Horst Baier (1988) und *M. Rainer Lepsius* (1979) haben, wenn auch mit unterschiedlicher Zielsetzung, auf einige sozialstrukturelle Veränderungen hingewiesen, die mit der Expansion des Sozialstaats verknüpft sind. Nach *Lepsius* (der von *Max Weber*s Begrifflichkeit ausgeht) hat die Entwicklung des Wohlfahrtsstaates dazu geführt, daß die traditionalen Besitz- und Erwerbsklassen für die Strukturierung sozialer Konflikte von abnehmender Bedeutung sind. Die soziale Lage des einzelnen und entsprechender Sozialgruppen hänge mehr und mehr auch von kollektiven Verhandlungsergebnissen und politisch-administrativen Entscheidungen, v.a. im sozialstaatlichen Bereich, ab. Es haben sich, so *Lepsius*, neue **Versorgungsklassen** etabliert, deren soziale Lage weder durch Besitz und Leistung, sondern durch die Definition sozialer Kriterien strukturiert ist.

Auch nach der Auffassung *Baier*s hat das System der Sozialen Sicherheit und Daseinsvorsorge inzwischen solch einen bedeutenden Stellenwert erreicht, daß sich vom entwickelten Sozialstaat der „spätindustriellen Übergangsgesellschaft" (*Baier*) die grundlegenden Differenzierungen ihrer Sozialstruktur ergeben. *Baier* hält die „Differenzierungen der Industriepopulationen nach Sozialschichten" und erst recht nach den für den Hochkapitalismus typischen „Klassen" für relativ unbedeutend gegenüber der sozialen Gliederung nach **„sozialen Klientelen"** (*Baier*). Die Konflikte dieser „neuen gesellschaftlichen Großgruppen" („soziale Klientele") drehen sich nicht mehr um die für den Hochkapitalismus typischen Auseinandersetzungen um „Lohnarbeit und Kapital" (*Marx*), sondern um Konflikte der „Zuteilung öffentlicher Leistungen".

Baier überschätzt die klassenbildenden bzw. klassenverändernden Wirkungen des Sozialstaats. Seine Leistungen reichen kaum, für soziale Defizite bei längerfristiger Arbeitslosigkeit, Arbeitsunfähigkeit, Niedrigsteinkommen oder Niedrigstrente usw. einen entsprechenden Ausgleich zu schaffen.

IV. Arbeitsverhältnis und soziale Sicherheit

1. Soziale Sicherheit durch Arbeit

Wie die Grundlagen für das Gesamtsystem der sozialen Sicherheit auf den Leistungen des ökonomischen Systems basieren, so ist für den einzelnen Bürger sein Arbeitsplatz, dessen ökonomische Krisenfestigkeit und sozial- und arbeitsrechtliche „Ausstattung", das Fundament seiner sozialen Sicherheit und seiner „sozialen Grundrechte".

Die einzelnen Arbeitsplätze sind unterschiedlich krisenfest. Gilt für die Beamten, daß sie unkündbar sind und für viele Angestellte, zumal im Öffentlichen Dienst, daß sie einen hohen Kündigungsschutz genießen und damit den Schwankungen des Wirtschaftssystems nur begrenzt ausgesetzt sind, so stellt sich die Situation für die Arbeiter sehr viel anders dar. Auch der stark verbesserte Schutz bei Arbeitslosigkeit kann die aus dem Arbeitsverhältnis selbst resultierenden ökonomischen und sozialen Sicherheiten langfristig nicht ersetzen.

Die Organisation der sozialen Sicherheit auf der Basis eines Arbeitsverhältnisses liegt ganz in der Tradition der Lösung der „socialen Frage“ des 19. Jahrhunderts. Sowohl die sich nach 1860 bildenden Gewerkschaften und Arbeiterparteien wie die **Bismarcksche Sozialgesetzgebung** hatten den in einem „normalen“ Arbeitsverhältnis stehenden Menschen zur Voraussetzung.

Die 1975 von den CDU-Politikern *Kurt Biedenkopf, Richard von Weizsäcker* und *Heiner Geissler* aufgeworfene **neue soziale Frage** zeigte die Problematik der vor allem im „normalen“ Arbeitsverhältnis ruhenden sozialen Sicherheit in aller Deutlichkeit, und zwar an den inzwischen sehr großen Bevölkerungsgruppen der nicht ständig bzw. der nicht mehr im Erwerbsleben Stehenden. Hierzu zählen:

- Ältere Menschen, die ohne entsprechende soziale Sicherheit aus dem Erwerbsleben ausscheiden (z. B. die Gruppe der kleineren selbständigen Kaufleute, die vormals und „traditionsgemäß“ wie alle Selbständigen für ihre eigene soziale Sicherheit, zumal im Lebensabend, Sorge tragen wollten);
- (Haus-)Frauen ohne Berufsausbildung (vgl. hierzu auch die Problemsicht des neuen Ehe- und Familienrechts, S. 121f); Frauen mit der Doppelbelastung von arbeits- und sozialrechtlich nicht erfaßter Teilzeitarbeit und Kindererziehung;
- soziale **Randgruppen** (vgl. hierzu S. 254f), deren Randgruppen-Existenz eben auch durch den Indikator mangelnder sozialer Sicherheit mitbestimmt ist;
- Heimarbeiter, Tagelöhner;
- Jugendliche ohne Berufsausbildung.

Die soziale Sicherheit dieser relativ großen Bevölkerungsgruppen wird nur in wenigen Fällen durch gewerkschaftliche Organisationen vertreten und durchgesetzt; sie wird im gegebenen Fall als individuelles Schicksal angesehen und den Institutionen der **Sozialfürsorge** zugewiesen.

Kann das Existenzminimum nicht aus Eigenleistung erbracht werden, so wird nach den Bestimmungen des Bundessozialhilfegesetzes (BSHG) von 1961 **Sozialhilfe** gewährt (die von den Gemeinden zu finanzieren ist).

Die Entwicklung der Sozialhilfequote in den letzten 20 Jahren wird als Beleg für die Herausbildung einer **Zwei-Drittel-Gesellschaft** angesehen: zwei Drittel der Gesellschaftsmitglieder sind über Arbeit und daraus resultierende Versorgungsansprüche abgesichert; ein Drittel der Gesellschaftsmitglieder bewegt sich entweder mit seinem Renteneinkommen, mit seinem laufenden Arbeitseinkommen oder durch mangelnde Unterstützungsleistungen bei Verlust des Arbeitsplatzes im Bereich des Existenzminimums.

2. Arbeitslosigkeit

Ein vorrangiges Problemfeld der Sozialen Sicherheit und der Sozialpolitik ist die Arbeitslosigkeit; sie ist erst seit 1927 Bestandteil des allgemeinen Systems der sozialen Sicherheit (zuvor waren hier u.a. gewerkschaftliche Solidarität und Unterstützungskassen verschiedener Art das Auffangbecken).

2.1 Entwicklung in der früheren Bundesrepublik

Arbeitslosigkeit ist ein zentrales **gesellschafts- und wirtschaftspolitisches Problem**. Seit ca. 1975 stiegen die Quoten, nach langen Jahren der Vollbeschäftigung, erheblich an (vgl. S. 227). Arbeitslosigkeit ergibt sich sozial- und arbeitsmarktstatistisch, wenn arbeitslose Erwerbspersonen (Arbeitslose) einen Arbeitsplatz suchen (und bereit sind, mindestens 19 Stunden wöchentlich zu arbeiten).

Entsprechend den Ursachen werden folgende Formen der Arbeitslosigkeit unterschieden:

- konjunkturelle;
- saisonale;
- strukturelle;
- friktionelle (z.B. durch kurzfristige Anpassungsschwierigkeiten von Betrieben oder Branchen verursacht oder durch Anpassungsschwierigkeiten der Individuen nach Umzug, Umschulung usw.).

Der Stellenwert der Arbeit für Individuum und Sozialstruktur wurde bereits hervorgehoben (vgl. S. 172f); der Tatbestand von Arbeitslosigkeit erfüllt umgekehrt betrachtet alle „Funktionen“, Individuen die Teilnahme an sozialen Prozessen der Akzeptanz und Integration zu erschweren. Das gilt vor allem für die längerfristig, d.h. länger als ein Jahr Arbeitslosen. Ihr Anteil an der Gesamtzahl der Arbeitslosen ist seit ca. 1980 ständig gestiegen.

Waren es 1980 13% der Erwerbslosen, die ein Jahr und länger Arbeit suchten, so 1984 bereits 29% und1988 mehr als ein Drittel. Der wirklich „harte Kern der Arbeitslosigkeit“ ist auch der harte Kern der „neuen Armut“: dies sind diejenigen, die drei Jahre und länger arbeitslos sind; ihre Zahl wurde für 1988 in den alten Bundesländern auf ca. 600 Tsd. beziffert, mit Familienangehörigen ca. 1,6 Mill. Menschen (*Geißler*, 1992, S. 182). Die Wirkungen vor allem längerfristiger Arbeitslosigkeit auf die Lebensplanung, die Psyche, das Familienleben und weitere soziale Bereiche wurden in den letzten Jahren sehr gründlich untersucht.

Während in der Anfangsphase der Bundesrepublik hohe Arbeitslosenquoten – auch unter Jugendlichen – zu verzeichnen waren, sanken diese Anfang der 60er Jahre auf den heute unvorstellbar niedrigen Wert von weniger als ein Prozent.

Seit Anfang der 70er Jahre gingen die Zahlen steil in die Höhe: 1975 wurde die Millionenschwelle erreicht; 1982 die Zweimillionenschwelle. Was Anfang der 70er Jahre vor allem als Konsequenz der Wachstums- und Energiekrise interpretiert wurde, offenbarte sich mehr und mehr als **strukturelle Arbeitslosigkeit** aufgrund der beschriebenen neuen „technologischen Revolution".

Erscheinen die hohen Arbeitslosenquoten seit Mitte der 70er Jahre auch als relativ „stabil", so steckt dahinter jedoch eine große Mobilität; 1987 gab es ca. 1,9 Mill. Eintritte in die Erwerbstätigkeit aus Arbeitslosigkeit, „Stiller Reserve" und Berufsausbildung sowie ca. 2 Mill. Austritte aus der Erwerbstätigkeit (die durchschnittliche Dauer der Arbeitslosigkeit betrug zu diesem Zeitpunkt 6,9 Monate). Und auch diese Zahl wird überraschen: von 1983–1987 hat sich die Gesamtzahl der Arbeitsplätze um ca. 1 Mill. erhöht (*Landua/Zapf*, 1989, S. 2).

In der Sozialgeschichte der Bundesrepublik waren folgende Arbeitslosenquoten zu verzeichnen:

Tabelle 24 Zahl der Arbeitslosen im Bundesgebiet 1950–1994.

Jahresdurchschnitt	Arbeitslose	in % der beschäftigten Arbeitnehmer
1950	1 868 504	11,0
1955	1 073 576	5,6
1960	270 678	1,3
1965	147 352	0,7
1967	459 489	2,1
1969	178 579	0,9
1974	582 481	2,6
1975	1 074 217	4,7
1980	888 900	3,8
1985	2 304 014	9,3
1990	1 883 000	7,2
Juli 1994[1]	2 570 000	8,3

Quellen: Bevölkerung und Wirtschaft 1872–1972, S. 148; für 1974ff: „Amtliche Nachrichten der Bundesanstalt für Arbeit", Jg. 23/1975ff

[1] Nur Westdeutschland

Von der Arbeitslosigkeit sind die einzelnen Berufs- und Altersgruppen wie Männer und Frauen sehr unterschiedlich betroffen.

Läßt man die an sich notwendigen Differenzierungen außer acht, so gibt es bei Arbeitslosigkeit folgende soziale Sicherheit:

- **Arbeitslosengeld** in Höhe von 63–68 % des letzten Netto-Einkommens (für höchstens ein Jahr ununterbrochener, unfreiwilliger Arbeitslosigkeit);

- nach dieser Zeit: **Arbeitslosenhilfe** von höchstens 56–58 % des letzten Netto-Einkommens, gestaffelt nach der Bedürftigkeit (z.B. hohe Abzüge bei entsprechenden Verdiensten des Ehepartners).

Von der wachsenden Zahl der längerfristig Arbeitslosen hat ein Großteil keinen Anspruch mehr auf Leistungen aus der Arbeitslosenversicherung (Stat. Jb. 1993, S. 131). Es verbleibt die **Sozialhilfe**.

2.2 Entwicklung in der DDR und den neuen Bundesländern

Es wurde bereits hervorgehoben (S. 185), daß der „Arbeiter- und Bauernstaat" DDR mit einer Erwerbsquote von ca. 60% (9,6 Mill. von 16,1 Mill. Einwohnern waren Anfang 1990 erwerbstätig) unter den Industrienationen an der Spitze lag. Arbeitslosigkeit gab es offiziell nicht; sie war verdeckt und führte schließlich dazu, daß – wie ebenfalls erwähnt (S. 44f) – die Arbeitsproduktivität ca. 40% der westdeutschen ausmachte. Anders formuliert: bei entsprechender Rationalisierung und Technisierung wären von zehn Arbeitsplätzen etwa sechs überflüssig. Wenn dies auch eine höchst problematische Rechnung ist, waren nach der Vereinigung hohe Arbeitslosenquoten zu erwarten (zumal die osteuropäischen Märkte des Comecon gleichzeitig zusammenbrachen).

Gab es also Anfang 1990 in der (Noch-)DDR 9,6 Mill. Erwerbstätige, so Mitte 1992 nur noch 6,2 Mill. „Das bedeutet, daß auf dem Weg von der sozialistischen Planwirtschaft zur sozialen Marktwirtschaft jeder dritte Arbeitsplatz ... verlorenging" (*Landua*, 1993, S. 438). 1,2 Mill. waren als arbeitslos registriert, 1,8 Mill. waren in „arbeitsmarktpolitischen Maßnahmen" wie Arbeitsbeschaffungsmaßnahmen, Umschulung, Kurzarbeit usw. untergebracht.

Juli 1994 betrug die Zahl der Arbeitslosen in den neuen Bundesländern 1,14 Mill. und 15,1% Anteil an den Erwerbstätigen.

V. Problemfelder der sozialstaatlichen Sicherung. Vom Sozialstaat zum Sicherungsstaat?

1. Nicht lösbare Grundsatzkonflikte. Konstruktionsmängel

Die Entwicklung des Sozialstaats ist von Anfang an durch einige nicht lösbare Grundsatzkonflikte gekennzeichnet. Dazu rechnen:

- Der bereits mehrfach angesprochene Grundsatzkonflikt zwischen Rechtsstaat und Sozialstaat; er wird immer wieder beschworen, um den Sozialstaat in „seine" Grenzen zu verweisen; doch die Entwicklung zeigt: die „Grenzen" von heute sind morgen bereits sozialkulturelle Anspruchsniveaus sehr allgemeiner Art;
- der Konflikt zwischen Zentralstaat (auf Bundes- und Landesebene) und Kommune. Dieser Konflikt kommt gegenwärtig z. B. darin zum Ausdruck, daß die Kommunen versuchen, die von ihnen zu zahlende Sozialhilfe durch staatlich geförderte Arbeitsbeschaffungsmaßnahmen zu umgehen;
- der Konflikt zwischen staatlichen und freien Trägern; hier gibt es weniger einen Grundsatzkonflikt als vielmehr Abstimmungsprobleme zwischen unterschiedlichen Institutionen, Verrechnungsstellen usw.;
- der Konflikt zwischen sozialstaatlicher Leistungserweiterung und (zwangsläufig) zunehmender Verrechtlichung und Bürokratisierung.

Im Gegensatz zu den Grundsatzkonflikten sind die hier „Konstruktionsmängel" genannten Probleme behebbar. Hierzu zählen:

- der zu enge Zusammenhang von Erwerbsarbeit und sozialer Sicherheit; damit verbunden:
- die unzureichende soziale Sicherung aller nicht Erwerbstätigen (z. B. der Hausfrauen);
- die großen Leistungsunterschiede zwischen den Systemen der Alterssicherung;
- die unsolidarischen Finanzierungsstrukturen: „Gleiche Leistungen der Krankenversicherung gibt es zu Beitragssätzen zwischen 7 und 16 %; in der Alterssicherung wird das System mit dem höchsten Leistungsstandard, die Beamtenversorgung, ohne Eigenbeiträge der Betroffenen finanziert; die Arbeitsmarktpolitik muß allein durch die Beiträge der versicherten Arbeiter und Angestellten finanziert werden" (*G. Bäcker*, 1988, S. 26);
- die mangelnde Zusammenarbeit der Sozialversicherungsträger bei gemeinsamen Aufgaben.

Ein weiterer, kaum zu behebender Mangel der staatlichen Sozialpolitik muß darin gesehen werden, daß sie nicht schnell und nicht flexibel genug auf den beschleunigten sozialen Wandel reagieren kann, z. B. auf die Veränderungen der Haushalts- und Familienstrukturen, auf völlig neue Problemlagen wie Aussiedler und Asylanten.

2. Vom Sozialstaat zum Sicherungsstaat? Ungewollte Folgen sozialstaatlicher Maßnahmen

Die Diskussion um die Krise und den notwendigen Umbau des Sozialstaats begleiten ihn seit seinem Beginn. Gleichwohl sind grundlegende Reformen und „Kurswechsel" in der nunmehr über 100jährigen Geschichte des Sozialstaats relativ selten (als ein Beispiel sei die Rentenreform von 1957 genannt).

Einen Umbau des Sozialstaats hätte es auch gegeben, wenn das in den späten 80er Jahren intensiv diskutierte Modell einer **„Sozialen Grundsicherung"** bzw. einer **„Grundrente"** eingeführt worden wäre.

Nullmeier und *Rüb* (1993) kommen auf der Basis einer umfassenden empirischen Analyse der westdeutschen Sozialpolitik in den Jahren 1975–1989 zu der These, daß der Sozialstaat gleichsam schleichend umgestaltet worden sei. Diese Transformation sei insgesamt so gravierend gewesen, daß sich der Sozialstaat zum **Sicherungsstaat** gewandelt habe. Das Besondere der Entwicklung im Zeitraum 1975–1989 habe darin gelegen, daß es offiziell zwar um den Erhalt des Sozialstaats gegangen sei, faktisch aber vor allem eine Sicherung des staatlichen Institutionengefüges intendiert war. Dieser neue „Sicherungsstaat" schaue an jenen gesellschaftlichen Entwicklungen vorbei, die neue Risiken, neue Unsicherheiten und neue Formen sozialen Elends hervorbringen" (1993, S. 13).

In Aufnahme von *Luhmann*schen Thesen über Selbstreferentialität sozialer Systeme konstatieren *Nullmeier* und *Rüb*, daß „die sozialstaatlichen Institutionen nur noch auf sich selbst Bezug nehmen". Der so entstandene Sicherungsstaat „ist Sozialstaat ohne den Willen zur sozialen Gestaltung, er ist ein Sozialstaat ohne Umverteilungskonzeption und ohne demokratische Öffnung" (S. 14).

Gehe man davon aus, daß die ursprüngliche Intention des Sozialstaats auf die Herstellung **sozialer Sicherheit** gezielt habe, dann müsse auch in diesem Sinne von einer Transformation gesprochen werden.

Was bei bestimmten sozialstaatlichen Maßnahmen bewußt und gewollt ist und was auf das Konto der „ungewollten Folgen sozialen Handelns" (*Norbert Elias*) zu verbuchen ist, bleibt in vielen Fällen strittig, so auch beim Beispiel der **Feminisierung der Armut.**

Seit einigen Jahren verfügen wir über sehr differenzierte sozialstatistische Materialien (Längsschnittdaten) und Analysen über die Wirkungen des Sozialstaats entgegen seinen eigenen sozialpolitischen Zielsetzungen. So haben z.B. *Lutz Leisering* und *Wolfgang Voges* (1992) durch Längsschnittuntersuchungen von „Sozialhilfekarrieren" nachgewiesen, daß „der Wohlfahrtsstaat seine eigene Klientele" erzeugt und Armutsprozesse ingangbringt.

Anita B. Pfaff (1992) hat gezeigt, daß der Sozialstaat Bundesrepublik Frauen bzw. bestimmte Gruppen von Frauen in stärkerem Maße als Männer der Gefahr der Armut aussetzt.

Da nach wie vor davon auszugehen ist, daß die Vermeidung von Armut „letztlich von den Möglichkeiten abhängt, am Erwerbsleben teilzunehmen ... und damit auch Ansprüche auf Alterssicherung aufzubauen“ (*Pfaff*, S. 436), Frauen aber in Krisenzeiten überproportional arbeitslos werden und ohnehin eine viel geringere Erwerbsquote haben als Männer, sind sie in einer viel ungünstigeren Ausgangsposition.

Die Hauptgruppen armutsgefährdeter Frauen sind alleinerziehende Mütter, arbeitslose Frauen, die Frauen arbeitsloser Männer mit Kindern und alte Frauen (Witwen) ohne eigene Versichertenrente (*Pfaff*, S. 425). Hinzu kommt, daß bei Frauen aller Altersgruppen Einkommensarmut viel häufiger auftritt als bei Männern.

Die Entwicklung der Beschäftigungssysteme und der Sozialversicherungsleistungen läßt – bei der gegebenen hohen Arbeitslosenquote – nicht erwarten, daß es bei der Feminisierung von Armut eine Trendwende gibt.

3. Selbsthilfe und soziale Netzwerke als Ausweg?

In den letzten Jahren scheint das Prinzip der **Subsidiarität** eine neue Dimension zu bekommen: gruppenspezifische Formen der „Selbstorganisation, Selbststeuerung und Selbsthilfe“ (*Peter Gross*, 1980, S. 56) werden immer wichtiger. Diese Formen sind schon deshalb mit dem traditionalen Subsidiaritätsprinzip nicht völlig vereinbar, weil sie zugleich Teil „einer antiinstitutionellen, antiprofessionellen und antizentralistischen Bewegung“ sind (*Gross*). Damit sind auch Entwicklungen der **Alternativbewegung**, der Frauenbewegung, der neuen Gruppen-Solidarität angesprochen.

Gross betont gegenüber diesen Entwicklungen und Bewegungen wohl zu Recht, daß das hierin zum Ausdruck kommende „Heimweh“ nach ganzheitlichen, gemeinschaftlichen Lebensformen nicht vergessen machen darf, daß Selbsthilfe und Selbstorganisation Sozialpolitik nicht ersetzen können. Das zeigen auch empirische Untersuchungen über den Stellenwert der Selbsthilfe: „Die unter dem Stichwort ‚Selbsthilfe‘ und verwandten Begriffen thematisierten Leistungen stellen also in sozialpolitischer Sicht partielle Äquivalente lediglich zu den Dienstleistungen oder der personenbezogenen Interventionsform dar, während die Notwendigkeit staatlich regulierter rechtlicher, ökonomischer und ökologischer Interventionen davon auch im Grundsatz kaum berührt wird.“ (*F.-X. Kaufmann*, 1987, S. 38).

Die Selbsthilfe ist einer jener Bereiche, wo „linke Systemkritik" und „rechte Gemeinschaftsideologie" sich leicht zu einem zustimmenden Scheinkonsens zusammenfinden. Das zeigen auch die sehr unterschiedlichen Gründe und Standpunkte, aus denen heraus Selbsthilfe geleistet oder gefordert wird:

- zur Stützung des Subsidiaritätsprinzips;
- aus Gründen alternativer Lebensweise;
- um staatliche Kassen zu entlasten und die Leistungsbereitschaft neu zu entfachen;
- aus Gründen nachbarschaftlicher, kommunaler und letztlich sozialer Integration;
- aus neu zu belebender genossenschaftlicher Solidarität;
- aus Gründen des sozialen Engagements und der Selbstfindung.

Zu differenzieren wäre weiterhin nach den Bereichen der sozialen Sicherheit, der Gesundheits- und Wohlfahrtspflege, der karitativen Hilfe usw., für die Selbsthilfe eine unabdingbare Ergänzung zu gesetzlich und bürokratisch strukturierten Einrichtungen und Maßnahmen ist. Denn selbstverständlich geschieht der größte Teil an sozialer Hilfe, an Gesundheits- und Altenpflege usw. in Familie und Verwandtschaft und den neuen sozialen Gruppen (z.B. Wohngemeinschaften der jungen Generation und der „jungen Alten"); daran wird sich auch künftig kaum etwas ändern. **Soziale Netzwerke**, die verschiedene Formen der Selbsthilfe zusammenfassen, sind daher weniger eine „Metapher des gesellschaftlichen Umbruchs" (*H. Keupp*, 1987) als vielmehr ein adäquates Element der Sozialstruktur, auf geänderte Familien-, Verwandtschafts-, Arbeits- und Siedlungsstrukturen sensibel zu reagieren.

So kommt auch *Martin Diewald* in seiner Untersuchung über „Soziale Unterstützung in informellen Netzwerken" zu dem Ergebnis, daß sehr flexibel auf neue Problemlagen reagiert wird. Sein Resümee macht deutlich, daß von einer zunehmenden Vereinsamung pauschal nicht gesprochen werden kann und daß die traditionalen, konventionellen Lebensformen trotz aller Individualisierungsprozesse „einen viel größeren Stellenwert einnehmen" als angenommen (1991, S. 251).

4. Die ökologische Dimension des Sozialstaats. Umbau des Sozialstaats?

In den letzten Jahren wurde die ökologische Problematik auch für die Diskussion um Struktur und Entwicklung des Sozialstaats zunehmend wichtiger (vgl. auch S. 204f).

Diese **ökosoziale Frage** (*Opielka*, 1985) geht aus von dem Tatbestand, daß neben den „klassischen“ Verursachungen für staatlich organisierte Hilfe ein neuer Verursachungskomplex getreten ist: die ökologische Belastung von Umwelt, Mensch und Natur. Diese wird mehr und mehr mitbestimmend für die Entstehung von physischen und psychischen Krankheiten, den frühen Eintritt ins Rentenalter und eine Vielzahl indirekter sozialer Belastungen.

Die ökosoziale Frage hat ihren Ursprung in der Entfesselung weltweiter industriegesellschaftlicher Produktion und den damit verbundenen „**Sozialkosten**“, die bisher fast ausschließlich über die Allgemeinheit abgewälzt worden sind. Die damit verbundenen Belastungen werden zunehmend klassen- und schichtunspezifisch und können vom Sozialstaat weder in ihren Ursachen behoben, noch in ihren Folgewirkungen aufgefangen werden.

Die ökosoziale Frage hat zur Konsequenz, daß ein neues Verhältnis zur Natur und ihren Ressourcen hergestellt werden muß. Es ist nicht auszuschließen, daß die weitreichenden Dimensionen dieser Problematik dazu führen, einen „Umbau des Sozialstaats“ (*Opielka/Ostner*, 1987) vornehmen zu müssen, weil mit einem bloßen „Einbau“ in gegebene Strukturen und Systeme die sich weiterhin verschärfende Situation nicht bewältigt werden kann (angefangen von Neu-Definitionen der Krankheit unter ökologischen Voraussetzungen bis hin zu den psychischen und sozialen Folgen der Umweltbelastung).

Probleme eines Umbaus des Sozialstaats müssen neben den erwähnten Punkten auch darin gesehen werden, daß der internationale Konkurrenzdruck und die weitere Kapitalisierung und „Privatisierung“ (wie z.B. auch von Bahn und Post) den Spielraum für sozialpolitische Initiativen eher noch weiter einengen werden.

Hinzu kommt, daß die „Klientele des Sozialstaats“ keine Lobby haben und selbst zu heterogen sind, um organisiert eine bilden zu können. Politische Mehrheiten, so scheint das Kalkül einiger Parteien zu sein, finden sich allemal auch ohne diejenigen, die zu den Randgruppen der Gesellschaft zählen.

J. Soziale Ungleichheit (Wandel der Klassen- und Schichtungsstruktur)

I. Soziale Ungleichheit und soziale Differenzierung

Da der Begriff soziale Ungleichheit stark wertbehaftet ist, wurde immer wieder vorgeschlagen, ihn als sozialwissenschaftlichen (soziologischen, politologischen, ökonomischen) Grundbegriff fallenzulassen und vom Begriff **soziale Differenzierung** (vgl. *Hörning*, 1976a; *Hondrich*, 1982; *Luhmann*, 1985) auszugehen. Dies ist in der Sache zweifellos richtig, weil auch jene Formen der sozialen Differenzierung, die von den Gesellschaftsmitgliedern als soziale Ungleichheit bewertet werden, unter diesen neutraleren Grundbegriff subsumierbar sind.

Soziale Ungleichheit bezeichnet jenen Zustand der sozialen Differenzierung, in dem die ungleiche Verteilung von Ressourcen, Positionen und Rängen ein gesellschaftliches Problem ist (*Schäfers*, 1989, S. 83f; zu den verschiedenen Ansätzen der Erforschung sozialer Ungleichheit vgl. *Hörning*, 1976; *Strasser/Goldthorpe*, 1985; *Giesen/Haferkamp*, 1987; *Kreckel*, 1992).

Mit dem Begriff soziale Ungleichheit sind einige andere Grundphänomene des Sozialen eng verknüpft; dazu rechnen:

- Mit den als ungleich bewerteten sozialen Positionen und Rängen sind unterschiedliche Möglichkeiten der Ausübung von Macht und Herrschaft und der Aneignung von Ressourcen gegeben;
- soziale Ungleichheit ist unterschiedlich ausgeprägt und „institutionalisiert“ in den einzelnen Gesellschaften, z. B. standes-, klassen-, kasten- und schichtungsmäßig.

Die Feststellung und Problematisierung sozialer Ungleichheit sagt zunächst nichts aus über den Grad der Akzeptanz in bestimmten Sozialgruppen bzw. Gesellschaften. Denkbar sind die folgenden drei Modelle und Einstellungen:

- Soziale Ungleichheit wird als naturgegeben (wie z. B. bei *Aristoteles*, aber auch bei den Sozialdarwinisten) oder als gottgewollt angesehen; ihre Feststellung führt zu keinen Veränderungen;
- soziale Ungleichheit wird als Form der sozialen Differenzierung erkannt und allgemein akzeptiert, solange sie nicht personell, ständisch oder klassenspezifisch „festgeschrieben“ ist und bestimmte gesellschaftsspezifische

Toleranzgrenzen überschreitet. Sie wird z. B. durch Chancengleichheit, soziale Mobilität und die Wirkungen des Sozialstaates „aufgebrochen“ und kompensiert;

- soziale Ungleichheit wird als ein völlig unakzeptabler gesellschaftlicher Zustand (z. B. der Ausbeutung und Unterdrückung) angesehen und kann nach Auffassung von bestimmten Personen oder Gruppen nur durch eine revolutionäre Veränderung der gesellschaftlichen Basisstrukturen aufgehoben werden.

Es ist offenkundig, daß die Bundesrepublik dem zweiten „Modell“ zuzurechnen ist. Das Grundgesetz und die Programmatik der großen Parteien und Verbände sehen zwar vor, alle Formen rechtlicher Ungleichheit zu beseitigen, nicht aber die aufweisbare soziale Ungleichheit in allen ihren Erscheinungsformen (Ungleichverteilung von Eigentum, Einkommen, Einfluß, Prestige usw.). Sie werden in jenem schwer bestimmbaren und politisch immer neu auszuhandelnden „Gleichgewicht“ gehalten, in dem sie sowohl als Chance für den eigenen sozialen Aufstieg und das individuelle Leistungsvermögen wie als kompensierbar durch den Sozialstaat angesehen werden können.

Völlig anders war die parteidoktrinäre, marxistisch-leninistische Auffassung über Gleichheit in der DDR.

II. Die sozialgeschichtliche und soziologiegeschichtliche Bedeutung der Frage nach der sozialen Ungleichheit

Die Frage nach den Ursachen der Ungleichheit wurde zugespitzt, als in der **Aufklärung** und im Zusammenhang der revolutionären Bewegungen des 18. und 19. Jahrhunderts die Frage nach Gleichheit und Freiheit der Menschen deren politische und sozio-ökonomische Grundlagen in den Mittelpunkt rückte. *Jean-Jacques Rousseau* versuchte eine erste „moderne“ Antwort auf die Streitfrage der Akademie von Dijon (Burgund; 1754): „Was ist der Ursprung der Ungleichheit unter den Menschen ?“ Eine der zentralen Stellen im Diskurs von *Rousseau* lautet in (eigener) Übersetzung: „In der menschlichen Gesellschaft sind zwei verschiedene Formen der Ungleichheit auszumachen: eine, die ich natürlich oder physisch nenne, weil sie durch die Natur vorgezeichnet ist, und die im Unterschied des Alters, der Gesundheit, der körperlichen Kräfte und der Qualitäten des Geistes und der Seele besteht; – die andere kann man moralische oder politische Ungleichheit nennen, weil sie abhängt von einer Art Konvention und begründet wird, zumindest ‚autorisiert‘ wird, durch die Zustimmung der Menschen“. In diesen wenigen Sätzen liegen alle nur denkbaren Antworten, die soziale Differenzierung zu erklären bzw. zu legitimieren, einschließlich der wissenschaftlich wie (bildungs-)politisch immer erneut genutzten Möglichkeiten, die Faktoren „Anlage" und „Umwelt" in ihrem Einfluß auf die Entwicklung eines Individuums (seiner Intelligenz, Leistungsmotivation etc.) und seinen späteren sozialen Status zu untersuchen.

Ralf Dahrendorf hat die Frage der Akademie von Dijon wörtlich wieder aufgegriffen (1961); er sieht in ihr „historisch die erste Frage der soziologischen Wissenschaft".

Die moralische und rechtliche Gleichheit aller Menschen: Dies war das revolutionäre Prinzip, das die **Aufklärung** dem **ancien régime**, der Gesellschaft der Stände, der Privilegien und der von Gott gewollten Ordnungen entgegenhielt. Der Abbau dieser Privilegien, die Zerschlagung der Stände, Zünfte, Korporationen etc. war das Ziel der Französischen Revolution von 1789ff. Gleiche unter Gleichen sollten die Gesellschaft bilden und gleich unmittelbar sein zum Staat, der demokratisch legitimierten Ordnungsmacht.

Erst seither läßt sich in einem strengen Sinne von sozialer Ungleichheit sprechen, weil durch die Freiheits- und Emanzipationsbewegungen und die realen Freisetzungen aus ständisch-kirchlichen Ordnungen und Bevormundungen die genannten sozialen Faktoren der sozialen Differenzierung und Ungleichheit voll wirksam wurden; das Soziale selbst wurde zum Thema und Gegenstand von Veränderung. Hinzu kam ein Bewußtsein von sozialer Gleichheit und Gerechtigkeit, das den jeweils erreichten Zustand zum Ausgangspunkt für weitere Forderungen machte und macht (fast immer getragen von bestimmten sozialen Bewegungen; vgl. hierzu S. 81f).

Die Startchancen der prinzipiell Gleichen waren sehr unterschiedlich. In dem Maße, wie die politische und die Industrielle Revolution die Privilegien und Hemmnisse der wirtschaftlichen Expansion beseitigten, wurden andere als ständische Kriterien ausschlaggebend für die soziale Differenzierung der Menschen: Eigentum (Besitz an Produktionsmitteln), Bildung/Ausbildung und das verfügbare Investitions- und Konsumeinkommen. Wie noch zu zeigen sein wird, sind auch in der Gegenwartsgesellschaft diese drei Faktoren entscheidend für den sozialen Rang, der dem einzelnen im Gesellschaftsgefüge zukommt.

Damit ist deutlich, daß mit der jeweils vorherrschenden, gesellschaftsprägenden Form der sozialen Ungleichheit und vertikalen Gliederung einer Bevölkerung zugleich wichtige Einschnitte der gesellschaftlichen Entwicklung bezeichnet sind. Die für die deutsche (Sozial-)Geschichte wichtigsten Einteilungen ihrer vertikalen sozialen Gliederung seien kurz angeführt (vgl. hierzu den Überblick in der Schrift von *Bolte* und *Hradil*, 1988):

- **Ständegesellschaft**: hierarchische Gliederung der Gesellschaft in deutlich voneinander unterscheidbare Stände (nach Lebensgewohnheiten, Kleidung, Privilegien und Freiheitsrechten), die in Mitteleuropa auf der Basis religiöser Wertvorstellungen legitimiert wurden. Zugehörigkeit durch Geburt.
- **Klassengesellschaft**: über die Position eines Individuums (einer Familie, einer sozialen Gruppe, etc.) in der Sozialstruktur und vertikalen Gliederung einer Gesellschaft entscheiden Besitz und Verfügung über gesellschaftlich relevantes Produktionseigentum (das in der bürgerlich-kapitalistischen Gesellschaft in der Form „disponiblen Kapitals“ eine eigene Dynamik entfaltet).
- **Schichtungsgesellschaft**: Differenzierung und Hierarchisierung von Personen und Personengruppen nach mehreren sozialen Merkmalen: Beruf, Einkommen, Bildung, Vermögen etc. Diese Merkmale (Indikatoren) werden von den Gesellschaftsmitgliedern bewertet, mit sozialem **Prestige** (sozialer Wertschätzung) versehen und bilden die Grundlage der Einstufung in eine „gesellschaftliche Rangskala“ oder **Schichtungspyramide**. Hierbei werden die Individuen, die in der zusammenfassenden Bewertung ihrer sozialen Positionen und damit in ihrem **sozialen Status** als etwa „gleichrangig“ angesehen werden, in eine bestimmte Schicht eingeordnet (daß in der Bevölkerung Vorstellungen über gesellschaftliche Rangplätze vorhanden sind, ist vielfach empirisch nachgewiesen). In der **Schichtungs-Theorie** wird der Klassen-Antagonismus als überwunden angesehen; vorherrschend ist die Auffassung von der Leistungsgesellschaft.

III. Der Streit um die Klassenstruktur und Sozialschichtung in der Sozialgeschichte der Bundesrepublik

Die Etappen um die Diskussion der Klassen- und/oder Schichtungsstruktur der Bundesrepublik können mit folgenden Ansätzen skizziert werden:

1. Die nivellierte Mittelstandsgesellschaft. Klasse als Herrschaftsspannung

Schelsky entwickelte die These von der „**nivellierten Mittelstandsgesellschaft**“ zuerst 1953, als Ergebnis seiner Untersuchungen über die „Wandlungen der deutschen Familie in der Gegenwart“. Seine Aussagen lassen sich wie folgt zusammenfassen (1965, S. 332ff):

- In der deutschen Gesellschaft seien seit Ende des Ersten Weltkrieges „umfangreiche soziale Aufstiegs- und Abstiegsprozesse vor sich gegangen“. Die „breite Aufstiegsmobilität der industriellen Gesellschaft“ werde im wesentlichen gebildet durch den „kollektiven Aufstieg der Industriearbeiterschaft“ und den „mehr graduell, im ganzen aber ebenfalls schichtbildend vor sich gehenden Aufstieg der technischen und Verwaltungs-Angestellten in den neuen Mittelstand“. Diese Aufstiegsprozesse würden gekreuzt von „breiten sozialen Abstiegs- und Deklassierungsprozessen“, die ebenfalls im Ersten Weltkrieg begannen, nach 1945 sich verstärkten und vor allem das ehemalige „Besitz- und Bildungsbürgertum“ betroffen haben;

- der Nivellierung „des realen wirtschaftlichen und politischen Status“ folgt eine Vereinheitlichung der sozialen und kulturellen Verhaltensformen in einem „kleinbürgerlich-mittelständischen Lebenszuschnitt“;

- dieser verhältnismäßig einheitliche Lebensstil der „nivellierten Mittelstandsgesellschaft“ würde keineswegs mehr „von der Substanz einer sozial irgendwie hierarchisch gegliederten Gesellschaftsverfassung geprägt“, sondern zeige sich in einheitlicher Teilnahme „an den materiellen und geistigen Gütern des Zivilisationskomforts“.

Schelsky konnte sich bereits auf eine seinen Thesen vergleichbare Untersuchung von *Theodor Geiger* stützen, dessen Buchtitel von 1949, „Die Klassengesellschaft im Schmelztiegel“, ebenfalls zum Schlagwort wurde. *Geiger*s Kernthese: entgegen der marxistischen Annahme wird die Schichtungsstruktur nicht einheitlicher („klassenspezifischer“), sondern heterogener und komplexer.

*Ralf Dahrendorf*s **Reduktion des Klassenbegriffs auf Herrschaft** ist ausgeführt in seinem Werk „Soziale Klassen und Klassenkonflikt in der industriellen Gesellschaft“ (1957). In dieser Schrift und weiteren Aufsätzen vertrat *Dahrendorf* die These, daß **Herrschaftsspannung** auch in unserer Gesellschaft nach wie vor gegeben sei, sie dürfe jedoch nicht länger nur auf zwei Klassen bezogen werden, sondern auf die Vielzahl der **Herrschaftsverbände**: den Staat, die Betriebe, die Vielfalt der „pluralen“ Verbände und Gruppierungen. Grundsätzlich sei die Frage des Klassenkonflikts für jeden Herrschaftsverband neu zu stellen (1957, S. 142).

Gegen diese Theorie wurden ebenso zahlreiche Einwände formuliert wie gegen *Schelsky*s Nivellierungsthese. Vom marxistischen Standpunkt aus erscheint sie als unannehmbar, weil sie das Moment der Klassenspannung und der darauf beruhenden Herrschaft in einzelne soziale Positionen und Rollen verflüchtigt. Von „bürgerlichen“ Theoretikern wurde eingewandt, daß dann, wenn es sich bei der Herrschaftsspannung wirklich um ein globales Phänomen handelte, die **Marxsche Klassentheorie** nicht bemüht werden müsse. Herrschaft bekomme eine quasi anthropologische „Legitimation“.

2. Konstruktion von Schichtmodellen. Disparität der Lebensbereiche

Ein typisches Beispiel für die Konstruktion sozialer Schichten und einer entsprechenden Schichtungspyramide durch den wissenden und interpretierenden Forscher ist der sog. **Scheuch-Index** (auch Kölner Index genannt), den *Erwin K. Scheuch*, unter Mitarbeit von *Hansjürgen Daheim*, entwickelt hat (1961). Die mit Hilfe eines multiplen Indexes, der die Berufszugehörigkeit, die wirtschaftliche Lage und das kulturelle Niveau relativ differenziert berücksichtigt, aufgestellte Schichtungspyramide kann jedoch nicht beanspruchen, klar gegeneinander abgegrenzte Schichtunterschiede in der Bevölkerung widerzuspiegeln. Da *Scheuch* aber die soziale Selbsteinschätzung der Befragten in die Bewertungsskala mit einbezieht, ist seine Pyramide kein bloßes Konstrukt, sondern hat auch mit sozialer Wahrnehmung und wechselseitiger Prestige-Zuerkennung im komplexen Interaktionsprozeß zu tun.

Die Untersuchungen zur sozialen Schichtung, die unter dem Einfluß der amerikanischen Schichtungsforschung „die Sozialstrukturanalyse in der Bundesrepublik in den 50er und in der ersten Hälfte der 60er Jahre dominierten" (*Geißler*, 1987, S. 8), berücksichtigten sehr stark prestigeorientierte Verhaltensweisen und Interaktionsmuster „wie Heiratskreise, Freundschaften, Bekanntschaften ... sowie Faktoren, von denen das Sozialprestige abhängt" (*Geißler*). Sie waren seit Ende der 60er Jahre v.a. der neomarxistischen Kritik ausgesetzt.

Die These von der gesellschaftlichen Ungleichheit als **Disparität der Lebensbereiche** ist seit 1968 viel diskutiert worden und stellt eine wichtige Ergänzung bisheriger Ansätze dar (*J. Bergmann, G. Brandt* et al., 1969, S. 67–87). Die Entwicklung des Ansatzes basiert auf der Kennzeichnung derjenigen Strukturmerkmale, die sich in den „spätkapitalistischen Gesellschaften" nach dem Zweiten Weltkrieg herausgebildet haben und von der traditionalen marxistischen Theorie entweder überhaupt nicht oder falsch interpretiert wurden.

Es wurde versucht zu zeigen, daß die vertikale Gliederung der Bevölkerung zu kurz greift, weil die in ihr verwendeten Maßstäbe „sämtlich in der ökonomischen Sphäre des Warenaustausches bzw. in der privaten von Familie und Sozialisation" angesiedelt seien.

Auch hier boten sich der Kritik zahlreiche Ansatzpunkte, indem zum Beispiel darauf hingewiesen werden konnte, daß die Lebens- und Arbeitsbedingungen in den „depressed areas" (den „unterentwickelten" Gebieten und Wohngegenden) ja gerade die einkommensschwachen Gruppen treffen, daß also die „neuen **Pauper**", die von der Disparität der Lebensbereiche besonders betroffen sind, mit den alten, einkommensschwachen Paupern weitgehend identisch sind. Dies alles ist richtig; doch liegt die Bedeutung des Disparitäten-Ansatzes neben den genannten Punkten auch darin, die Ausstattung mit **Infrastruktur** und damit die Grundlage für eine dem gesellschaftlichen Entwicklungsstand angemessene **Lebensqualität** in den Vordergrund zu rücken.

3. Neo-marxistische Klassenanalyse. Neue soziale Formationen und Identitäten

Auch dieser Ansatz ist zu nennen, um Etappen der Diskussion um die Klassen- und Schichtungsstruktur in der früheren Bundesrepublik in ihrem sozialgeschichtlichen Zusammenhang zu verdeutlichen: die Wiederbelebung der **marxistischen Klassen- und Sozialstrukturanalyse** nach 1967. Die theoretisch wie empirisch wichtigste Arbeit in diesem Kontext war: Projekt Klassenanalyse. Materialien zur Klassenstruktur der BRD, 1973f. (Zu den verschiedenen Reformulierungen dieses Ansatzes vgl. z.B. *Strasser/Goldthorpe*, 1985).

Eine weitere These zur Entwicklung sozialer Ungleichheit von Standes- und Klassenstrukturen in der Bundesrepublik sei im Anschluß an *Ulrich Beck* (1983/1986) vorgetragen: die **Wirkungen gesellschaftlicher Individualisierungsprozesse**, die zur Entstehung immer neuer sozialer Formationen und Identitäten führen.

Individualisierung wird von *Beck* als ein „historisch spezifischer, widersprüchlicher Prozeß der Vergesellschaftung" aufgefaßt, als eine „kollektiv individualisierte Existenzweise" (1983, S. 42).

Die wichtigsten Argumente von *Beck* lassen sich wie folgt zusammenfassen:

- Der Tatbestand, daß in der Geschichte der Bundesrepublik die **Verteilungsrelationen sozialer Ungleichheit** relativ gleich geblieben sind, sich gleichzeitig aber die Lebensbedingungen der Menschen drastisch verändert haben, hat zur Auflösung subkultureller Klassenidentitäten geführt. Dadurch hat sich der Bezugshorizont der Menschen auf ihre soziale Lage verändert;
- verschiedene soziale Prozesse und neue Sozialstrukturen haben die Menschen mehr und mehr zu einer **Individualisierung von Lebenslagen und Lebenswegen** gebracht: die gestiegene soziale und geographische Mobilität; die sozialstaatlichen Sicherungs- und Steuerungssysteme; die Entwicklung neuer Bekanntschaften und Nachbarschaften durch neue urbane Großstadtsiedlungen; die Arbeitsmarktdynamik; die sinkende Erwerbsarbeitszeit usw.;
- diese Prozesse und Strukturen führen zu immer neuen **Individualisierungsschüben**, verbunden mit der Herausbildung bzw. Verstärkung gemeindlicher und regionaler Milieus und Aktivitäten und vom Arbeitsprozeß sich mehr und mehr ablösenden Solidaritäten.

Im erstmals 1986 veröffentlichten Buch über die **Risikogesellschaft** hat *Ulrich Beck* diesen Ansatz erweitert. Alle Gesellschaftsmitglieder, arm und reich, befinden sich unter dem Damoklesschwert der **Risikogesellschaft** und ihren neuen, klassen- und schichtunspezifischen „Verteilungsformen" der Gefährdung elementarer Lebensgrundlagen.

Wenn *Beck* argumentiert, daß zu der Bedrohung selbst noch ein „Souveränitätsverlust über die Einschätzung der Gefahren" kommt (S. 72), dann wird deutlich, daß ein Großteil der von ihm benannten Risiken und neuen Soziallagen so oder ähnlich immer bestanden hat. So wird z. B. durch AIDS daran erinnert, daß Seuchen zur alltäglichen Lebenserfahrung aller Menschen gehörten, ebenso Naturkatastrophen, Mißernten, Kriege. Geändert haben sich v.a. die selbstproduzierten Gefahren und die Bewußtseinslagen der Menschen, letztere v.a. durch die Thematisierung von Katastrophen, Leid und Elend in aller Welt durch die Ausweitung des Mediensektors.

4. Soziale Lagen und Milieus

Der folgende Ansatz schließt sich inhaltlich und zeitlich an den vorangehenden (und den Disparitätenansatz) an: die Reduktion der ungleichen Lebensbedingungen der Individuen auf **soziale Lagen** und **Milieus**, die *Stefan Hradil* in seiner „Sozialstrukturanalyse in einer fortgeschrittenen Gesellschaft" (1987) vorgenommen hat. Das Buch hat den bezeichnenden Untertitel: „Von Klassen und Schichten zu Lagen und Milieus". Auch hier ist nachzufragen, auf welcher Ebene dieser programmatisch unterstellte Übergang stattfindet: der tatsächlichen Überwindung der Klassenstruktur (einer dann nicht mehr als kapitalistisch zu bezeichnenden Gesellschaft); auf der Ebene des (fortgeschrittenen ?) Bewußtseins der Bürger der Bundesrepublik oder auf einer rein analytischen Ebene, die von bestimmten Hypothesen und Indikatoren der Sozialstrukturanalyse ausgeht.

Zunächst ist hervorzuheben, daß *Hradil* zwei ältere Begriffe der soziologischen Analyse neu belebt: den der **sozialen Lage** (der durch *Theodor Geiger* seinen festen Platz in Sozialstrukturanalysen bekam), und den des **sozialen Milieus**, der seinen Ursprung im 19. Jahrhundert hat, sozialwissenschaftlich v.a. bei *Auguste Comte.*

Hradil geht davon aus, daß sich zwar gewisse „,Klasseneinflüsse', aber kaum noch individuell erfahrbare ,Klassenlagen' nachweisen" lassen (S. 7). Die in Anlehnung an *Jürgen Habermas* als „unübersichtlich" bezeichnete Herausbildung der Formen sozialer Ungleichheit können auch durch das Schichtmodell nicht mehr angemessen erfaßt werden, weil es eine Vielzahl neuer Konstitutionsprozesse und Zuweisungsmerkmale für soziale Ungleichheit gebe. Die Lebenslagen der Individuen seien inhomogener geworden. Die „Pluralisierung der Lebensstile“ lasse den Zusammenhang mit äußeren Lebensbedingungen z.T. kaum noch erkennen (S. 8).

Die wichtigste Differenz zu früheren Ansätzen liegt für *Hradil* wohl darin, daß für diese neu bzw. anders konstituierten sozialen Lagen der Beruf nicht mehr, wie in den Klassen- und Schichtmodellen, die entscheidende Voraussetzung der Entstehung sozialer Ungleichheit ist.

Die Erfassung der (neuen) sozialen Lagen muß sich nach *Hradil* streng an handlungstheoretischen Konzepten orientieren, wobei mit *Max Weber* Handeln als subjektiv sinnhaftes Tun der Menschen definiert wird. Die Dimensionen sozialer Ungleichheit bestimmen sich von diesem handlungstheoretischen Ansatz ausgehend weniger durch objektiv aufweisbare Klassenlagen, als durch die „relativ dauerhaften Lebensbedingungen, die es bestimmten Menschen besser und anderen schlechter erlauben, so zu handeln, daß allgemein anerkannte Lebensziele für sie in Erfüllung gehen“ (S. 9).

Das Konzept der Erfassung sozialer Ungleichheit wird also dem hier nicht erläuterten Konzept der **Lebenschancen**-Analyse angeglichen. So sind neben den klassen- und schichtspezifischen Kriterien und Indikatoren sozialer Ungleichheit vor allem zu berücksichtigen: „Dimensionen der sozialen Sicherheit (Risiken und Absicherungen), der Arbeits-, Freizeit- und Wohnbedingungen, der Partizipationschancen, der integrierenden oder isolierenden sozialen Rollen sowie der Diskriminierungen und Privilegien im täglichen Umgang mit Mitmenschen“ (S. 10).

Läßt sich bei vielen der von *Hradil* als neu ausgegebenen Dimensionen und Analysen der Erscheinungsformen sozialer Ungleichheit der berechtigte Einwand vorbringen, daß auch differenzierte Klassen- und Schicht-Untersuchungen die „qualitativen Veränderungen der Strukturen sozialer Ungleichheit“ herauszuarbeiten hätten, so ist die integrative Leistung der Aufnahme neuer Analyse-Konzepte der Lebensweltforschung nicht zu übersehen. Einwände beziehen sich vor allem auf zwei Punkte:

- Daß den Dimensionen Beruf/Arbeit nicht mehr die in den Klassen- und Schichtmodellen unterstellte grundlegende Bedeutung für die soziale Lage der Individuen zukomme, ist wie das von *Ralf Dahrendorf* u.a. thematisierte „Ende der Arbeitsgesellschaft“ ein fast gefährlicher Mythos;
- der völlige Verzicht auf klassentheoretische Konzepte ist unangemessen, weil die kapitalistische Wirtschaftsstruktur und die auch individuell erfahrbaren Auswirkungen dieser Strukturen unter gewandelten Bedingungen fortbestehen. Die Sozialstrukturanalyse begibt sich damit etwas voreilig nicht nur eines Instrumentes der Analyse, sondern auch der Kritik gegenwärtiger sozialer Lagen und sozialer Milieus (zur „Aktualität des vertikalen Paradigmas der Ungleichheitsforschung“ vgl. auch *Max Haller*, 1986).

Einige Hinweise zum **Lebensstil***-Konzept von *Pierre Bourdieu*, das die soziale Ungleichheit vor allem auf unterschiedliche Ausprägungen des **Habitus** (und damit auf das im Sozialisationsprozeß – und später – unterschiedlich verfügbare „kulturelle Kapital") zurückführt, finden sich S. 136f. *Hartmut Lüdtke* (1989) sprach in diesem Zusammenhang von „expressiver Ungleichheit".

IV. Aktuelle Ausprägungen sozialer Ungleichheit in der Bundesrepublik

1. Zu- oder Abnahme sozialer Ungleichheit ?

Die Diskussion darüber, wieviel soziale Ungleichheit in der gegenwärtigen bundesrepublikanischen Gesellschaft tatsächlich vorliegt, ist auch empirisch schwer zu entscheiden. Es hängt davon ab, welche Indikatoren in den Blick gerückt und wie sie bewertet werden. Anders formuliert: die jeweils betrachteten Variablen – und die ändern sich im Verlauf der Sozial- und Mentalitätsgeschichte – entscheiden darüber, ob man tendenziell eher von zunehmender oder abnehmender Ungleichheit spricht.

Aber auch dies ist nur ein Teil der tatsächlichen Ungleichheitssituation. Denn die soziologisch und sozialgeschichtlich ergänzende Frage muß lauten: Welche Trends lassen sich feststellen ? Nimmt – z. B. im Bereich der Gesundheitsversorgung – die Ungleichheit bei allen für das Gesundheitswesen relevanten Indikatoren zu oder ab ? Auf diesen langfristigen Wandel in der Ungleichheitsverteilung hat *Hans Haferkamp* hingewiesen. Das Resultat seiner empirisch fundierten Argumentation faßte er als Trend einer „Angleichung ohne Gleichheit" zusammen (1987). *Haferkamp* stützte seine Kernthese, daß es „einen langsamen Trend zu weniger sozialer Ungleichheit" gibt, unter anderem auf folgende Tatbestände:

- Langfristig ist ein **Prozeß der Machtangleichung** zu beobachten. Indikatoren hierfür: die vormals Machtunterworfenen stellen sich gleich und wehren sich (wachsende Bedeutung der Bürgerinitiativen bei politischen und Verwaltungsentscheidungen; wachsende „Klagefreudigkeit" der Bürger vor Gerichten; Zunahme der Mitwirkenden bei Entscheidungsprozessen aller Art; Entwicklung zur paritätischen Mitbestimmung im Montanbereich);
- **Abbau der Bildungsungleichheit**;
- **Angleichungsprozesse bei den Lohnquoten** (wenn auch geringfügig).

Im Hinblick auf die **Arbeitslosigkeit** führt *Haferkamp*, ohne das Faktum als solches bagatellisieren zu wollen, auch folgenden Tatbestand an: daß sie für einen Teil der Betroffenen auch neue Partizipationschancen an sozialen Prozessen und Bewegungen eröffne und zur Pluralisierung der Lebensstile beigetragen habe. – An diesem Beispiel wird besonders deutlich, daß soziale Ungleichheit und soziale Differenzierung in einem komplementären Wechselverhältnis stehen, dessen Extreme durch folgende Einstellung charakterisiert werden können: Die einzelnen Elemente der sozialen Differenzierung werden zugleich als Beleg für soziale Ungleichheit genommen bzw. als Chance für alternative Lebensführung gesehen und bewertet. Aus diesem Grund sollte die Sozialwissenschaft nur dann von **Ungleichheit** sprechen, wenn ein so bewerteter Tatbestand vorliegt; ansonsten den Ausdruck **soziale Differenzierung** bevorzugen.

Nochmals sei auch auf den Tatbestand verwiesen, daß die Bewertung (und damit Bedeutung) einzelner Variablen der Ausprägung sozialer Ungleichheit im Verlauf der Sozialgeschichte wechselt: Es sind andere Kriterien in der Stände-, der Klassen- und in der entwickelten Industriegesellschaft. Gegenwärtig kommt den Kriterien Geschlecht und der Einkommens- und Vermögensverteilung bei der Bestimmung sozialer Ungleichheit besonderes Gewicht zu. Andere aktuelle Ausprägungen der sozialen Ungleichheit in der Bundesrepublik wurden bereits dargestellt, z. B. jene, die verbunden sind mit dem Bildungs- und Ausbildungssystem, den Berufspositionen und Arbeitsverhältnissen, den Wohnverhältnissen und der sozialen Sicherheit.

2. Geschlechtsspezifische Ungleichheiten

An verschiedenen Stellen wurde bereits auf die Bedeutung der Variable Geschlecht bzw. Mädchen/Frau für die Ausprägung einzelner Elemente der Sozialstruktur hingewiesen. Auch die Bedeutung des Alters und der weiteren biologischen Merkmale für die Sozialstruktur wurde hervorgehoben (vgl. S. 2f). Hier sollen einige Dimensionen der Variable Geschlecht im Zusammenhang der Ungleichheitsproblematik behandelt werden (vgl. auch das Kap. „Die Entwicklung der sozialen Ungleichheit zwischen Männern und Frauen“ bei *Geißler*, 1992; *Kreckel*, 1992, das Kap. „Soziale Ungleichheit im Geschlechterverhältnis“).

In uns bekannten Gesellschaften ist das Geschlecht für fast alle Elemente und Prozesse der Sozialstruktur ein grundlegendes Kriterium der sozialen Differenzierung. Geschlechts- und Altersrollen sind die sozialen Primärrollen; sie sind, wie bereits hervorgehoben wurde, typisch **„zugeschriebene Rollen“**.

Der Kampf um Gleichberechtigung und die schwindende Überzeugung, daß bestimmte soziale Rollen etwas mit dem Geschlecht als „biologischer Vorgabe“ zu tun haben müssen, begleitet die Entwicklung der industriellen, sich verstädternden und säkularisierenden Gesellschaften seit Beginn des 19. Jahrhunderts (vgl. den Überblick zur Geschichte der Frauenbewegung in Deutschland von den Anfängen bis in die Gegenwart, incl. der Frauenbewegung in der DDR, *Rosemarie Nave-Herz*, 1994). Die Etappen dieses Kampfes um Besser- und Gleichstellung der Mädchen und Frauen in den einzelnen Sozialbereichen (beginnend mit der Forderung nach rechtlicher, z. B. auch wahlrechtlicher, ehe- und familienrechtlicher Gleichstellung) können hier nicht genannt werden.

In der Sozialgeschichte der Bundesrepublik ist – trotz verbliebener ständischer, vor allem bürgerlicher Auffassungen von Mann und Frau – ein fast radikal zu nennender Bruch mit den älteren Selbst- und Fremdbildern von Mädchen und Frauen und damit verbundenen Rollenzuschreibungen eingetreten. Die Veränderung der Stellung der Frau in der Gesellschaft ist Teil jener **stillen Revolution**, für die *Ronald Inglehart* das Stichwort gab und die in den späten 60er Jahren ihren Kulminationspunkt hatte. Seither gehören folgende Tatbestände zum Selbstverständnis der Gesellschaft der Bundesrepublik (und sind in vergleichbaren Industrienationen ähnlich oder noch stärker ausgeprägt):

- Daß die (typisch bürgerliche) Trennung von einer familial-häuslichen Sphäre, für die vor allem die Frau zuständig ist, und einer außerhäuslichen, beruflich-öffentlichen Sphäre immer weniger als „kulturelle Selbstverständlichkeit" angesehen wird;
- daß die doppelbödige Sexual-Moral der bürgerlichen Gesellschaft, in der dem Mann stillschweigend Freiheiten zugestanden wurden, unakzeptabel geworden ist;
- daß höhere Schul- und Berufsbildung auch für die Sozialisation der Mädchen und Frauen als selbstverständlich angesehen werden;
- daß die Einteilung der Freizeit- und Sportarten, der Möglichkeiten, sich in der Öffentlichkeit zu bewegen, Auto oder Motorrad zu fahren, Weltreisen (auch allein) zu machen usw. sich nicht mehr nach männlich und weiblich verbindlich differenzieren lassen.

Diese Aufzählung ließe sich fortsetzen; sie zeigt, daß entscheidende Handlungen in der Sozialstruktur der Bundesrepublik sich auf der Ebene der Werte und Normen widerspiegeln bzw. auf dieser Ebene wiederum strukturverändernde soziale Bewegungen entstehen. „Offenbar", so faßt *Geißler* (1992, S. 237ff) seine Analysen zur Entwicklung der Ungleichheit zwischen Frauen und Männern zusammen, „gehört die Tendenz zur Minderung" des Gegensatzes zu den emanzipatorischen Trends der modernen Gesellschaft.

Die obige Aufzählung soll aber nicht über verbliebene geschlechtsspezifische Disparitäten hinwegtäuschen. Auch hierzu seien summarisch einige Punkte genannt:

- Die Quoten der **Chancengleichheit** durch verbesserte höhere Schulbildung haben sich in den letzten drei Jahrzehnten bei Jungen und Mädchen stark angeglichen (vgl. Tab. 11); die Quoten im Ausbildungs- und weiteren beruflichen Qualifikationssystem fallen immer noch sehr zum Nachteil der Mädchen und Frauen aus;
- die Integration vieler Frauen in den Produktionsprozeß bedeutet für einen Großteil von ihnen Doppelbelastung durch Hausarbeit und in vielen Fällen (z. B. dem alleinerziehender berufstätiger Mütter) auch psychische Belastungen, Reduktion sozialer Kontakte (aus Zeit- und/oder Geldmangel). Das war in der DDR kaum anders als in der früheren und jetzigen Bundesrepublik.

Im Hinblick auf die aus dem Geschlecht resultierenden sozialen Ungleichheiten wird nachfolgend überwiegend auf die Strukturen des Arbeits- und Berufslebens eingegangen, weil für diesen in einer „Arbeits- und Berufsgesellschaft" zentralen Bereich die Benachteiligung der Frauen am besten dokumentiert ist. Sie ist es auch für den Bereich der Arbeitslosigkeit, des sozialen Aufstiegs in den einzelnen Berufsarten und für andere Teilbereiche des geschlechtsspezifisch gespaltenen Arbeitsmarktes.

Es gibt, wie bereits an früherer Stelle hervorgehoben wurde, eine große Anzahl von Berufen, die fast ausschließlich von Frauen besetzt werden und eben dadurch als „typische Frauenberufe" gelten. Hierzu rechnen unter anderem: Hauswirtschaftsgehilfinnen und -verwalterinnen (1984: 97,1 %); Sprechstundenhelferinnen (1984: 99,6 %); Kindergärtnerinnen und -pflegerinnen (98,6 %); Krankenschwestern und -pflegerinnen (83,6 %); Verkäuferinnen (80,2 %) (*Lothar Lappe*, 1986, S. 63).

Die Männer- bzw. Frauenanteile an einzelnen Berufen wären unproblematisch, wenn die jeweiligen Berufspositionen auf freiem Zugang beruhten (es z. B. keine Diskriminierungen aus geschlechtsspezifischen Gründen gäbe) und wenn mit der nur angedeuteten Verteilung nicht zugleich berufliche und soziale Hierarchien zugunsten der Männer festgeschrieben wären.

Die nachfolgende Tabelle soll auf einige geschlechtsspezifische Disparitäten in der Arbeits- und Berufswelt hinweisen, ohne im Einzelfall angeben zu können, welches die Ursachen sind und ob man wirklich von sozialen Ungleichheiten sprechen kann, die auf Diskriminierungen des weiblichen Geschlechts im jeweiligen Arbeitsbereich zurückzuführen sind:

Die eindeutig dokumentierbare Schlechterstellung der Frauen in der Arbeitswelt und Berufshierarchie ist um so erstaunlicher, als die Mädchen und jungen Frauen dem männlichen Geschlecht im Bildungssystem inzwischen gleichrangig sind (vgl. Tab. 11) oder in vielen Positionen sogar eine deutliche Überlegenheit zeigen: Sie bleiben seltener sitzen; sie werden seltener in Sonderschulen überwie-

Tabelle 25 Frauenanteile in Spitzenpositionen verschiedener Institutionen.

Bereich	Frauenanteil in %	Jahr
Beamtenpositionen des höheren Dienstes (ab A 16 aufwärts) in den obersten Bundesbehörden	2,75	1986
Leiterin von Gymnasien, je nach Bundesland	2,0 bis 17,5	1988
Geschäftsführende Vorstandsmitglieder/ Sekretäre im DGB	14,18	1984
Führungskräfte in der Wirtschaft	3,84	1986
Leitende Angestellte bei der Deutschen Bundesbahn	2,10	1986
Professoren (C 3 und C 4) an den Hochschulen der Bundesrepublik	4,14	1984
Abgeordnete im 11. Deutschen Bundestag	15,5	1987 f

Quellen: Frauenförderpläne, 1987; Grund- und Strukturdaten, hrg. vom Bundesminister für Bildung und Wissenschaft

sen; sie haben bessere Durchschnittsnoten usw. Am Eingang zur Arbeits- und Berufswelt können diese Gleich- oder sogar Besserstellungen (z. B. hinsichtlich des zumeist niedrigeren Eintrittsalters in das Studium gegenüber den jungen Männern) nicht entsprechend „umgesetzt" werden.

Seit Beginn der 80er Jahre – und nicht vorher – wurde den Forderungen der Frauen nach mehr Chancengleichheit und Gleichberechtigung im Berufsleben wie anderen Sozialbereichen durch verschiedene Maßnahmen, Rechtsgutachten und neue Planstellen Nachdruck verliehen. Im einzelnen sind zu nennen:

- Die wachsende Zahl von „Frauenförderplänen" im Öffentlichen Dienst;
- die Einrichtung von „Gleichstellungsstellen" und „Frauenbeauftragten"
- die Einführung von **Quotenregelungen**, mit großer öffentlicher Resonanz z. B. auf dem SPD-Parteitag 1988 in Münster/Westf. (vgl. hierzu S. 70);
- die Etablierung der Frauenforschung in den 80er Jahren; vgl. *Ilona Ostner*, 1987; *Rosemarie Nave-Herz*, 1994).

3. Soziale Differenzierung und Haushaltseinkommen

3.1 Die Entwicklung in der früheren Bundesrepublik

Die Höhe der Haushaltseinkommen ist in einer **monetären Gesellschaft** der wichtigste Indikator der sozialen Differenzierung und aller daraus folgenden Formen sozialer Ungleichheit, von der Wohnungs- und Gesundheitsversorgung bis zu Statussymbolen des sozialen Prestiges.

Die Einkommen der privaten Haushalte haben folgende Quellen:

- **Erwerbseinkommen** aus selbständiger (Einkommen) und unselbständiger Arbeit (Lohn, Gehalt);
- **Vermögenseinkommen** (z.B. aus Sparguthaben; Aktien; Vermietung);
- **Sozialeinkommen** (auch **Transfereinkommen** genannt, wie Kindergeld, Wohngeld, Arbeitslosengeld, Sozialhilfe);
- **Renteneinkommen** (Altersrente, Betriebsrente, Kriegsopferrente usw.).

Im Jahr 1988 stammten in der früheren Bundesrepublik rund 55,7 % der gesamten Haushaltseinkommen aus unselbständiger Arbeit, 10,1 % aus selbständiger Arbeit, 9,9 % aus Vermögen, 20,6 % aus staatlichen Transferleistungen und 3,7 % aus sonstigen Quellen (Stat. Jb. 1992, S. 573).

Bei der sozialen Differenzierung nach den Haushaltseinkommen sind zusätzlich folgende Punkte zu berücksichtigen:

- Die **Höhe** der Haushaltseinkommen ist nicht alleinbestimmend für den Lebensstandard und die Wahrnehmung von Sozialchancen (vgl. hierzu die Darstellung des „Disparitäten-Ansatzes"");
- die **Form** der Haushaltseinkommen spiegelt – bis zu einem gewissen Grad unabhängig von der Höhe – die unterschiedliche soziale (Berufs-)Position und die mit ihr verbundenen sozialen Sicherheiten wider. Diese Differenzierung reicht vom Honorar des Arztes bis zum Tagelohn; vom Jahresgehalt eines Spitzenmanagers bis zum relativ unsicheren Einkommen der Heimarbeiter; vom Monatsgehalt des „Lebenszeitbeamten" bis zum Wochenlohn eines ungelernten Arbeiters;
- das **Zustandekommen** der Haushaltseinkommen ist selbst wiederum ein Kriterium der sozialen Differenzierung: wird das Haushaltseinkommen in „normaler" Berufsarbeit und Arbeitszeit erreicht oder nicht;
- die **Verwendung** der Haushaltseinkommen, nicht nur die absolute Höhe, ist ebenso ein Merkmal der sozialen Differenzierung. Vergleichbar hohe Einkommen werden – in ihrem verfügbaren Teil für „freibleibende Zwecke" – unterschiedlich genutzt: für kurzfristige Konsumbedürfnisse; für die Ausbildung der Kinder; um ein bestimmtes Kulturniveau zu erreichen oder zu demonstrieren.

Es wurde bereits hervorgehoben, daß nicht nur die aktuelle Ausprägung bestimmter Indikatoren der sozialen Differenzierung (bzw. Ungleichheit) in die Betrachtung einzubeziehen ist, sondern neben der grundlegenden Frage ihrer Bewertung auch die entwicklungsgeschichtliche Dimension.

Hier zeigt die Einkommensverteilung ein erstaunliches Beharrungsvermögen in der Wirtschafts- und Sozialgeschichte der Bundesrepublik. Es gibt eine Höherverschiebung des Niveaus, aber keine grundsätzliche Umverteilung. In dreißig Jahren haben die unteren zwei Fünftel der Gesamtheit aller Einkommensbezieher nur 2 % am Anteil des verfügbaren Einkommens hinzugewonnen (*Haferkamp*, 1987, S. 155).

3.2 Die Entwicklung in der DDR und den neuen Bundesländern

Differenzierte Einkommensvergleiche zwischen der früheren Bundesrepublik und der DDR, die unmittelbar vor der Währungsreform und der Vereinigung im Frühsommer 1990 im Rahmen des SOEP („Sozio-Ökonomisches Panel") auf repräsentativer Basis unternommen wurden, erlauben folgende zusammenfassende Aussagen (*Hauser* et al., 1992) im Vergleich zur Bundesrepublik:

- Die Einkommensungleichheit war eindeutig geringer (und sollte es sein), erreichte aber nicht das Nivellierungsausmaß wie in anderen sozialistischen Ländern (z.B. der früheren CSSR);
- Familien mit Kindern (incl. Ein-Eltern-Familien) waren einkommensmäßig besser gestellt; Einkommensarmut bei Familien mit Kindern wurde besser vermieden;
- das Rentenniveau war – bei geringer Differenzierung – im Durchschnitt eindeutig niedriger; es gab keine „regelgebundende Dynamisierung" der Rentenanpassung.

Über das in sozialistischen Gesellschaften erforderliche bzw. sinnvolle Ausmaß der Einkommensdifferenzierung gab es viel ideologischen Streit. So hatte der bekannteste Sozialstruktur-Analytiker der DDR, *Manfred Lötsch* (1936–1993), mehrfach darauf hingewiesen, daß die „Triebkraftfunktion sozialer Unterschiede" nicht völlig eingeebnet werden dürfe.

Zwei Jahre nach der Vereinigung zeigte die Nachfolgeuntersuchung (vgl. *Hauser* et al., S. 115ff), daß – wie zu erwarten war – die Einkommensungleichheit bereits leicht zugenommen, aber noch nicht das Ausmaß wie in der früheren Bundesrepublik erreicht hatte. Dies wird, auch auf Grund der „strukturellen Einkommensdisparitäten" im Übergang (z.B. Zwei-Drittel-Bezahlung für gleiche Stellen) auch noch einige Jahre so bleiben.

3.3 Haushaltseinkommen und Armut

Das verfügbare Nettoeinkommen pro Haushalt ist auch der wichtigste Indikator dafür, ob einzelne Familien bzw. Haushalte mit diesem Einkommen unter eine Grenze gesunken sind, die als Existenzminimum, als Armutsgrenze oder „unter den Sätzen der Sozialhilfe" definiert wird.

Wenn, wie hervorgehoben, 1985 9,4 % aller Haushalte ein monatliches Nettoeinkommen von unter DM 1000,– erwirtschafteten, dann liegt die Vermutung nahe, daß zumindest die Zwei- (und ggf. Drei-)Personenhaushalte unter ihnen die Grenze zum Existenzminimum und damit zur **absoluten Armut** erreicht hatten (zu den verschiedenen Armutsbegriffen vgl. *Gerhard Schäuble*, 1984; *Wolfgang Glatzer*, 1977; *Richard Hauser* et al., 1981; *Leibfried/Voges*, 1992; *Zimmermann*, 1993; *Hanesch* u.a., 1994).

In den 60er Jahren war der Begriff der Armut verdrängt; der Sozialstaat und die Vollbeschäftigung schienen ausreichende Garantien dafür zu sein, Armut aus den industriegesellschaftlichen Wohlfahrtsstaaten zu verbannen. Als 1971 *Jürgen Roth*s Analysen und Dokumentationen über „Armut in der Bundesrepublik Deutschland" erschienen, stieß der Titel vielfach auf ungläubige Ablehnung: Er paßte nicht in das Selbstbild der Bundesrepublik. Aber in einer 1975 von *Heiner Geissler* vorgelegten Dokumentation über die „**Neue soziale Frage**" wurden die Zahlen von *Roth* für einzelne Gruppen bestätigt.

Inzwischen ist die Entwicklung und die Diskussion um die „neue soziale Frage" und die „neue Armut" weitergegangen (zu den Etappen der Armutsdiskussion in der Sozialgeschichte der Bundesrepublik vgl. *Schäfers*, 1992). Legt man als Schwellenwert für Armut zugrunde, daß weniger als 50% des durchschnittlichen Haushalts-Nettoeinkommens verfügbar sind, so müssen nach neueren Berechnungen (*Hanesch* u.a., 1994) im Jahr 1992 als arm bezeichnet werden: 7,8% aller deutschen Haushalte, darunter 6,5% in Westdeutschland und 12,7% in Ostdeutschland (weitere Hinweise finden sich im Kapitel über die Soziale Sicherheit, S. 230ff, bei der Erörterung der Arbeitslosigkeit, S. 226ff und im nachfolgenden Abschnitt zu den sozialen Randgruppen und Minoritäten).

4. Soziale Differenzierung und Vermögensverteilung

Unter **Vermögen** (der hier interessierenden privaten Personen) verstehen wir das geldwerte oder in Geld bewertbare Eigentum an Gütern wie Immobilien (z. B. Grund- und Hauseigentum), Wertpapieren (z. B. Aktien), Spargeldern, Versicherungen und sonstigen Anteilsrechten an einem bestimmten Stichtag.

Die Vermögensverteilung ist neben der Einkommensverteilung der wichtigste sozio-ökonomische Faktor der sozialen Differenzierung überhaupt. Beide sind zugleich Ursache und Folge der über einen längeren Zeitraum sich herausbildenden und für einen längeren Zeitraum gegebenen sozialen Differenzierung. Gerade die Vermögensverteilung ist ein Indikator dafür, wie sich soziale Differenzierungen über mehrere Generationen hin erhalten.

Der Vermögensverteilung kommt also deshalb ein besonderes Gewicht zu, weil sie von längerfristiger Entwicklung und Wirkung ist als die Einkommensverteilung und mit ihr die „Kapital“-Verhältnisse erfaßt werden. Wie hervorgehoben, stammt auch ein nicht unbeträchtlicher Teil des Haushaltseinkommens – bei großen Unterschieden zwischen Selbständigen- und Arbeiterhaushalt – aus Vermögenswerten.

Nach wie vor ist Eigentum an Grund und Boden eine besonders krisenfeste und umworbene Form der Vermögensbildung, zumeist verbunden mit dem Wunsch nach dem „eigenen Dach über dem Kopf“. 1973 verfügten ca. 40% aller Haushalte über Wohnungs-, Haus- und Grundstückbesitz; 1988 war dieser Anteil auf 47% gestiegen (Datenreport 1992, S. 136). Im Vergleich der Länder der Europäischen Union rangiert die Bundesrepublik mit diesem Wert gleichwohl im unteren Bereich. Auf die ungünstigere Entwicklung der Vermögensbildung in der DDR wurde bereits an anderer Stelle hingewiesen (S. 175f).

M. Miegel (1983) kam in seiner Untersuchung zur Verteilung von Einkommen und Vermögen zu dem Ergebnis, daß das Vermögen (insgesamt wie bei den einzelnen Vermögensarten) vor allem bei den sozialen Extrempositionen der „reichen“ und der „schlechtgestellten Haushalte“ große Unterschiede aufweist zwischen den Anteilen dieser Haushaltsgruppen an der Gesamtzahl aller Haushalte und dem Anteil an einzelnen Vermögensarten. So umfaßten die Gruppen der „Reichen“ und der „Wohlhabenden“ 22,4% aller Haushalte, aber ihr Anteil am Gesamtvermögen betrug 57,6% (bei Haus- und Grundvermögen sogar 75%). Die Einkommensungleichheit war hingegen weniger krass (41% Anteil).

Was an diesen und den nachfolgenden Untersuchungen (z.B. *Schlomann,* 1993) alarmierte, war nicht der Tatbestand, daß das Vermögen ungleich verteilt war – das wußte man auch früher und ist bis zu schwer bestimmbaren Grenzen „normal“ –, sondern daß in der Geschichte der Bundesrepublik trotz sozialer Marktwirtschaft und Sozialstaatsprinzip die in der Vermögensverteilung zum Ausdruck kommende soziale Ungleichheit sich für einzelne Vermögensarten vergrößert hatte (auf der Basis einer früher kaum für möglich gehaltenen Verbesserung der Reallöhne und des Lebensstandards breiter Bevölkerungsschichten).

Die **Vermögenspolitik** als Teil der Gesellschaftspolitik versucht, durch gesetzliche Maßnahmen eine **Vermögensumverteilung** zu erreichen und vor allem einkommensschwache Bevölkerungsschichten an der Bildung von Vermögen zu beteiligen. Dies ist – unter den günstigen Wachstumsraten in den 50er und 60er Jahren – hinsichtlich der Sparförderung und des Erwerbs von Grund- und Hausbesitz in großem Umfang gelungen (vgl. auch S. 276f). Alle

Versuche jedoch, unselbständig Beschäftigte (Lohnabhängige) an Produktionsvermögen und damit an der „Quelle" der Vermögensbildung zu beteiligen, waren bisher nicht erfolgreich; hier zeigten und zeigen sich vielmehr große Interessengegensätze der beteiligten wirtschaftlichen und politischen Gruppen.

Die **Vermögenskonzentration** darf – trotz der Zunahme von Vermögen in breiteren Bevölkerungsschichten – in ihrer gesellschaftspolitischen Bedeutung nicht unterschätzt werden, jedenfalls solange nicht, wie mit ihr eine private Verfügung über gesellschaftlich relevantes **Kapital** verknüpft ist. Die Konzentration der Vermögen – unter den Voraussetzungen der gegebenen Wirtschafts- und Gesellschaftsordnung – könnte dann die alten Klassengegensätze neu beleben, wenn sich die Prinzipien der Sozialen Marktwirtschaft und des Sozialstaats weiterhin als relativ schwache Steuerungs- und Umverteilungsinstrumente erweisen.

V. Extrempositionen der sozialen Ungleichheit: Oberschichten/Eliten und Randgruppen

1. Oberschichten/Eliten

Unter **Elite** verstehen wir dem französischen Wortursprung nach (élire = auswählen) eine durch besondere Merkmale ausgezeichnete und aus der „Masse" der Bevölkerung herausgehobene Schicht.

Die Merkmale, nach denen die einzelnen Individuen und sozialen Gruppen im Urteil der anderen als Elite gelten oder der betreffende Personenkreis für sich beansprucht, Elite zu sein, sind dem sozialgeschichtlichen Wandel unterworfen. War es in der Stände-Gesellschaft eindeutig die Herkunft („Geburts-Elite"), in der bürgerlichen Klassengesellschaft Bildung und Besitz, die über Zugehörigkeit zu den jeweiligen Eliten entschieden, so sind mit der Bedeutungszunahme „erworbener" Rollen und Positionen die sogenannten **Funktionseliten** in den Vordergrund getreten. Hierunter verstehen wir die Inhaber sehr hoch geschätzter und in vielen Fällen hochbezahlter Führungspositionen in den zentralen sozialen Systemen, Institutionen und Organisationen der Gesellschaft. *Ralf Dahrendorf* unterschied (1965, S. 179) „sieben funktionale Eliten" aus folgenden Bereichen: Wirtschaft; Politik und öffentliche Verwaltung; Forschung, Wissenschaft, Bildung; Kirche; Kultur, Kunst, „Freizeitindustrie"; Justiz; Militär.

Mit der Einnahme dieser für das Funktionieren der einzelnen sozialen Systeme und Institutionen wie für die Integration der Gesamtgesellschaft wichtigen – und nicht zuletzt deshalb hoch bewerteten – Positionen ist ökonomische und/oder politische, und/oder gesetzgeberische und wertesetzende Ausübung von **Herrschaft** bzw. Macht verknüpft. Seit den Untersuchungen des amerikanischen Soziologen *C. Wright Mills* (1916–1962) ist daher auch der Ausdruck **Machtelite** gebräuchlich. Damit ist deutlich, daß die **Führungseliten** als Teil der Oberschicht begriffen werden, jedoch nicht mit ihr identisch sind. Ähnlich definiert *Wolfgang Zapf* in seiner Untersuchung über „Wandlungen der deutschen Elite“: unter „Führungsgruppen und Eliten“ sei jener „kleine Personenkreis innerhalb der Oberschicht“ zu verstehen, „der Einfluß auf Entscheidungen von gesamtgesellschaftlicher Tragweite“ nehme (1965, S. 36).

Mit dieser Definition ist der Elitebegriff auf gesamtgesellschaftlich relevante Strukturzusammenhänge und Einflußmöglichkeiten festgelegt. Liegt darin nicht eine unnötige Begrenzung? Phänomene der sozialen Schichtung, des sozialen Prestiges und damit auch der Elitepositionen sind nur zu einem Teil gesamtgesellschaftlich relevant; ein anderer Teil hat lediglich lokale oder regionale Bedeutung. Mit anderen Worten: Wer zur Funktionselite in einer ländlichen Region gehört (z. B. der Bürgermeister der Kleinstadt; der Inhaber eines mittelständischen Betriebs), für den nivelliert sich dieser Rang in gesamtgesellschaftlicher Perspektive.

Die soziologische wie sozialgeschichtliche **Eliteforschung** (vgl. den Überblick bei *W. Felber*, 1986) will unter anderem herausarbeiten:

- Wer rechnet zu welcher Zeit und aus welchen Gründen zur Elite;
- wie hoch ist der Selbst- und der Fremdrekrutierungsgrad der Eliten zu verschiedenen Zeiten;
- wie groß ist die Fluktuation in den Führungsgruppen;
- wie legitimieren sich Machteliten in demokratischen Systemen; wie werden die Führungspositionen erreicht;
- welche Zusammenhänge gibt es zwischen dem Wandel der Eliten und gesamtgesellschaftlichen Strukturwandlungen (der Nationalökonom und Soziologe *Vilfredo Pareto*, 1848–1923, sah in seinem **„Zirkulationsmodell der Eliten“** die wechselnde Zusammensetzung und die Machtkämpfe der Eliten als das wesentliche Element des historischen und gesellschaftlichen Wandels überhaupt).

Auf diese und andere Fragen wollen die sog. **Elitetheorien** Antworten geben. Elitetheorien sind so zahlreich wie soziologische Makro-(Gesellschafts-)Theorien überhaupt, denn alle diese Theorien machen – an unterschiedlichen Stellen des jeweiligen Theoriegebäudes – Aussagen über die Bedeutung und Besetzung (Erbe, Wahl, Akklamation usw.) der Elitepositionen. Eine vom **Struktur-Funktionalismus*** ausgehende Elitetheorie wird die Bedeutung der Elite-Positionen für das Funktionieren des betrachteten sozialen

Systems hervorheben; eine dem Marxismus verpflichtete Elite-Theorie wird (bei der Analyse bürgerlicher Gesellschaften) die von den Führungspositionen im ökonomischen Bereich ausgehenden Machthandlungen und Einflüsse in allen anderen Gesellschaftsbereichen aufspüren wollen (über die Machtelite in der DDR und die dort üblich gewesene hohe Konzentration der Ämterhäufung – bei ideologisch bedingter Ablehnung der Gewaltenteilung des bürgerlichen Rechtsstaats – vgl. *R. Geißler*, 1992, S. 89f).

Aus der Elite-Forschung für die frühere Bundesrepublik Deutschland seien folgende Ergebnisse mitgeteilt:

- Der Adelsanteil ist kontinuierlich zurückgegangen (selbst im Auswärtigen Dienst und der Generalität, den einstigen „Domänen des Adels"; *Zapf*, 1965, S. 181);
- die Unterschichten hatten bis ca. 1960 – über Gewerkschaften und Sozialdemokratie – nur „zwei enge Aufstiegswege für die begabtesten Vertreter der Arbeiterschaft" (S. 183);
- die Anforderungen an Herkunft, Bildungsstand, Parteizugehörigkeit und „Laufbahn" sind in den einzelnen Führungs-Eliten sehr unterschiedlich. Nach neueren Untersuchungen nimmt die Akademisierung der Elite-Positionen zu: 1981 hatten sieben von zehn Inhabern der Funktionseliten ein Hochschulstudium abgeschlossen; aber in den Massenmedien, beim Militär und in den Gewerkschaften bestehen immer noch gute Chancen, auch ohne Studium in Elite-Positionen zu kommen (*Bolte/Hradil*, 1988, S. 186);
- ungünstig sind weiterhin die Chancen der Frauen, in Elitepositionen zu kommen (vgl. Tab. 22).

Empirische Untersuchungen zu den **Führungseliten** zeigten, daß die Führungseliten keine homogene Sozialschicht mit eigenen Wertmustern sind. *Bolte* und *Hradil* (1988, S. 188) heben hervor, daß „die Mehrzahl der verfügbaren empirischen Befunde für ein pluralistisches, nach Funktionsbereichen gegliedertes Elitengefüge in der Bundesrepublik" spricht.

Die **Führungseliten** lassen sich weder durch deutlich spürbare Solidarität, noch durch eine einheitliche Kultur, noch durch das Bewußtsein einer **Avantgarde** (Vorhut, Schrittmacher gesellschaftlicher und kultureller Entwicklungen) kennzeichnen. Dies mag zum Teil auf die föderale, dezentrale Struktur der Bundesrepublik zurückzuführen sein.

2. Soziale Randgruppen

Unter sozialer **Randgruppe** (Marginalgruppe) verstehen wir die Zusammenfassung von Personen und Personengruppen, die in die Kerngesellschaft aufgrund von Defiziten (des Einkommens, der

Bildung, der Sprache, der Wohnverhältnisse etc.) nur unvollkommen integriert sind.

Der Begriff Randgruppe ist von einer Reihe anderer Begriffe zu unterscheiden, auch wenn es Überschneidungen gibt: Problemgruppen; Außenseiter; Minoritäten; Unterprivilegierte; Arme; Asoziale. Der letzte Begriff verweist, im Gegensatz zu Randgruppen, auch auf den Tatbestand abweichenden Handelns; dieser Begriff ist zwar noch üblich, aber – da zu wertbeladen – für soziologische Analysen untauglich.

Randgruppen sind **Gruppen** nur in einem sozialstatistischen, nicht im soziologischen Verständnis: der Begriff faßt Individuen mit vergleichbarer Soziallage zusammen, setzt aber nicht gemeinsames Handeln (wie die soziale Gruppe) voraus.

Zu den sozialen Randgruppen werden gerechnet:

Obdachlose
Teilgruppen ausländischer Arbeitnehmer
Teilgrupen der Behinderten
Asylbewerber
Spätaussiedler
längerfristig Arbeitslose
Vertriebene aus Krisengebieten.

Die Ursachen der Armut wie des Randgruppendaseins liegen ebensosehr im individuellen Bereich (Krankheit, Alter, Invalidität) wie in bedeutenden sozialstrukturellen Umwälzungen und in der Dynamik der industriellen Entwicklung, die zu Arbeitslosigkeit, in vielen Fällen auch zu Obdachlosigkeit und anderen Ausgrenzungen aus dem als normal angesehenen sozialen und kulturellen Leben führen. Seit dem Vereinigungsprozeß der beiden deutschen Staaten 1990ff sind völlig neue Dimensionen der Entstehung neuer Randgruppen und der Armutsentwicklung hinzugekommen: „Vereinigungsarmut"; „Armut im Umbruch" usw. Doch die Sozial- und Risikolagen entsprechender Populationen sind in einem schnellen Wandel begriffen (vgl. hierzu umfassend und für die Jahre 1990–1992 detailliert vergleichend und interpretierend *Hanesch* u.a., 1994).

Neben diesen Randgruppen und Armutspopulationen, die sich aus dem totalen Zusammenbruch der DDR-Wirtschaft und der sozialistischen Planwirtschaften des früheren Comecon-Bereichs nach 1989 ergeben haben, sind in den letzten Jahren weitere Randgruppen hinzugekommen: Asylbewerber, Teilgruppen der Spätaussiedler, Vertriebene aus Krisengebieten (z.B. dem ehemaligen Jugoslawien).

Die Integrationskraft der Bundesrepublik, die zu einem Teil durch den Einigungsprozeß absorbiert ist, erweist sich diesen Gruppen gegenüber nicht als sehr förderlich. Das mag z.T. auf Defizite der Politik zurückzuführen sein, die darauf beharrt, daß Deutschland kein **Einwanderungsland** sei, teilweise auch auf Defizite der politischen Kultur und der ansonsten unterstellten Liberalität und Pluralität der Lebensstile und Milieus. Deutlich ist jedenfalls, daß die unvollständige Integration der Randgruppen in die Kerngesellschaft nur zum Teil auf ökonomische Defizite zurückgeht. Ebenso wichtig sind die ausschließenden Wirkungen der **Vorurteile, Stigmatisierungen** und **Diskriminierungen** (vgl. hierzu das materialreiche Arbeitsbuch von *Manfred Markefka*, 1984).

VI. Soziale Ungleichheit und gesellschaftlicher status quo

Die Analysen zu aktuellen Ausprägungen der sozialen Ungleichheit und zum Umfang der vertikalen Mobilität in der Bundesrepublik lassen sich wie folgt zusammenfassen:

- In der Sozialgeschichte der Bundesrepublik gibt es eine große Kontinuität in der Entwicklung der meisten Indikatoren sozialer Ungleichheit (Einkommen; Vermögen; Bildungschancen usw.);
- die Sozialstruktur der Bundesrepublik verändert sich weniger über eine Umverteilung bestimmter Besitzstände als durch eine Anhebung des Gesamtniveaus;
- diese Anhebung des Gesamtniveaus (der Einkommen usw.) läßt die tatsächlich gegebene oder genutzte **Chancengleichheit** größer erscheinen als sie ist.

Die Frage nach den Ursachen sozialer Ungleichheit ist also auszudehnen auf die Frage nach dem Erhalt einer gegebenen Ungleichheit als Element der Sozialstruktur. Diese Frage berührt die der Herrschaft und des Machterhalts. Eine mögliche Antwort sei abschließend mit *Max Weber* – für den die Herrschaftsfrage im Zentrum seines Werkes stand – gegeben.

Weber geht aus von der Analyse der „Öffnung“ und der„Schließung sozialer Kreise“ (vgl. hierzu auch *Frank Parkin*, 1983). Die Grundgedanken arbeitet *Weber* im Zusammenhang der Entwicklung und Struktur „offener und geschlossener Wirtschaftsbeziehungen“ heraus (1964, S. 260ff). Hier können sie wie folgt zusammengefaßt werden:

- Alle sozialen Gruppen und Gemeinschaften streben danach, die einmal erreichten Verfügungsmöglichkeiten über bestimmte Ressourcen (in *Weber*s Beispiel: „ökonomische Chancen“) zu monopolisieren;
- als Kriterium für den Ausschluß von Mitbewerbern dient vielfach „irgendein äußerlich feststellbares Merkmal eines Teils der (aktuell oder potentiell) Mitkonkurrierenden: Rasse, Sprache, Konfession, örtliche oder soziale Herkunft, Abstammung, Wohnsitz usw.“ (S. 260). Das gewählte

Merkmal, das die Ausschließung steuert, ggf. legitimiert, ist letztlich völlig gleichgültig: „Es wird jeweils an das nächste sich darbietende angeknüpft“;

- in diesem Prozeß der Entstehung geschlossener Interessengemeinschaften (ggf. auch Rechtsgemeinschaften), lassen sich „Stadien der mehr oder minder definitiven inneren Schließung der Gemeinschaft“ unterscheiden (die wiederum nach sehr verschiedenen Gesichtspunkten zu differenzieren sind; S. 261).

Dieses „Modell“ der Schließung und der ggf. interessebedingten (auch: machtbedingten) Öffnung sozialer Kreise bzw. Gemeinschaften müßte nun differenziert angewandt werden auf die tatsächliche soziale Lage einzelner Individuen und die sozialen Gruppen, mit denen sie in direktem oder indirektem Kontakt stehen.

Vorliegende empirische Untersuchungen, z.B. die Berliner Lebensverlaufsstudie von verschiedenen Geburtskohorten (*Mayer/Blossfeld*, 1990), können bestimmte Trendaussagen zur Öffnung der Sozialstruktur, die inzwischen gängige Meinung geworden sind, nicht bestätigen: daß Individualisierungsprozesse zu einem Zustand „jenseits von Klasse und Schicht“ (*Ulrich Beck*, 1983) geführt haben und die Pluralisierung der Lebensstile und Milieus eine Entstrukturierung der gegebenen Schichtungsstruktur bewirke (*Stefan Hradil*, 1987).

Mayer/Blossfeld fassen einige ihrer Ergebnisse wie folgt zusammen:

- Die soziale Herkunft bleibt von herausragender Bedeutung für den Lebensverlauf; entgegen den Erwartungen „führte die Bildungsexpansion der 60er Jahre nicht zu einem geringeren, sondern zu einem stärkeren Einfluß des Elternhauses“ (1990, S. 310);
- sehr verstärkt habe sich die Statuskontinuität bereits im frühen Verlauf der Berufskarriere;
- die „Wirkungen des in der 40jährigen Friedenszeit akkumulierten familiären Besitzes und Kapitals“ werden über den Prozeß der intergenerationalen Vererbung hinaus ihre statuskonservierende Bedeutung haben.

Mayer/Blossfeld fassen die Ergebnisse aus den Lebensverlaufsstudien dahingehend zusammen, daß von einer „Ablösung bzw. Abschwächung von Klassenstrukturen und Schichtungstendenzen keine Rede sein kann“ (1990, S. 311).

VII. Transformation der Klassen- und Schichtungsstruktur der DDR

Anders als in der Bundesrepublik war die bewußte Veränderung überkommener Gesellschaftsstrukturen Ziel des 1945/49 begonnenen **revolutionären Umbaus** in der SBZ/DDR: die Transformation in eine sozialistische, klassenlose Gesellschaft.

Diesem Ziel dienten die an verschiedenen Stellen des vorliegenden Bandes beschriebenen Änderungen der Eigentumsordnung, der Kollektivierung der Landwirtschaft, der Schaffung **Volkseigener Betriebe (VEB)**, der selektiven Förderung von Kindern aus der Arbeiter- und Bauernschicht, der allgemeinen Hebung des Bildungsniveaus und der obligatorischen ideologischen Schulung in den Lehren des Marxismus-Leninismus.

Unter diesen Prämissen einer **egalitären Gesellschaft** kam es – u.a. wegen der Unzulässigkeit privaten Kapitals im Wirtschaftsprozeß – zu einer „Quasi-Vernichtung des alten Mittelstandes" (*Geißler*, 1992a, S. 21).

Gesellschaftlicher Aufstieg hing ganz wesentlich von bewiesener Loyalität gegenüber der Machtelite und ihren Institutionen ab, so daß der Beitritt zur FDJ oder zum FDGB mehr oder weniger obligatorisch war.

Offiziell gab es nur folgende „**Klassen**": die beiden „befreundeten Klassen" der Arbeiter und der Genossenschaftsbauern sowie die „soziale Schicht der sozialistischen Intelligenz und andere werktätige Schichten, wie genossenschaftlich organisierte und private Handwerker, Gewerbetreibende und freiberuflich Schaffende". Die „sozialistische Intelligenz" wurde in dem auch in der alten Bundesrepublik weit verbreiteten „Wörterbuch der marxistisch-leninistischen Soziologie" als „Träger der geistigen Produktion" besonders herausgestellt. Sie war deshalb eine „Schicht" (und keine Klasse), weil sie keine eindeutige Stellung zu den Produktionsmitteln hatte; sie fand sich in Wissenschaft und Technik, Militär und Kunst, Wirtschaft und Pädagogik, Politik und Partei.

Zur Arbeiterklasse – der auch die Angestellten zugerechnet wurden – zählten 1987 75% der Berufstätigen; zur Intelligenz 15%. Die Arbeiterklasse zeigte – zumal in der zusammenfassenden Kategorie – wenig Änderungen seit 1950, die Intelligenz dagegen starke Zunahmen. Die Genossenschaftsbauern hatten zunächst eine starke Zunahme (vor allem verursacht durch die forcierten Kollektivierungsmaßnahmen um 1959/60), dann eine kontinuierliche Abnahme auf 6,8% im Jahre 1985. Sehr starken Rückgang zeigten die privaten Gewerbetreibenden (Einzelhändler und Handwerker): ihr Anteil sank von 22,7% auf 1,7% 1985 (*Belwe*, 1989).

Was sich an realer Veränderung dieser Schichtungsstruktur der DDR-Gesellschaft bereits abzeichnet, läßt sich mit einigen Trendaussagen kurz benennen (vgl. auch *Geißler*, 1992, 1992a; *Glatzer/ Noll*, 1992):

- Die Wiederbelebung/Einrichtung des alten/neuen Mittelstandes; so hat sich die Zahl der Selbständigen und der mithelfenden Familienangehörigen von 1989 bis Oktober 1991 mehr als verdreifacht (*Geißler*, 1992a, S. 24);

hiermit hängt zusammen die Entwicklung eines völlig neuen Dienstleistungssektors (vgl. *Sahner*, 1994);

- die Einkommensunterschiede nehmen zu, bei Einebnung der Arbeiter-Privilegien und Aufwertung der Angestellten; es gibt eine Anhebung des – zuvor äußerst geringen – Rentenniveaus;
- die Machtelite der ideologisch einheitlich handelnden **Intelligenz** ist weitgehend zerfallen (bei verbliebener Solidarisierung z. B. in der PDS).

„Es ist absehbar, daß der Abbau der **vertikalen Unterschiede** langfristig in einen (Wieder-)Aufbau umschlägt und soziale Ungleichheiten entstehen, die dem westdeutschen Muster ähneln. Nivellierungen verkehren sich in vertikale Differenzierungen“ (*Geißler*, 1992a, S. 24).

K. Siedlungs- und Gemeindestruktur. Wohnungs- und Städtebau

I. Definition von Siedlung, Gemeinde, Infrastruktur

Änderungen in der Siedlungsstruktur sind der am deutlichsten wahrnehmbare Ausdruck des sozialen Wandels einer Gesellschaft. Fast alle sozialen Strukturen, Prozesse und Probleme haben ihren Niederschlag in räumlichen Strukturen, sich ändernden Raumnutzungen und mehr oder weniger eindeutig abgegrenzten Territorien; das gilt für Garten- und Hausbesitz ebenso wie für die räumliche Struktur des Arbeitsplatzes, für bestimmte Wohnlagen wie für die Territorien der Städte und Länder. „Das Bild der Gesellschaft ist auf den Boden geschrieben" (*Pierre Henri Chombart de Lauwe*). Die „Raumbezogenheit sozialer Probleme" (vgl. *L.A. Vaskovics*, 1982) ist ein altes, aber häufig vernachlässigtes Thema sozialwissenschaftlicher Analysen.

Unter **Siedlung** wird ein relativ dauerhafter Wohnplatz für Menschen verstanden. Die **Siedlungsstruktur** umfaßt alle Formen und Differenzierungen in der Besiedlung eines Landes: Form und Größe der Gemeinden, also der Städte und Dörfer wie der Einzelplatzbesiedlung, das quantitative Verhältnis und die räumliche Lage dieser „Elemente der Siedlungsstruktur" zueinander.

Gemeinde ist ein Oberbegriff für alle Siedlungsgebilde, die über Größe und Struktur von Einzelplatzsiedlungen (Gutshöfen usw.) hinausgehen. Die wichtigsten Erscheinungsformen der Gemeinden sind Dorf und Stadt, wobei beide wiederum – sowohl in Deutschland als auch in Europa und anderen Weltregionen – höchst unterschiedliche Ausprägungen zeigen.

Gemeinde läßt sich nach *Bernd Hamm* (1982) durch drei Merkmale definieren: durch das materielle Substrat (das durch Grenzen eingefaßte Gebiet und die sich darin befindenden Menschen und Sachanlagen); durch das institutionell differenzierte und abgestützte soziale Interaktionsnetz und semiotisch durch Name, Erscheinungsbild usw.

Zu den Elementen der Siedlungsstruktur gehört auch die sogenannte **Infrastruktur** („Unterbau"). Der Begriff stammt aus der Militärsprache der NATO und meint dort alle materiellen und technischen Einrichtungen, die für einsatzbereites Handeln erforderlich sind. Auf die Siedlungsstruktur übertragen bezeichnet der Begriff Infrastruktur die Basisstruktur der Besiedlung, das „materielle Substrat" (*E. Durkheim*) gemeinschaftlicher Anlagen, das das Leben in Städten und Dörfern überhaupt erst ermöglicht:

- Die **Bandinfrastruktur** als Summe der Straßen, Schienen, Einrichtungen der Versorgung (Wasser, Strom, Gas, Telefon etc.) und der Entsorgung;
- die **soziale Infrastruktur** als Summe der Einrichtungen, die das Leben in städtischer und dörflicher Gemeinschaft ermöglichen: Schulen, Krankenhäuser, Kindergärten, Bäder, Theater, Verwaltungen etc., einschließlich der haushaltsorientierten Dienstleistungs- und Versorgungseinrichtungen.

Daß die Formen und Differenzierungen der Siedlungsstruktur – wie der Infrastruktur – einer der wichtigsten Indikatoren der Gesellschaftsstruktur und ihres Entwicklungsstandes überhaupt sind, soll im folgenden verdeutlicht werden.

II. Entwicklung und Bedeutung der Stadt und des Stadt-Land-Gegensatzes

Im Zuge der Seßhaftwerdung der Menschen seit der Jungsteinzeit (Neolithikum) entstanden vor nunmehr ca. 8–10 Tsd. Jahren die ersten Städte, vor allem in Vorderasien (zu den Ursprüngen vgl. *H. Berndt*, 1978; *L. Mumford* 1979). Durch die Entwicklung der Städte erhielt die Menschheitsgeschichte, vor allem ihre Kultur- und Zivilisationsgeschichte, eine völlig neue Dynamik. Die Städte wurden zu einem zentrierenden Element des Gesellschafts- und Staatsaufbaus und der Lokalisierung einer Vielzahl bestimmter Formen der Arbeitsteilung, der kulturellen und religiösen, ökonomischen und sonstigen typischen Einrichtungen einer Gesellschaft auf kleinstem Raum (für eine differenzierende Sichtweise der Städte im Zusammenhang der gesellschaftlichen – ökonomischen, kulturellen usw. – Entwicklung vgl. den Reader von *K.M. Schmals*, 1983).

Traditionell sprach man von **Stadt**, wenn Siedlungen folgende Merkmale aufwiesen:

- Deutlich gegenüber dem umgebenden Land abgegrenzte, relativ geschlossene Siedlungsform in bestimmter Größe;
- Verdichtung der Bebauung, die durch Straßen und mehrstöckige Häuser erreicht wird;
- Differenzierung der Arbeitsteilung (Handwerk, Handel, Kunst, Kultur) auf der Grundlage der Versorgung durch ein agrarisches Umland;
- Kultivierung der jeweils differenziertesten Lebensformen.

Die ersten beiden Punkte kann man als quantitative Aspekte ansehen, obwohl ein bestimmtes „Volumen" der Bevölkerung und die Dichte des Beieinander-Wohnens Voraussetzung sind (waren) für eine Differenzierung der Arbeit und der Lebensweisen. Hiermit wiederum ist die funktionale Verflechtung der Stadt mit ihrem Umland angesprochen, ihre noch zu erläuternde Zentralität.

Der vierte Punkt ist ein eindeutig qualitatives Merkmal. Der Soziologe und Kulturphilosoph *Georg Simmel* bezeichnete (1903) Städte bzw. Großstädte als Orte des „Geisteslebens“, der Individuierung, als „Schauplätze dieser über alles Persönliche hinauswachsenden Kultur“. Und der deutsch-amerikanische Soziologe *Louis Wirth* (1897–1952) bestimmte „Urbanität“ als eine besondere „Lebensform“ (Urbanism as a Way of Life, 1938/1974).

Der Gegensatz Stadt–Land, der mehr ein sich ergänzendes Wechselverhältnis mit einem Herrschaftsgefälle Stadt–Land gewesen ist, war (und ist) ein wesentliches Moment der historischen und kulturellen Dynamik.

III. Phasen der Stadtbildung und Verstädterung in Deutschland

Deutschland hat Anteil an allen bedeutenden Phasen der Stadtgründung und -entwicklung seit der römischen Antike (vgl. den Überblick bei *B. Schäfers*, 1977). Ein Hinweis auf diese Phasen ist deshalb geboten, weil sie in den meisten deutschen Städten noch aufweisbar sind und – wie z. B. vor allem die mittelalterliche Stadtbildung – das „Bild von Stadt“ idealtypisch bis heute prägen.

1. Vorindustrielle Phasen

Bedeutende römische Stadtgründungen auf deutschem Boden wie Trier und Köln, Mainz und Regensburg zeigen und bewahren das Erbe bis heute. Wie vollständig der Untergang der römischen Stadtkultur in der Völkerwanderungszeit (vor allem 4.–7. Jahrhundert) gewesen ist, bleibt umstritten, weil einige Städte zu Bischofssitzen wurden oder durch Klöster und ein neues geistig-kulturelles Leben Stadtkultur erhalten wurde.

Nach der Festigung des Fränkischen Reiches und dem Wiederaufblühen des Handels kam es im frühen Mittelalter erst vereinzelt, dann systematisch und in heute noch erhaltener Dichte zur Gründung einer erstaunlichen Zahl an (zumeist sehr kleinen) Städten. Nach einer Untersuchung von *Heinz Stoob* (1979) entstanden in der Zeit von ca. 1000 bis ca. 1450 im mitteleuropäischen Raum rund 5 Tsd. Städte aller Größenordnungen. Sie bilden bis heute den Kern der europäischen Stadtlandtschaft.

Die Phase der Städtegründung bzw. des Städteumbaus im Absolutismus (16.–18. Jahrhundert) läßt sich wie folgt kennzeichnen:

- Städtegründungen erfolgten zum Teil nach streng geometrischen, „rationalen" Mustern (z. B. Mannheim; Karlsruhe; Freudenstadt);
- es kam zu einer eigentümlichen Verbindung von barocker Residenz und militärischer Garnison in der „Soldatenstadt" (z. B. Potsdam);
- im Zusammenhang des Ausbaus der barocken Residenzstadt erfolgte der bis heute nachwirkende Ausbau zu Landes- und Provinzhauptstädten: Hannover und Darmstadt, Düsseldorf und Kassel, Münster und München, Karlsruhe und Stuttgart sind bedeutende Beispiele.

Das Ende des 18. Jahrhunderts einsetzende und bis ca. 1900 sich hinziehende „Schleifen" der alten, häufig doppelten (z. B. Köln) Stadtmauern verwandelte die Städte und machte sie – entsprechend den ökonomischen Absichten des Merkantilismus und des sich herausbildenden Nationalstaats – zu „offenen Bürgerstädten". Grünanlagen und Parks, Promenaden und kleine Seen traten an die Stelle der ehemaligen Mauern, Festungsgürtel, „Vorwerke" usw. Wohl erstmalig in der Menschheitsgeschichte hatten die Städte keine Mauern mehr – sie waren kriegstechnisch ohnehin wirkungslos geworden.

2. Industrielle und tertiäre Verstädterung

Im Begriff „industrielle Verstädterung" ist bereits ausgedrückt, daß die Industrialisierung zu einem neuen Muster (pattern) der Stadtentwicklung und -struktur führte. Anstelle von „Stadtgründung" setzte nun eine Phase der „**Verstädterung**" ein. In diesem Begriff kommt zum Ausdruck, daß der Prozeß sehr schnell vor sich ging und bestimmte Merkmale der Stadt vermissen läßt.

Erhöhung der räumlichen Mobilität, das heißt eine Intensivierung der Wanderungsströme – ob freiwillig oder gezwungen –, Bevölkerungswachstum und Industrialisierung waren die Ursachen der um ca. 1850 in Deutschland einsetzenden Verstädterung. „Das Bevölkerungswachstum im Zeichen der Industrialisierung geht überall in den Formen der Verstädterung vor sich" (*Elisabeth Pfeil*, 1972, S. 116).

Die Emanzipation der Menschen aus den agrarisch-feudalen Existenzweisen war eben auch eine „Emanzipation von der Raumgebundenheit" (*Olaf Boustedt*). Ein bisher in der Menschheitsgeschichte unbekanntes Ausmaß der Verstädterung nach Zahl und Größe der Städte setzte ein. Der Begriff **Großstadt** wurde 1887 vom Internationalen Statistikerkongreß festgelegt für alle relativ geschlossenen Siedlungsgebilde mit mehr als 100 Tsd. Einwohnern. Für Deutschland wurde folgende Differenzierung des Städtewesens vorgenommen:

Landstädte	2 000– 5 000	Einwohner
Kleinstädte	5 000– 20 000	Einwohner
Mittelstädte	20 000–100 000	Einwohner
Großstädte	100 000–1 Mill.	Einwohner

Deutschland trat etwa um 1870 in den Prozeß der Vergroßstädterung ein (in Sachsen etwas früher). Entsprechend der zeitlich früheren Industrialisierung begann dieser Prozeß in Schottland, England und Wales, in Belgien, den Niederlanden und Frankreich bereits zwischen 1800 und 1850 (zur Stadtentwicklung im Industriezeitalter vgl. *J. Reulecke*, 1978; 1985).

Ende des 18. Jahrhunderts gab es im damaligen Deutschland etwa 60 Städte mit mehr als 10 Tsd. Einwohnern; nur drei Städte hatten 100 Tsd. und mehr Einwohner: Hamburg (100 Tsd.), Berlin (150 Tsd.) und die damalige (bis 1806) „Hauptstadt" Wien (207 Tsd.).

Es hatte im übrigen keine kontinuierliche Vergrößerung der Städte in Deutschland gegeben. Nach dem großen, bedeutenden Ausbau der mittelalterlichen Stadt stagnierte aufgrund der politischen Strukturen und der Folgen des 30jährigen Krieges 1618–1648 das Städtewesen bis ins 18. Jahrhundert. Nürnberg, nach Köln und Danzig die größte Stadt des Mittelalters, hatte 1620 noch 40 Tsd. Einwohner, 1807 nur mehr 25 Tsd.

Die Klein- und Mittelstädte, mit ihren gleichwohl hochdifferenzierten Sozialstrukturen, blieben – bis auf die Ausnahmen der Residenzstädte – bis an die Schwelle der forcierten Industrialisierung (ab 1850) hinsichtlich ihrer Größe und Struktur erhalten.

Die Phasen des größten Wachstums der industriellen Großstadt und der industriellen Ballungszentren (wie vor allem des Ruhrgebiets als größter Industrieregion Europas) konzentrierten sich auf die wenigen Jahrzehnte von 1870 bis zum Ersten Weltkrieg. Auch die schnelle und intensive Bebauung, die in Berlin z. B. nach 1860 einsetzte, konnte Verelendung und Verwahrlosung, Vermassung und Verproletarisierung nicht abwenden (vgl. *W. Hegemann*, 1963).

Es gab in Deutschland keine Erfahrungen: weder mit einem so schnellen Bevölkerungs- und Städtewachstum noch mit den sich ja erst herausbildenden industriell-großstädtischen Daseinsbedingungen. Da es an Kanalisation usw. fehlte, waren die hygienischen Verhältnisse entsprechend – worauf unermüdliche Sozialreformer und Mediziner wie der bereits erwähnte *Rudolf Virchow* nachdrücklich hinwiesen (vgl. hierzu *M. Rodenstein*, 1988). Diese Kritik und praktische Notwendigkeiten führten nach 1870 zum „unterirdischen" Ausbau der Städte: Wasser, Licht, Kanalisation, Gas etc. (in London übrigens seit 1863 zum Ausbau von Untergrundverkehrswegen, seit 1890 als elektrifizierte Untergrundbahn).

Der Anteil der Großstadtbevölkerung an der Gesamtbevölkerung stieg im Deutschen Reich von 4,8% im Jahre 1871 auf 21,2% im Jahre 1910.

Am 31.12.1991 betrugen die Anteile für Deutschland 32,5%, für das frühere Bundesgebiet 33,5% und die neuen Bundesländer (incl. Ost-Berlin) 27,5%.

Die Entwicklung der „**industriellen Großstadt**" und der „**industriellen Ballung**" zwischen 1870 und dem Ersten Weltkrieg ist nicht nur siedlungsstrukturell und stadtgeschichtlich etwas völlig Neues in der Geschichte, sondern auch bevölkerungsbezogen, ökonomisch und soziokulturell:

- Erstmalig war die in der Stadt lebende Bevölkerung größer als die dörflich-agrarische Bevölkerung (für Deutschland wird man als „Schwellenjahr" 1910 nennen können: Etwa zu diesem Zeitpunkt war die Bevölkerung in Gemeinden mit mehr als 5000 Einwohnern größer als die Bevölkerung in Gemeinden mit weniger als 5000 (Bevölkerung und Wirtschaft 1872–1972, S. 94);

- die Expansion der Siedlungsstruktur Stadt basierte auf einem Wandel der Produktions- und Berufsstruktur, wie sie auf diesen Wandel verstärkend zurückwirkte und wiederum das Größenwachstum beschleunigte;
- städtische Lebensweisen und Verhaltensmuster wurden dominant und bestimmten weitgehend die Dynamik des wirtschaftlichen und gesellschaftlichen Prozesses (Bedeutung der Handels-, Banken- und Börsenzentren); die isolierte Kernfamilie wurde zur häufigsten Familienform;
- die Verstädterung (deren qualitative Aspekte der Änderung der Einstellung und Lebensweisen besser als „**Urbanisierung**" bezeichnet werden) war der vielleicht wichtigste Teilprozeß der „**sozialen Mobilisierung**". Diese hatte *Karl W. Deutsch* (1970, S. 329) als „umfassenden Wandlungsprozeß" bezeichnet, den „wesentliche Teile der Bevölkerung von Ländern durchmachen, die auf dem Wege von traditionellen zu modernen Lebensformen sind."

Nach dem Zweiten Weltkrieg ging die Phase der **industriellen Verstädterung** mehr und mehr in die der **tertiären Verstädterung** über (in Aufnahme eines Begriffs von *R. Mackensen*, 1974). Charakteristisch für diese Phase ist die zunehmende Bedeutung des tertiären Sektors und damit verbunden die Ausdehnung der City und ihrer Funktionen (vgl. S. 269f).

Alle Phasen der Stadtentwicklung lassen sich in der Mehrzahl der europäischen Städte finden. Städte haben nicht nur ihre eigene ablesbare Geschichte, sondern auch eine komplexe Geographie (wie differenziert diese **Stadtgeographie** ist und welche Faktoren und Prozesse zu dieser Entwicklung beigetragen haben, veranschaulicht *Heinz Heineberg*, 1986, in einem Studienbuch).

IV. Stellung und Bedeutung der Gemeinden

1. Historische und gegenwärtige Bedeutung der Selbstverwaltungsgarantie

Es war *Freiherr vom Stein* (1757–1831), der am Beginn des 19. Jahrhunderts die Erneuerung der Selbstverwaltung der Städte als Element der staatlichen und gesellschaftlichen Erneuerung überhaupt durchsetzen half (preußische Städteordnung vom 19.11.1808 als Teil der „**Stein-Hardenbergschen Reformen**"*). Die **Selbstverwaltung** war nach *Stein* aus staatspolitischen wie aus moralischen Grundsätzen gleichermaßen geboten: nur so könne der Bürger eine sittliche, dem Öffentlichen verpflichtete Gesinnung entwickeln. Ohne die Umwälzung durch die Industrielle Revolution zu kennen oder auch nur zu ahnen, wurde durch *vom Stein* eine Grundlage für die Handlungsfähigkeit der Kommunen in der sich industrialisierenden Gesellschaft geschaffen. Erst auf dieser Grundlage entwickelte sich das uns heute selbstverständliche Vorstellungsbild von den Städten und Gemeinden: auf den vom Staat nicht geordneten Gebieten initiativ zu werden, Versorgungs- und Wirtschaftsbetriebe aufzubauen, soziale und kulturelle Aktivitäten zu entfalten, kurz: eine bürgernahe **Daseinsvorsorge** zu betreiben (zur Kommunalpolitik im historischen Wandel vgl. den Überblick bei *Wehling*, 1994).

Nach dem Zweiten Weltkrieg begann, wie S. 21f dargelegt, die staatliche und gesellschaftliche Erneuerung abermals von der Basis her. In den Beschlüssen der **Potsdamer Konferenz** vom 2.8.1945 hieß es unter anderem: „Die Verwaltung Deutschlands muß in Richtung auf eine Dezentralisierung der politischen Struktur und der Entwicklung einer örtlichen Selbstverwaltung durchgeführt werden." Daß die Entwicklung in der SBZ/DDR völlig anders verlief und sowohl die Autonomie der Gemeinden beseitigt und die historischen Ländergrenzen (1952) abgeschafft wurden, ist bereits hervorgehoben worden (S. 37f; vgl. auch w.u.).

Es war damals und ist heute von großer Bedeutung, welcher Stellenwert den Gemeinden im dezentralen, föderativen Aufbau der Bundesrepublik zukommt. Die wichtigsten Charakteristika können wie folgt zusammengefaßt werden:

- Das Grundgesetz bestimmt in Art. 28, daß „alle Angelegenheiten der örtlichen Gemeinschaft im Rahmen der Gesetze in eigener Verantwortung zu regeln sind". Mit diesem Recht wird die **Selbstverwaltungsgarantie der Gemeinden** postuliert (die „Angelegenheiten der örtlichen Gemeinschaft" sind natürlich dem historischen Wandel unterworfen);
- zum Kernbereich der Selbstverwaltung gehören: das Recht der Gemeinden, die ihnen vom Gesetzgeber zugestandenen Steuern in eigener Verantwortung zu erheben (Finanzhoheit);
- die Einrichtungen der Verwaltung nach Gesichtspunkten der Zweckmäßigkeit – im Rahmen der vorhandenen Richtlinien – vorzunehmen;
- für die Aufstellung von Bebauungsplänen und anderen Infrastrukturplanungen zuständig zu sein (Planungshoheit).

Trotz dieser Selbstverwaltungsgarantie bleibt die Gemeinde in die Verwaltungsorganisation der Länder eingegliedert. Andere Einschränkungen der Selbstverwaltungsgarantie der Gemeinden ergeben sich aus immanenten Entwicklungen und aus „Sachzwängen", welche die „Zentralgewalten" des Bundes und der Länder geltend machen:

- Die Gemeinde bildet in der Gegenwartsgesellschaft keinen in sich geschlossenen Lebensraum mehr, auf den das Prinzip der „Allzuständigkeit" sinnvoll angewandt werden könnte;
- die technischen Dienste und Versorgungssysteme greifen längst über den Verwaltungsbereich auch größerer Gemeinden hinaus (Energie, Wasser, Verkehr, Schulen etc.);
- die Aufgaben der Gemeinden werden mehr und mehr von der Landes- und Bundesgesetzgebung bestimmt („Verbundsystem" der Aufgaben- und Mittelzuweisungen).

Es sind aber nicht nur Probleme der Steuerverteilung und der Aufgabenzuweisung, die den Handlungsspielraum der Gemeinden eingeengt haben. Die Probleme der „lokalen Demokratie“ werden durch die Wirtschaftsentwicklung, die Arbeitsplatzentwicklung, durch die Gesamtheit der auf die Gemeinden bezogenen, aber zum Teil außergemeindlich generierten Entscheidungs- und Partizipationsprozesse verschärft. Gleichwohl bleiben die Gemeinden für den Bürger der Ort, wo Macht- und Entscheidungsstrukturen anschaulich werden und er etwas über den Stellenwert und Entwicklungsstand von Demokratie und **politischer Kultur** ganz allgemein erfahren kann.

2. Zielsetzung und Umfang der kommunalen Neugliederung in Westdeutschland

Der schnelle Um- und Ausbau der Stadt- und Siedlungsstruktur hatte die vielfach auch zuvor bestehenden Diskrepanzen zwischen den Gemeindeverwaltungen und den sozio-ökonomischen Gebietseinheiten immer größer werden lassen. Die zahlreichen, für die unterschiedlichsten Aufgaben und Zuständigkeiten gebildeten zwischengemeindlichen und regionalen Planungs- und Zweckverbände konnten die Gewährleistungen eines einheitlichen Verwaltungsraumes nicht länger ersetzen, einzelne Eingemeindungen das Gesamtproblem nicht lösen. Insbesondere die kleineren Gemeinden mit ihrer geringen Verwaltungs- und Finanzkraft konnten die wachsenden Aufgaben (Infrastrukturausbau; Bauleitplanung; allgemeine Daseinsvorsorge) nicht mehr im Sinne des Grundgesetzes und der Gemeindeordnungen erfüllen.

Tabelle 26 „Maßstabsvergrößerung“ und Ausweitung des städtischen Systems auf dem Territorium des (früheren) Bundesgebietes seit 1871.

Jahr	Gemeindegrößenklasse					
	20–50 Tausend		50–100 Tausend		über 100 Tausend	
	Anzahl	Bevölkerungsanteil	Anzahl	Bevölkerungsanteil	Anzahl	Bevölkerungsanteil
1871	29	4,5	15	4,9	4	4,9
1910	87	7,3	32	6,1	32	27,0
1950	139	9,2	38	5,8	48	31,3
1961	181	10,0	50	6,5	53	34,2
1970	229	11,8	60	7,0	59	32,4
1991	371	17,3	88	9,1	71	33,5

Quelle: Statistisches Bundesamt, Bevölkerung und Wirtschaft 1872–1972, S. 94; für 1991: Statistisches Jahrbuch 1993, S. 63

Es ist heute, etwa 20 Jahre nach Abschluß der kommunalen Gebietsreform, fast unglaubhaft, daß es Ende der 60er Jahre noch mehr als 10 000 Gemeinden mit weniger als 500 (fünfhundert), mehr als 16 000 Gemeinden mit weniger als 1000 und über 20 000 Gemeinden mit weniger als 2 000 Einwohnern gegeben hat. In nur wenigen Jahren wurde die Gesamtzahl der Gemeinden von 24 282 auf 8 502 reduziert.

3. Die Entwicklung in der SBZ/DDR

Die S. 15 erwähnte Forderung aus dem Potsdamer Abkommen von August 1945 nach Dezentralisierung des politischen Lebens wurde zunächst auch in der SBZ eingehalten. Doch bereits ein erster Verfassungsentwurf der SED von 1946 sah hinsichtlich der Rechtsstellung der Gemeinden eine stärkere Zentralisierung vor (*Bernet*, 1990, S. 41).

Die Umorganisation der kommunalen Selbstverwaltung erfolgte bereits 1947, der scharfe Bruch 1952 (*Bernet*, S. 43f). Die Länder wurden zerschlagen und statt ihrer Bezirke eingerichtet, die weitgehend auch für kommunale Belange zuständig waren. Die Bezirksverwaltungen sorgten für eine direkte Umsetzung der Beschlüsse der SED.

Im Juli 1985 kam es zur letzten Novellierung des „Gesetzes über die örtlichen Volksvertretungen und ihre Organe (GÖV)“. Im (offiziellen) Kommentar zum Gesetz hieß es: „Deshalb bildet das Programm der SED, die Beschlüsse der Parteitage und des Zentralkomitees der SED die Grundlage und Richtschnur für das Handeln aller örtlichen Volksvertretungen“ (zit. bei *Bernet*, S. 48).

Vor der Vereinigung gab es in der DDR 217 Kreise, davon 191 Land- und 26 Stadtkreise. Die Zahl der Gemeinden betrug 7563 (also fast soviel, wie es in Westdeutschland nach der kommunalen Gebietsreform, bei etwa vierfacher Bevölkerungsgröße, noch gab; vgl. *Schmidt-Eichstaedt*, 1993).

Die Größe der Kreise und Gemeinden entsprach also nicht den Vorstellungen und Erfordernissen des vereinigten Staatsgebietes und Verwaltungsraumes. Darum wurde in den neu gebildeten Ländern sehr bald eine Kreisreform begonnen und 1994 abgeschlossen; die Zahl der Landkreise wurde in etwa halbiert (von 191 auf 89).

Die kommunale Gebietsreform ist noch nicht vollständig abgeschlossen und wird gegenüber jener in Westdeutschland einige Besonderheiten aufweisen. Von den gut 7500 Gemeinden hatten (haben) etwa die Hälfte weniger als 500 Einwohner. Anders als in Westdeutschland werden viele von ihnen Bestand haben, allerdings unter der Bedingung, daß sich Gemeinden mit weniger als 3 Tsd. Einwohnern zu Verwaltungsverbänden mit zumindest 5 Tsd. Einwohnern zusammenschließen (*Schmidt-Eichstaedt*).

V. Änderungen in der Siedlungs- und Raumstruktur

1. Entwicklung der Stadtregionen und der Verdichtungsräume in Westdeutschland

Unter **Stadtregion** versteht man eine sozio-ökonomische Raumeinheit, die die engen wirtschaftlichen und sozialen Verflechtungen zwischen einer „Kernstadt" und ihrem Umland erfassen und typisieren soll (*Olaf Boustedt*, 1970, Sp. 3207). Anlaß zur Entwicklung dieses sozialstatistischen Modells waren die seit Beginn der 50er Jahre sich abzeichnenden Prozesse der Expansion des städtischen Siedlungsraumes und der schwindenden Identität zwischen der Stadt als Siedlungseinheit und als verwaltungsrechtlicher Gebietskörperschaft.

Ursachen für diese stadtgeschichtlich neuartige Expansion der Städte ins räumliche Umland – abwertend auch als **Zersiedlung** bezeichnet –, sind in folgendem zu sehen:

- zunehmender Motorisierungsgrad der Bevölkerung und der Wunsch, stadtnah im Grünen (möglichst im eigenen Heim) zu wohnen;
- Umstrukturierungen der Produktionssektoren (z. B. erheblicher Rückgang der landwirtschaftlichen Betriebe, vgl. Tab. 17);
- Ausweitung des Dienstleistungssektors, die zum Ausbau der **City-Funktionen** führte. Während nach dem Zweiten Weltkrieg die Innenstädte ihren Charakter als Wohnplätze zunächst behalten oder zurückgewinnen, beginnt in den späten 50er Jahren der Rückgang der Innenstadtbevölkerung sich abzuzeichnen. Dieser Trend hält – nun auch in kleineren Städten – an, trotz einiger Bemühungen, Innenstadtbewohner zur „Belebung der abendlichen City" neu anzusiedeln (in dieser Entwicklung war die namengebende **Londoner** „City" vorangegangen: seit 1840, als dort noch 125 Tsd. Menschen lebten, hat bis in die Gegenwart ein steter Rückgang auf ca. 5 Tsd. Einwohner stattgefunden);
- Verlagerung von Betrieben, Filialen etc. aus dem Innenstadtbereich an die Randzonen;
- Entwicklung neuer städtischer Wohnquartiere am Stadtrand.

Die im Prozeß der Stadtregion-Bildung sich immer stärker abzeichnende Diskrepanz zwischen Siedlungs- und Verwaltungsraum war einer der wichtigsten Gründe für die kommunale Neugliederung.

2. Neue Wohnquartiere am Stadtrand und Suburbanisierung

In der Bundesrepublik wurden seit Mitte der 50er Jahre bis etwa Mitte der 70er Jahre neue Wohnquartiere am Stadtrand gebaut. In der Sprache der Planer und Städtebauer heißen sie: Wohnquartiere, Trabantensiedlungen, Satellitenstädte, Entlastungsstädte, Parkwohnanlagen, Großsiedlungen, Großwohnanlagen.

Eine der ersten „Entlastungsstädte" war die Neue Vahr in Bremen, die Mitte der 50er Jahre als Wohnsiedlung mit ca. 10000 Wohnungen für 30000 Einwohner geplant war. Andere bekannte Beispiele sind: das Märkische Viertel in Berlin mit 17 Tsd. Wohneinheiten (= WE), Hamburg-Steilshoop und Hamburg-Mümmelmannsberg mit 6300 bzw. 7300 WE, Heidelberg-Emmertsgrund mit 3700 WE und schließlich München-Neu-Perlach mit 28 Tsd. WE.

Jede dieser Entlastungsstädte erregte in ungewöhnlichem Ausmaß die öffentliche und fachinterne Diskussion – vielleicht weil sich an jede dieser Planungen die Hoffnung knüpfte, ein Modell für die „Stadt der Zukunft" entwickelt zu haben.

Neu an diesen randstädtischen Wohnquartieren bzw. Entlastungsstädten war bzw. ist folgendes:

- Sie bringen erstmalig eine Bebauung mit Wohnhochhäusern (ein **Hochhaus** ist definiert als ein Gebäude, in welchem der oberste Fußboden mehr als 22 m über dem umgebenden Gelände liegt; die ersten deutschen Wohnhochhäuser überhaupt entstanden 1945–1956 – gerechnet von Planung bis Fertigstellung – in Hamburg-Grindelberg, dem citynahen Stadtteil Harvestehude; vgl. *A. Schildt* 1988, S. 382);
- sie entstehen in allen Einzelheiten auf dem Reißbrett der Planer und werden in wenigen Jahren realisiert (bis auf den vielfach mangelnden oder fehlenden, aber eingeplanten Infrastrukturausbau);
- sie ermöglichen neue Formen des industriellen (standardisierten) Bauens.

Die Mängel vieler dieser Großwohnanlagen wurden seit etwa 1965 Gegenstand einer wachsenden Kritik, sowohl in den Massenmedien wie in den Sozial- und Planungswissenschaften. *Alexander Mitscherlich* (Psychologe und Sozialpsychologe, 1908–1982) machte die Großwohnanlagen für „Die Unwirtlichkeit unserer Städte" (1965) verantwortlich. Die Kritik hat folgende Punkte nicht genügend auseinandergehalten:

- Die Großwohnanlagen entstanden nicht nur aufgrund der „innerstädtischen Verdrängungskonkurrenz" und eines sicherlich mangelhaften Bodenrechts, sondern aufgrund von stark geänderten Produktions-, Wohn- und Freizeitbedingungen (wobei das **Auto**, das seit Anfang der 60er Jahre in der Mehrzahl der Haushalte, zumal der Erwerbstätigen, vorhanden ist – oder als vorhanden vorausgesetzt wird – eine bedeutende Rolle spielt; es ist ein „flächendeckendes“ Verkehrsmittel, im Gegensatz zu den schienen- und liniengebundenen Verkehrsmitteln);

- die Großwohnanlagen trugen trotz ihrer vielfach erheblichen Mängel (geringer Schallschutz; mangelnde Infrastruktur etc.) zur Verbesserung des Wohnungsstandards in einem bisher nicht gekannten Ausmaß bei;
- sie entstanden innerhalb weniger Jahrzehnte in allen Gesellschaftssystemen, in entwickelten und weniger entwickelten Ländern; in ihrer Form können sie daher nur sehr bedingt als Ausdruck des „kapitalistischen Städtebaus“ angesehen werden (vgl. *Jürgen Friedrichs*, 1978).

Wichtig ist weiterhin, die heutige Kritik und damalige Einstellungen auseinanderzuhalten. So schreibt *Ulfert Herlyn* über diese neuen Wohnanlagen: „In den 60er und frühen 70er Jahren, als diese Großsiedlungen entstanden und von vielen als sichtbarer Ausdruck einer positiv bewerteten Modernität, fortgeschrittener Bautechnik bzw. als symbolträchtiges Zeichen gegen die Zersiedelung der stadtnahen Landschaften durch die Eigenheimbewegung angesehen wurden“, gab es durchaus hohe Zufriedenheitsraten mit den neuen Wohnverhältnissen (1988, S. 513). Der nachlassende Druck auf dem Wohnungsmarkt seit Mitte der 70er Jahre, gestiegene Ansprüche an das Wohnumfeld und weitere Faktoren führten zu neuen Bewertungen und entsprechend hohen Fluktuationsraten (was wiederum das Negativimage verstärkte).

Die geschlossene Entwicklung neuer Wohnquartiere am Stadtrand wurde mehr und mehr durch neue Prozesse der **Suburbanisierung** abgelöst. *Jürgen Friedrichs* definiert Suburbanisierung „als Verlagerung von Nutzungen und Bevölkerung aus der Kernstadt, dem ländlichen Raum oder anderen metropolitanen Gebieten in das städtische Umland bei gleichzeitiger Reorganisation der Verteilung von Nutzungen und Bevölkerung in der gesamten Fläche“ (1975). Die Suburbanisierung führt vor allem zur Umstrukturierung bereits vorhandener Siedlungskerne und Dörfer im Umkreis der großen Städte. In den Dörfern führte und führt dieser Prozeß vielfach zur Restaurierung noch vorhandener alter Bausubstanz und zu deren Nutzungsänderung für „reine“ Zwecke des Wohnens. Durch einen entsprechenden Infrastrukturausbau in den alten Siedlungskernen, durch Aufgabe vieler landwirtschaftlicher Betriebe usw. ändern sich nicht nur die Lebensgewohnheiten der zuziehenden „Suburbaniten“ (*Olaf Boustedt*), sondern auch die der bisherigen Dorfbewohner.

3. Zum gegenwärtigen Stadt-Land-Verhältnis. Dorf und ländlicher Raum

Das Verhältnis von Stadt und Land umfaßt mehr als „nur“ Unterschiede der Siedlungs- und Wohnweise, der Arbeits- und Produktionsbedingungen bzw. Produkte, der Kultur- und Bildungschancen: Es erfaßt Tiefenschichten des Bewußtseins, die mit Prägungen der menschheitsgeschichtlich weit überwiegenden Phasen aller nichtstädtischen Kulturen und Daseinsbedingungen zusammenhängen („Archetypen" der Naturabhängigkeit bzw. -verbundenheit); es umfaßt Vorstellungsbilder, die mit idyllischen Verklärungen des dörflich-ländlichen Lebens in städtisch-industriellen Gesellschaften alternative Kultur- und Gesellschaftsbilder parat hält.

Das Stadt-Land-Verhältnis spielt also hinein in den Bereich der Ideologien und Utopien, der Weltanschauungen und Lebensphilosophien. Wegen dieser Vielschichtigkeit und Komplexität ist auch für die Gesellschaft der Bundesrepublik nicht von einer Überwindung, sondern von einem Wandel des Stadt-Land-Verhältnisses auszugehen.

Nachdem es in der Sozial- und Wirtschaftsgeschichte der Bundesrepublik einen beispiellosen Umbau der Agrarstruktur (vgl. S. 186) und schließlich der Agrarlandschaft und der ländlichen Räume und damit eng verbunden der Dörfer und ländlichen Anwesen gegeben hat, setzte seit etwa Mitte der 70er Jahre ein Prozeß des Umdenkens ein. Bewußtseinsverändernd haben die Alternativ- und die Ökologiebewegung gewirkt. Nun gab es eine Kampagne nach der anderen zur „Rettung des Dorfes", 1987/88 sogar als Initiative des Europarates in seinen 21 Mitgliedstaaten für das „Leben auf dem Lande".

Während die Verdichtungsräume in ihrem Kern seit Jahren einen zum Teil erheblichen Einwohnerverlust haben, verbuchen das ländliche Umland und die ländlich geprägten Regionen Bevölkerungszuwachs. Das Dorf in seiner alten Struktur ist dadurch nicht zu retten. Die Zahl der Dörfer, in denen der überwiegende Teil der Bewohner in der Landwirtschaft beschäftigt ist, befindet sich in einer verschwindenden Minderheit; und dort, wo der Agrarsektor noch dominant ist, hat ein Wandel der Betriebs- und Produktionsstruktur das – vor allem für den Städter – „idyllische Dorf" den modernen Arbeits-, Lebens- und Freizeitstrukturen mehr und mehr angepaßt. Aber es gibt trotz allem ein eigentümliches „Beharrungsvermögen" des Dorfes, über das *Beate Brüggemann* und *Rainer Riehle* in einer Untersuchung berichten (1986).

Kampagnen wie: „Unser Dorf soll schöner werden" und Preise aller Art haben nicht unerheblich dazu beigetragen, kitschig-restaurative Idyllen zu schaffen und die in der Tat gravierenden Struktur- und Existenzprobleme des ländlichen Raumes und der Dörfer zuzudecken. Diese Probleme ergeben sich z. B. durch die Konzentration der Viehhaltung und die damit verbundenen Probleme der Entsorgung, der Boden- und der Wasserqualität usw.

Die Verschärfung der Krise des ländlichen Lebensraums (bzw. des ländlich erscheinenden Lebensraums) hat viele Ursachen: „Umwidmung traditioneller Bau- und Siedlungssubstanz durch Dorfsanierungen oder den Massentourismus, die Vernichtung der Natur durch Chemikalisierung und Rationalisierung der Landwirtschaft oder den (Aus-)Bau von Großinfrastrukturanlagen" (*K.M. Schmals, R. Voigt*, 1986, S. 7). Man könnte hinzufügen: die Inanspruchnahme des ländlichen Raumes durch die Bundeswehr und die Streitkräfte der NATO; die Ansiedlung von Atomkraftwerken, Mülldeponien und Sondermüll-Verbrennungsanlagen usw. Ein Ende dieser Problemkette ist nicht abzusehen; ebensowenig die Auswirkungen durch die Verkettung dieser Probleme.

Das Ende des Kalten Krieges und – Deutschland betreffend – die Wiedervereinigung haben auch im Hinblick auf diese Entwicklungen und Belastungen eine völlig neue Situation geschaffen: Freiwerden militärisch genutzter Flächen für zivile Zwecke usw. (der „Raumordnungsbericht 1993" stellt die Probleme und die Möglichkeiten der Aufwertung des ländlichen Raumes für Ost- und Westdeutschland sehr differenziert dar).

4. Die Raum- und Siedlungsstruktur Deutschlands nach Typen

Der „Raumordnungsbericht 1993" unterteilt (wie vorhergehende Berichte) die Siedlungsstruktur Deutschlands in die folgenden großräumigen Siedlungstypen: **Agglomerationsräume; Verstädterte Räume** und **Ländliche Räume**. Tabelle 27 zeigt, wie sich die Bevölkerung bzw. die Anteile der ausländischen Wohnbevölkerung auf diese Siedlungstypen und ihre Untergliederungen verteilen.

Aus Tabelle 27 seien folgende Punkte hervorgehoben:

- Mehr als die Hälfte der deutschen Bevölkerung (53%) lebt in Agglomerationsräumen, in Ländlichen Räumen hingegen nur 17%.
- die höchsten Ausländeranteile finden sich in den Kernstädten der Agglomerationsräume der alten Bundesländer (14,7%), die geringsten in den ländlichen Kreisen Ländlicher Räume (3,9%; bei jeweils sehr geringen Ausländeranteilen in allen Siedlungstypen der neuen Bundesländer; vgl. auch S. 96).

5. Räumliche Folgen der deutschen Einheit

Entsprechend der geographischen Struktur und Lage der Bundesrepublik in Europa, ihrer bis November 1989 hermetischen Abrie-

Tabelle 27 Raum- und Siedlungsstruktur Deutschlands. Einteilung nach siedlungsstrukturellen Kreistypen.

Siedlungsstruktureller Raum- und Kreistyp	Bevölkerung 1991 in 1 000	Anteil der ausl. Bevölkerung in % alte Bundesländer	neue Bundesländer
I. Agglomerationsräume	42 879	11,5	1,4
1 Kernstädte	20 339	14,7	1,8
2 Hochverdichtete Kreise	12 767	10,1	1,3
3 Verdichtete Kreise	6 437	6,4	1,2
4 Ländliche Kreise	3 336	4,2	0,8
II. Verstädterte Räume	23 862	6,3	1,1
5 Kernstädte	4 573	9,3	1,4
6 Verdichtete Kreise	13 078	6,2	1,2
7 Ländliche Kreise	6 210	4,3	0,8
III. Ländliche Räume	13 533	4,9	0,8
8 Verdichtete Kreise	6 646	5,7	1,3
9 Ländliche Kreise	6 888	3,9	0,5

Quelle: Raumordnungsbericht 1993 der Bundesregierung, S. 36

gelung nach Osten (Grenzen zur DDR und Tschechoslowakei), zeigten die Verkehrsachsen und die Ausrichtung der Ballungskerne überwiegend eine Nord-Süd-Richtung. Das war vor 1945/49 anders. Erinnert sei daran, daß die Bundesstraße 1 in west-östlicher Richtung von Aachen (der Krönungsstadt deutscher Könige und Kaiser) nach Königsberg in Ostpreußen verlief, über Potsdam und Berlin.

Schon vor der deutsch-deutschen Vereinigung hatte die Intensivierung des europäischen Einigungsprozesses zu einer Verstärkung bestimmter Verkehrs- und Siedlungsachsen geführt (die aber wiederum die Nord-Süd-Richtung betonten, z. B. die Achse Rhein-Ruhr/Rhein-Main/Rhein-Neckar/Stuttgart bzw. Schweiz/Norditalien). Daher erfordert der Einigungsprozeß auch in europäischer Perspektive raumordnungspolitisch und verkehrsplanerisch ein Umdenken, denn es geht nicht allein um die Integration von Ostdeutschland und die auch raumordnungspolitisch herzustellende Gleichwertigkeit der Lebensverhältnisse (§ 2 des Bundesraumordnungsgesetzes), sondern ebenso um die Entwicklung neuer europäischer Verkehrsachsen: nach Polen, den baltischen Staaten, Rußland usw. Insofern hat Deutschland seine alte geopolitische Zentrallage in Europa zurückgewonnen: als Drehscheibe zwischen Nord- und Süd-, Ost- und Westeuropa.

Der „Raumordnungsbericht 1993" der Bundesregierung geht davon aus, daß durch die Herstellung der deutschen Einheit „zwei gänzlich unterschiedliche Teilräume zusammengeführt worden sind" (S. 1). Die Infrastrukturausstattung in den Regionen der neuen Bundesländer rangiere am unteren Ende in der Europäischen Union.

Hinzu kommen die erheblichen Belastungen durch Umweltfaktoren und Altlasten aller Art. Der forcierte Braunkohleabbau (Region Halle-Leipzig-Bitterfeld), aber auch der Uranabbau und z.T. allen Standards widersprechende Mülldeponien (z.B. zur „Entsorgung" der Alt-Bundesrepublik) werden noch auf Jahrzehnte ihre Spuren hinterlassen. Auch die Belastungskarte der DDR/Neuen Bundesländer durch freiwerdende militärische Liegenschaften (Raumordnungsbericht 1993, S. 47) zeigt im Vergleich zur Bundesrepublik wesentliche höhere Altlasten (zwischen 1–2% der Katasterfläche).

VI. Entwicklung der Wohnverhältnisse und des Städtebaus

Die Bedeutung der **Wohnung** und des Hauses für das individuelle und familiale Leben ist so fundamental, daß hierin – seit der Seßhaftwerdung der Menschen im Neolithikum – ein zentrales Element der kulturellen und zivilisatorischen Entwicklung überhaupt gesehen werden muß.

Seit der Aufklärung und der Französischen Revolution hat sich die **Unverletzlichkeit der Wohnung** als Menschen- und Bürgerrecht durchgesetzt; als solches ist auch in Art. 13 GG die Wohnung geschützt.

Haus, Wohnung und „das Wohnen" sind sehr stark sozio-kulturell bestimmt und ein Indikator des sozialen Wandels wie des zivilisatorischen Fortschritts. In der vorindustriellen Zeit waren die Hausgemeinschaften gleichzeitig Arbeitsgemeinschaften. Der Arbeitsbereich war Bestandteil der Wohnung, in der nicht nur die Familie, sondern auch Verwandte, Dienerschaft und „Gesinde" lebten. Für diese Haus-, Arbeits- und Lebensgemeinschaft hatte *Wilhelm Heinrich Riehl* den Begriff des „ganzen Hauses" eingeführt (vgl. S. 112f; zu den wichtigsten sozio-kulturellen Ausprägungen der Wohnbedürfnisse und die Bedeutung des Wohnens im sozialstrukturellen Zusammenhang unserer Gesellschaft vgl. *Ingrid* und *Ulfert Herlyn*, 1983).

1. Entwicklung des Wohnungsbaus und der Wohnverhältnisse in Westdeutschland

Von den ca. 10 Mill. Wohnungen auf dem späteren Territorium der Bundesrepublik waren bei Kriegsende ca. ein Viertel zerstört; in manchen Großstädten – wie Köln oder Aachen, Kassel oder Dortmund – waren ca. zwei Drittel aller Wohnungen unbewohnbar (ausführlich zu den Zerstörungen der deutschen Städte: *Klaus von Beyme*, 1987).

Nach amtlichen Statistiken standen pro Kopf der Bevölkerung 1946/47 in der französischen Zone 9,4, in der amerikanischen Zone 7,6 und in der britischen Zone 6,2 qm Wohnraum zur Verfügung; in einigen Großstädten waren es weniger als 6 qm.

Noch vor Gründung der Bundesrepublik, aber unter den Bedingungen der 1948 eingerichteten Marktwirtschaft, begann ein Massenwohnungsbau größten Ausmaßes. Man sprach von einer „zweiten Gründerzeit". 1950 standen bereits 14,3 qm je Person zur Verfügung; aber erst 62 % aller Haushalte verfügten über eine eigene Wohnung. 1970 waren es bereits 23,8 qm je Person. Gegenwärtig verfügen die deutschen Haushalte durchschnittlich über etwa 39 qm Wohnraum pro Person; die ausländischen über 21 qm.

Nach der gleichen Untersuchung (*H. Lahmann*, 1988), auf Basis der für die Bundesrepublik repräsentativen Daten des sog. „Sozio-ökonomischen Panels", variiert die verfügbare Quadratmeterzahl pro Kopf sehr stark mit der Haushaltsgröße: Sind es im Einpersonenhaushalt im Durchschnitt 55 qm und im Zweipersonenhaushalt immerhin noch 36 qm, so sinkt dieser Durchschnittswert im Drei- bzw. Vierpersonenhaushalt auf 27 bzw. 23 qm (bei den deutschen Haushalten). Die Vergrößerung der Wohnfläche hat natürlich auch mit der Verkleinerung der Haushalte zu tun: 1956 lebten noch 3,7 Personen in einer Wohnung; 1985 nur noch 2,5 (*Lahmann*, S. 43).

Um das Jahr 1972 waren soviel Wohnungen fertiggestellt, daß der Gesamtbestand nur noch zur Hälfte aus der Zeit vor 1945 stammte. Mit dem Wohnungsbau ging eine große Qualitätsverbesserung des Wohnungsstandards und der Wohnverhältnisse einher.

Die stagnierende Bevölkerung, Leerbestände in einigen Trabantenstädten usw. trugen dazu bei, daß der Wohnungsbau im Jahre 1988 auf 214 Tsd. Wohneinheiten zusammenschrumpfte. Die Politiker hatten die Bevölkerung stets mit dem Argument beruhigt, daß für jeden Haushalt (rein rechnerisch) eine Wohnung zur Verfügung stehe. Bei solchen Durchschnittswerten und Rechenkunststücken wird immer übersehen, daß das immobile Gut Wohnung an einigen Orten nicht in gewünschter Zahl und Größe zur Verfügung steht: in den Ballungszentren für Haushalte mit geringem Einkommen, für die große Zahl der Studierenden und Auszubildenden und neue, sozial schwache Bevölkerungsgruppen.

Übersehen wurde auch, daß jährlich ca. 100 Tsd. Wohneinheiten von Freiberuflern (Ärzten, Rechtsanwälten, Büros aller Art) in Arbeitsstätten umgewandelt werden und die wachsende Zahl der Haushalte, der Übersiedler aus der DDR, der Spätaussiedler (vgl. Tab. 8) usw. den Bedarf enorm ansteigen ließen – neben den ständig erforderlichen Ersatz-Investitionen.

Es geriet aus dem Blickfeld, daß die Wohnung ein Eckpfeiler des Sozialstaats ist. Darum seien abschließend zu diesem Überblick Umfang und Bedeutung des **sozialen Wohnungsbaus** besonders herausgestellt.

Wie allen Manifesten und Parteiprogrammen der sich konstituierenden CDU/CSU und schließlich der sozialen Marktwirtschaft (vgl. S. 25f) entnommen werden kann, gehörte der soziale Wohnungsbau zu den Eckpfeilern der Entwicklung sowohl der sozialen Marktwirtschaft wie des Sozialstaats. Das zeigt auch die Geschichte des sozialen Wohnungsbaus in aller Deutlichkeit: sie trug nicht unerheblich zur wachsenden Akzeptanz sowohl der Marktwirtschaft wie der Bundesrepublik als Staats- und Gesellschaftssystem bei.

Seit 1949 ging die Förderkurve steil in die Höhe: Im Jahrzehnt von 1951–1960 wurden im Durchschnitt pro Jahr 295 Tsd. Sozialwohnungen fertiggestellt; das entsprach einem Anteil am Neubauvolumen von 55 %; im folgenden Jahrzehnt sank die Zahl auf 209 Tsd. Sozialwohnungen pro Jahr (Anteil 37 %). Seit Mitte der 70er Jahre ging die Förderkurve steil nach unten: der Anteil betrug nur noch 26 % bei durchschnittlich 129 Tsd. Sozialwohnungen pro Jahr (1971–1980; vgl. *M. Krummacher*, 1988). Seither ging der Anteil bis zur Bedeutungslosigkeit zurück. 1985 waren es bei 312 Tsd. insgesamt fertiggestellten Wohnungen nur noch 69 Tsd. (22 %).

Gesetzliche Grundlagen waren das Erste Wohnungsbaugesetz von 1950 (WoBauG) und das Zweite WoBauG von 1956. Charakteristisch für den sozialen Wohnungsbau war, daß der Staat nicht selbst als Bauherr auftrat, sondern diese Rolle den privaten Bauherren und den gemeinnützigen Wohnungsbaugesellschaften überließ.

2. Entwicklung des Wohnungsbaus in der DDR

Der Zerstörungsgrad der ostdeutschen Großstädte war – mit den Ausnahmen von Berlin, Dresden und Magdeburg – geringer als in westdeutschen Städten (vgl. die Übersichten bei *von Beyme*, 1987, S. 36f).

Die Entwicklung des Wohnungs- und Städtebaus in der SBZ und der DDR stand unter den Vorzeichen umfassender gesellschaftlicher Planung und der Herstellung sozialistischer Lebensverhältnisse, gerade auch durch Architektur und Städtebau.

Zu den frühen Kontroversen bei der Rezeption älterer und der Entwicklung neuer architektonischer und städtebaulicher Leitbilder nach 1945 gehört daher auch die Diskussion um die sozialistischen Strömungen des *Bauhauses*, der „erfolgreichsten Bauhütte der Welt" (in Weimar 1919 gegründet, dann von 1924–1932 in Dessau und schließlich in Berlin, wo es 1933 aufgelöst wurde; zur Ablehnung der Bauhaus-Tradition in der DDR vgl. *von Beyme*, 1987, S. 287f).

Entsprechend den Vorstellungen einheitlicher gesellschaftlicher Planung wurde die „Deutsche Bauakademie" eingerichtet, eine Superbehörde mit 1989 3358 Mitarbeitern, darunter ca. die Hälfte mit Hochschulabschluß.

Der Berufsstand des freien Architekten wurde ebenso beseitigt wie die Möglichkeit der lokal- und regionaladäquaten Planung. Die Industrialisierung des Bauprozesses wurde vor allem durch die Einheitstechnologie des *Plattenbaus* vorangetrieben; nach diesem Verfahren wurden schließlich ca. 95% des Wohnungsbaus erstellt.

In der DDR wurden von 1971 bis 1990 rund 2,1 Mill. Wohnungen neu gebaut, also im Jahresdurchschnitt ca. 200 Tsd. (*Friedrichs/Kahl*, 1991, S. 185f). Die Neubautätigkeit lag in diesem Zeitraum, relativ betrachtet, zum Teil erheblich über der Neubautätigkeit in der Bundesrepublik. Für 1992 werden im Hinblick auf den Bestand folgende Vergleichszahlen genannt:

Tabelle 28 Vergleich von Wohnungsbestand und Wohnfläche in Ost- und Westdeutschland Jahresende 1992.

	West	Ost
Wohnungen (in 1000)	27500	7047
darunter (in %)		
Wohnungen in Ein- und Zweifamilienhäusern	49,0	32,5[1]
Wohnungen je 1000 Einwohner	421	449
Wohnfläche (in m^2)		
je Wohnung	86,7	64,5
je Einwohner	36,5	29,0
Wohnräume		
je Wohnung	4,45	3,85
je Einwohner	1,87	1,73

[1] 1989

Quelle: Institut der deutschen Wirtschaft, Köln, Zahlen 1994

Die obigen Angaben sind zu ergänzen durch die sehr unterschiedlichen Eigentumsformen an Wohnung und Haus und die Qualitätsstandards des Wohnungsbestandes. Die Eigentumsformen an Boden-, Wohnungs- und Hausbesitz gestalteten sich von Anfang an als eine der schwierigsten Fragen des Vereinigungsprozesses. Die Angaben über privaten Besitz an Häusern und Wohnungen, die es unmittelbar vor der Vereinigung in der DDR gab, sind seit der Vereinigung zum Teil irrelevant, weil in vielen Fällen im Hinblick auf die früheren Besitzer die Eigentumsfrage neu oder immer noch nicht definitiv entschieden wurde (vgl. Zahlen für 1989 bei *Friedrichs/Kahl*, 1991, S. 189).

Interessant ist jedoch folgende Anmerkung *von Beymes* (1987, S. 323): „Kein sozialistischer Staat hat in der Eigentumsform eine so stark sozialistische Politik forciert wie die DDR. Der Eigenheimbau sank in seinem Anteil von 61% (1950) auf 5% (1968). In der UNO-Statistik lag die DDR von allen erfaßten Ländern Anfang der 70er Jahre an letzter Stelle im Bau von Eigenheimen".

Bei den Ausstattungen der Wohnungen mit WC/Bad, Heizung etc. gab es erhebliche Unterschiede, vor allem im Altbaubestand der DDR, der wegen seines „bourgeoisen Zuschnitts" aus ideologischen Gründen zum Teil dem Verfall preisgegeben war (und seit der Vereinigung zu einem großen Teil, und zumeist in letzter Minute, vor dem definitiven Ruin bewahrt wurde).

Völlig verschieden war das **Mietpreisniveau** in beiden deutschen Staaten; es betrug vor der Vereinigung in der DDR ca. 0,80–1,25 DM/qm. Diese Mieten galten der DDR-Führung als eine der „großen sozialistischen Errungenschaften". Sie deckten aber die Kosten bei weitem nicht und waren schließlich mitverantwortlich für den schlechten Zustand auch relativ neuer Wohnanlagen.

3. Stadtentwicklung und Städtebau in Westdeutschland

In den vorangehenden Abschnitten wurden einige Grundlagen der Stadtentwicklung nach 1945 bereits angesprochen: bei der Entwicklung der Siedlungsstrukturen (vor allem der Trabantenstädte und der suburbanen Räume) und den Dimensionen und Problemen des Wohnungsbaus.

Nachfolgend sollen die wichtigsten Etappen des Städtebaus, der Diskussion um städtebauliche Leitbilder und gegenwärtige Problemfelder der Stadtentwicklung dargestellt werden.

Verschiedene Veröffentlichungen zeigen, daß es schon vor Kriegsende intensive Diskussionen und Planungen für die kriegszerstörten deutschen Städte gegeben hat (*Klaus von Beyme*, 1987; *Werner*

Durth/Niels Gutschow, 1988). Überraschen muß dies nicht, ebensowenig wie der Tatbestand, daß bekannte Architekten und Städtebauer aus dem Stab von *Albert Speer* den Wiederaufbau maßgeblich mitgestaltet haben (vgl. *Werner Durth*, 1986).

Die städtebauliche Diskussion der Nachkriegszeit war sehr intensiv. Ein Grund wurde bereits im Kapitel über die Phasen der Stadtbildung in Deutschland genannt: Die „deutsche Stadt" ist ein vorrangiges Objekt nationaler und regionaler Identifikation (*von Beyme*, S. 13ff). Dies zeigte sich auch nach der Vereinigung 1990: ohne die unvergessene kulturelle und historische Bedeutung von Städten wie Weimar und Leipzig, Dresden und Potsdam, Rostock und Erfurt wäre der Umbau der DDR sicherlich noch schwieriger gewesen.

Ein weiterer Grund lag darin, mit neuen, „modernen" Bau- und Wohnungsformen gegenüber der nationalsozialistischen Vergangenheit einen sichtbaren Bruch herbeizuführen, gleichsam ornament- und schnörkellos die Zukunft zu planen (im Möbeldesign und anderen Elementen der Alltagskultur läßt sich das auch nachweisen).

Ein Ereignis, das auch international beachtet wurde, war 1957 die Eröffnung der Internationalen Bauaustellung in Berlin mit dem Neubau des **Hansaviertels** (auf einem Gelände im westlichen Teil des Tiergartens). International renommierte Architekten waren aufgerufen, entsprechend dem Leitbild der „gegliederten und aufgelockerten Stadt" und den Prinzipien des sozialen Wohnungsbaus anspruchsvollen Massenwohnungsbau im Grünen und innerstädtisch zu realisieren.

Die Wirkungen des Leitbildes der „gegliederten und aufgelockerten Stadt" blieben – und bleiben auch heute noch – ebenso umstritten wie die der nachfolgenden Leitbilder: Urbanität durch möglichst hohe Dichte zu erreichen (wie dies z. B. in Heidelberg-Emmertsgrund angestrebt wurde). Erreicht wurden, unter welchem Leitbild auch immer, neue Massierungen des Wohnungsbaus, und nur in Ansätzen Städtebau (zur Bedeutung der damaligen und heutigen städtebaulichen Leitbilder vgl. *von Beyme*, 1987; *Bernhard Schäfers/Gabriele Köhler*, 1989).

Seit Anfang der 60er Jahre regte sich auch eine immer lauter werdende Kritik an den Ergebnissen des jüngsten Städtebaus. Der Ökonom und Kulturphilosoph *Edgar Salin* (1892–1974) führte den Begriff der **Urbanität** (1960) neu in die Diskussion ein, hielt ihn jedoch für einen historischen Begriff, da er sich auf Lebensformen vergangener Patrizier- und Bürgerschichten beziehe (zum Wandel des Urbanitätsverständnisses vgl. *Häußermann/Siebel,* 1987; zu weltweiten Formen „neuer Urbanisierung" vgl. *von Petz/Schmalz*,

1992; *D. Keim*, 1988). *Hans Paul Bahrdt* veröffentlichte seine „Soziologischen Überlegungen zum Städtebau" (1961), *Jane Jacobs* ihre weltweit beachtete Studie über „Leben und Tod großer amerikanischer Städte" (1961/63) und *Mitscherlich* seine bereits genannte Schrift über „Die Unwirtlichkeit unserer Städte". *Bahrdt* brachte die so wichtige Kategorie der **„Öffentlichkeit"** in die städtebauliche Diskussion: Stadt ist nur dort, und „urbanes Leben" kann sich nur entwickeln, wo Sozialverhalten räumlich die Chance hat, zwischen Privatheit und Öffentlichkeit eine vielgestaltige, sich wechselseitig befruchtende Beziehung herzustellen.

Ergebnis der intensiven städtebaulichen Diskussion der 60er Jahre war das 1971 verabschiedete Städtebauförderungsgesetz („Gesetz über städtebauliche Sanierungs- und Entwicklungsmaßnahmen in den Gemeinden"). Es erregte deshalb besondere Aufmerksamkeit, weil in ihm zwei Punkte der städtebaulichen und gesellschaftspolitischen Diskussion „institutionalisiert" wurden: die „Partizipation der Betroffenen", ihre Mitwirkung bei der Planung und Verwirklichung der Bauaufgaben; und die mit der Partizipation verknüpfte „Sozialplanung", die eine „soziale Stadtplanung" (*Korte*, 1986) ermöglichen soll.

Viele waren schon damals der Meinung, daß dieses Gesetz zu spät kam, weil die intensivste Neu- und Erweiterungsphase der Stadtentwicklung und die größten innerstädtischen Sanierungsvorhaben bereits abgeschlossen oder nach altem Recht begonnen waren. Wie das Bundesbaugesetz von 1960 ist seit 1986 auch das Städtebauförderungsetz Teil des neugeschaffenen, vereinheitlichten **Baugesetzbuches**, BauGB („Besonderes Städtebaurecht", 2. Kap. des BauGB, § 136ff).

Es kann gar kein Zweifel bestehen, daß seit Beginn der siebziger Jahre für den inneren Stadtumbau erhebliche Anstrengungen unternommen wurden und auch große Leistungen vorzuweisen sind. Sanierungen vieler kleiner, mittlerer, aber auch größerer Stadtzentren brachten eine Revitalisierung der Städte und auch des urbanen Lebens mit sich. Mitverursachend für die Neuorientierung bei der Stadtentwicklung waren auch die Wachstums- und Energiekrise und ein immer wacheres Umweltbewußtsein.

Erhalten, Bewahren, behutsamer Umbau und „Rückbau", sowie der sich rücksichtsvoll einpassende Neubau wurden mehr und mehr zu Zielen der Stadtentwicklung. Hiermit verbunden waren neue Aufgaben, die seit Anfang der siebziger Jahre mit verschiedenen Bundes- und Landesprogrammen gefördert wurden: Wohnumfeldverbesserung; Zentrumsentwicklung (in der doppelten Perspektive: Stärkung der Stadtteile und Herausstellung des historischen Kerns als „Mitte"); Freiflächenplanung; Verkehrsberuhigung; Rückgewinnung innerstädtischen Wohnens; Entwicklung von Zentren eines differenzierten, alle Bevölkerungsgruppen erreichenden städtischen Kulturlebens; Beseitigung bzw. Umwidmung innerstädtischer Industriebranchen; Veränderungen des Stadt-Image als Wiederentdeckung des „Genius Loci".

4. Städtebau in der DDR

Über die Kontroversen um das richtige Leitbild des Städtebaus in der DDR wurden bereits im Hinblick auf die Rezeption der **Bauhaus**-Tradition einige Anmerkungen gemacht. Auf der einen Seite wurde dieser Tradition „Verbürgerlichung" und „Kommerzialisierung" vorgeworfen, auf der anderen Seite war nicht unwichtig, daß leitende Personen des Wiederaufbaus und des städtebaulichen Umbaus in der DDR ihre Ausbildung an der Moskauer Bauakademie erhalten hatten (*von Beyme*, 1987, S. 287).

Auch der Stellenwert der „Deutschen Bauakademie" für die einheitliche gesellschaftliche Planung wurde bereits genannt (S. 278). „Begünstigt wurde die zentralistische Städtebaukonzeption durch das im internationalen Städtebau übliche Leitbild der 60er Jahre hinsichtlich seines rigiden Bruches mit den Werten der alten Stadt. Orientiert wurde auf großräumige und offene Bebauung als Negation überkommener Funktions- und Raumstruktur. Gefragt war neuer Raum für eine neue Lebensweise, wobei der politisch prononciert gesetzte Bruch mit der bürgerlichen Gesellschaft eine kulturelle Entwertung überlieferter Raumstrukturen – vor allem der Altstadtkerne und der Gründerzeitgebiete – bewirkte" (*Herlyn/ Hunger*, Hg., 1994, S. 313f).

Klaus von Beyme geht in seiner Analyse von „Architektur und Städtebaupolitik in beiden deutschen Staaten" (1987) davon aus, daß die Perioden des Wiederaufbaus und des Neubaus in beiden Gesellschaften nicht so verschieden waren, wie (von beiden Seiten) gern unterstellt wurde. Für die DDR nennt *von Beyme* als zweite und dritte Phase (1987, S. 286): die Zeit des industrialisierten Städtebaus (1955 bis 1970/85) und die Phase des qualitativen Stadtumbaus ab Mitte der 70er Jahre.

In den Großstädten gehörte die Entwicklung von „architektonischen Achsen" und „Hauptmagistralen" zu den Grundpfeilern der Planung; bekannteste Beispiele: die Ost-Berliner-Stalin-Allee (später-Karl-Marx-Allee, nun wieder Frankfurter Straße) und der Alexanderplatz. „Die Idee der Magistrale war nicht zuletzt in Moskau entwickelt worden" (*von Beyme*, S. 299). Der sog. „Moskauer Zuckerbäckerstil" der Stalin-Allee, von dem Architekten *Hermann Henselmann* geplant, wurde oft kritisiert. *Henselmann* (geb. 1904), der noch aus der Bauhaustradition stammte, hatte seinerseits Konzessionen an den Geschmack von *Ulbricht* machen müssen, der – historischen Vorbildern seit der Antike folgend – gern in das Baugeschehen „seines“ Staates eingriff.

Während es, wie hervorgehoben, seit Beginn der 60er Jahre in Westdeutschland eine erhebliche Kritik an der „Unwirtlichkeit der Städte“ (*Mitscherlich*) gab und der „kapitalistische Städtebau“ von der Studentenbewegung als warnendes Beispiel für die Profitorientierung auch bei der Daseinsvorsorge für menschliche Grundbedürfnisse kritisiert wurde, fehlten in der DDR entsprechende Mechanismen der Selbstkontrolle: Öffentlichkeit und die Einwirkungsmöglichkeiten der Bürgerinitiativen und sozialen Bewegungen.

VII. Probleme gegenwärtiger Stadtentwicklung

Die Stadtentwicklung ist nicht erst seit den letzten Jahrzehnten ein lehrreiches Anschauungsfeld für soziale Probleme und gesellschaftliche Entwicklungen – sie ist es seit Beginn der industriellen und tertiären Verstädterung. Nie waren in vergleichbar kurzer Zeit ähnlich große Bevölkerungsmassen unter völlig neuen Bedingungen in existente Städte oder in neuen Städten und Stadtteilen zu integrieren.

Nach dem Zweiten Weltkrieg kam ein Problem völlig neuer Art hinzu: die Integration des **Autos** in den fließenden und ruhenden städtischen Verkehr.

Gab es 1949 in der Bundesrepublik nur knapp 0,5 Mill. private PKW, so stieg die Zahl bereits bis 1960 auf 4,5 Mill., 1970 auf 13,7 Mill., um 1988 die zuvor für sicher unglaubhaft gehaltene Zahl von 30 Mill. zu erreichen. In den neuen Bundesländern stieg die Zahl der PKW von 3,9 Mill. Ende 1989 auf ca. 6 Mill. bis Ende 1992. Anfängliche Vorstellungen von einer „autogerechten Stadt“ nach dem „Vorbild“ von Los Angeles sind in Deutschland entweder aus Raumgründen nicht realisierbar oder werden, bei aller Begeisterung für das Auto, als unsinnig angesehen.

Nicht die Zuwachsraten der Automobile allein sind ein städtisches und infrastrukturelles Problem erster Ordnung, sondern die zunehmende Nutzung für die weiterhin steigende Zahl der Pendler (vgl. S. 106) und für die ebenfalls zunehmende Feierabend-, Wochenend- und Freizeitmobilität.

Autofreie **Fußgängerzonen** im City-Bereich, die seit den 60er Jahren zunächst in den größeren, dann auch in kleineren Städten angelegt wurden, können das Problem kaum oder gar nicht lösen, weil sie den Verkehr in die angrenzenden Wohngebiete abdrängen. Hingegen waren die zum Teil nach holländischem oder dänischem Vorbild gestalteten „verkehrsberuhigten Straßen", Plätze und Stadtteile von der Ansicht geprägt, daß das Auto gegenwärtig zur Lebenswirklichkeit der Menschen und damit auch der Städte und aller anderen Siedlungsgebilde gehört. Es kann jedoch kein Zweifel bestehen, daß das Auto in den nächsten Jahren noch mehr aus der Stadt verdrängt werden wird.

Ohne Zweifel sind die Probleme des fahrenden und des ruhenden Verkehrs in den Städten kaum noch zu bewältigen. Das Auto bzw. sein uneingeschränkter privater Gebrauch sind hauptverursachend für den wachsenden Flächenbedarf der Städte. „1930 rechnete man noch durchschnittlich mit einer Stadtfläche von 80 qm/E, 1960 waren es bereits 140 qm. Heute liegt sie zwei- bis dreimal so hoch" (*H.-J. Vogel*, 1994, S. 2). Auch hier liegt ein Grund für die hohen Bodenpreise, die das Bauen oder Kaufen von Häusern oder Eigentumswohnungen für Normalverdiener immer schwieriger machen.

Alle städtebaulichen Maßnahmen zeigen zudem ungeplante Folgewirkungen. So haben z. B. Fußgängerzonen auch dazu beigetragen, die ohnehin erheblichen Probleme der Innenstadtentwicklung zu vergrößern:

- Verlust an Wohnbevölkerung und Verödung nach Geschäftsschluß;
- überhöhte Bodenpreise, die für viele Geschäfte, vor allem aber für neuen Wohnraum und flexible Nutzungsänderungen, wie eine Sperre wirken;
- Verödung und Sterilisierung durch die – auch werbe-bedingte – Standardisierung der Konsum- und Warenwelt durch überall identische, marktbeherrschende Ladenketten, durch ein immer gleichförmigeres Innenstadt-Design aus Postmoderne und Walt-Disney-Land;
- Hinausdrängen des Warenangebots aus den Innenstädten in die „autogerechten" Einkaufszonen des Stadtrandes – eine Entwicklung, die nach der Vereinigung in den neuen Bundesländern sehr schnell zu überdimensionierten Einkaufszentren führte (wie z. B. in Leipzig oder Chemnitz).

Einige der gegenwärtig besonders drängenden Fragen der dynamischen Stadtentwicklung – die relativ schnell, in Architektur und Bodennutzung, in verhaltenstypischen Nutzungen des städtischen Raumes usw. die dynamischen Prozesse ökonomischer und technologischer Entwicklungen „widerspiegelt" – können nur stichwortartig genannt werden:

- die räumlichen Konsequenzen der Entwicklung neuer Haushaltstypen (*W. Droth/J. Dangschat*, in: *J. Friedrichs*, 1985);
- die Bedeutung der demographischen Veränderungen für den Wandel der Städte (*H.-P. Gatzweiler* und *W. Strubelt*, in: *J. Friedrichs*, 1988);
- die Bedeutung neuer Technologien für die Regional- und Stadtentwicklung, insbesondere der Kommunikations- und Informationstechnologien;

- die Entwicklung sozialer Randgruppen im städtischen Raum und damit verbunden: die Entwicklung der Segregation der städtischen Wohnbevölkerung.

Die Gemeinde- und Stadtentwicklung in den alten und neuen Bundesländern wird auch künftig der gesellschaftlichen Dynamik – vorgegeben v.a. durch ökonomisch-technologische Entwicklungen, Demographie und Wanderungen, wachsende Raumansprüche der Bevölkerung an Wohnung, im Freizeitbereich usw. – in den sich ständig wandelnden Formen der Raumnutzung sichtbar Ausdruck geben.

Aber mehr und mehr setzt sich die Einsicht durch, daß es „beruhigte" Zonen des Wohnens und „Inseln" zur Verlebendigung städtischer Geschichte und Kultur geben muß, d.h. Orte des Vertrauten, die sich nicht so rasch wandeln und dem Kapitalisierungs- und Kommerzialisierungsdruck standhalten. Hierfür sind die Bedingungen gerade in den neuen Bundesländern mit ihren großen Beständen historischer Substanz nicht schlecht, vorausgesetzt, es wird entsprechend mit den zwar sehr sanierungsbedürftigen, aber revitalisierbaren Kernen in der reichen Städtelandschaft Ostdeutschlands umgegangen.

L. Die Sozialstruktur Deutschlands im europäischen und internationalen Vergleich

Stefan Hradil

Wenn in der Soziologie von einer „Gesellschaft" und ihrer Sozialstruktur gesprochen wird, ist damit in aller Regel die Gesellschaft und Sozialstruktur eines bestimmten Staates gemeint. Dies mag angehen bei homogenen Nationalstaaten mit deutlichen Unterschieden zu anderen Staatsgebilden. Es ist jedoch problematisch, die „Grenzen" von Gesellschaften und Sozialstrukturen mit denen von Staaten in eins zu setzen, wenn deutliche staatenübergreifende Gemeinsamkeiten (z.B. der Sprache, der Kultur und Geschichte) oder aber krasse binnenstaatliche Unterschiede bestehen.

Auf der einen Seite wachsen in modernen Gesellschaften regionale Differenzierungen und deren Beachtung. Auf der anderen Seite nehmen supranationale Gemeinsamkeiten zu. Das bewirken internationale Kooperation, Kommunikation und Globalisierung. So schleifen sich Unterschiede zwischen den Staaten Europas auch durch die Integration der **Europäischen Union*** ab.

Die Verzahnungen von Gesellschaften und ihre inneren Differenzierungen nehmen ständig zu. Es wird also immer fragwürdiger, Darstellungen der Sozialstruktur und ihres Wandels auf die eigene Gesellschaft zu beschränken. Der Bedarf an Kenntnissen über die Gesellschaftsstrukturen anderer Länder wächst. Immer notwendiger werden international vergleichende Sozialstrukturdarstellungen unter Hervorhebung von Gemeinsamkeiten und Unterschieden.

Diesem Ziel dient das folgende Kapitel. Der internationale Sozialstrukturvergleich konzentriert sich auf die 12 Länder der Europäischen Union (EU) nach dem Stand des Jahres 1994. Nur fallweise werden weitere Länder einbezogen, um markante Unterschiede zwischen EU-Ländern und anderen kenntlich zu machen.

I. Bevölkerung

Die Gegenüberstellung soll mit der **Bevölkerung** beginnen, d.h. mit der Zahl und Zusammensetzung der Menschen, die in den einzelnen Ländern leben. Im vereinigten Deutschland lebte 1992 knapp ein Viertel (23%) aller Einwohner der EU. Aus nur vier Ländern, aus Deutschland, Frankreich, Großbritannien und Italien, kommen drei Viertel (73%) aller EU-Bürger. Diese machen mit 345 Millionen Menschen fast die Hälfte der Europäer (733 Mio.) aus. Im Weltmaßstab nehmen sich diese Bevölkerungszahlen freilich bescheiden aus. Nicht einmal jeder siebte von den 5,48 Milliarden Erdenbewohnern ist Europäer; und nur knapp jeder 14. kommt aus der EU (*Statistisches Bundesamt*, 1993a, S. 199).

Tabelle 29 Bevölkerungsstatistische Grunddaten der Europäischen Union 1991.

	Bevölkerung 1990 in 1000	Fläche 1991 in 1000 qkm
Belgien	9 948	31
Dänemark	5 135	357
Deutschland	79 790	549
Frankreich	56 577	132
Griechenland	10 046	244
Großbritannien und Nordirland	57 323	70
Irland	3 507	301
Italien	57 576	3
Luxemburg	379	42
Niederlande	14 893	92
Portugal	9 878	505
Spanien	38 925	
EU-Länder	344 935	2 368

Quelle: Statistisches Bundesamt, 1993a.

Die Länder der EU bilden einen kleinen und besonders dicht besiedelten Teil der Erde. Von den gut 136 Millionen Quadratkilometern Landfläche der Erde entfallen nur 2,37 Millionen auf die EU. Die EU stellt damit nur 1,7% der Fläche, aber 6,5% der Weltbevölkerung (*Statistisches Bundesamt*, 1993a, S. 199).

Innerhalb der EU fällt nochmals ein Ballungsraum auf: Die sog. „Euro-Banane" erstreckt sich als fast zusammenhängende, bogenförmige Verdichtungszone vom Nordwesten nach Südosten, vom englischen Industrierevier über die Benelux-Staaten, das Ruhrgebiet, den Rhein-Main- und den Rhein-Neckar-Raum bis nach Nordwest-Italien.

1. Geburtenhäufigkeit

Die **Geburtenentwicklung** ist – neben den Sterbefällen und den Ein- bzw. Auswanderungen – einer von drei Prozessen, die die

Bevölkerung eines Gebietes prägen. In allen europäischen Ländern gab es nach dem Zweiten Weltkrieg zunächst einen „Babyboom“, der ein Bevölkerungswachstum sicherte. Dann, in den späten 60er und/oder im Laufe der 70er Jahre, ging die (**relative**) Zahl der Geburten pro Frau in den Ländern der heutigen EU deutlich zurück. Deutschland machte dabei keine Ausnahme. Hier verlief der Geburtenrückgang allenfalls etwas früher und krasser als in den übrigen EU-Ländern. Die Geburtenraten in den EU-Ländern haben sich seither im großen und ganzen auf diesem niedrigen Niveau gehalten und einander allmählich angeglichen.

Übersicht 4 Entwicklung der relativen Geburtenhäufigkeit (Lebendgeborene je Frau im Alter von 15 bis 45 Jahren) in den Ländern Westeuropas (1960–1990).

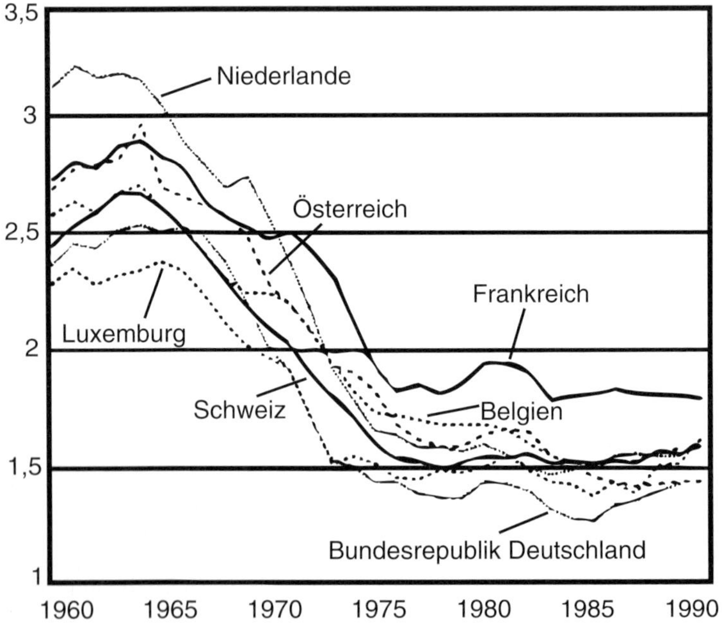

Quelle: Council of Europe 1991, S. 39.

Will man den **gegenwärtigen Stand der relativen Geburtenhäufigkeit** in der EU einschätzen, so muß man wissen, daß zur Bestandserhaltung einer Bevölkerung ca. 2,1 Kinder pro Frau im Alter von 15 bis 45 Jahren notwendig sind. Dieser Wert wurde 1990 in der EG aber nur noch in Irland gerade eben erreicht. Fast alle anderen Länder hatten „Fruchtbarkeitsraten" zwischen 1,3 und 1,6 Kindern pro Frau. Nur die Französinnen (1,78) und die Britinnen (1,84) brachten etwas mehr Kinder zur Welt. Ausgerechnet in den Mittelmeerländern, die oft als kinderreich gelten, waren die Geburtenwerte am niedrigsten: in Italien 1,31 Kinder pro Frau, in Spanien 1,36, in Griechenland bei 1,45 und in Portugal 1,5. In Deutschland gebar jede Frau im Mittel 1,4 Kinder. Alle Länder der EG zusammen hatten 1990 mit durchschnittlich 1,59 Kindern pro Frau ein Viertel weniger Kinder, als langfristig zur Bestandserhaltung notwendig ist.

Ganz anders ist dies in Entwicklungsländern: So wurden z.B. in Panama im Jahre 1990 um 54% mehr Kinder geboren, als zum „Null-Wachstum" erforderlich gewesen wäre.

In den meisten Ländern verhinderte in den 70er und 80er Jahren nur die (noch) günstige Altersstruktur – wegen des Nachkriegs-„Babybooms" kamen zu dieser Zeit viele Menschen in das „Eltern-Alter" – und die so zustandegekommenen hohen (**absoluten**) Geborenenzahlen einen fühlbaren Bevölkerungsrückgang. Aber diese Situation geht in Deutschland schon Mitte der 90er Jahre, in den meisten anderen europäischen Ländern wenige Jahre später zu Ende. Dann kommen die schwächer besetzten, nach dem Geburtenrückgang zur Welt gekommenen Jahrgänge in das geburtenwahrscheinliche Alter. Eine Verminderung der Geburtenzahlen wird die Folge sein.

2. Sterblichkeit

Kommen wir zum zweiten bevölkerungsprägenden Faktor, der **Sterblichkeit:** In modernen Industriegesellschaften leben die Menschen zwar nicht länger als in vorindustriellen Gesellschaften, aber viel mehr Menschen erreichen ein hohes Lebensalter. Die gesunkene Sterblichkeit äußert sich in steigender Lebenserwartung. Vor allem die in Europa drastisch reduzierte Säuglingssterblichkeit war in früheren Zeiten und ist in Entwicklungsländern noch heute der Hauptgrund für wesentlich niedrigere Lebenserwartungen. Die Kennziffern zur Säuglingssterblichkeit und zur Lebenserwartung gehören so zu den wichtigsten Modernisierungsindikatoren im internationalen Vergleich.

Verbesserungen der Lebens-, Ernährungs-, Gesundheits- und Hygienebedingungen brachten es mit sich, daß die Säuglingssterblichkeit in allen Ländern Europas gesunken ist und sich auf sehr niedrigem Niveau angeglichen hat. Typisch war 1991 in fortgeschrittenen EG-Ländern, auch in Deutschland, daß nur etwa sieben von tausend Säuglingen ihren ersten Geburtstag nicht erlebten. Auch südeuropäische Länder haben diesen Stand fast erreicht (Griechenland 10; Portugal 10,8) (*Stat. Bundesamt*, 1993a). In anderen Teilen der Welt ist dieser Fortschritt noch lange nicht so weit gediehen. So starben beispielsweise in Bulgarien noch 17 und in Algerien noch 58 von 1000 Kindern vor Vollendung des ersten Lebensjahres.

Welcher Fortschritt aber dennoch mittlerweile erreicht wurde, mag daraus hervorgehen, daß noch im Jahre 1840 in Deutschland etwa 300 von tausend Säuglingen vor dem ersten Geburtstag starben. Der Tod von Kleinstkindern war damals eine häufige Erfahrung vieler Eltern.

Die Menschen in Europa und in weiten Teilen der Welt können heute mit einer durchschnittlichen **Lebenserwartung** wie nie zuvor rechnen. In der EG betrug sie 1990 für ein neugeborenes Mädchen 79,3 Jahre, für einen Knaben 72,7 Jahre. Damit hat sich die durchschnittliche Lebensdauer von Frauen seit 1950 um fast 11 Jahre verlängert, die der Männer um gut 8 Jahre. Heute unterscheidet sich die Lebenserwartung in den EU-Ländern nicht mehr stark. Im Jahre 1990 hatten Männer in Portugal mit 70,9 Jahren die niedrigste und in den Niederlanden mit 73,7 Jahren die höchste Lebenserwartung (in West-Deutschland 72,4 Jahre). Frauen lebten in Portugal (77,3) und in Irland (77,4) am wenigsten lange und in Frankreich (81,1) am längsten (in West-Deutschland 78,9).

Aber auch in großen Teilen der Welt hat sich die Lebensdauer der Menschen verlängert. Lebenserwartungen, die vorindustriellen nahekommen, fanden sich in den 80er Jahren nur noch in Teilen Nordafrikas (Ägypten 56,8), Schwarzafrikas (Simbabwe 59,1 Jahre), Asiens (Bangladesh 56; Nepal 48) (*Statistisches Bundesamt*, 1993a, S. 224).

Rechnet man Geburten- und Sterbevorgänge gegeneinander auf, so findet man, daß die absoluten Geburtenzahlen in fast allen Ländern der EU in den letzten Jahren geringfügig – in Frankreich, in Großbritannien und in Irland etwas deutlicher – über den Todesfällen lagen. Dies führte zu einem geringen Wachstum der Bevölkerung – trotz niedriger, weit unter dem Bestandserhalt liegender relativer Kinderzahlen pro Frau. Wie erwähnt, liegt dies daran, daß die niedrigen Sterbewerte (noch) zusammentrafen mit hohen Geburtenzahlen aufgrund der geburtenstarken Jahrgänge, die in das Elternalter gekommen waren. Dieses demographisch günstige Verhältnis wird sich bald ändern, in Deutschland zuerst.

3. Wanderungen

Weit mehr als durch diese Geburtenüberschüsse haben seit den 60er Jahren die ökonomisch entwickeltsten Länder der EU ihre Bevölkerung durch **Wanderungen** vermehrt. Wanderungsverluste mußten seit dem Jahre 1950 nur Irland und (in geringem Maße) Spanien hinnehmen. Alle anderen EU-Länder haben, nur unterbrochen von zeitweiligen Gastarbeiter-Abströmen in den Mittelmeerländern, seit dem Zweiten Weltkrieg mehr oder minder große Wanderungsgewinne zu verzeichnen.

Am stärksten waren diese in der Bundesrepublik Deutschland (*Statistisches Bundesamt*, 1989, S. 33f). Nach der Welle der

- Flüchtlinge und Heimatvertriebenen der unmittelbaren Nachkriegszeit (bis 1950: 8 Mio.), der
- DDR-Flüchtlinge bis zum Mauerbau 1961 (3,1 Mio.) und dem Zustrom von „Gastarbeitern“ (Saldo bis 1987: 3,5 Mio.) kamen
- von 1986 bis 1991 rund 1,5 Mio. Aussiedler und in der gleichen Zeit
- ca. 1,3 Mio. Asylbewerber (Zugänge) sowie
- fast 1 Mio. sonstige ausländische Flüchtlinge

nach Deutschland.

4. Bevölkerungswachstum

Aus Geburten, Sterbefällen und Wanderungen resultiert die Entwicklung und die Zusammensetzung der Bevölkerung insgesamt. Die EG hat in den Jahren 1950 bis 1991 ihre Bevölkerung um knapp ein Viertel vermehrt. Hieran waren alle Mitgliedsländer beteiligt, jedoch unterschiedlich stark und je nach Land und Zeitphase eher durch Geburten- oder durch Wanderungsüberschüsse. Einzelheiten gehen aus der Tabelle 30 hervor.

Tabelle 30 Bevölkerungswachstum 1950–1991 (in %).

B	DK	D(W)	F	GR	GB	IRL	I	L	NL	P	SPA	**EG**
16	21	28	35	34	21	19	22	27	48	17	39	**26**

Quelle: eig. Berechnungen nach Stat. Jahrbüchern (EG-Wachstum berechnet ohne Ostdeutschland).

Bedenkt man freilich, daß in der gleichen Zeit die Bevölkerung Japans um 40 Prozent, die der USA um 50 und die der gesamten Welt um ca. 110% zugenommen hat, so nimmt sich das Bevölkerungswachstum in der EG doch eher gering aus.

5. Ausländer

Zwei Merkmale der Bevölkerungszusammensetzung sind besonders wichtig, u.a. für die Sozialpolitik und für den sozialen Frieden: die Ausländer- und die Altersstruktur. Die Anteile von **Ausländern** in den meisten Ländern der EU halten sich in Grenzen: Nur in fünf Ländern der EU lebten 1991/92 mehr als fünf Prozent Ausländer: in Frankreich 6,4%, in Gesamt-Deutschland 8,0, in Belgien 9,1 und in Luxemburg 30,0%. Mit Ausnahme von Luxemburg handelt es sich hierbei überwiegend um wenig qualifizierte Arbeitnehmer und um deren Familien (in Deutschland zu zwei Dritteln). Sie kommen in Deutschland besonders oft aus der Türkei. In Frankreich lebende Ausländer stammen häufig aus Portugal und Marokko.

Allerdings sind dies Ausländer nur im juristischen Sinne. Die Anzahl der Bewohner mit ausländischer Sprache und ausländischem Verhalten kann viel größer oder wesentlich kleiner seien. Sie ist in Frankreich weit größer als angegeben, weil die meisten in Frankreich Geborenen als Franzosen gelten und so aus der Ausländerstatistik ausscheiden. In Deutschland ist der Anteil „echter" Ausländer geringer, als die Statistik erkennen läßt. Denn Einbürgerungen sind teuer, und Doppelstaatsbürgerschaften sind kaum möglich. Deshalb werden Einbürgerungen nur zögernd angestrebt. So zählen hierzulande oft noch „Gastarbeiter" der dritten Generation, die perfekt deutsch sprechen, juristisch und statistisch als „Ausländer".

Wie gezeigt, waren im Jahre 1990 fast ein Drittel der Einwohner Luxemburgs Ausländer. Dies sind aber meist gutverdienende Beamte und Angestellte mit ihren Familien. Sie sind keineswegs von den Wohnungs-, Ghettoisierungs-, Bildungs- und Integrationsproblemen betroffen wie Ausländer andernorts. Unter den Nachbarländern der EU wies 1991/92 die Schweiz mit 18,1 Prozent einen erheblichen Ausländeranteil auf. Hierbei handelt es sich überwiegend um Wanderarbeitnehmer.

6. Altersgliederung

Die Bevölkerung Deutschland enthält einen der höchsten Anteile alter Menschen und den niedrigsten Anteil junger Menschen in der ganzen Welt. Im Jahre 1990 waren 14,9% der Deutschen mindestens 65 und 16% höchstens 14 Jahre alt. Nur in Dänemark (15,6%) und in Großbritannien (15,7%) lebten 1990 mehr ältere Menschen als in Deutschland. In allen anderen EG-Ländern, auch dort, wo die Geburtenraten ähnlich niedrig sind wie in Deutschland, lebten 1990 noch mehr Jüngere als hierzulande (in Belgien 18,1%, in Dänemark 17,0%, in Frankreich 20,1%, in Griechenland 19,2%, in Großbritannien 19,1%, in Irland 27,4%, in Italien 16,5%, in Luxemburg 17,4%, in den Niederlanden 17,5%, in Portugal 20,9% und in Spanien 20,9%) (*Statistisches Bundesamt*, 1993a).

Die genannten Anteile machen verständlich, daß die soziale Sicherung der älteren Menschen in Deutschland mehr als anderswo kostet. Da Kinder, sozialstaatlich gesehen, billiger sind als ältere Menschen, wird dies durch die niedrigere „Kinderlast" nicht ausgeglichen.

Dabei muß man aber bedenken, daß außerhalb Europas solche Altersstrukturen weithin unbekannt sind. Während 1990 in der EG insgesamt 14,4% aller Einwohner 65 Jahre und älter waren, zählten in den USA nur 12,6% der Einwohner zu den Senioren. Und 21,5% der US-Amerikaner, aber nur 18,5% der EG-Bewohner waren Kinder unter 15 Jahren. Erst recht in Ländern wie Ägypten (4% Ältere, 39% Kinder) und Kenia (3% Ältere, 50% Kinder) sieht die Altersverteilung völlig anders aus. Allerdings ist auch die Belastungsstruktur anders: In vielen Ländern Afrikas, Asiens und Lateinamerikas fehlt Nahrung, Bildung und Arbeit für die nachwachsende Generation.

7. Selbstmordraten

Am Ende des Abschnitts zum Vergleich wichtiger Indikatoren der Bevölkerung soll auf die Häufigkeit von Selbstmordraten im internationalen Vergleich eingegangen werden. einige Grundaussagen: In allen Ländern der Erde begehen Männer häufiger Selbstmord als Frauen. In den meisten Ländern, zumal in denen mit hohem Lebensstandard, steigen die Selbstmordraten.

Abgesehen hiervon fallen krasse Unterschiede zwischen den einzelnen Ländern auf. Die meisten Selbstmorde werden in Ungarn registriert, gefolgt von Österreich und den skandinavischen Ländern, während in vielen katholischen Ländern Selbstmord (statistisch) praktisch nicht vorkommt.

Die Selbstmordraten betrugen, bezogen auf das Jahr 1990 und auf jeweils 100 Tsd. Einwohner, für Deutschland 17,5; Österreich 24,1; Schweiz 22,2; Ungarn 46,0. Außereuropäisch: Mexiko 2,2; Kanada 13,3; Japan 16,5 (*Stat. Bundesamt* 1993a, S. 318f).

II. Familien und Haushalte

Für **herkömmliche** Industriegesellschaften ist typisch,

- daß Eltern verheiratet sind;
- daß diese „bürgerliche" Familie" die „normale" Lebensform darstellt, in der fast alle Menschen leben;

- daß in solchen Familien nur noch zwei Generationen zusammenleben (Kernfamilien) und
- daß die Kinderzahlen auf ca. zwei pro Familie zurückgehen (Kleinfamilien).

Für **„fortgeschrittene“** Industriegesellschaften ist dagegen charakteristisch, daß die Haushalte immer kleiner werden und neben der bürgerlichen Kern- und Kleinfamilie immer öfter auch andere Lebensformen gewählt werden.

1. Haushaltsgrößen und -typen

Dementsprechend haben die Haushaltsgrößen in den EU-Mitgliedsstaaten deutlich abgenommen. Am meisten in Dänemark und in Deutschland: Hier lebten 1990 im Durchschnitt nur noch 2,3 Menschen zusammen. In Mitteleuropa besteht ein Durchschnittshaushalt aus 2,6 Personen (Niederlande 2,5; Großbritannien 2,6; Belgien und Frankreich 2,7; Luxemburg 2,8). In den Mittelmeerländern leben und wirtschaften zum Teil noch dreieinhalb Personen zusammen (Italien 2,9; Griechenland 3,1; Portugal 3,6; Spanien 3,6). Auch in Irland besteht ein Haushalt noch aus 3,5 Personen, mit einem erheblichen Anteil an großen Haushalten: 26,2% der irischen Haushalte sind wenigstens fünf Personen groß.

Extreme Haushaltsgrößen (und damit dominierende Großfamilienstrukturen) finden sich in der Welt vor allem noch im Vorderen Orient. In Saudi-Arabien bestanden im Jahre 1986 neun von zehn Haushalten aus mindestens sechs Personen (*Statistisches Bundesamt*, 1993a, S. 226).

Betrachtet man Haushalte näher und gliedert sie nach Typen auf, so überwiegt in den meisten Ländern Europas immer noch das Paar mit Kindern, wenn auch mit abnehmender Tendenz. Nur in Deutschland und in den skandinavischen Ländern wurde in den 80er Jahren dieser Haushaltstyp, der in Deutschland ein knappes Drittel aller Haushalte ausmachte, von den Ein-Personen-Haushalten überholt. Freilich leben darin nur etwa 15% aller Personen. Wohingegen selbst in Deutschland und in Skandinavien etwa die Hälfte aller Einwohner immer noch in „Normalfamilien“ lebt (*OECD*, 1986a, S. 23).

Die (noch bestehende?) Vorherrschaft von Ehe und Familie hat es historisch durchaus nicht immer gegeben. Noch bis ins 20. Jahrhundert hinein fand sich neben der immer weiter vordringenden „bürgerlichen Familie“ eine Vielfalt anderer Familien- und Haushaltstypen. Ihre „Hochzeit“ erlebten Ehe und Familie erst nach dem Zweiten Weltkrieg: In den 50er und 60er Jahren heirateten mehr als neun Zehntel der einschlägigen Altersjahrgänge, und wiederum neun Zehntel von ihnen hatten Kinder. Zu dieser Zeit besaßen Ehe und eheliche Familie fast ein Monopol zur Gestaltung von legitimen Sexualbeziehungen und zur Fortpflanzung.

2. Heiraten

Dieses „Goldene Zeitalter" der bürgerlichen Familie war jedoch ein historischer Gipfelpunkt. Seit den 70er Jahren sinkt die Heiratsneigung und fallen die Heiratsraten. Heute haben wir in den meisten europäischen Ländern wieder Heiratshäufigkeiten wie zu Beginn dieses Jahrhunderts. In vielen EU-Ländern werden wohl ein Fünftel der jüngeren Frauen und ein Viertel der jüngeren Männer unverheiratet bleiben (*Central*, 1987, S. 125). In diesem Abstieg von Ehe und Familie gibt es zwar Vorläufer und Nachzügler, aber kaum nationale Sonderwege. Die Schweden waren, wie bei vielem, was die Familie betrifft, die ersten beim Rückzug aus der Ehe, gefolgt von anderen nordeuropäischen Ländern, dann von den Niederlanden, Deutschland, Frankreich, Österreich und der Schweiz, später und langsamer von Belgien und Großbritannien. Die Mittelmeerländer und die DDR schlossen sich noch später, dann aber schnell an.

In der Geschichte gab es immer wieder abrupte Rückgänge der Heiratsneigung. Insofern ist die Entwicklung der 70er und 80er Jahre nichts Besonderes. Aber frühere Rückgänge hatten ihre Ursachen stets in **katastrophalen** Ereignissen: in Kriegen, Mißernten, ökonomischen Krisen. Der heutige, im historischen Vergleich sehr rapide Rückzug aus der Ehe hat aber eher **positive** Ursachen: Wohlstand, wohlfahrtsstaatliche Absicherung etc. erlauben vielen auch die Entscheidung für andere Lebensformen. Das ist historisch neu.

In der vorindustriellen Gesellschaft heiratete man – wenn die Heirat überhaupt wirtschaftlich möglich und erlaubt war – oft recht spät, unter anderem weil die wirtschaftliche Existenz zuvor gesichert sein mußte und das oft vom Familienerbe (Hof, Handwerksbetrieb) abhing. Typisch für die „klassische" Industriegesellschaft ist dagegen ein frühes Heiratsalter. Die Eheschließung war meist nur noch an die Erlangung einer eigenen beruflichen Existenz geknüpft. In der fortgeschrittenen Industriegesellschaft schiebt sich das Heiratsalter wieder hinaus. Denn Ausbildung wird unerläßlich, und die Ausbildungszeiten verlängern sich, auch für Frauen.

Dieser gemeinsamen Tendenz folgend heiratete man in den sich industrialisierenden Mittelmeerländern und in Irland im Jahre 1989 jünger als 1950 und 1960. In fortgeschritteneren EU-Ländern, besonders in Dänemark, aber auch in Deutschland, waren die Brautpaare im Jahre 1990 bei ihrer Eheschließung dagegen älter als 1960 bzw. 1970 (*EG-Kommission*, 1992, S. 105).

Tabelle 31 Durchschnittliches Alter von Frauen bei ihrer Erstheirat.

Land	1975	1985	1990	Land	1975	1985	1990
Belgien	21,6	23,1	24,6	Luxemburg	23,3	24,1	25,4
Dänemark	23,7	26,3	27,6	Niederlande	22,6	24,4	25,9
Deutschland (W)	22,7	24,6	25,9	Norwegen	22,9	24,4	26,2
Deutschland (O)	21,3	22,2	23,2	Österreich	22,8	24,0	25,1
Finnland	23,5	25,4	26,2	Portugal	23,7	23,6	24,2
Frankreich	22,5	24,3	25,7	Schweden	25,1	27,5	27,6
Griechenl.	22,8	22,8	23,8	Schweiz	24,3	26,1	27,0
Irland	24,4	25,0	25,7	Spanien	23,4	24,2	25,3
Italien	24,0	25,0	25,7				

Quelle: Council of Europe, 1994; Eurostat 1992, zit. n. *Höpflinger* 1994.

Die Anteile der Unverheirateten steigen insbesondere in den entwickelten EU-Ländern. So waren unter den 35–39jährigen in Deutschland Mitte der 80er Jahre schon 16,6%, Anfang der 70er Jahre erst 9,4% ledig. In Dänemark nahmen im gleichen Zeitraum und in der gleichen Altersgruppe die Unverheirateten von 11,4 auf 17,9% zu. In EU-Ländern, die erst in die „klassische Industriegesellschaft" hineinwachsen, sinkt allerdings die Quote der Unverheirateten noch: So in Irland, wo in dieser Altersgruppe 1971 noch volle 28,9%, 1979 nur noch 20,5% ledig waren (*Central*, 1987, S. 125).

3. Lebensformen außerhalb der Ehe

„Abschied von der Ehe" nehmen immer mehr Paare auch in Form der **Scheidung**. Soweit Scheidungen in den Ländern der EG auch früher schon legal waren – in Italien, Griechenland und Spanien waren sie es lange nicht –, läßt sich anhand der folgenden Daten erkennen, wie zerbrechlich Ehen geworden sind. In vielen europäischen Ländern endet schon ein Drittel aller Ehen in Scheidung, in Dänemark, Schweden und Großbritannien noch weit mehr. Die erhöhte Scheidungshäufigkeit betrifft nicht nur neugeschlossene Ehen sondern auch und gerade „Durchhalte-Ehen", die schon 15 Jahre und länger überdauerten und erst dann zerbrechen, wenn die Kinder „aus dem Haus" sind.

Tabelle 32 Scheidungshäufigkeit in europäischen Ländern.

Land	Index der Scheidungshäufigkeit (Scheidungen pro 100 Ehen)*				
	1970	1975	1980	1985	1990
Belgien	10	16	21	31	31
Dänemark	25	37	29	45	44
Deutschland (West)	16	23	23	30	29
– Neue Länder (Ost)	–	29	32	38	22
Finnland	17	26	27	28	41
Frankreich	12	16	22	30	32
Griechenland	5	5	10	11	12
Großbritannien	16	32	39	44	41
Irland**	–	–	–	–	–
Italien***	5	3	3	4	8
Luxemburg	10	11	27	29	36
Niederlande	11	20	26	34	28
Norwegen	13	21	25	33	43
Österreich	18	20	26	31	33
Portugal	1	6	–	–	12 (1989)
Schweden	23	50	42	45	44
Schweiz	16	21	27	29	33
Spanien****	–	–	–	7	

* Summe ehedauerspezifischer Scheidungsraten.
** formell noch keine gesetzl. Möglichkeit zur Scheidung.
*** Scheidung erschwert. Die Zahl der getrennt lebenden Paare ist deshalb höher als die Zahl geschiedener Paare.
*** Scheidungsgesetz erst seit 1981.
Quelle: de Guibert-Lantoine/Monnier 1992, S. 1031; *Monnier/de Guibert-Lantoine*, 1993, S. 1063, zit. nach *Höpflinger*, 1994.

Die Lebensformen, in denen Menschen jenseits der Ehe zusammenleben, sind sehr unterschiedlich. Eine Form davon ist die **Nichteheliche Lebensgemeinschaft** (NEL). In vielen Ländern der EU nehmen NEL vor allem unter der jüngeren Bevölkerung drastisch zu. Noch sind die meisten Länder aber weit von Schweden oder Dänemark entfernt, wo im Jahre 1990 33% der 20–24jährigen und 41 Prozent der 25–29jährigen in „wilder Ehe" zusammenlebten. Aber allem Anschein nach sind auch andere EU-Länder auf dem Weg dorthin. Durchweg haben sich seit den frühen 70er Jahren die Bevölkerungsanteile vervielfacht, die in Nichtehelichen Lebensgemeinschaften leben. So wohnten beispielsweise in Großbritannien 1976 3% und 1990 schon 15% der 25–29jährigen als Paare zusammen, in Deutschland (West) 1976 nur 15 und 1990 schon 20% (*Höpflinger*, 1994, S. 20). Verschwindend gering sind hingegen immer noch die Anteile in Griechenland, Italien, Spanien und Portugal.

In der Mehrzahl der Fälle stellen NEL keine Alternative zur Ehe dar. Sie sind Probe-Ehen, die oft in Ehen übergehen. In dieser Funktion kristallisieren sich NEL sogar als eine neue Standard-Lebensphase heraus. Nur eine Minderheit der NEL wird dauerhaft statt einer Ehe eingegangen, was aber keineswegs heißt, daß sich das Zusammenleben dort anders gestaltet als in Ehen.

Eine radikalere Form des Abschieds von der Ehe ist das *Single-Dasein*, das längerfristige Alleinleben ohne Partner im mittleren „Familienlebensalter“, und das **„Living-Apart-Together“**, das Zusammengehören von Paaren mit getrennten Wohnungen.

Die Anzahl der Ein-Personen-Haushalte hat in allen europäischen Ländern drastisch zugenommen. Das beruht zwar zu einem erheblichen Teil auf der wachsenden Anzahl alleinlebender älterer Menschen, besonders der Witwen, die nicht zu den „Singles“ gezählt werden können, aber auch zum Teil auf zunehmendem Alleinleben Jüngerer nach Scheidungen oder von Ledigen. Genauere Angaben über die zunehmenden Anteile von Einpersonenhaushalten in europäischen Ländern finden sich in der Tabelle 33.

Tabelle 33 Einpersonenhaushalte in Europa 1960–1990.

	Einpersonenhaushalte[1] (in % aller Haushalte)			
	Um 1960	1970	1980	1990
Belgien	17	19	23	25
Dänemark	20	21	29	35
Deutschland (West)	21	25	31	35
Finnland	22	24	27	34
Frankreich	20	22	25	27
Griechenland	10	11	15	18
Großbritannien	15	18	22	26
Irland	13	14	17	22
Italien	11	13	18	22
Luxemburg	12	16	21	23
Niederlande	12	17	22	29
Norwegen	18	21	28	34
Österreich	20	26	28	30
Portugal	11	10	13	14
Schweden	20	25	33	39
Schweiz	14	20	29	32
Spanien	–	8	10	11

[1] Zu beachten ist, daß international unterschiedliche Definitionen von Haushalt Verwendung finden, namentlich bei Untermietsverhältnissen, bei doppelten Wohnsitzen etc.
Quelle: Höpflinger, 1994, S. 19.

4. Familien

Familienbildung, d.h. die Geburt und das Aufziehen von Kindern, vollzeit sich nach wie vor meist in der Ehe. Etwa 90% aller Kinder in Deutschland kommen in Ehen zur Welt. Nur etwas mehr als ein Zehntel der Mütter sind hierzulande unverheiratet. Wenn Kinder außerhalb von Ehen geboren und großgezogen werden, dann meist von Alleinlebenden, kaum in NEL. In Deutschland werden nur in 5% aller NEL Kinder geboren, dies ist ein minimaler Anteil aller Kinder. Die NEL ist bislang noch in keinem Land der EU (außer in Dänemark) eine Alternative zur Ehe als Basis der Familienbildung geworden. Wenn sich Paare Kinder wünschen oder diese „unterwegs" sind, ist nach wie vor meist die Heirat das „konventionelle" Ergebnis.

So ist es nicht erstaunlich, daß das **Alter der Eltern bei Geburt der Kinder** in engem Zusammenhang mit dem Heiratsalter steht. Beide sinken im Zuge der Industrialisierung und steigen in entwickelten Industriegesellschaften wieder an. Die große Mehrheit aller Familien in der EU wird gegründet, wenn die Frau 25–28 Jahre alt ist. Aber die Anteile der Frauen, die bei der Geburt ihres ersten Kindes älter sind, nehmen in den meisten Ländern zu (*Statistisches Amt der EG*, 1990a).

Tabelle 34 Durchschnittsalter der Frauen bei Geburt des ersten Kindes in EG-Ländern (1960–1990).

		1960	1970	1980	1990
EG		25,5	24,5	24,8	26,5 (1989)
Belgien		25,1	24,0	24,6	25,9 (1987)
Dänemark		23,1	23,7	24,6	25,9
Deutschland		24,9	24,3	25,2	26,9
Griechenland		25,6	24,0	23,3	24,7
Spanien				24,6	25,9 (1988)
Frankreich	(1965)	24,3	23,8	24,9	27,0
Irland		27,2	25,3	24,9	25,8
Italien		26,0	25,0	24,4	26,4 (1989)
Luxemburg					26,5
Niederlande		25,6	24,3	25,6	27,6
Portugal		25,1	24,4	23,6	24,7
Großbritannien		24,8	23,9	25,1	27,3

Quelle: EG-Kommission (Hrsg.), 1992, S. 95.

Familien werden in allen Ländern Europas immer **kleiner**. Denn zum einen werden Ehepaare ohne Kinder immer häufiger. So nimmt man an, daß in Deutschland 20% aller jüngeren Ehen kinderlos bleiben werden. Und es gibt immer mehr Ehepaare, die wieder kinderlos sind, weil deren Kinder schon „aus dem Haus“ sind. Denn die Kinderphase wird kürzer und die Lebenserwartung länger. Zum anderen sinkt der Anteil der kinderreichen Familien mit drei und mehr Kindern und trägt so zur Verkleinerung von Familien bei.

Nichteheliche Geburten blieben in allen Ländern der EU bis etwa zum Jahre 1975 konstant auf niedrigem Niveau. Zum Teil waren sie wegen der Liberalisierung von Abtreibungen bei bleibender Ächtung lediger Mütter sogar rückläufig. Ab Mitte der 70er Jahre kamen Kinder immer häufiger außerhalb von Ehen zur Welt. Denn nichteheliche Geburten wurden mehr und mehr akzeptiert. Im Durchschnitt der EU hat sich der Anteil außerehelicher Geburten seither verdreifacht. Allerdings gibt es dabei krasse nationale Unterschiede. In Schweden und in Dänemark kamen im Jahre 1992 fast jedes zweite, in Frankreich und in Großbritannien fast jedes dritte, in Deutschland gut jedes zehnte (in der DDR 1989 jedes dritte) und in Griechenland nur jedes fünfzigste Kind nichtehelich zur Welt. In den letzten Jahren begannen in Dänemark und in Schweden, den einzigen europäischen Ländern, wo auch in NEL zahlreiche Kinder geboren werden, die Anteile der nichtehelichen Geburten zu stagnieren.

Tabelle 35 Nichteheliche Geborene in europäischen Ländern.

Land	Nichteheliche Geborene, in % aller Lebendgeborenen				
	1960	1970	1980	1990	1992
Belgien	2,1	2,8	4,1	11,6	–
Dänemark	7,8	11,0	33,2	46,4	46,5
Deutschland (W)	6,1	5,5	7,6	10,5	11,6
– Neue Länder (O)				35,0	41,8
Finnland	4,0	5,8	13,1	25,2	27,4
Frankreich	6,1	6,4	11,4	30,1	31,8
Griechenland	1,2	1,1	1,5	2,2	2,5
Großbritannien	5,4	8,3	11,8	27,9	30,8
Irland	1,6	2,7	5,0	14,5	18,0
Italien	2,4	2,2	4,0	6,5	6,8
Luxemburg	3,2	4,0	6,0	12,9	12,7
Niederlande	1,3	2,1	4,1	11,4	12,5
Norwegen	3,7	6,9	14,5	38,6	42,9
Österreich	13,0	12,8	17,8	23,6	25,2
Portugal	10,0	7,3	9,2	14,7	16,1
Schweden	11,3	18,4	39,7	47,0	49,5
Schweiz	3,8	3,8	4,7	6,1	6,2
Spanien	2,3	1,4	2,8	9,6	9,6

Quelle: 1960–1980: *Höpflinger*, 1987; 1990–1992: Statische Quellenwerke der entsprechenden Länder; zit. n. *Höpflinger*, 1994.

Wie alle Lebensformen außer der „Normalfamilie“ werden auch **Ein-Eltern-Familien** in allen Ländern der EU immer häufiger. In Deutschland bestand 1992 schon knapp ein Fünftel aller Mehrper-

Tabelle 36 Familiale Situation von Kindern in europäischen Ländern.

Land	Jahr	Alter	Zwei-Eltern-Familien	davon Stief-fam.	Ein-Eltern-Familien
Belgien	1981	0–18	87%		13%
Dänemark	1984	0–17	79%		21%
Deutschl. (West)	1961	0–17	92%		8%
	1970	0–17	93%		7%
	1980	0–17	90%	8%	10%
	1991	0–17	88%		12%
	1991	0–2	91%		9%
		3–5	90%		10%
		6–9	89%		11%
		10–14	88%		12%
		15–17	86%		14%
Finnland***	1988	0–17	85%		15%
Frankreich***	1990	0–4	93%	3%	7%
		5–9	91%	5%	9%
		10–14	89%	6%	11%
		15–19	86%	8%	14%
Großbritannien***	1979	0–15	89%	5%	11%
	1985	0–15	89%	9%	11%
	1992	0–15	83%	8%	17%
Irland	1981	*	93%		7%
Italien	1981	*	88%		12%
Luxemb.	1987	*	83%		17%
Niederl.	1987	*	83%		17%
Norwegen	1991	0–17	85%	4%	15%
Schweden***	1975	0–17	89%		11%
	1980	0–17	87%		13%
	1990	0–17	85%		15%
Spanien	1980	*	93%		7%

* keine Altersgrenze spezifiziert
** ohne Kinder in institutionellen Haushalten/Heimen usw.
*** inklusive unverheiratet zusammenlebende Elternpaare
Quelle: Höpflinger, 1994.

sonenhaushalte mit Kindern aus EEF, zu 85% von alleinerziehenden Müttern, zu 15% von alleinerziehenden Vätern (mit steigender Tendenz). In Westdeutschland hat die Zahl der EEF zwischen 1972 und 1992 um ein Viertel zugenommen, die Zahl der Mehrpersonenhaushalte hat sich dagegen kaum verändert (*Stat. Bundesamt*, 1993b). In den meisten EU-Ländern ist das ähnlich.

Ein-Eltern-Familien kommen aufgrund von Scheidungen, wegen nichtehelicher Geburten oder nach Verwitwung zustande. In Deutschland, mit seiner noch vergleichsweise geringen Zahl nichtehelicher Geburten, zu fast zwei Dritteln aufgrund von Scheidungen, zu einem Viertel nach nichtehelichen Geburten und zu einem guten Achtel nach Verwitwung. In anderen Ländern Europas (so in Frankreich und Großbritannien) halten sich die Zugangswege Scheidung und nichteheliche Geburt schon die Waage. Ein-Eltern-Familien gelten mehr und mehr als ganz normaler Familientyp. Wie die Daten der Tabelle 36 zeigen, lebt in Europa mittlerweile durchschnittlich jedes siebte Kind in in einer Ein-Eltern-Familie. Dies heißt keinesfalls, daß deren Existenz problemlos verläuft: In Deutschland beziehen etwa 20% aller alleinstehenden Mütter Sozialhilfe, verhaltensauffällige Kinder kommen überproportional häufig aus EEF usw.

III. Bildung

In fortgeschrittenen Industriegesellschaften steigen die Anforderungen an Bildung und Ausbildung rapide. In der Wirtschaft wird immer mehr „Humankapital" neben den Produktionsfaktoren Arbeitskraft und Sachkapital benötigt. In der Politik wird von mündigen Staatsbürgern ein hoher Informationsstand erwartet. Im Privatleben werden Kenntnisse aller Art immer wichtiger. Größe und interne Spezialisierung des Bildungswesens nehmen infolgedessen stark zu. Daher werden fortgeschrittene Industriegesellschaften oft als „Wissensgesellschaften" bezeichnet.

Eine wichtige Aufgabe des Bildungswesens beruht auf dem Anspruch moderner Gesellschaften, daß nicht länger Herkunft, Geschlecht oder andere individuell unveränderbare Kriterien ausschlaggebend für die jeweilige Stellung im gesellschaftlichen Höher und Tiefer sein sollen, sondern die **individuelle Leistung** und die so erlangte **Berufsstellung** Gradmesser für Einkommen, Prestige und berufliche Autorität zu sein hat. Das Bildungswesen als Stätte der Leistungsmessung und -bestätigung soll also die legitime „Dirigierungsstelle" (*Helmut Schelsky*) der Statuszuweisung in modernen Industriegesellschaften sein. Voraussetzung hierfür ist aber, daß jedes Gesellschaftsmitglied die gleiche Chance hat, Leistungsfähigkeit zu entwickeln, entsprechende Bildungsstätten zu besuchen und dort Anerkennung zu finden. Chancengleichheit im Bildungswesen ist somit ein wichtiger Anspruch moderner Industriegesellschaften.

Im folgenden soll auf Gemeinsamkeiten und Unterschiede in Aufbau und Größe des Bildungswesens in den Mitgliedsländern der EU eingegangen und dabei geprüft werden, inwieweit diesen Ansprüchen nachgekommen wird.

1. Bildungsexpansion

Alle europäischen Nationen haben den **Umfang** ihres Bildungswesens und die Ausgaben hierfür in den 70er und 80er Jahren erheblich gesteigert. Immer mehr Jugendliche besuchen immer länger die Schule und Hochschule. Diese **„Bildungsexpansion“** hat dazu geführt, daß Schüler und Studenten, und nicht mehr Lehrlinge und Arbeitende, die dominierenden Sozialfiguren unter den jungen Menschen sind. Schon in den frühen 80er Jahren waren je nach Land zwischen zwei Drittel und vier Fünftel aller jungen Menschen zwischen fünf und 24 Jahren in der EU Schüler oder Studenten (*Amt*, 1990, S. 3).

Dennoch weiteten nicht alle Länder ihr Bildungswesen gleichermaßen aus. Die Tabelle 37 zeigt, wie viele Schüler bzw. Studenten es in EU-Ländern im Verhältnis zur Bevölkerung in der jeweiligen Altersgruppe gab.

Tabelle 37 Schul- und Hochschulbesuchsquoten in Ländern der EU 1990/91.

Land	Sekundar-Stufe	Tertiär-Stufe	Land	Sekundar-Stufe	Tertiär-Stufe
W-Deutschland	100	22,9	Irland	98	26,4
Belgien	104	37,2	Italien	79	30,7
Dänemark	109	31,5	Niederlande	103	34,3
Frankreich	99	40,0	Portugal	59	18,4
Griechenland	99	28,9	Spanien	107	33,5
Großbritannien	84	25,2			

Quelle: Stat. Yearbook, UNESCO, zit. n. Stat. Bundesamt, 1993a, S. 311.

Hieraus ergibt sich, daß die relative Größe des Schulwesens in Deutschland etwa dem EU-Durchschnitt entspricht. Die Universitäten sind allerdings eher unterdurchschnittlich vertreten. In Spanien, in den Niederlanden und in Dänemark gehen zum Teil weit mehr junge Menschen als in Deutschland zur Schule und Universität. Relativ wenige Schüler und Studenten gibt es dagegen in Portugal, Griechenland und in Großbritannien. Besonders angesichts der wirtschaftlichen Leistungskraft erstaunt es, wie klein das Bildungssystem in Großbritannien ist.

Betrachtet man die Teile des Bildungswesens genauer, so kommt die Ausweitung der europäischen Bildungssysteme auch darin zum Ausdruck, daß sich immer größere Anteile der Schüler und Studenten im Sekundarbereich (weiterführende Schulen) und im Tertiärbereich (Hochschulen) befinden. Das Schwergewicht des Bildungswesens hat sich seit den 70er Jahren auf die höheren Bildungseinrichtungen verlagert.

2. Bildungschancen

Wie erwähnt, haben Bildungssysteme fortgeschrittener Industriegesellschaften den Anspruch, jungen Menschen unabhängig von Herkunft, Geschlecht und Wohnort gleiche **Bildungschancen** einzuräu-

Tabelle 38 Anteile von Schülerinnen und Studentinnen in diversen Ländern 1989.

Land	Primärbereich	Sekundarbereich	Tertiärbereich
West-Deutschland	49	48	40,5
Belgien (1987)	48	48	52
Dänemark (1988)	49	48,9	50,4
Frankreich	48,4	50,5	52,4
Griechenland (1987)	48,5	47,2	49,2
Großbritannien (1988)	48,9	51,5	46,7
Irland (1985)	49	51	43
Italien	48,7	49	48,2
Luxemburg (1986)	49	48	34
Niederlande (1988)	49,4	48,2	43,5
Portugal	47,6	50	
Spanien (1986)	49	51	50
CSSR	49,1	50,8	43
Ungarn	48,8	49	50,5
Polen	48,7	50,1	58,5
Schweden	48,7	50	53
Schweiz	49	51,2	33,8
Ägypten	44,7	43,4	33,3
Marokko (1987)	39	40	33

Quelle: Statistisches Bundesamt, 1992, S. 309, eig. Ber.

men, also z. B. auch Mädchen, Kindern von Arbeitern und Ausländern sowie Kindern vom Lande. Die Situation der Arbeiter- und Ausländerkinder hat sich in den letzten beiden Jahrzehnten in den meisten europäischen Ländern nur allmählich verbessert. Von ihnen gelangen noch immer erheblich weniger auf weiterführende Bildungseinrichtungen, als es ihren Bevölkerungsanteilen entspricht.

Schnelle Verbesserungen gab es aber für Mädchen und Frauen. Die Tabelle 38 zeigt, daß in nahezu allen Ländern der EG ihre zahlenmäßige Benachteiligung im allgemeinbildenden Schulsystem und auch in Universitäten verschwunden ist. Nur in Deutschland, aber auch in Irland, den Niederlanden und in Luxemburg waren Ende der 80er Jahre die Frauen in Universitäten noch in der Minderzahl.

Wie grundlegend sich in vielen Ländern die Bildungssituation von Mädchen und Frauen verbesserte, wird am spektakulären Beispiel Spaniens deutlich: Anfang der 70er Jahre war erst ein gutes Viertel aller spanischen Studierenden weiblich, Mitte der 80er Jahre bestand schon die Hälfte aus Frauen. Die Erlangung der obersten Bildungsstufen ist in Europa zum Massenphänomen geworden. Teilweise (so in Frankreich und Italien) erwirbt schon mehr als ein Drittel der entsprechenden Altersjahrgänge die Hochschulreife, und drei von zehn jungen Leuten studieren. Am anderen Ende der Bildungshierarchie ist in Europa der Kampf gegen den Analphabetismus fast gewonnen: Lediglich in den Mittelmeerländern gibt es noch erwähnenswerte Anteile der Bevölkerung, die noch nicht lesen und schreiben können.

Tabelle 39 Analphabeten in ausgewählten Ländern der Erde 1985 (im Alter von mindestens 15 Jahren, in % der Bevölkerung).

Land	Analphabetenanteil Gesamtbevölkerung	Analphabetenanteil unter den Frauen	Land	Analphabetenanteil Gesamtbevölkerung	Analphabetenanteil unter den Frauen
Griechenland	6,8	10,9	Guinea	76,0	86,6
			Somalia	75,9	86,0
Italien	2,9	3,6			
Portugal	15,0	18,5	Argentinien	4,7	4,9
Spanien	4,6	6,6	Guatemala	44,9	52,9
			Haiti	47,0	52,6
ehem. Jugoslawien	7,3	11,9	Afghanistan	70,6	86,1
Malta	15,9	17,9	Indien	51,8	66,3
Polen	1,2	1,7	Iran	46,0	56,7
Türkei	19,3	28,7	Nepal	74,4	86,8
Ungarn	1,1	1,5			

Quelle: Stat. Bundesamt, 1993a, S. 312.

3. Analphabetismus

Aus der Tabelle 39 geht hervor, daß 1985 schon in nahegelegenen Ländern (wie in der Türkei) ein Drittel der Frauen und ein Viertel der Männer, in Ägypten und in Algerien sogar zwei Drittel der Frauen und die Hälfte der Männer Analphabeten waren. Ganz zu schweigen von Ländern wie Somalia und Pakistan, wo die Lese- und Schreibkundigen auch heute noch eine kleine Minderheit darstellen. Die Analphabetisierungsquote zählt zu den wichtigsten Modernisierungsindikatoren. Gemessen hieran gehören die Länder der EU zu den modernsten der Welt.

IV. Arbeit und Erwerbstätigkeit

Eine Übersicht über Arbeit und Erwerbstätigkeit in den Ländern der EU muß davon ausgehen, daß die zwölf Mitgliedsländer über eine ungleiche Wirtschaftskraft verfügen: Hinter einer Spitzengruppe von acht ökonomisch fast gleich leistungsfähigen Nationen fallen – in dieser Reihenfolge – Spanien, Irland, Griechenland und Portugal zurück.

Tabelle 40 Bruttoinlandsprodukt je Einwohner in den EG-Ländern 1991 (zu Marktpreisen, in DM, errechnet über Kaufkraftparitäten).

Land	DM	Land	DM
Deutschland	34 990	Italien	35 700
Früheres Bundesgebiet	40 780	Niederlande	34 530
Neue Länder und Ost-Berlin	11 780	Portugal	19 200
Belgien	35 850	Spanien	26 560
Dänemark	36 810		
Frankreich	38 050	EU-Länder insgesamt	33 190
Griechenland	16 240		
Großbritannien und Nordirland	32 660	USA	46 500
Irland	24 010	Japan	39 770

Quelle: Stat. Bundesamt, 1993a, S. 160.

1. Erwerbsquoten

Einige Begriffsklärungen: Unter **Erwerbsbevölkerung** sind alle Bewohner eines Gebietes im Alter von 15 bis 65 Jahren zu verstehen. Als **Erwerbspersonen** werden alle selbständig und unselbständig Erwerbstätigen und Arbeitslose bezeichnet. **Erwerbstätige** nennt man Personen in einem Beschäftigungsverhältnis. **Arbeitslose** sind Personen, die als solche vom Arbeitsamt anerkannt sind, egal ob sie Entgelt beziehen oder nicht.

Um die wirtschaftliche Struktur der EU-Länder zu vergleichen, soll zunächst geprüft werden, **wie viele Menschen im Erwerbsleben stehen**. Die „Erwerbsquoten", das ist der Anteil der Erwerbspersonen an der Wohnbevölkerung, haben sich seit der Nachkriegszeit im Durchschnitt der Länder der heutigen EU erhöht: Im Jahre 1990 hatte oder suchte ein höherer Bevölkerungsanteil (44,2 Prozent) Erwerbsarbeit als 1950 (41,6%). Aber dieser Durchschnittswert verdeckt erhebliche Unterschiede: Beispielsweise waren 1990 in Dänemark 56,3 Prozent der Bevölkerung ins Erwerbsleben einbezogen, in Irland und Spanien nur 36,9 bzw. 37,8%.

Tabelle 41 Erwerbsquoten in EG-Ländern 1991.

Land	Prozent	Land	Prozent
Deutschland	49,7	Italien	42,3
Früheres Bundesgebiet	48,4	Luxemburg	43,0
Neue Länder und Ost-Berlin	54,5	Niederlande	47,1
Belgien	40,3	Portugal	48,9
Dänemark	56,5	Spanien	39,0
Frankreich	44,1		
Griechenland	39,7	EG-Länder insgesamt	45,7
Großbritannien und Nordirland	50,5		
Irland	38,8	USA	49,7
		Japan	52,5

Quelle: Stat. Bundesamt, 1993a, S. 46.

In allen Ländern der EU wirkten in den letzten Jahrzehnten auf der einen Seite längere Ausbildungszeiten und frühere Verrentung auf eine Verringerung der Erwerbsquoten hin. Andererseits glichen die geburtenstarken Jahrgänge und das Drängen von Frauen in die Berufstätigkeit diese Verluste mehr als aus, so daß sich insgesamt die Zahl der Erwerbspersonen erhöhte.

Es waren vor allem die verheirateten Frauen und Mütter, die seit Mitte der 70er Jahre in vielen Ländern auf den Arbeitsmarkt drängten und die Erwerbsquoten nach oben trieben. Allein von 1987 bis 1991 stieg die Zahl der weiblichen Erwerbspersonen in der EG um 17%. Diese Steigerung ist höher als in Japan (9,7%) und den USA (9,3%), den wichtigsten Wirtschaftskonkurrenten.

In der EG betrug der Anteil der Frauen an allen Erwerbstätigen 1970 erst 31,4% und war bis 1991 schon auf 40,1% gestiegen. So ist es vor allem das ungleich hohe Ausmaß der Frauenerwerbstätigkeit, das für die ungleiche Verbreitung der Erwerbstätigkeit insgesamt in den einzelnen Ländern verantwortlich ist. Spitzenreiter der Frauenerwerbstätigkeit waren 1991 die Däninnen mit 46,1% aller

Erwerbstätigen, dann folgten die Britinnen mit 43,7, die Französinnen mit 43,1 und die Portugiesinnen mit 43,0%. Die Erwerbsbeteiligung der deutschen Frauen rangierte 1991 mit 42% nur noch deswegen leicht über dem EU-Durchschnitt, weil ostdeutsche Frauen häufiger als westdeutsche Erwerbsarbeit haben oder suchen. Das Schlußlicht bildete Spanien, wo auch 1991 noch weniger als ein Drittel (32,3%) aller Erwerbstätigen Frauen waren (*Statistisches Bundesamt*, 1993a, S. 47).

Frauenerwerbstätigkeit ist immer dort besonders hoch (in Schweden waren z.B. 1986 78,3% aller Frauen erwerbstätig, in Deutschland nur 50 Prozent) (*Becker*, 1989, S. 23), wo Rahmenbedingungen dies begünstigen: Individual- und nicht Ehepaarbesteuerung, Kinderkrippen, Kindergärten, Mutterschafts- und Elternfreistellungen mit Lohnausgleich, ganztägiger Schulunterricht und Schulmahlzeiten etc. Frauen arbeiten meist im Dienstleistungsbereich, seltener in der Industrie. Deshalb begünstigt auch die Ausweitung von Dienstleistungen die Frauenerwerbstätigkeit.

In der gesamten EG waren 1991 6 Millionen **ausländische Arbeitnehmer** beschäftigt. Aber nur in vier EG-Ländern machten sie nennenswerte Anteile der Beschäftigten aus: in Deutschland mit 8,9% (hauptsächlich Türken und Jugoslawen), in Frankreich mit 6,1% (vor allem Nordafrikaner) und in Großbritannien. Während damit in diesen Ländern nur jeder zwanzigste bis zehnte Erwerbstätige Ausländer war, hatte in Luxemburg jeder dritte (33,3 Prozent) einen ausländischen Paß. Hierunter waren allerdings nur wenige Gastarbeiter, dafür viele Banker und EU-Beamte (*Statistisches Bundesamt*, 1990b, S. 94).

Nachdem bislang gefragt wurde, wieviele und welche Personen in den einzelnen Ländern erwerbstätig sind, soll nun geprüft werden, **wo** sie arbeiten.

2. Wirtschaftssektoren

Im **Primären** Sektor, d.h. in Landwirtschaft und Fischerei, arbeiteten im Jahre 1992 in Deutschland nur noch 3,5% der Erwerbstätigen (in der DDR 1989 noch 8,3%), in Großbritannien sogar nur noch 2,3%. Im Gegensatz hierzu sind die Mittelmeerländer, wie Griechenland, wo auch 1992 noch fast ein Viertel (22,2%) aller Beschäftigten in der Landwirtschaft tätig war, noch teilweise agrarisch geprägte Gesellschaften. Noch weitergehende Agrargesellschaften sind in Europa die Türkei und Albanien (beide 50%). Völlig landwirtschaftlich bestimmt sind in der Welt vor allem noch Länder Schwarzafrikas, wie Gambia (80%) und Burundi (90%) (*Statistisches Bundesamt*, 1993, S. 235ff; *IDW*, 1993).

Im **Sekundären** Sektor, dem Produktionsbereich, waren in den letzten Jahren in der EU immer weniger Menschen beschäftigt. Sie haben auch immer weniger zur (Brutto-)Wertschöpfung der EG beigetragen: 1976 noch 41 Prozent, 1986 nur noch 36,5%. Insbesondere die „alten" Industrien (Kohle und Stahl) schrumpften und warfen in den entsprechenden Regionen arge Anpassungsprobleme auf. In den Niederlanden und in Dänemark ist der produzierende Sektor besonders weit zurückgegangen. Dort arbeiteten 1992 nur noch 25,6 bzw. 27,6 von Hundert Erwerbstätigen in Produktionsunternehmen. In diesen Ländern hat sich ein Strukturwandel hin zur Dienstleistungsgesellschaft schon vollzogen. Es steht anderen Regionen noch bevor, auch Deutschland, wo derzeit noch 40 von hundert Beschäftigten in Produktionsunternehmen arbeiten. (Allerdings schätzt man, daß auch dort die Hälfte der Arbeitenden Dienstleistungstätigkeiten verrichten.) (*Bundeszentrale*, 1987; *IDW*, 1993).

Was das Wachstum des **Dienstleistungssektors** betrifft, so befand sich Deutschland, verglichen mit den anderen EU-Ländern, im Jahre 1992 im unteren Mittelfeld. Im EU-Durchschnitt waren mehr als 60%, in Deutschland erst 56,4%, in Belgien, Dänemark und Großbritannien aber schon mehr als 66% der Erwerbstätigen in Dienstleistungsunternehmen beschäftigt.

Tabelle 42 Erwerbstätige nach Wirtschaftssektoren in diversen Ländern 1990.

Land	Landw.	Produktion	Dienstleist.	Land	Landw.	Produktion	Dienstleist.
Belgien	3	28	69	Schweden	3	29	68
Dänemark	6	27	67	Schweiz	6	35	60
Frankreich	6	30	65				
Deutschland	4	41	56	Bulgarien	21	44	36
Griechenland	27	27	46				
Großbritannien	2	29	69	Tschechoslowakei	11	45	44
Irland	15	28	57	Ungarn	19	35	46
Italien	9	32	59	Polen	26	37	37
Niederlande	5	26	70	Rumänien	28	45	27
Portugal	18	35	48	Jugoslawien	5	51	44
Spanien	12	33	55	EG	7	33	60
Österreich	8	37	55	USA	3	27	71
Finnland	8	31	61				
Norwegen	6	24	69	Japan	7	34	59

Quelle: berechnet nach dem Statistischen Jahrbuch für das Ausland 1992.

Der Trend zur Dienstleistungsgesellschaft ist in der EG und in Japan (1991: 58,9%) etwa gleich weit gediehen. Beide globalen

Wirtschaftsräume sind jedoch hinter den USA weit zurückgeblieben. Dort arbeiteten 1991 bereits 71,8% der Erwerbstätigen in Dienstleistungsunternehmen. Hier treten bereits Sättigungstendenzen der Tertiarisierung auf.

3. Arbeitslosigkeit

Erwerbsarbeit in in Industriegesellschaften die bei weitem wichtigste Quelle des Lebensunterhaltes für sich und die eigene Familie. Arbeit ist aber mehr: Sie ist die stärkste Verbindung eines Menschen mit der Realität (*Sigmund Freud*); sie ist Quelle der Selbstdefinition, der Selbstachtung und des gesellschaftlichen Ansehens. Deswegen ist **Arbeitslosigkeit** trotz aller sozialstaatlichen Absicherungen so problembeladen.

Die Arbeitslosigkeit in der EU ist, abgesehen von leichten Besserungstendenzen in einigen Ländern am Ende der 80er Jahre, seit Mitte der 70er Jahre bis 1992 durchweg gestiegen. Im Jahre 1970 war jede fünfzigste Erwerbsperson in der EG, 1992 war schon fast jede zehnte ohne Beschäftigung. 1992 war es am schwersten, einen Arbeitsplatz in Irland (Arbeitslosenquote 17,6%) und in Spanien (16,7%) zu finden. In anderen Ländern, darunter Österreich, Schweiz und Japan, ist es bislang noch gelungen, Arbeitslosigkeit weitgehend zu vermeiden (*Statistisches Bundesamt*, 1990, S. 209; *Bundesregierung*, 1993).

Arbeitslosigkeit betrifft nicht alle Bevölkerungsgruppen gleichermaßen. Frauen, Jugendliche und Unqualifizierte finden weit häufiger keinen Arbeitsplatz als andere. Im Jahre 1992 suchten 18,5% der unter 25jährigen in der EG, die dem Arbeitsmarkt zur Verfügung standen, vergebens nach Arbeit. Noch höher liegt der Anteil der Arbeitslosen unter jungen Frauen – und noch höher unter unqualifizierten Jugendlichen (*Stat. Bundesamt*, 1993a, S. 49).

Besonders bedrückend ist die Lage der Langzeitarbeitslosen. Hier spielen Entmutigung, Gesundheitsprobleme und Vorurteile zusammen und machen die Lage oft aussichtslos. Fast die Hälfte der Arbeitslosen in Belgien, Irland und in Italien war im Jahre 1992 schon zwei Jahre ohne Stelle. Geringere Jahrgangsstärken der ins Berufsleben Eintretenden, die bessere ökonomische Konjunktur, aber auch „künstliche“ Maßnahmen wie die Ausweitung öffentlicher Beschäftigung, die Rückführung von „Gastarbeitern“, Frühverrentung und die statistische Neudefinition des Begriffs „Arbeitslosigkeit“ haben seit Mitte der 80er Jahre in vielen Ländern die Langzeitarbeitslosigkeit leicht zurückgedrängt (*Kreisky*, 1989). Sie ist in der EU aber immer noch viel höher als in Japan oder in den USA.

4. Arbeitszeit

Zuletzt soll gefragt werden, **wie lange** die Erwerbstätigen arbeiten. Die Arbeitszeit ist in Europa seit Jahrzehnten gesunken. Noch um die Jahrhundertwende hat ein Erwerbstätiger etwa ein Viertel seiner Lebenszeit mit Erwerbsarbeit verbracht, heute weniger als ein Zehntel. Die Zahl der jährlich geleisteten Arbeitsstunden von Arbeitnehmern hat sich seit 1970 in vielen EU-Ländern um mehr als 200 vermindert und betrug 1991 in Deutschland etwa 1500, in den Niederlanden, in Portugal und in Frankreich ca. 1560. Zum Vergleich: In den USA arbeiteten Anfang der 90er Jahre Industriearbeiter jährlich gut 1800 und in Japan mehr als 2100 Stunden. So lang war die Arbeitszeit in Deutschland in den frühen 60er Jahren.

Mit der Arbeitszeitverkürzung bei gleichzeitiger Lohnsteigerung ist eine weitreichende Umorientierung einhergegangen. Neben Arbeit und Familie stellen immer mehr auch Freizeit und öffentliche Belange (Umweltschutz, Stadtteilarbeit, Kultur) Felder des Engagements, der Lebensziele und der Selbstentfaltung dar. Dies geschieht teils in bewußtem Kontrast zur Arbeit, hier wird z.T. schon von „Chamäleonmoral" oder einer „Patchworkidentität" gesprochen, teils in Fortsetzung oder Kompensation der Arbeitstätigkeit.

Besonders in hochentwickelten dienstleistungsorientierten Industriegesellschaften wird **Teilzeitarbeit** alltäglich. Typisch sind die hohen Teilzeitquoten in Dänemark, den Niederlanden und Großbritannien, andererseits die niedrigen in Portugal, Italien, Irland, Spanien und Griechenland. In der EG arbeitete 1989 mehr als jede(r) achte Erwerbstätige mit reduzierter Stundenzahl (*Amt*, 1992, S. 118).

Teilzeitarbeit wird ganz überwiegend von Frauen ausgeführt. Vier Fünftel aller Teilzeitbeschäftigten in der EG sind Frauen, in Deutschland und Großbritannien sogar neun Zehntel. Und sieben Zehntel aller Teilzeitarbeitenden sind verheiratete Frauen. Das große Maß an Teilzeitarbeit von Frauen ist auch der Grund dafür, daß man Frauenerwerbstätigkeit nicht ohne weiteres mit wirtschaftlicher Eigenständigkeit von Frauen gleichsetzen sollte. Teilzeitarbeit vermittelt in der Regel lediglich ein Zubrot, keine individuelle Autonomie. Gleichwohl ist Teilzeitarbeit sehr gefragt. Vielen Frauen erscheint sie, zumindest zeitweise, als vertretbarer Kompromiß zwischen Familie und Beruf.

V. Wohlstandsniveau und soziale Ungleichheit

„Soziale Ungleichheit" heißt, daß bestimmten Gesellschaftsmitgliedern aufgrund der Organisation ihres Zusammenlebens und -arbeitens mit anderen Menschen mehr von den knappen begehrten „Gütern" einer Gesellschaft als anderen Personen zukommt. So verdienen bei uns Ingenieure mehr als Schlosser, Ärzte sind angesehener als Müllmänner, ein Abteilungsleiter hat mehr Macht als der Bürobote und Frauen haben schlechtere Chancen, in gesellschaftliche Führungspositionen zu gelangen, als Männer. Mit „sozialer Ungleichheit" sind also sowohl „gerechte" als auch „ungerechte" Vor- und Nachteile zwischen Menschen gemeint.

1. Entwicklungstendenzen

In Industriegesellschaften ist es hauptsächlich der **Beruf**, der über die Stellung im Ungleichheitsgefüge entscheidet. Je weiter Industriegesellschaften fortschreiten, desto häufiger führt der Weg zu Vor- oder Nachteilen zunächst über den entsprechenden **Bildungsgrad** und erst dann über die berufliche Stellung. Auch in dieser Hinsicht entwickeln sich Industriegesellschaften zu Wissensgesellschaften. Neben (und zusammen mit) Bildung und Beruf bestimmen auch in „postindustriellen Gesellschaften" nach wie vor die Wohnregion, das Geschlecht, das Alter und die ethnische Zugehörigkeit darüber, welche sozialen Vor- und Nachteile Menschen erlangen. Die anhaltende Wirksamkeit dieser großenteils nicht individuell beeinflußbaren **Zuweisungsmerkmale** (z.B. die Ungleichheit zwischen Mann und Frau) gerät immer mehr zum öffentlichen Ärgernis, je weiter die Modernisierung fortschreitet. Außerdem verbreitert sich im Zuge der Modernisierung das Spektrum wichtiger sozialer Ungleichheiten selbst. Es werden immer **mehr Vor- und Nachteile als wichtig empfunden.** Neben den berufsnahen Disparitäten von Einkommen, Berufsprestige und beruflicher Macht geraten infolge steigenden Wohlstands, vermehrter Freizeit und wachsender wohlfahrtsstaatlicher Daseinsvorsorge auch Ungleichheiten der Sicherheit, der Freizeit-, Arbeits-, Gesundheits-, Umwelt- und Wohnbedingungen sowie „Ungleichbehandlung" durch andere in den Vordergrund der Aufmerksamkeit (*Bolte/Hradil*, 1988; *Hradil*, 1987).

Internationale Sozialstrukturvergleiche im Hinblick auf alle diese Aspekte sind derzeit kaum möglich. Im folgenden muß eine Auswahl getroffen werden. Es liegt nahe, zunächst auf **regionale** Disparitäten einzugehen.

2. Regionale Disparitäten

Hierbei ist zu trennen zwischen **supra-nationalen** Ungleichheiten (etwa die zwischen den noch weniger entwickelten Mittelmeerländern und Irland einerseits sowie den acht übrigen EG-Ländern andererseits), **nationalen** Ungleichheiten (zwischen den einzelnen Ländern) und **binnen-nationalen** Ungleichheiten (beispielsweise zwischen Ost- und Westdeutschland oder zwischen dem armen Mezzogiorno und dem reichen Nordwestitalien).

Das **nationale Wohlstandsgefälle** in der EU geht schon aus den oben dargestellten ungleichen Sozialprodukten hervor. Hier zeigte sich die schlechtere Stellung der drei Mittelmeerländer (in absteigender Folge: Spanien, Portugal, Griechenland) und Irlands. Dies stimmt mit der geringeren Bildungsbeteiligung, den höheren Arbeitslosigkeits- und Inflationsraten dieser Länder überein.

Regionale Ungleichheiten innerhalb der einzelnen EU-Länder lassen sich vor allem anhand dreier Typen von Problemregionen erkennen (*Wellner/Schmich*, 1986, S. 18f):

1) **Landwirtschaftliche Problemgebiete:** 20 bis 40% aller Beschäftigten in der Landwirtschaft arbeiten dort in zu kleinen Betrieben (< 8 ha), die erheblich hinter dem EU-Durchschnittswert von 17 ha zurückbleiben und im allgemeinen nicht konkurrenzfähig sind. Solche Problemzonen konzentrieren sich in Randzonen der Mittelmeerländer, Irlands und Großbritanniens. Dort fehlt es an Infrastruktur (Straßen, Schulen, Krankenhäuser, Wasserversorgung), dort herrschen Abwanderung und Arbeitslosigkeit.

2) **Industrielle Problemgebiete:** Der Rückgang der Eisen-, Kohle- und Stahlindustrien hat u.a. in Westschottland, Südwales, Nordirland, Süd- und Ostbelgien, Nord- und Ostfrankreich, im Saargebiet, und in Teilen Nord- und Mittelitaliens zu erhöhter Arbeitslosigkeit, Abwanderung, veralteten Industrieanlagen mit schlechten Arbeitsbedingungen und zu Umweltproblemen geführt.

3) **Übervölkerte Dienstleistungsregionen** (wie der Großraum London, Paris, Rom und das Rhein-Main-Gebiet) haben gegenläufige Probleme: nicht Überalterung und Infrastrukturmängel, sondern Verkehrsengpässe, Wohnraumknappheit und Umweltgefährdung.

3. Einkommens- und Vermögensverteilung

Unter den sozialen Ungleichheiten in modernen Industriegesellschaften spielt die **Einkommensverteilung** eine herausragende Rolle. Guten Aufschluß über den jeweiligen Lebensstandard gibt dabei das verfügbare Haushaltseinkommen (entspricht dem Nettoeinkommen zuzüglich sozialstaatlichen Transferzahlungen).

Ordnet man alle Haushalte nach der Einkommenshöhe und unterteilt diese Reihenfolge von den ärmsten zu den reichsten Haushalten in zehn bzw. fünf Gruppen (Dezile bzw. Quintile), so läßt sich berechnen, welchen Anteil am Gesamteinkommen jede dieser

Gruppen auf sich vereint. Oder: Mit dem „Gini-Index“, einem Konzentrationsmaß, das Werte zwischen 0 (= jeder erhält gleich viel) und 1 (= alles Einkommen konzentriert sich in einer Hand) annehmen kann, läßt sich das Ausmaß der Ungleichheit in einem Land in einer Zahl zusammenfassen. Beide Maße, Anteilswerte und Gini-Indices, ermöglichen internationale Vergleiche.

Bekommen die ärmsten 20% der Haushalte eines Landes weniger als 4% des gesamten Einkommens-„Kuchens“, so spricht z.B. die Weltbank von „gravierender“ Ungleichheit; ein Anteil von 6 bis 8% gilt ihr als „erträglich“; von acht Prozent an hält sie die Verteilung für „befriedigend“.

Nur die skandinavischen Länder, die Niederlande und Japan erreichten diesen Standard („befriedigend“). Die ungleichste Einkommensverteilung der EU-Staaten weist Frankreich auf.

Die Einkommensverteilung verändert sich nur langsam. In (West-)Deutschland hat sich die Einkommensverteilung des Jahres 1950 bis zum Jahre 1988 nur sehr wenig angeglichen: 1950 erhielten die beiden untersten Dezile 5% des verfügbaren Gesamteinkommens der privaten Haushalte, die beiden obersten 43%. 1988 hatten sich die Werte auf 9% für die untersten 20% der Haushalte erhöht, waren aber für das „reichste“ Fünftel der Haushalte nach vorübergehendem Rückgang wieder auf den Anteilswert von 1950 geklettert.

Einkommensungleichheiten **zwischen Männern und Frauen** sind heute besonders brisant, weil sie auf dem unveränderbaren Kriterium des Geschlechts beruhen. In der EG beliefen sich im Jahre 1987, bei gleicher Arbeitszeit, die Fraueneinkommen auf 68% (Großbritannien) bis 84,2% (Dänemark) der Männereinkommen (*Becker*, 1998, S. 29). Deutschland befindet sich hier im „unteren Mittelfeld“, vor allem wenn man berücksichtigt, daß vom Ende der 70er bis zum Ende der 80er Jahre hierzulande kaum Angleichungen zu verzeichnen waren.

Die **Vermögensverteilung** ist in allen westlichen Industriegesellschaften ungleicher als die Einkommensverteilung. In Deutschland z.B. haben die reichsten 2% der Privathaushalte etwa 10% des gesamten Einkommens, aber gut 20% des gesamten Vermögens in privater Hand zur Verfügung (*Bolte/Hradil*, 1988, S. 131). Dies wird verständlich, wenn man bedenkt, daß Vermögen meist aus erspartem Einkommen gebildet wird und seinerseits wieder Einkommen abwirft. Typische Gini-Koeffizienten von europäischen Einkommensverteilungen bewegen sich um 0,35, von Vermögensverteilungen zwischen 0,65 und 0,70.

4. Armut

Will man den untersten Bereich der Einkommensverteilung, die **Armut**, untersuchen, so muß man sich zunächst einmal darüber einigen, was unter Armut verstanden werden soll. Armut ist eine vieldimensionale Problemlage. Sie besteht aus Mangel an Geld ebenso wie aus Mangel an Wohnraum und Gesundheitsversorgung, aus Isolation, aus der Unfähigkeit, eigene Ansprüche geltend zu machen, aus Lethargie und psychischer Instabilität. Erst das Zusammentreffen all dieser Momente macht Armut im vollen Sinne aus. Dennoch wird im folgenden, insbesondere da, wo es um empirische Nachweise geht, hauptsächlich finanzielle Armut betrachtet.

„**Physische**" Armut, d.h. die Gefahr des Verhungerns und Erfrierens, ist in Europa weitgehend gebannt. „**Absolut**" arm sind Personen, „die über so geringe (materielle, kulturelle und soziale Mittel) Mittel verfügen, daß sie von einer Lebensweise ausgeschlossen sind, die in dem Mitgliedsstaat, in dem sie leben, als Minimum annehmbar ist" (EG, Ratsbeschluß vom 19.12.1984). Im allgemeinen gilt Sozialhilfebedürftigkeit als Kennzeichen absoluter Armut. Diese Form der Armut wächst in den meisten Ländern. Empirisch erforscht wird Armut überwiegend als „**relative**" Einkommensarmut: „Als arm gelten demnach Personen, die über ein Einkommen von weniger als der Hälfte des durchschnittlichen Pro-Kopf-Einkommens des jeweiligen Landes verfügen" (*Kommission*, 1989, S. 3). Gemessen hieran waren im Jahre 1975 erst 38 Millionen, 1985 schon 44 Millionen EG-Bewohner arm (ebd., S. 3). Besonders viele Arme lebten in Portugal, Spanien, Irland, Großbritannien und Griechenland (*EG-Kommission*, 1990, S. 34). Hierbei ist ein enger Zusammenhang mit dem nationalen Gesamtwohlstand und dem Ausmaß der Armut im jeweiligen Land festzustellen.

Tabelle 43 Armut in Ländern der EG 1980. Prozentanteile armer Personen an der Gesamtbevölkerung der einzelnen Länder; Armutsgrenze von 50% der nationalen Durchschnittsausgaben gleich großer Haushalte.

Land	Prozent	Land	Prozent
Deutschland	10,5	Irland	18,4
Belgien	7,1	Italien	14,1
Dänemark	7,9	Niederlande	9,6
Frankreich	19,1	Portugal	32,4
Griechenland	21,5	Spanien	20,9
Großbritannien und Nordirland	14,6		

Quelle: EG-Kommission (Hg.), 1990, S. 31.

Die Ausweitung der Armut in Europa ging mit einer Verlagerung der betroffenen Personengruppen einher: Die **traditionelle** Armut konzentrierte sich auf erwerbsunfähige, alleinstehende ältere Personen, besonders auf Witwen. Diese Armut hat sich infolge gestiegener Renten erheblich vermindert. In Deutschland ist das Armutsrisiko der älteren Bevölkerung sogar schon unter das der Gesamtbevölkerung gesunken. Aber dies wurde mehr als ausgeglichen durch die gewachsene „**neue**" Armut, einerseits von Langzeitarbeitslosen, mithin von erwerbsfähigen Personen, oft mit mehreren Kindern, andererseits von alleinerziehenden Frauen.

VI. Sozial- und Wohlfahrtsstaat

Sozial- und Wohlfahrtsstaaten – zwischen beiden wird im folgenden nicht begrifflich unterschieden – haben folgende Aufgaben. Sie sollen:

- Armut und Not beseitigen (z. B. durch Sozialhilfe);
- Standardrisiken absichern (durch Kranken-, Unfall-, Renten- und Arbeitslosenversicherung);
- unerwünschte Formen und Ausmaße sozialer Ungleichheit einebnen (z. B. durch vertikale Umverteilung von den Reichen zu den Armen mittels progressiver Besteuerung, durch horizontale Umverteilung der Einkommen von den Kinderlosen zu den Kinderreichen mittels Steuerfreibeträgen oder kostenloser Mitversicherung von Familienmitgliedern in der Krankenversicherung, oder durch die Nivellierung von Machtpotentialen mittels Kündigungsschutzbestimmungen) und
- gleiche Lebensverhältnisse und Rahmenbedingungen herstellen (durch die Bereitstellung von Bandinfrastruktur, wie Straßen, Fernmeldeverbindungen etc. und sozialer Infrastruktur, wie Bildungseinrichtungen, Krankenhäuser, Kindergärten, Gesundheitsdienste etc.).

1. Ausbau

Auf den Sozial- und Wohlfahrtsstaat kamen im Verlauf seiner Entwicklung immer mehr Aufgaben zu. Im großen und ganzen folgte diese Ausweitung der obigen Reihenfolge. Die „klassischen" Aufgaben bestehen also in der Armutsbekämpfung und dann in der Absicherung von Standardrisiken. Später kamen immer mehr Rechte für Benachteiligte (Arbeitsschutz, Mutterschutz etc.) und Pflichten für Gutgestellte hinzu sowie schließlich immer häufiger die Bereitstellung öffentlicher Güter und Dienstleistungen. Somit hat der Sozial- und Wohlfahrtsstaat seine Aktivitäten von den unteren Bevölkerungsschichten immer mehr auch auf mittlere und obere ausgedehnt. Dabei setzte er neben Geldleistungen immer mehr auch Sach- und Dienstleistungen ein, er vergab Rechte und vermittelte Symbole (z. B. Aufklärungskampagnen).

Der Wohlfahrtsstaat ist heute ein gemeinsames Strukturelement aller westeuropäischen Demokratien geworden. Umfang und Zielsetzung seiner Maßnahmen sind zwar abhängig von politischen Grundhaltungen – Liberale beschränken ihn mehr als Sozialdemokraten, diese legen mehr Wert auf vertikale Umverteilung und Arbeitsschutz, Konservative betonen eher die horizontale Umverteilung und den Schutz der Familie –, aber insgesamt hat der Wohlfahrtsstaat in allen Industriegesellschaften einen starken Ausbau erfahren (*Alber*, 1989, S. 34).

Er erfolgte in den meisten europäischen Ländern schwergewichtig erst nach dem Zweiten Weltkrieg: Belgien, Frankreich, Irland und die Schweiz haben die Anteile der Sozialleistungen am Bruttosozialprodukt seither **verdoppelt**, Dänemark, Finnland und Italien **verdreifacht**, die Niederlande, Norwegen und Schweden **vervierfacht**, Deutschland, Österreich und Großbritannien dagegen **weniger als verdoppelt** (*Alber*, 1989, S. 34).

Allerdings war der Ausbau des deutschen Sicherungssystems auch weniger dringlich, weil Deutschland in diesem Punkte, beginnend mit der Bismarckschen Sozialpolitik, internationaler Vorreiter war. So waren die deutschen Sozialleistungen bis in die 60er Jahre hinein, gemessen am Sozialprodukt, die höchsten der Welt. Erst dann haben vor allem skandinavische Staaten Deutschland überholt. In den 70er Jahren war Deutschland infolge eines gleichzeitigen vehementen Rückgangs der Geburten und der Wirtschaftsleistung zu einem schärferen sozialpolitischen Bremsen als viele andere Länder gezwungen und fiel so in das sozialpolitische Mittelfeld der EG zurück.

Gliedert man die Sozial- und Wohlfahrtsleistungen auf, so wird schnell deutlich, daß die „klassischen" Aufgaben des Sozialstaates, die Armutsbekämpfung und vor allem die Absicherung des Unfall-, Krankheits-, Alters- und Arbeitslosigkeitsrisikos auch heute noch den Löwenanteil (in Deutschland fast zwei Drittel) der Ausgaben verschlingen. Demgegenüber fallen sogar die immensen Ausgaben für das Gesundheitswesen (in Deutschland mit einem guten Fünftel) und für das Bildungswesen (in Deutschland mit einem Sechstel) fast bescheiden aus. Die meisten anderen EG-Länder mit ihrer günstigeren Altersstruktur haben allerdings geringere Renten- und höhere Bildungskosten (*OECD*, 1988, S. 11).

2. Organisation

In Deutschland herrscht zur Absicherung der Standardrisiken die Organisationsform der Sozialversicherung und damit das **Versicherungsprinzip** vor. Renten-, Kranken-, Unfall- und Arbeitslosenversicherungsleistungen werden maßgeblich auf Grund von Beitragszahlungen erbracht, die weitgehend nach der Höhe des Erwerbseinkommens gestaffelt sind. In solchen Systemen bildet sich der Sozialstatus der Versicherten in den Sicherungsleistungen (z.B. in der Höhe der Renten und des Arbeitslosenentgeldes) weitgehend wieder ab. Ähnliche Systeme haben, bei vielen Unterschieden im einzelnen, Österreich, Belgien, Frankreich und Italien.

In anderen Ländern dominiert das **Versorgungsprinzip.** So gibt es in Großbritannien und den skandinavischen Ländern eine Grundsicherung für alle Staatsbürger, relativ unabhängig von ihrer Marktstellung. Sie hat meistens die Organisationsform einer Einheitsversicherung für alle Bevölkerungsgruppen und für alle Standardrisiken. Aus solchen Staatsbürgerversorgungen werden Einheitsleistungen gezahlt, oft kombiniert mit einkommensbezogenen Zusätzen. Mischtypen zwischen Versicherung und Versorgung gibt es z.B. in den Niederlanden und in der Schweiz.

In allen Ländern erfolgen sozialstaatliche Leistungen außerdem nach dem **Fürsorgeprinzip.** Im Unterschied zum Versicherungs- und Versorgungsprinzip, die beide Kausalprinzipien sind, weil sie Leistungen von bestimmten Veranlassungen (Beiträge, Erreichen der Altersgrenze, Verdienste etc.) abhängig machen, stellt das Fürsorgeprinzip ein **Final**prinzip dar: Hier geht es ausschließlich um das Ziel, den Ärmsten zu helfen, die zur Selbsthilfe unfähig sind, einerlei wodurch deren Notlage verursacht ist. Fürsorgeleistungen sind zwar in vielen europäischen Ländern in den letzten Jahren wegen der wachsenden Armut gestiegen, ihre Bedeutung im Vergleich zu anderen wohlfahrtsstaatlichen Leistungen ist jedoch seit Jahrzehnten gesunken.

Die Länder der EU unterscheiden sich auch hinsichtlich der **Finanzierung** sozialer Sicherung. In Deutschland teilen sich vor allem Versicherte und Arbeitgeber die Beitragszahlungen; der Staat liefert nur Zuschüsse. In Dänemark ist dagegen die Finanzierung fast allein Sache des Staates, d.h. sie ist steuerfinanziert. In Frankreich wiederum bezahlen die Arbeitgeber die soziale Absicherung zu mehr als der Hälfte.

3. Belastungen der Sicherungssysteme

Die größte Gefährdung des erreichten Standes sozialer Sicherheit wird die Altersentwicklung mit sich bringen. Man erwartet in den meisten EU-Ländern ab etwa ab dem Jahre 2040 doppelt so hohe Altersanteile wie heute, d.h. 20 bis 25% über 65jährige und 10 bis 12% über 75jährige (*OECD*, 1988, S. 10f). Aufgrund der mit Sicherheit steigenden Anteile älterer und der wahrscheinlich sinkenden Anteile junger Menschen ist damit zu rechnen, daß die älteren Menschen höhere Sozialausgaben erfordern als die gesamte übrige Bevölkerung einschließlich der Erwerbsbevölkerung. Hierbei wird die Zunahme der „Alterslast" keinesfalls durch die – ohnehin unsichere – Abnahme der „Kinderlast" ausgeglichen werden. Denn die Ausgaben für Bildung, Kinderbetreuung etc. sind billiger als Renten, Pflege und Gesundheitsversorgung für Ältere (vgl. *Weber/Leienbach*, 1989).

Es gibt mehrere Mittel, der steigenden Belastung des Systems sozialer Sicherheit durch die Alterung Herr zu werden. Wie es aussieht, werden mehrere dieser Instrumente zugleich Anwendung finden: Reduzierung der Leistungen bzw. mehr Selbsthilfe, Beitragserhöhungen, Erhöhungen der Staatszuschüsse, Erhöhungen der Frauenerwerbstätigkeit und damit der Beitragszahlungen durch Erwerbstätige, Hinausschieben des Rentenalters und Einwanderungen von erwerbstätigen Beitragszahlern.

4. Auf dem Wege zur einer EU-Sozialpolitik

Die Altenproblematik macht darauf aufmerksam, daß der EU bislang eine **gemeinsame Sozialpolitik fehlt**. Dieses Manko steht auch der Mobilität von Unternehmen und Arbeitskräften im Wege. Einer Angleichung der nationalen sozial- und wohlfahrtsstaatlichen Systeme steht aber entgegen, daß sie in ihrer historischen Entwicklung, Struktur, Zielrichtung und Leistungskraft sehr verschieden sind. Angestrebt wird daher eher eine Koordinierung als eine Homogenisierung, sowie zunächst eine Politik der gemeinsamen Mindestleistungen bzw. -sicherungen, und nicht mittlere oder gar maximale Lösungen. Diese Politik erscheint realistisch, weil sie auch von wirtschaftlich schwächeren Ländern finanziert werden kann. Sie wirft aber Probleme auf und fordert u.a. den Widerstand von Gewerkschaften heraus, wenn in reicheren Ländern die Gefahr besteht, daß erkämpfte Rechte (z.B. Mitbestimmungsrechte) und hohe Leistungen zurückgeschraubt werden.

Insgesamt stehen die Bemühungen um gemeinsame EU-Sozial- und Wohlfahrtseinrichtungen aber erst am Anfang. Ihre Notwendigkeit wird vielfach angemahnt.

Leichter durchführbar ist da schon die Bekämpfung von sozialen Problemen, die zu Sozial- und Wohlfahrtsmaßnahmen Anlaß geben, wie z.B. der Kampf gegen Armutszonen und Jugendarbeitslosigkeit. Diesem Ziel dienen die **EU-Strukturfonds**, d.h. der Sozialfond und der Regionalfond. Ihr Ziel ist es, Belastungen auszugleichen, die im Zuge der Realisierung des gemeinsamen Marktes entstehen. Der Sozialfonds ist im wesentlichen ein Instrument der Beschäftigungspolitik. Er beteiligt sich mit 50% an den Kosten zur Schaffung von Arbeitsplätzen, insbesondere für arbeitslose Jugendliche in Problemregionen. In Deutschland erhalten z. B. die Bundesanstalt für Arbeit und Verbände der freien Wohlfahrtspflege Zuschüsse für Projekte zugunsten von Arbeitslosen (vgl. *Weber/ Leienbach*, 1989, S. 151). Der Regionalfonds leistet Investitionshilfen und wirkt so gegen regionale Ungleichgewichte. So wurden beispielsweise Kraftwerke in Griechenland, Meerwasseraufbereitungsanlagen in Italien, Industrieparks in Belgien und Maßnahmen zur Stadterneuerung in Irland gefördert.

VII. Einige zusammenfassende Schlußbemerkungen

Faßt man zusammen, so läßt sich feststellen, daß sich die Sozialstrukturen der EU-Länder primär entlang einer gemeinsamen Entwicklungslinie bewegen. Erst in zweiter Linie sind nationale, regionale, konfessionelle etc. Sonderwege erkennbar. Die meisten der Unterschiede, die derzeit bestehen, stellen Phasenverschiebungen im Modernisierungsprozeß und keine Auseinanderentwicklungen dar. Dies zeigt sich an der Geburtenentwicklung, der Heiratshäufigkeit, dem Heiratsalter, der sektoralen Wirtschaftsentwicklung, dem Ausbau des Wohlfahrtsstaates und an vielen anderen Punkten mehr.

Die wichtigste gemeinsame Entwicklungslinie der EU-Länder besteht darin, daß im Zuge der Herausbildung einer „klassischen" Industriegesellschaft zunächst eine **Vereinheitlichung** von zuvor sehr unterschiedlichen Gefügen zustandekam: Ehe und „Normalfamilie" dominierten, auch biographisch, im Leben der einzelnen. Der „Normalarbeitstag" und das „Normalarbeitsverhältnis" setzten sich durch. Die Berufshierarchie prägt eine soziale Schichtung und bildete überall das Rückgrat der Ungleichheitsstruktur usw. In den 50er und 60er Jahren war in den meisten Ländern der Höhepunkt dieser Standardisierung erreicht.

Seither vollziehen sich, je nach Land früher oder später, **Pluralisierungsprozesse:** Familien, einschließlich der von Alleinerziehenden, stellen mittlerweile in den meisten Ländern der EU weniger als 40% der Haushalte und verheiratete „Normalfamilien" oft schon weniger als ein Drittel. Ein-Eltern-Familien, Nichteheliche Lebensgemeinschaften, Singles, Wohngemeinschaften und andere Lebensformen dringen vor. Unterschiedliche Arbeitszeiten, Berufsbiographien, Ungleichheitsdeterminanten und -dimensionen finden sich nebeneinander. Der bürokratische Wohlfahrtsstaat gerät zum „welfare-mix“. Das etablierte und institutionalisierte System politischer Willensbildung wird ergänzt durch Bürgerinitiativen und Neue Soziale Bewegungen. Die Vielgestaltigkeit dieser Formen des Zusammenlebens und -arbeitens hat freilich mit der Heterogenität vorindustrieller Gesellschaften nicht viel zu tun. Damals war die Vielfalt (z.B. „Häusler“ und Saisonarbeiter neben festen Arbeitsverhältnissen) durchweg erzwungen. Heute ist sie in der Regel mehr oder minder frei gewählt. Alleinerziehende und Singles von heute haben mit der „Schande“ der ledigen Mutter oder mit dem „Hagestolz“ von damals wenig gemeinsam.

Für den Integrationsprozeß der EU bedeuten die **Gemeinsamkeit und Dominanz von Modernisierungsprozessen** eine Chance. Sie erleichtern Koordinierungen und, wenn nötig, Homogenisierungen. Sie machen es einfacher, mit den erheblichen Entwicklungsabständen zurechtzukommen.

Glossar

Anarchismus, sozialrevolutionäre Bewegung und Lehre, die jede Herrschaft von Menschen über Menschen, insbesondere den Staat, ablehnt. Seit dem 19. Jahrhundert haben sich sehr unterschiedliche Strömungen entwickelt, die sich grob in die mehr individualistischen und die mehr kollektivistischen einteilen lassen. Der A. gilt als „linke“ politische Bewegung, steht aber – insbesondere in den Entwicklungsländern – mit organisierten sozialistisch-marxistischen Parteien im Widerstreit. Von anarchistischen Gruppen verübter Terror hat dazu geführt, daß A. und Terror weitgehend identifiziert werden und die individualistischen und idealistischen theoretischen Grundlagen (bei *Proudhon, Stirner, Bakunin, Kropotkin*) kaum noch gesehen werden. In einem weiteren Verständnis bezeichnet A. alle Verhaltensweisen, die sich nicht an die „gesatzte Ordnung“ halten.

Anomie, griech. „Gesetzlosigkeit“; ein von dem Franzosen *Émile Durkheim* in die soziologische Fachsprache eingeführter Begriff, der auf mangelnde oder ungenügende Regelung und Normierung sozialer Tatbestände verweist. Anomische soziale Zustände sind durch ein Übermaß an abweichendem Verhalten, mangelnder Solidarität, erhöhter Selbstmordhäufigkeit (*Durkheim*: „anomischer Selbstmord“) erkennbar.

Christlicher Sozialismus. Sozial- und Gesellschaftslehre, die auf den Beginn der Industrialisierung zurückführt und sich die Lösung der „socialen Frage“ durch eine Verbindung von christlichen und utopisch-sozialistischen Gedanken versprach (*Saint-Simon; Lamennais*). In Deutschland ist der christliche Sozialismus des späten 19. und des beginnenden 20. Jahrhunderts mit den Namen *F. Hitze, A. Stoecker, F. Naumann, A. Stegerwald* und vor allem – in der Zeit des Ersten Weltkriegs – mit *Heinrich Pesch* verknüpft.

Cultural lag, engl.-amerik. „kulturelles Zurückbleiben“. Ein von dem amerikanischen Soziologen *William F. Ogburn* geprägter Begriff, der das Zurückbleiben der kulturellen (rechtlichen, ethischen, sozialen) Phänomene hinter den ökonomisch-technischen Entwicklungen zum Ausdruck bringen soll (dieses unterschiedliche Entwicklungstempo von „materieller“ und „immaterieller“ Kultur war bei *Marx* als Differenz von Basis und Überbau begriffen worden).

Die **EG (Europäische Gemeinschaften)** wurde durch den **Vertrag über die Europäische Union (EU)**, den sog. **Maastricht-Vertrag** vom 7.2.1992, in **EU** umbenannt. Nach Art. A des Vertrages bilden die EG die Grundlage der EU.
EG war seit dem Fusionsvertrag von 1967 eine amtliche Sammelbezeichnung für die **Europäische Gemeinschaft für Kohle und Stahl („Montanunion“**, auf der Basis der „Pariser Verträge“ vom 18.4.1951) und die **EWG/ Europäische Wirtschaftsgemeinschaft**, die 1957 in Rom („Römische Verträge“) zusammen mit der **Europäischen Atomgemeinschaft** gegründet wurde.

Im Text wird zumeist die jetzt amtliche Bezeichnung **EU/Europäische Union** verwandt; nur für den Zeitraum vor 1992 die Bezeichnung **EG** (vgl. *Monar* et al., 1993).

Ehernes Lohngesetz, ein von dem sozialistischen Theoretiker *Ferdinand Lassalle* für kapitalistische Wirtschaftssysteme aufgestelltes „Gesetz", das besagt: der Arbeitslohn richtet sich immer nach Angebot und Nachfrage und bleibt damit „immer auf den notwendigen Lebensunterhalt reduziert ..., der in einem Volke gewohnheitsmäßig zur Fristung der Existenz und zur Fortpflanzung erforderlich ist". Aus diesem „Gesetz" leitet *Lassalle* das „Recht auf den vollen Arbeitsertrag" ab, eine Forderung, die im ersten Artikel des Gothaer Programms von 1875 parteipolitisch erhoben, aber von *Marx* kritisiert wurde.

Empathie, aus dem Griech. abgeleiteter, von dem amerikanischen Soziologen *Daniel Lerner* in die soziologische und sozialpsychologische Literatur eingeführter Begriff, der die Fähigkeit von Individuen ausdrücken soll, „sich mit neuen Aspekten ihrer Umgebung in hohem Maße zu identifizieren" und den vielfältigen Rollenanforderungen gerecht zu werden. Einfühlung und Engagement sind daher die besonderen Kennzeichen der E.

Familismus, Bezeichnung für soziale und politische Strukturen, in denen der Einfluß einer oder mehrerer Familien (Clan, Sippe etc.) vorherrschen. Ist der F. auch für relativ einfache Gesellschaften typisch, so kommt es dennoch auch in relativ komplexen Gesellschaften (wie etwa den latein-amerikanischen) immer wieder zu Erscheinungen des F.
Andere Definitionen des F. heben vor allem auf die allgemeine Familienorientierung der vorherrschenden Normen- und Wertsysteme ab.

Idealtypus, ein von *Max Weber* in die Methodologie der Sozial- und Kulturwissenschaften eingeführter Begriff, der als „Gedankenbild" zu verstehen ist, „nicht die historische oder gar die ‚eigentliche' Wirklichkeit" abbilden soll, sondern an „welchem die Wirklichkeit zur Verdeutlichung bestimmter bedeutsamer Bestandteile ihres empirischen Gehaltes gemessen, mit dem sie verglichen wird". Der I. will „das Zurechnungsurteil schulen"; obgleich keine Hypothese, „will er der Hypothesenbildung die Richtung weisen".

Intelligenz, vielschichtiger soziologischer und sozialhistorischer Begriff; er umfaßt die Gesamtheit der Individuen (Intellektuelle) und Gruppen in einer Gesellschaft, die „geistige" Führungspositionen einnehmen: in den Massenmedien, der Wissenschaft, der Politik, dem Bildungswesen, der Kunst wie anderen sozialen Systemen und Institutionen. Herkunft, Selbstverständnis, die Einstellung zur eigenen Gesellschaft, die Wertschätzung in der Gesellschaft sind sozio-kulturell sehr verschieden. Während sie im Sozialismus als relativ einheitliche Klasse aufgefaßt werden, kann dies für die Bundesrepublik weder für die Theorie noch in der Praxis geltend gemacht werden.

Jakobinismus, radikale republikanische Bewegung während der Französischen Revolution von 1789f; die Jakobiner und der Jakobiner-Klub nannten sich nach ihrem Tagungsort, dem Dominikanerkloster St. Jakob in Paris.

Kathedersozialismus, Kathedersozialisten, volkswirtschaftliche und sozialpolitische Richtung im letzten Drittel des 19. Jahrhunderts, die sich gegen den Manchester-Liberalismus wandte und ein sozialreformerisches Eingreifen des Staates befürwortete. Die wichtigsten Vertreter waren: *Adolf Wagner, Gustav von Schmoller, Lujo Brentano, Albert Schäffle.* Der Name war eine spöttisch gemeinte Bezeichnung der liberalen Gegner. Die K. gehörten zu den Mitbegründern (1872) des heute noch bestehenden „Vereins für Socialpolitik“.

Knaus-Ogino, Methode der Empfängnisverhütung, die sich an der Theorie der zeitlich begrenzten wie bestimmbaren Fruchtbarkeit der Frau orientiert und nach dem österreichischen Gynäkologen *H. Knaus* und dem Japaner *K. Ogino* benannt wurde.

Lebensstil. Gesamtheit der Alltagsroutine, stabiler Verhaltensmuster und -erwartungen, die als „unverwechselbare Struktur und Form der Lebensorganisation“ von Individuen und Gruppen anzusehen ist (*Hartmut Lüdtke*, Expressive Ungleichheit. Zur Soziologie des Lebensstils, Opladen 1989).

Die Konzeptualisierung dieses Begriffs geht aus von *Max Weber, Georg Simmel* und vor allem *Pierre Bourdieu.* Bei *Max Weber* hat der Begriff der „methodischen Lebensführung“ (auch: „rationale“ oder „systematische Lebensführung“) einen zentralen Stellenwert. In der „Protestantismus-Studie“ z.B. betont *Weber* „jene mächtige Tendenz zur Uniformierung des Lebensstils“ im Calvinisumus (die dem Kapitalismus und seinen Standardisierungsbestrebungen sehr gelegen kam).

Etwa gleichzeitig eröffnet *Georg Simmel* eine andere Perspektive, indem er die Individualisierungstendenzen der Moderne in den Mittelpunkt rückt (vgl. das Kap. „Der Stil des Lebens“ in: „Die Philosophie des Geldes“). Neuere Definitionen von **L.** gehen zum einen aus von phänomenologischen Untersuchungen zur Lebenswelt und Lebensauffassung des einzelnen Individuums, zum anderen von *Bourdieu*, der das Lebensstilkonzept – zentriert auf **Habitus** – ins Zentrum der Ungleichheitsforschung rückt (unterschiedliche **L.e** basieren auf unterschiedlichem „kulturellen Kapital“, das im Sozialisationsprozeß und später zur Verfügung stand/steht).

Makrosoziologie, der auf die Untersuchung gesamtgesellschaftlicher Zusammenhänge bezogene Teil der soziologischen Theoriebildung und empirischen Forschung (im Gegensatz zur **Mikrosoziologie**, die das soziale Verhalten im Grenzbereich von Psychologie und Sozialpsychologie untersucht, z. B. die Kleingruppenforschung).

Malthusianismus, Bevölkerungslehre (und Teil einer Weltanschauung), die sich auf den schottischen Nationalökonomen und Bevölkerungswissenschaftler *Robert Malthus* (1766–1834) beruft und – in abgewandelter Form – bis heute einflußreich geblieben ist. Der frühe Malthusianismus wandte sich gegen die Armengesetze und alle jene Formen des Sozialismus und der Sozialpolitik, die die „Gesetze“ der von *Malthus* aufgestellten Lehre nicht berücksichtigen und nur zur Vermehrung der Bevölkerung, insbesondere der ärmeren Schichten beitrügen. Der M. war Teil der Weltanschauung des **Manchester-Liberalismus** (Manchestertum; benannt nach der engl. Stadt Manchester, einer der frühesten und bedeutendsten Industriestädte überhaupt, in der der Liberalismus zu einer rein kapitalistischen Wirtschaftsgesinnung umgebogen wurde).

Ökologie, griech., ein 1866 von dem Biologen (und berühmten Popularisator *Darwins* in Deutschland) *Ernst Haeckel* (1834–1919) geprägter Begriff, der „die gesamte Wissenschaft von den Beziehungen des Organismus zur umgebenden Außenwelt" bezeichnen soll.

Paradigmata der Soziologie (der soziologischen Theoriebildung), von lat. Paradigma, kurze, beispielhafte Erzählung. Ein durch die Wissenschaftssoziologie von *Thomas S. Kuhn* (Die Struktur wissenschaftlicher Revolutionen) üblich gewordener Ausdruck, der auf Struktur und Bedeutung unterschiedlicher theoretischer Ansätze bezogen ist. Während *Kuhn* vor allem die zeitliche Abfolge des Vorherrschens einzelner Paradigmata betrachtet, sieht *Matthes* (1973, S. 199ff) in der „derzeitigen paradigmatischen Struktur der Soziologie" das Nebeneinander der folgenden theoretischen Ansätze:

Ethnomethodologie
Funktionalismus, Strukturfunktionalismus
Interpretatives Paradigma
Historischer Materialismus, marxistische Soziologie
Konflikttheorie
Kritisch-dialektische Soziologie
Kritischer Rationalismus
Neo-Positivismus
Phänomenologie
Politische Ökonomie
Symbolischer Interaktionismus
Systemtheorie
Verhaltenstheoretische Soziologie.

Kritischer Rationalismus, Neo-Positivismus und Historischer Materialismus können nicht als theoretische Ansätze der Soziologie angesehen werden, sondern als wissenschaftstheoretische Grundpositionen, die diesen Ansätzen die Form ihrer Theoriebildung vorzeichnen.

pattern variables, engl.-amerk. „Muster-Variablen", sinnvoll übersetzt als „Orientierungsalternativen des Handelns". Ein von dem amerikanischen Soziologen *Talcott Parsons* geprägter Begriff, der die möglichen Orientierungsalternativen, denen sich Individuen und soziale Gruppen in verschiedenen sozialen Situationen überhaupt gegenübersehen können, systematisieren soll.

Grundmuster aller Systematisierungsversuche des sozialen Handelns sind die von *Ferdinand Tönnies* (1855–1936) aufgestellten Orientierungsalternativen von „Gemeinschaft und Gesellschaft" (1887).

Rollentheorie, soziologische Theorie, die an der **sozialen Rolle** als Elementarkategorie der Soziologie orientiert ist. Die „soziale Rolle" ist ein abstrahierender Ausdruck für den Tatbestand, daß das soziale Handeln „vorstrukturiert" ist: durch Verhaltensvorschriften (Normen), Erwartungen und Ansprüche der Handlungspartner, deren äußeres Erscheinungsbild (Rollen-Attribute) etc. Die soziale Rolle kann also „idealtypisch" getrennt vom tatsächlichen sozialen Handeln des einzelnen betrachtet werden. Die Differenzierung der sozialen Rollen (Alters-, Geschlechts-, Berufs-, Familien-, Freizeit-Rollen) ist so vielschichtig wie das soziale Handeln selbst. Die Kritiker der Rollentheorie sehen in ihr die bürgerliche Vertragstheorie zur allgemeinen Gesellschaftskategorie erhoben.

Sozialdarwinismus, soziologische Theorie und Weltanschauungslehre der zweiten Hälfte des 19. und des beginnenden 20. Jahrhunderts, die sich auf die universelle Evolutionstheorie von *Charles Darwin* (1809–1882) berief und den „Kampf ums Dasein" und die (notwendige) Auswahl und das Überleben der Tüchtigsten auch zum Prinzip des sozialen und politischen Lebens erhob. Der Ausdruck geht auf *Herbert Spencer* zurück; die Lehre selbst war und ist besonders in den USA verbreitet (*William Graham Sumner, Franklin H. Giddings*). Der S. geriet durch die eugenischen, später rassistischen und faschistischen Bevölkerungsideologien in Mißkredit.

Stein-Hardenbergsche Reformen, Bezeichnung für die von *Freiherr vom Stein* (1757–1831) und *Karl August Fürst von Hardenberg* (1750–1822) initiierten Reformen im Preußen der napoleonischen und nach-napoleonischen Ära. Dies waren im wesentlichen: Reform der Städte, Gemeinden und Kreise (ständische Selbstverwaltung); Beseitigung der Erbuntertänigkeit („Bauernbefreiung"); Reorganisation der Fachministerien und des Heeres; Gewerbefreiheit; Säkularisierung; Judenemanzipation.

Struktur-Funktionalismus, strukturell-funktionale Theorie, Paradigma der soziologischen Theoriebildung, das seit den 30er Jahren von *Talcott Parsons, Robert K. Merton* und anderen in Auseinandersetzung mit dem Funktionalismus der Kulturanthropologie entwickelt wurde. Erst in Verbindung mit der Systemtheorie konnte die strukturell-funktionale Theorie ihre volle analytische Kraft gewinnen, weil es nun möglich erschien, jede soziale Handlung auf ihre Bedeutung und ihren funktionalen Beitrag für die Stabilität eines sozialen Systems zu untersuchen. Die Kritik an der „stabilitätsorientierten" strukturell-funktionalen Theorie sollte nicht übersehen lassen, daß hier eine große Anzahl analytisch sehr brauchbarer Kategorien und Konzepte entwickelt wurde.

Systemtheorie, theoretischer Ansatz, der sich heute in allen wissenschaftlichen und technischen Disziplinen durchgesetzt hat und davon ausgeht, daß den Elementen eines **Systems** für dessen Bestand und Erhaltung (wie ggf. Fortentwicklung) eine bestimmte Funktion zukommt. Diese Funktionen und Regelungsvorgänge können sich ebenso auf einen biologischen Organismus wie auf eine technische Anlage oder eine soziale „Ganzheit" beziehen. In der vor allem von dem Biologen *Ludwig von Bertalanffy* in den 20er Jahren entwickelten Allgemeinen Systemtheorie wurde ein streng mathematisierter und formalisierter, an Kybernetik, Graphen- und Mengentheorie orientierter Zweig der Systemtheorie begründet. Die soziologische Systemtheorie wurde unter anderem von *Talcott Parsons* entwickelt (auch in Auseinandersetzung mit biologischen und medizinischen Theorien) und von *Niklas Luhmann* erkenntniskritisch weitergeführt.

Technokratie, griech. „Herrschaft der Technik"; Bezeichnung für den Tatbestand oder die Lehre, daß in einem politischen Gemeinwesen die technischen Möglichkeiten und Sachzwänge die politische Willensbildung vorrangig beeinflussen (sollen) und damit Politik, Demokratie etc. im traditionellen Sinn überflüssig machen. Die T. geht davon aus, daß nur auf diese Weise der wissenschaftlich-technische Fortschritt zum Wohle aller sichergestellt und alle traditionalen Formen personen- und gruppen-zentrierter und

-orientierter Entscheidung überflüssig werden (nach *Daniel Bell*, 1975, S. 267, wurde das Wort „Technokratie" erstmals 1919 von *William Henry Smith*, einem Ingenieur und Erfinder aus dem kalifornischen Berkeley, in drei Artikeln des „Industrial Management" verwandt).

Technologie, griech. die „Lehre von den Techniken", von den Anwendungsmöglichkeiten technischer Verfahren zur Umwandlung von Natur/ Materie und zur Befriedigung menschlicher Bedürfnisse. Technologien sind über den technischen Bereich im engeren Sinne auch in soziale, psychische, medizinische und weitere Problemfelder eingedrungen (Sozial-T., Individual-T., genetische T.).

Totalitarismus, Begriff der politischen Wissenschaft zur Kennzeichnung von Gesellschaften, in denen das politische, soziale und kulturelle Leben zentralistisch und doktrinär reglementiert ist und es weder Demokratie noch eine Garantie der Freiheits- und Menschenrechte gibt. Der Begriff umfaßt sowohl „rechte" (faschistische) wie „linke" Diktaturen und wird wegen seiner ungenügenden Differenzierung vielfach kritisiert.

Überbau, Begriff der Philosophie des Historischen Materialismus und der marxistischen Soziologie. *Marx*: „In der gesellschaftlichen Produktion ihres Lebens gehen die Menschen bestimmte, notwendige, von ihrem Willen unabhängige Verhältnisse ein, Produktionsverhältnisse, die einer bestimmten Entwicklungsstufe ihrer materiellen Produktivkräfte entsprechen. Die Gesamtheit dieser Produktionsverhältnisse bildet die ökonomische Struktur der Gesellschaft, die reale Basis, worauf sich ein juristischer und politischer **Überbau** erhebt, und welcher bestimmte gesellschaftliche Bewußtseinsformen entsprechen" (MEW Bd. 13, S. 8).

Werturteilsproblem, Werturteilsstreit, Forderung nach Wertfreiheit (Objektivität) wissenschaftlicher Forschung und Begriffsbildung. Diese Forderung verbindet sich am nachdrücklichsten mit dem Namen *Max Weber*s, der zwischen „empirischer Tatsachenfeststellung" und „praktischer Wertung sozialer Tatsachen" einen klaren Trennungsstrich ziehen wollte. Im „Positivismusstreit in der deutschen Soziologie" (*Adorno – Popper; Habermas – Albert; Dahrendorf* et. al.) flammte der Werturteilsstreit erneut heftig auf.

Wohlfahrtsstaat. Die Idee des sich um die „Wohlfahrt" seiner Bürger/ Untertanen bekümmernden Staates bzw. Gemeinwesens ist so alt wie das Nachdenken über das Leben in den jeweiligen Gemeinwesen selbst. Schon *Aristoteles* fordert, daß sich die „Polis" (Staat und Gesellschaft der Griechen) um die „Eudämonie" (Glückseligkeit) der Familien und Polis-Bürger kümmern müsse. Läßt man die Zwischenstufen außer acht, so gewinnt die Lehre von der „Wohlfahrt" der Bürger im England des 17. Jahrhunderts und im kontinentalen Absolutismus eine neue Grundlage. Das „Commonwealth" („öffentliche Wohl") hatte neben seiner staatsrechtlichen Bedeutung immer auch eine, die auf „Gemeinwohl" und staatliche Fürsorge bezogen war. Von noch größerer Tradition, Wirkung und bis heute strittiger Auslegung ist der deutsche Begriff des **„Gemeinwohls"** (die katholische Gesellschaftslehre und Sozialethik orientiert sich bis heute an den Lehren des *Thomas von Aquin* über das „bonum commune"). Die Lehren über das „Gemeinwohl" und die „Wohlfahrt" aller bekamen durch Aufklärung, die frühen Volkswirtschaftstheorien und unter den Lebensbedingungen der

Industriegesellschaft einen anderen Inhalt. Nach der Lehre *Jeremy Benthams* (1748–1832) und anderer war es nun Aufgabe des Staates, für „das größte Glück der größten Zahl" Sorge zu tragen. Die Dimension der **„sozialen Frage"** führte dazu, daß die im Absolutismus ausgebildeten Verwaltungs- und späteren Nationalstaaten sich um die „labouring poor", die unteren und proletarischen Schichten kümmern mußten. Die Ideen des Sozialismus und Kommunismus verstärken dieses Bemühen, wie vor allem das deutsche Beispiel zeigt. Seither sind die ältere Idee des „Wohlfahrtsstaates" und die neuere des **„Sozialstaates"** eine kaum noch unterscheidbare Verbindung eingegangen. Doch erst das „Zeitalter des Massenkonsums" nach dem Ende des Zweiten Weltkrieges und entsprechende volkswirtschaftliche Lehrmeinungen ließen die immer noch vorherrschende, erst seit der Energie- und Wachstumskrise brüchig gewordene Ideologie entstehen, daß der „Wohlfahrtsstaat" sich um alles zugleich sorgen könne und müsse: Arbeit, Bildung, Gesundheit, Wohnung, Alter etc. (totaler „Versorgungsstaat"). Das Attribut „Wohlfahrtsstaat" wurde nunmehr auf solche Staaten angewendet, die ein Viertel und mehr des Sozialprodukts für die soziale Sicherheit ausgeben.

Die sich zeigenden Grenzen des Wohlfahrtsstaates, auch und gerade in den Ländern, die in seiner Entwicklung nach dem Zweiten Weltkrieg vorangegangen sind: Großbritannien und Schweden, sind nicht nur ökonomischer, sondern ebenso sozialstruktureller wie freiheitlich-rechtsstaatlicher Natur. Vielleicht sollte schon deshalb vermieden werden, den „sozialen Rechtsstaat" mit „dem" Wohlfahrtsstaat gleich zu setzen.

Gesamtliteraturverzeichnis

A.: Einführung: Grundlagen einer Sozialstrukturanalyse

Beck, Ulrich, 1986, Risikogesellschaft. Auf dem Weg in eine andere Moderne, Frankfurt(⁹1992)

Bell, Daniel, 1975, Die nachindustrielle Gesellschaft, Frankfurt/New York (orig. amerik. 1973)

Berger, Peter A., Stefan Hradil, Hg., 1990, Lebenslagen, Lebensläufe, Lebensstile, Sonderbd. 7 der Zeitschrift Soziale Welt, Göttingen

Bolte, Karl Martin, 1966 (u.ö.), Deutsche Gesellschaft im Wandel, mit Beiträgen von Dieter Kappe, Katrin Aschenbrenner, Friedhelm Neidhardt, Opladen

Burt, Ronald S., 1982, Toward a Structural Theory of Action: Network Models of Social Structure. Perception and Action, New York

Claessens, Dieter, Arno Klönne, Achim Tschoepe, 1965 (u.ö.), Sozialkunde der Bundesrepublik Deutschland, Düsseldorf/Köln

Coleman, James S., 1986, Die asymmetrische Gesellschaft. Vom Aufwachsen mit unpersönlichen Systemen, Weinheim/Basel

Dahrendorf, Ralf, 1968 (u.ö.), Gesellschaft und Demokratie in Deutschland, München (1971 als dtv)

Dreitzel, Hans Peter, Hrg., 1967, Sozialer Wandel, Zivilisation und Fortschritt als Kategorien der soziologischen Theorie, Neuwied und Berlin

Elias, Norbert, 1976 (u.ö.), Über den Prozeß der Zivilisation, Frankfurt

Esser, Hartmut, 1993, Soziologie. Allgemeine Grundlagen, Frankfurt/New York

Flora, Peter, 1983, State, Economy and Society in Western Europe 1815–1975. A Data Handbook. Vol. I: The Growth of Mass Democracies and Welfare States, Frankfurt; Vol. II: The Growth of Industrial Societies and Capitalist Economies, Frankfurt/London/Chicago 1987

Fürstenberg, Friedrich, „Sozialstruktur" als Schlüsselbegriff der Gesellschaftsanalyse, in: KZfSS Jg. 18/1966, S. 439–453

Fürstenberg, Friedrich, 1967 (u.ö.), Die Sozialstruktur der Bundesrepublik Deutschland. Ein soziologischer Überblick, Köln und Opladen

Geißler, Rainer, 1992, Die Sozialstruktur Deutschlands. Ein Studienbuch zur sozialstrukturellen Entwicklung im geteilten und vereinten Deutschland, Opladen

Giddens, Anthony, 1993, Tradition in der post-traditionalen Gesellschaft, in: Soziale Welt, H. 4, S. 445–482

Giddens, Anthony, 1988, Die Konstitution der Gesellschaft. Grundzüge einer Theorie der Strukturierung, Frankfurt/New York (orig. engl. 1984)

Glatzer, Wolfgang, 1989, Art. „Sozialstruktur", in: Wörterbuch der Soziologie, hrg. von *Endruweit/Trommsdorff*, Bd. 3, Stuttgart

Glatzer, Wolfgang, Heinz-Herbert Noll, Hg., 1992, Lebensverhältnisse in Deutschland: Ungleichheit und Angleichung, Frankfurt/New York

Gukenbiehl, Hermann L., R. Peuckert, B. Schäfers, [4]1995, Soziologische Theorien, in: *B. Schäfers*, Hrg., Grundbegriffe der Soziologie, Opladen, S. 294–317

Habermas, Jürgen, 1981, Theorie des kommunikativen Handelns, Bd. 2: Zur Kritik der funktionalistischen Vernunft, Frankfurt

Hondrich, Karl Otto, Hrg., 1982, Soziale Differenzierung. Langzeitanalysen zum Wandel von Politik, Arbeit und Familie, Frankfurt/New York

Hörning, Karl H., 1976, Gesellschaftliche Entwicklung und soziale Schichtung. Vergleichende Analyse gesellschaftlichen Strukturwandels, München (UTB 624)

Hradil, Stefan, 1987, Sozialstrukturanalyse in einer fortgeschrittenen Gesellschaft. Von Klassen und Schichten zu Lagen und Milieus, Opladen

Hradil, Stefan, Hg., 1992, Zwischen Bewußtsein und Sein. Die Vermittlung „objektiver“ Lebensbedingungen und „subjektiver“ Lebensweisen, Opladen

Joerges, Bernward, 1989, Technische Normen – Soziale Normen? in: Soziale Welt, 40. Jg., H. 1/2, S. 242–258

Leipert, Christian, 1973, Soziale Indikatoren. Überblick über den Stand der Diskussion, in: Konjunkturpolitik, Heft 4/1973, S. 204–256

Lenk, Hans, 1988, Zum Strukturbegriff in den Wissenschaften, besonders in den Sozialwissenschaften, in: *Calera/Seele*, Hrg., Politisches System und Bodenordnung, Frankfurt et al., S. 109–129

Lepsius, M. Rainer, 1983, Die Bundesrepublik in der Kontinuität und Diskontinuität historischer Entwicklungen: Einige methodische Überlegungen, in: *Werner Conze, M. Rainer Lepsius*, Hrg., Sozialgeschichte der Bundesrepublik Deutschland, Beiträge zum Kontinuitätsproblem, Stuttgart, S. 11–19

Linde, Hans, 1972, Sachdominanz in Sozialstrukturen, Tübingen

Ludz, Peter Christian, 1972, Der Strukturbegriff in der marxistischen Gesellschaftslehre, in: ders., Hrg., Soziologie und Sozialgeschichte, Sonderheft 16 der KZfSS, Opladen, S. 419–447

Luhmann, Niklas, Hrg., 1985, Soziale Differenzierung. Zur Geschichte einer Idee, Opladen

Lutz, Burkart, Hrg. (im Auftrag der Deutschen Gesellschaft für Soziologie), 1987, Technik und sozialer Wandel. Verhandlungen des 23. Deutschen Soziologentages in Hamburg 1986, Frankfurt/M

Matthes, Joachim, 1973 (u.ö.), Einführung in das Studium der Soziologie, Reinbek bei Hamburg

Mayer, Karl Ulrich, 1989, Empirische Sozialstrukturanalyse und Theorien der gesellschaftlichen Entwicklung, in: Soziale Welt, Jg. 40, S. 297–308

Mayntz, Renate, 1966, Art. „Sozialstruktur“, in: Evangelisches Staatslexikon, Stuttgart/Berlin, Sp. 2099–2103

Müller, Hans-Peter, 1992, Sozialstruktur und Lebensstile. Zur Neuorientierung der Sozialstrukturforschung, in: *St. Hradil*, Hg., a.a.O., S. 57– 66

Parsons, Talcott, 1954, Essays in Sociological Theory, Glencoe, Ill.

Parsons, Talcott, 1975, Die Entstehung der Theorie des sozialen Systems: Ein Bericht zur Person, in: *Parsons/Shils/Lazarsfeld*: Soziologie – autobiographisch. Drei kritische Berichte zur Entwicklung einer Wissenschaft. Geleitwort von *Heinz Hartmann*, Stuttgart (dtv), S. 1–68

Schäfers, Bernhard, Hrg., 1995, Grundbegriffe der Soziologie, 4., erw. u. verb. Aufl., Opladen (UTB 1416)
Schäfers, Bernhard, 1995, Art. „Sozialstruktur" in: ders., Hrg., 1995
Schäfers, Bernhard, 1989c, Art. „Sozialkunde" in: Wörterbuch der Soziologie, hrg. von *Endruweit/Trommsdorff*, Stuttgart, Bd. 2, S. 614–619
Schäfers, Bernhard, 1993, Die westdeutsche Gesellschaft: Strukturen und Formen, in: *A. Schildt/A. Sywottek*, Hg., a.a.O., S. 307–315
Schildt, Axel, Arnold Sywottek, Hg., 1993, Modernisierung im Wiederaufbau. Die westdeutsche Gesellschaft der 50er Jahre, Bonn
Schulze, Gerhard, 1992 (u.ö.), Die Erlebnisgesellschaft, Frankfurt/New York
Smelser, Neil J., Hrg., 1988, Art. „Social Structure", in: Handbook of Sociology, hrg. von N.J. Smelser, Newbury Park et al., S. 103–130
Spinner, Helmut F.,, 1994, Die neue Wissensordnung. Ein Leitkonzept für die dritte Grundordnung des Informationszeitalters, Opladen
Strasser, Hermann, Susan C. Randall, 1979, Einführung in die Theorie des sozialen Wandels, Darmstadt/Neuwied
Vester, Heinz-Günter, 1993, Soziologie der Postmoderne, München
Wehler, Hans-Ulrich, 1987, Deutsche Gesellschaftsgeschichte, Bd. I (darin: Einleitung), München, S. 6–31
Welsch, Wolfgang, ^{2}1988, Unsere postmoderne Welt, Weinheim
Zapf, Wolfgang, Hrg., 1970, Theorien des sozialen Wandels, Köln und Berlin (4. Aufl. 1984)
Zapf, Wolfgang, Hrg., 1974/75, Soziale Indikatoren. Konzepte und Forschungsansätze, 3 Bde., Frankfurt/New York
Zapf, Wolfgang, Hrg., 1977, Lebensbedingungen in der Bundesrepublik. Sozialer Wandel und Wohlfahrtsentwicklung, Frankfurt/New York

B.I: Gründung der Bundesrepublik und der DDR

Akten zur Vorgeschichte der Bundesrepublik Deutschland 1945–1949 (insges. 6 Bde.), Bd. I: Sept. 1945–Dez. 1946, bearb. von *Walter Vogel* und *Christoph Weisz*, München/Wien 1976
Ambrosius, Gerold, 1977, Die Durchsetzung der sozialen Marktwirtschaft in Westdeutschland, Stuttgart
Benz, Wolfgang, Hrg., 1983, Die Bundesrepublik Deutschland. Geschichte in drei Bänden, Fischer TB, Frankfurt
Borchardt, Knut, 1983, Die Bundesrepublik in den säkularen Trends der wirtschaftlichen Entwicklung, in: Sozialgeschichte . . ., S. 20–45
Bracher, Karl Dietrich, 1974: Die Kanzlerdemokratie, in: *R. Löwenthal, H.P. Schwarz*, Hrg., Die zweite Republik. 25 Jahre Bundesrepublik Deutschland – eine Bilanz, Stuttgart, S. 179–201
Braun, Hans, Stephan Articus, Sozialwissenschaftliche Forschung im Rahmen der amerik. Besatzungspolitik 1945–1949, in: KZfSS 36. Jg./1984, H. 4, S. 703–737
Entstehungsgeschichte der Artikel des Grundgesetzes. Im Auftrag der Abwicklungsstelle des Parl. Rates und des Bundesministers des Innern auf Grund der Verhandlungen des Parl. Rates, bearb. von *K.-B. Doem-*

ming, R.W. Füsslein, W. Matz, Jb. des Öffentlichen Rechts der Gegenwart NF/Bd. 1, Tübingen 1951

Erhard, Ludwig, Alfred Müller-Armack, 1972, Soziale Marktwirtschaft. Ordnung der Zukunft. Manifest 1972, Ullstein Buch Nr. 3647

Eschenburg, Theodor, 1974, Der bürokratische Rückhalt, in: *R. Löwenthal, H.P. Schwarz*, Hrg., Die zweite Republik, a.a.O., S. 64–94

Eschenburg, Theodor, 1983, Jahre der Besatzung 1945–49, Bd. I der Geschichte der Bundesrepublik Deutschland (insgesamt 5 Bände), Stuttgart/Wiesbaden

Flora, Peter et al., 1983, State, Economy, and Society in Western Europe 1815–1975. A Data Handbook in two Volumes, Vol. I: The Growth of Mass Democracies and Welfare States, Frankfurt et al.

Frowein, Jochen Abr., 1983, Die Rechtslage Deutschlands und der Status Berlins, in: *Handbuch* . . ., a.a.O., S. 29–58

Handbuch des Verfassungsrechts der Bundesrepublik Deutschland, hrg. von *Ernst Benda, Werner Maihofer, Hans-Jochen Vogel*, unter Mitwirkung von *Konrad Hesse*, Berlin/New York 1983

Hesse, Konrad, 1983, Das Grundgesetz in der Entwicklung der Bundesrepublik Deutschland – Aufgabe und Funktion der Verfassung, in: *Handbuch* . . ., S. 3–28

Kaack, Heino, 1971, Geschichte und Struktur des deutschen Parteiensystems, Opladen

Kaack, Heino, Reinhold Roth, 1980, Handbuch des deutschen Parteiensystems, UTB Bd. 1018/1019

Kleßmann, Christoph, 1982, Die doppelte Staatsgründung. Deutsche Geschichte 1945–1955, Schriftenreihe der Bundeszentrale für politische Bildung, Bd. 193, Bonn

Kocka, Jürgen, 1945: Neubeginn der Restauration? in: *Carola Stern, Heinrich A. Winkler*, Hrg., Wendepunkte deutscher Geschichte 1848–1949, Frankfurt 1979 (Fischer TB 3421), S. 141–168

Köllmann, Wolfgang, 1983, Die Bevölkerungsentwicklung der Bundesrepublik, in: Sozialgeschichte . . ., a.a.O., S. 66–114

Kriele, Martin, 1975, Einführung in die Staatslehre. Die geschichtlichen Legitimationsgrundlagen des demokratischen Verfassungsstaates, Reinbek bei Hamburg (rororo studium-TB)

Lepsius, M. Rainer, 1983, Die Bundesrepublik in der Kontinuität und Diskontinuität historischer Entwicklungen: Einige methodische Überlegungen, in: Sozialgeschichte . . ., S. 11–19

Löwenthal, Richard, Hans-Peter Schwarz, Hrg., Die zweite Republik. 25 Jahre Bundesrepublik Deutschland – eine Bilanz, Stuttgart 1974

Löwenthal, Richard, 1974, Prolog: Dauer und Verwandlung, in: *Löwenthal/Schwarz*, a.a.O., S. 9–26

Mooser, Josef, 1983, Abschied von der ‚Proletarität'. Sozialstruktur und Lage der Arbeiterschaft in der Bundesrepublik in historischer Perspektive, in: Sozialgeschichte . . ., a.a.O., S. 143–186

Müller-Armack, Alfred, 1974, Die Anfänge der Sozialen Marktwirtschaft – Zugleich eine Dokumentation ihrer Entwicklung in den Jahren 1945, 1946, 1947, 1948, in: *R. Löwenthal, H.P. Schwarz*, Die zweite Republik, a.a.O., S. 123–148

Nahm, Peter Paul, 1974, Lastenausgleich und Integration der Vertriebenen und Geflüchteten, in: *Löwenthal/Schwarz*, Die zweite Republik, a.a.O., S. 817–841

Niclauß, Karlheinz, 1982, „Restauration" oder Renaissance der Demokratie? Die Entstehung der Bundesrepublik Deutschland 1945–1949, Berlin

Rüther, Günther, Hrg., [3]1989, Geschichte der christlich-demokratischen und christlich-sozialen Bewegungen in Deutschland, Bonn (Bd. 216 der Schriften der Bundeszentrale für politische Bildung)

Schildt, Axel, Arnold Sywottek, Hrg., 1993, Modernisierung im Wiederaufbau. Die westdeutsche Gesellschaft der 50er Jahre, Bonn

Schwarz, Hans Peter, 1974, Die außenpolitischen Grundlagen des westdeutschen Staates, in: *Löwenthal/Schwarz*, a.a.O., S. 27–63

Sörgel, Werner, 1985, Konsensus und Interessen. Eine Studie zur Entstehung des Grundgesetzes für die Bundesrepublik Deutschland, Opladen

Sozialgeschichte der Bundesrepublik Deutschland. Beiträge zum Kontinuitätsproblem, hrg. von *Werner Conze* und *M. Rainer Lepsius*, Stuttgart

Waldmann, Peter, 1979, Die Eingliederung der ostdeutschen Vertriebenen in die westdeutsche Gesellschaft, in: *J. Becker, Th. Stammen, P. Waldmann*, Hrg., Vorgeschichte der Bundesrepublik Deutschland, UTB Bd. 854

Weber, Jürgen, Hrg., Geschichte der Bundesrepublik Deutschland. Analyse und Dokumentation in Text, Bild und Ton. Bd. I: Auf dem Wege zur Republik, Paderborn et al., 1979; Bd. II: Das Entscheidungsjahr 1948, Paderborn et al. 1980; Bd. III: Die Gründung des neuen Staates 1949, Paderborn et al. 1982

B.II./III.: Der Vereinigungsprozeß – Sozialwissenschaftliche Deutungsversuche

Belwe, Katharina, 1989, Sozialstruktur und gesellschaftlicher Wandel in der DDR, in: Deutschland-Handbuch, a.a.O., S. 125–143

Dahrendorf, Ralf, 1990, Betrachtungen über die Revolution in Europa in einem Brief, der an einen Herrn in Warschau gerichtet ist, Stuttgart

Deutschland-Handbuch. Eine doppelte Bilanz 1949–1989, hg. von *Werner Weidenfeld* und *Hartmut Zimmermann*, Bonn 1989 (Bd. 275 der Schriftenreihe der Bundeszentrale für politische Bildung)

Die Verträge zur Einheit Deutschlands, 1990, Beck-Texte im dtv, München (Einführung *Ingo von Münch*)

Giesen, Bernd, Claus Leggewie, Hg., 1991, Experiment Vereinigung. Ein sozialer Großversuch, Berlin

Habermas, Jürgen, 1990, Die nachholende Revolution, Frankfurt

Hobsbawm, Eric, 1962, Europäische Revolutionen 1789–1848, Zürich (orig. engl.)

Kleßmann, Christoph, 1982, Die doppelte Staatsgründung. Deutsche Geschichte 1945–1955 (Bd. 193 der Schriftenreihe der Bundeszentrale für politische Bildung)

Opp, Karl-Dieter, 1991, DDR '89. Zu den Ursachen einer spontanen Revolution, in: *KZfSS*, 43. Jg., H. 2, S. 302–321

Pollack, Detlef, 1990, Das Ende einer Organisationsgesellschaft. Systemtheoretische Überlegungen zum gesellschaftlichen Umbruch in der DDR, in: *Zeitschrift für Soziologie*, 19. Jg., H. 4, S. 292–307
Schäfers, Bernhard, 1991, Von der DDR zu den neuen Bundesländern. Das Zusammenwachsen von zwei unterschiedlichen Gesellschaftssystemen, in: *Gegenwartskunde*, Jg. 40, H. 3, S. 373–400
Schelsky, Helmut, 1980, Die Soziologen und das Recht. Abhandlungen und Vorträge zur Soziologie von Recht, Institution und Planung, Opladen
Schildt, Axel, Arnold Sywottek, Hg., 1993, Modernisierung im Wiederaufbau, Bonn
Thaysen, Uwe, 1990, Der Runde Tisch. Oder: Wo blieb das Volk? Der Weg der DDR in die Demokratie, Opladen
Timmermann, Heiner, 1984, Bundesrepublik – DDR. Grundzüge zum Vergleich, Opladen
Voigt, Dieter, Werner Voss, Sabine Meck, 1987, Sozialstruktur der DDR. Eine Einführung, Darmstadt
Wehling, Hans-Georg, Red., 1990, (Wieder-) Vereinigungsprozeß in Deutschland, Stuttgart et al. (Kohlhammer TB 1092)
Wewer, Göttrik, Hg., 1990, DDR. Von der friedlichen Revolution zur deutschen Vereinigung, SH 6 der Zeitschrift *Gegenwartskunde*, Opladen
Wörterbuch der marxistisch-leninistischen Soziologie, 1978, 2. überarb. u. erw. Aufl., Opladen (Lizenzausgabe des Westdeutschen Verlags der 1977 im Dietz-Verlag erschienenen 1. Aufl.)
Zapf, Wolfgang, Hg., 1970, Theorien des sozialen Wandels, Köln/Berlin (4. Aufl. 1984)

C. Grundgesetz und Staat. Politisches System

Alemann, Ulrich von, Hrg., 1981, Neokorporatismus, Frankfurt/New York
Alemann, Ulrich von, 1992, Parteien und Gesellschaft in der Bundesrepublik, in: *Mintzel/Oberreuter*, a.a.O., S. 89–132
Ammer, Thomas, 1992, Die Parteien in der DDR und in den neuen Bundesländern, in: *Mintzel/Oberreuter*, a.a.O., S. 421–484
Andersen, Uwe, Wichard Woyke, 1986, Zur Bundestagswahl 1987: Parteien und Wähler. Wahlrecht und Wahlverfahren, Opladen
Badura, Peter, 1971, Wirtschaftsverfassung und Wirtschaftsverwaltung. Ein exemplarischer Leitfaden, Frankfurt
von Bandemer, Stephan, Göttrik Wewer, Hrg., 1989, Regierungssystem und Regierungslehre, Opladen
Benda, Ernst, Werner Maihofer, Hans-Jochen Vogel, Hrg., 1983, Handbuch des Verfassungsrechts der Bundesrepublik Deutschland, Berlin/New York
Benz, Arthur, 1989, Regierbarkeit im kooperativen Bundesstaat. Eine Bilanz der Föderalismusforschung, in: *von Bandemer/Wewer*, Hrg., a.a.O., S. 181–193
Benz, Wolfgang, 1989, Die Opfer und die Täter, in: *ders.,* Hrg., Rechtsextremismus in der Bundesrepublik, Frankfurt, S. 9–37
von Beyme, Klaus, [5]1980 (1969), Interessengruppen in der Demokratie, München

von Beyme, Klaus, 1984, Die politischen Theorien der Gegenwart. Eine Einführung, 5., überarb. und ergänzte Aufl., München/Zürich

von Beyme, Klaus, 1989, Gesellschaftliche Interessen und gesellschaftliche Organisationen in der Bundesrepublik Deutschland, in: Deutschland-Handbuch S. 144–152

von Beyme, Klaus, 1993, Das politische System der Bundesrepublik Deutschland nach der Vereinigung, vollst. überarb. Neuausgabe, München

Brand, Karl-Werner, et al., [2]1984, Aufbruch in eine andere Gesellschaft. Neue soziale Bewegungen in der Bundesrepublik, Frankfurt/New York

Deutschland Handbuch. Eine doppelte Bilanz von 1949–1989, hrg. v. *Werner Weidenfeld/Hartmut Zimmermann*, München 1989 (Bd. 275 der Schriftenreihe der Bundeszentrale für politische Bildung)

Dreitzel, Hans Peter, 1972, Die gesellschaftlichen Leiden und das Leiden an der Gesellschaft. Vorstudien zu einer Pathologie des Rollenverhaltens, Stuttgart (gekürzte TB-Ausgabe)

Dudek, Peter, Hans-Gerd Jaschke, 1984, Entstehung und Entwicklung des Rechtsextremismus in der Bundesrepublik, 2 Bde., Opladen

Ellwein, Thomas, [3]1973, Das Regierungssystem der Bundesrepublik Deutschland, vollständig neu bearb. und erw. Aufl., Köln/Opladen ([6]1992)

Ellwein, Thomas, 1974, Die großen Interessenverbände und ihr Einfluß, in: *Löwenthal/Schwarz*, Hrg., Die zweite Republik, a.a.O., S. 470–493

Eschenburg, Theodor, 1955, Herrschaft der Verbände? Stuttgart

Falter, Jürgen W., 1994, Wer wählt rechts? München

Fenske, Hans, 1974, Strukturprobleme der deutschen Parteiengeschichte. Wahlrecht und Parteiensystem vom Vormärz bis heute, Frankfurt

Gagel, Walter, 1990, Die ersten Wahlen nach der Einheit, in: GEGENWARTSKUNDE, Jg. 39, H. 4, S. 471ff

Galtung, Johan, 1975, Strukturelle Gewalt. Beiträge zur Friedens- und Konfliktforschung, Reinbek bei Hamburg, rororo aktuell

Gebhardt, Jürgen, 1993, Verfassungspatriotismus als Identitätskonzept der Nation, in: Beilage zur Wochenzeitung Das Parlament, B 14, S. 29ff

Guggenberger, Bernd, Claus Offe, Hrg., 1984, An den Grenzen der Mehrheitsdemokratie, Politik und Soziologie der Mehrheitsregel, Opladen

Habermas, Jürgen, [4]1969 (1962): Strukturwandel der Öffentlichkeit. Untersuchungen zu einer Kategorie der bürgerlichen Gesellschaft, Neuwied und Berlin

Habermas, Jürgen, 1981, Theorie des kommunikativen Handelns, Bd. 2: Zur Kritik der funktionalistischen Vernunft, Frankfurt

Hartwich, Hans-Hermann, 1985, Hrg., Policy-Forschung in der Bundesrepublik Deutschland, Opladen

Heckmann, Friedrich, 1992, Ethnische Minderheiten, Volk und Nation. Soziologie inter-ethnischer Beziehungen, Stuttgart

Hegner, Friedhart, 1978, Das bürokratische Dilemma, Frankfurt/New York

Heitmeyer, Wilhelm, [4]1992, Rechtsextremistische Orientierungen bei Jugendlichen, Weinheim/München (zuerst 1987)

Hondrich, Karl Otto, 1973: Theorie der Herrschaft, Frankfurt (edition suhrkamp Bd. 599)

Kaack, Heino, 1971: Geschichte und Struktur des deutschen Parteiensystems, Opladen

Kaufmann, Franz-Xaver, Hrg., 1977, Bürgernahe Gestaltung der sozialen Umwelt, Meisenheim

Kriele, Martin, 1975: Einführung in die Staatslehre. Die geschichtlichen Legitimationsgrundlagen des demokratischen Verfassungsstaates, rororo studium Bd. 35, Reinbek

Küchenhoff, Erich, 1967: Möglichkeiten und Grenzen begrifflicher Klarheit in der Staatsformenlehre, 2 Bde., Berlin

Kühnl, Reinhard, Reiner Rilling, Christine Sager, 1969: Die NPD. Struktur, Ideologie und Funktion einer neofaschistischen Partei, Frankfurt (edition suhrkamp Bd. 318)

Landfried, Christine, 1985, Das Bundesverfassungsgericht – Hüter oder Herr der Verfassung? In: Recht und Rechtspolitik, Stuttgart et al. (Kohlhammer TB Bd. 1070), S. 55–87

Lautmann, Rüdiger, 1989, Art. „Rechtssoziologie“, in: *G. Endruweit/G. Trommsdorff*, Hrg., Wörterbuch der Soziologie, Bd. 3, Stuttgart

Lehmbruch, Gerhard, 1976, Parteienwettbewerb im Bundesstaat, Stuttgart et al.

Leibholz, Gerhard, 1958, Strukturprobleme der modernen Demokratie, Karlsruhe

Lipset, Seymor M., Rokkan Stein, 1967, Cleavage Structures. Party Systems and Voter Alignments, in: dies., Party Systems and Voter Alignments, New York, S. 1–64

Luhmann, Niklas, 1970: Soziologie des politischen Systems, in: ders., Soziologische Aufklärung. Aufsätze zur Theorie sozialer Systeme, Köln/Opladen, S. 154–177

Luhmann, Niklas, ^{2}1974: Grundrechte als Institution. Ein Beitrag zur politischen Soziologie, Berlin (zuerst 1965)

Mayntz, Renate, 1985, Soziologie der Öffentlichen Verwaltung, Heidelberg, Karlsruhe (UTB 764)

Minzel, Alf, Heinrich Oberreuter, Hrg., 1992, Parteien in der Bundesrepublik Deutschland, Bd. 282, Schriftenreihe Bundeszentrale für pol. Bildung, Bonn

Mintzel, Alf, Die Christlich Soziale Union in Bayern, in: *Mintzel/Oberreuter*, a.a.O., S. 217–265

Müller-Rommel, Ferdinand, 1993, Grüne Parteien in Westeuropa. Entwicklungsphasen und Erfolgsbedingungen, Opladen

Im Namen des Deutschen Volkes. Justiz und Nationalsozialismus, 1989 (Katalog zur Ausstellung des Bundesministers der Justiz), Köln

Narr, Wolf-Dieter, 1966, CDU – SPD. Programm und Praxis seit 1945, Stuttgart et al.

Narr, Wolf-Dieter, ^{2}1971 (1969), Theoriebegriffe und Systemtheorie. Einführung in die moderne politische Theorie, Bd. I, Stuttgart et al.

Neumann, Franz, 1994, Mehr Demokratie in der Bonner Republik. Keine oder zaghafte Schritte in der gemeinsamen Verfassungskommission, in: GEGENWARTSKUNDE, Jg. 43, S. 155–172

Niedermayer, Oskar, 1993, Art. „Parteien“, in: *Weidenfeld/Korte*, Hg., a.a.O., S. 530–540

Nullmeier, Frank, Joachim Raschke, 1989, Soziale Bewegungen, in: *von Bandemer/Wewer*, Hrg., a.a.O., 249–273

Nuscheler, Franz, Winfried Steffani, Hrg., 1972, Pluralismus. Konzeptionen und Kontroversen, München

Oberndörfer, Dieter, 1989, Der Nationalstaat – ein Hindernis für das dauerhafte Zusammenleben mit ethnischen Minderheiten? Zeitschrift für Ausländerrecht und Ausländerpolitik, 9. Jg., S. 3–14

Papier, Hans-Jürgen, 1983, Grundgesetz und Wirtschaftsordnung, in: *E. Benda* et al., a.a.O., S. 609–652

Plessner, Helmuth, 1974, Die verspätete Nation. Über die politische Verführbarkeit bürgerlichen Geistes, Frankfurt (stw 66; zuerst 1935 unter anderem Titel)

Pye, Lucien W., Sidney Verba, Edit., 1965, Political Culture and Political Development, Princeton, New Jersey

Rammstedt, Otthein, 1978, Soziale Bewegung, Frankfurt (es 884)

Raschke, Joachim, ²1988, Soziale Bewegungen. Ein historisch-systematischer Grundriß, Frankfurt/New York (zuerst 1985)

Rausch, Heinz, Hrg., 1969, Zur heutigen Problematik der Gewaltentrennung, Darmstadt

Reese-Schäfer, Walter, 1993, Kommunitärer Gemeinsinn und liberale Demokratie, in: GEGENWARTSKUNDE, 42. Jg., H. 3, S. 305–319

Reichel, Peter, 1981, Politische Kultur der Bundesrepublik, Opladen

Ritter, Gerhard A., Merith Niehuss, 1991, Wahlen in Deutschland 1946–1991. Ein Handbuch, München

Rohe, Karl, 1978, Politik. Begriffe und Wirklichkeiten. Eine Einführung in das politische Denken, Stuttgart et al.

Roßnagel, Alexander, 1981, Die Änderungen des Grundgesetzes. Eine Untersuchung der politischen Funktion von Verfassungsänderungen, Frankfurt

Schäfers, Bernhard, Hrg., 1973, Gesellschaftliche Planung. Materialien zur Planungsdiskussion in der BRD, Stuttgart (TB)

Schäfers, Bernhard, 1993, Rechtssoziologie, Lektion IX, in: *H. Korte/B. Schäfers*, Hg., Einführung in Spezielle Soziologien, Opladen, S. 191–213

Scharpf, Fritz, 1970, Demokratietheorie zwischen Utopie und Anpassung, Universitätsverlag Konstanz

Scharpf, Fritz W., u.a., 1976, Politikverflechtung, Bd. I: Theorie und Empirie des kooperativen Föderalismus in der Bundesrepublik, Kronberg/Ts.

Schelsky, Helmut, 1973, Systemüberwindung, Demokratisierung und Gewaltenteilung. Grundsatzkonflikte der Bundesrepublik, München

Schelsky, Helmut, 1980, Die Soziologen und das Recht. Abhandlungen und Vorträge zur Soziologie von Recht, Institution und Planung, Opladen

Sontheimer, Kurt, 1993, Grundzüge des politischen Systems der Bundesrepublik Deutschland. 15. Aufl., München (1971)

Steffani, Winfried, 1972, Einleitung zu: *Nuscheler/Steffani*, Pluralismus…, a.a.O., S. 9–49

Steffani, Winfrid, 1980, Pluralistische Demokratie. Studien zur Theorie und Praxis, Opladen (UTB Bd. 926)

Thaysen, Uwe, 1972, Parlamentsreform in Theorie und Praxis. Zur institutionalisierten Lernfähigkeit des parlamentarischen Regierungssystems.

Eine empirische Analyse der Parlamentsreform im 5. Deutschen Bundestag, Opladen
Voigt, Rüdiger, Hg., 1980, Verrechtlichung. Analysen zu Funktion und Wirkung von Parlamentarisierung, Bürokratisierung und Justizialisierung sozialer, politischer und ökonomischer Prozesse, Königstein/Ts.
Weber, Jürgen, [2]1981, Interessengruppen im politischen System der Bundesrepublik Deutschland, Bayr. Landeszentrale für politische Bildungsarbeit
Weber, Max, 1956, Über einige Kategorien der verstehenden Soziologie, in: Soziologie. Weltgeschichtliche Analysen. Politik, Stuttgart (Kröner Taschenausgabe Bd. 229)
Weber, Max, 1964, Wirtschaft und Gesellschaft. Grundriß der verstehenden Soziologie, Studienausgabe in 2 Bdn., Köln/Berlin
Weidenfeld, Werner, Karl-Rudolf Korte, Hg., 1993, Handbuch zur deutschen Einheit, Frankfurt (und Bundeszentrale für pol. Bildung)
Wewer, Göttrik, 1990, Richterkönige und Richterkaiser, In: Gegenwartskunde, 39. Jg./1990, S. 241–270

D. Bevölkerung. Wanderungen

Albrecht, Günter, 1972, Soziologie der geographischen Mobilität. Zugleich ein Beitrag zur Soziologie des sozialen Wandels, Stuttgart
Bevölkerungs-Ploetz. Raum und Bevölkerung in der Weltgeschichte, 4 Bde., Würzburg [3]1965–1968 (zuerst 1956); bearb. von *E.E. Buchholz, W. Kircheiss, E. Kirsten, W. Köllmann*
Birg, Herwig, Helmut Koch, 1987, Der Bevölkerungsrückgang in der Bundesrepublik Deutschland, Frankfurt/New York
Birg, Herwig, 1989, Die demographische Zeitenwende, in: Spektrum der Wissenschaften, H. 1/1989, S. 40–50
Bolte, Karl Martin, Dieter Kappe, Josef Schmid, 1980, Bevölkerung. Statistik, Theorie. Geschichte und Politik des Bevölkerungsprozesses, 4., völlig neu überarb. Aufl., Opladen (UTB Bd. 986)
Esser, Hartmut, Jürgen Friedrichs, Hg., 1990, Generation und Identität. Theoretische und empirische Beiträge zur Migrationssoziologie, Opladen
Franz, Peter, 1984, Soziologie der räumlichen Mobilität. Eine Einführung, Frankfurt
Geißler, Rainer, 1992, Die Sozialstruktur Deutschlands, Opladen (Kap. 10: Struktur und Entwicklung der Bevölkerung)
Hoffmann-Nowotny, Hans-Joachim, 1970, Migration. Ein Beitrag zu einer soziologischen Erklärung, Stuttgart
Jacobs, Klaus, Martin Kohli, 1990, Der Trend zum frühen Ruhestand, in: WSI-Mitteilungen, 43. Jg.
Kimminich, Otto, 1987, Das Asyl in verfassungsrechtlicher Sicht, in: Aus Politik und Zeitgeschichte, B 26, S. 1–17
Korte, Hermann, 1993, Bevölkerungssoziologie, Lektion IV in: *H. Korte/B. Schäfers*, Hg., Einführung in Spezielle Soziologien, Opladen, S. 75–98
Lehr, Ursula, [5]1984, Psychologie des Alterns, Heidelberg (UTB 55)
Linde, Hans, 1984, Theorie der säkularen Nachwuchsbeschränkung 1800–2000, Frankfurt/New York

Mackenroth, Gerhard, 1953, Bevölkerungslehre. Theorie, Soziologie und Statistik der Bevölkerung, Berlin, Göttingen, Heidelberg

Mackenroth, Gerhard, 1955, Bevölkerungslehre, in: Soziologie. Ein Lehr- und Handbuch zur modernen Gesellschaftskunde, hrg. von *A. Gehlen* und *H. Schelsky*, Düsseldorf-Köln, S. 46–92

Mackensen, Rainer, 1972, Theoretische Erwägung zur Vielgestaltigkeit des „Demographischen Übergangs“, in: *W. Köllmann, P. Marschalck*, Hrg., Bevölkerungsgeschichte, Köln, S. 76ff

Nauck, Bernhard, 1994, Die (Reproduktions-)Arbeit tun die anderen, in: Berl. Journal f. Soz., H. 2, S. 203–216

Pfeil, Elisabeth, 1972, Großstadtforschung. Entwicklung und gegenwärtiger Stand, 2. neubearb. Aufl., Hannover

Pulte, Peter, 1972, Bevölkerungslehre, München, Wien (TB)

Ronge, Volker, 1990, Die soziale Integration von DDR-Übersiedlern in der Bundesrepublik Deutschland, in: Beilage zur Wochenzeitung Das Parlament, B1–2/90, S. 39–48

Rosenmayr, Leopold, 1978, Der alte Mensch in der Gesellschaft, Reinbek bei Hamburg

Rosenmayr, Leopold, 1990, Die Kräfte des Alterns, Wien

Schäfers, Bernhard, 1994, Soziologie des Jugendalters, 5. aktualis. und überarb. Aufl.„ Opladen (UTB 1131)

Schmitz, Stefan, 1992, Verkehrsvermeidung – welche Rolle kann die Raumplanung spielen? in: Raumforschung und Raumordnung, H. 6, S. 327–334

Schwarz, Karl, 1987, Zur Lebenssituation alter und sehr alter Menschen in der BRD 1987, in: *H. Hoffmeister* et al., Hrsg., Lebensbedingungen alter Menschen, München, S. 1–56

Schwitzer, Klaus Peter, Alte Menschen in den neuen Bundesländern. Das andere deutsche Alter, in: Beilage zur Wochenzeitung Das Parlament. B 44/1993

Treibel, Annette, 1990, Migration in modernen Gesellschaften. Soziale Folgen von Einwanderung und Gastarbeit, Weinheim und München

Witte, James, 1988, Haushalt und Familie, in: *Hans-Jürgen Krupp, Jürgen Schupp*, Hrg., Lebenslagen im Wandel: Daten 1987, Frankfurt/New York, S. 21–41

Zapf, Wolfgang, Steffen Mau, 1993, Eine demographische Revolution in Ostdeutschland? in: Informationsdienst Soziale Indikatoren Nr. 10

E. Ehe und Familie

Beck, Ulrich, 1986, Ich bin Ich: Vom Ohne-, Mit- und Gegeneinander der Geschlechter innerhalb und außerhalb der Familie, Kap. IV in: *ders.*, Risikogesellschaft. Auf dem Weg in eine andere Moderne, Frankfurt

Beck, Ulrich, Elisabeth Beck-Gernsheim, 1990, Das ganz normale Chaos der Liebe, Frankfurt (st 1725)

Bertram, Hans, Hrg., 1991, Die Familie in Westdeutschland – Stabilität und Wandel familialer Lebensformen, Opladen

Bertram, Hans, Hrg., 1992, Die Familie in den neuen Bundesländern – Stabilität und Wandel in der gesellschaftlichen Umbruchsituation, Opladen

Bertram, Hans, Hiltrud Bayer, Renate Bauereiß, 1993, Familien-Atlas: Lebenslagen und Region in Deutschland. Karten und Zahlen, Opladen

Beuys, Barbara, 1980, Familienleben in Deutschland. Neue Bilder aus der Vergangenheit, Hamburg

BMFFJG, Hrg., 1984, Familie und Arbeitswelt, Bd. 170 der Schriftenreihe des BMFFJG, Stuttgart

BMFFJG, Hrg., 1985, Nichteheliche Lebensgemeinschaften in der Bundesrepublik Deutschland, Bd. 170 der Schriftenreihe des BMFFJG, Stuttgart

BMFFJG, Hrg., 1988, Alleinerziehende Mütter und Väter – Eine Analyse der Gesamtsituation, Bd. 219 der Schriftenreihe des BMFFJG, Stuttgart

Born, Claudia, Christine Vollmer, 1983, Familienfreundliche Gestaltung des Arbeitslebens, Bd. 135 der Schriftenreihe des Bundesministers für Jugend, Familie und Gesundheit

Burkart, Günter, 1994, Die Entscheidung zur Elternschaft. Eine empirische Kritik von Individualisierungs- und Rational-Choice-Theorien, Stuttgart

Claessens, Dieter, ^{4}1979, Familie und Wertsystem. Eine Studie zur „zweiten, sozio-kulturellen Geburt" des Menschen und der Belastbarkeit der „Kernfamilie", Berlin (zuerst 1962)

Claessens, Dieter, Petra Milhoffer, Hrg., 1973, Familiensoziologie. Ein Reader als Einführung, Frankfurt (^{5} 1980)

Ebel, Heinrich, Rolf Eickelpasch, Eckehard Kühne, 1984, Familie in der Gesellschaft, Opladen

Familienberichte der Bundesregierung:

Die Lage der Familien in der Bundesrepublik Deutschland – Dritter Familienbericht – Drucksache 8/3121 vom 20.8.1979

Die Situation der älteren Menschen in der Familie – Vierter Familienbericht – Drucksache 10/6145 vom 13.10.1986

Familien und Familienpolitik im geeinten Deutschland – Fünfter Familienbericht; Drucks. 12/7560; BMFuS, Bonn 1994

Die Frau in Familie, Beruf und Gesellschaft, 1975, Hrg., Statistisches Bundesamt, Ausgabe 1975, Stuttgart und Mainz

Gerhardt, Uta, Yvonne Schütze, Hrg., 1988, Frauensituation. Veränderungen in den letzten 20 Jahren, Frankfurt (stw 726)

Herrmann, Ulrich, 1989, Vom „ganzen Haus" zur Kernfamilie, in: *H.-G. Wehling*, a.a.O., S. 11–33

Hoffmann-Nowotny, Hans-Joachim, 1988, Ehe und Familie in der modernen Gesellschaft, in: Beilage zur Wochenzeitung Das Parlament, B 13/1988

Hurrelmann, Klaus, Dieter Ulich, Hrg., 1980, Handbuch der Sozialisationsforschung, Weinheim und Basel

Johnson, Harry M., 1970, Strukturell-funktionale Theorie der Familien- und Verwandtschaftssysteme, in: *Lüschen/Lupri*, Hrg., S. 32–48

Kaufmann, Franz-Xaver, Hrg., 1982, Staatliche Sozialpolitik und Familie, München/Wien

Kaufmann, Franz-Xaver, 1988, Familie und Modernität, in: *K. Lüscher* et al., Hrg., a.a.O., S. 391–416

König, René, 1974, Die Familie der Gegenwart, Ein interkultureller Vergleich, München (Beck'sche Schwarze Reihe Bd. 116)

Lüschen, Günther, Eugen Lupri, Hrg., 1970, Soziologie der Familie, SH 14 der KZfSS, Opladen

Lüschen, Günther, 1988, Familial-verwandtschaftliche Netzwerke, in: *R. Nave-Herz*, Hrg., a.a.O., S. 145–172

Lüscher, Kurt, Franz Schultheis, Michael Wehrspaun, Hrg., 1988, Die „postmoderne“ Familie. Familiale Strategien und Familienpolitik in einer Übergangszeit, Konstanz

Mitterauer, Michael, Reinhard Sieder, 1977, Vom Patriarchat zur Partnerschaft. Zum Strukturwandel der Familie, München

Nauck, Bernhard, 1988, 20 Jahre Migrantenfamilien in der Bundesrepublik, in: *Nave-Herz*, Hrg., a.a.O., S. 279–297

Nauck, Bernhard, 1991, Familien- und Betreuungssituationen im Lebenslauf von Kindern, in: *H. Bertram*, Hg., a.a.O., S. 389–428

Nave-Herz, Rosemarie, Hrg., 1988, Wandel und Kontinuität der Familie in der Bundesrepublik Deutschland, Stuttgart

Nave-Herz, Rosemarie, 1988a, Kinderlose Ehen, in: *K. Lüscher* et al., Hrg., a.a.O., S. 193–200

Nave-Herz, Rosemarie, Manfred Markefka, Hrg., 1989, Handbuch der Familien- und Jugendforschung, Bd. I: Familienforschung, Neuwied und Frankfurt/M.

Nave-Herz, Rosemarie, 1994, Familie heute. Wandel der Familienstrukturen und Folgen für die Erziehung, Darmstadt

Ostner, Ilona, 1978, Beruf und Hausarbeit. Die Arbeit der Frau in unserer Gesellschaft, Frankfurt

Ostner, Ilona, 1983, Kapitalismus, Patriarchat und die Konstruktion der Besonderheit „Frau“, in: Soziale Welt, Sonderband 2: Soziale Ungleichheiten, S. 277–297

Peuckert, Rüdiger, 1989, Der soziale Wandel der Familienformen in der Bundesrepublik Deutschland, in: Gegenwartskunde, 38. Jg., H. 2, S. 141–153

Riehl, Wilhelm Heinrich, 1855 (u.ö.), Die Familie, Stuttgart

Rosenbaum, Heidi, Hrg., 1974, Familie und Gesellschaftsstruktur. Materialien zu den sozio-ökonomischen Bedingungen der Familienformen, Frankfurt

Rosenbaum, Heidi, 1982, Formen der Familie. Untersuchungen zum Zusammenhang von Familienverhältnissen, Sozialstruktur und sozialem Wandel in der deutschen Gesellschaft des 19. Jahrhunderts, Frankfurt (stw 374)

Schäfers, Bernhard, Hg., 1994, Einführung in die Gruppensoziologie, 2. verb. und erw. Aufl., Heidelberg und Wiesbaden (UTB 996); darin *ders.:* Primärgruppen, S. 97–112; Die Kernfamilie als kleine Gruppe, S. 177–194

Schelsky, Helmut, 1953, Wandlungen der deutschen Familie in der Gegenwart. Darstellung und Deutung einer empirisch-soziologischen Tatbestandsaufnahme, Stuttgart (5. Auflage 1967)

Schneider, Norbert F., Familie und private Lebensführung in West- und Ostdeutschland. Eine vergleichende Analyse des Familienlebens 1970–1992, Stuttgart

Schwägler, Georg, 1970, Soziologie der Familie. Ursprung und Entwicklung, Tübingen

Sidler, Nikolaus, 1971, Zur Universalität des Inzesttabus. Eine kritische Untersuchung der These und der Einwände, Stuttgart

Sommerkorn, Ingrid N., 1988, Die erwerbstätige Mutter in der Bundesrepublik: Einstellungs- und Problemveränderungen, in: *R. Nave-Herz*, Hrg., a.a.O., S. 115–145

Tyrell, Hartmann, 1988, Ehe und Familie – Institutionalisierung und Deinstitutionalisierung, in: *K. Lüscher* et al., Hrg., a.a.O., S. 145–156

Vaskovics, L.A., 1988, Veränderungen der Wohn- und Umweltbedingungen in ihren Auswirkungen auf die Sozialisationsleistung der Familie, in: *R. Nave-Herz*, Hrg., a.a.O., S. 36–60

Vaskovics, Laszlo A., et al., 1994, Familien und Haushaltsstrukturen in der ehemaligen DDR und in der Bundesrepublik Deutschland von 1980 bis 1989 – ein Vergleich, SH 24 der Materialien zur Bevölkerungswissenschaft, hg. vom Bundesinstitut für Bevölkerungsforschung, Wiesbaden

Wehling, Hans-Georg, 1989, Hrg., Familienpolitik, Stuttgart, (Kohlhammer TB)

Wingen, Max, 1984, Nichteheliche Lebensgemeinschaften. Formen – Motive – Folgen, Osnabrück/Zürich

Zeidler, Wolfgang, 1983, Ehe und Familie, in: Handbuch des Verfassungsrechts der Bundesrepublik, hrg. von *E. Benda* et al., Berlin/New York, S. 555–608

F.I.: Kultur und Sozialstruktur

Bell, Daniel, 1975, Die nachindustrielle Gesellschaft, Frankfurt/New York (orig. amerik. 1973)

Bourdieu, Pierre, 1982, Die feinen Unterschiede. Kritik der gesellschaftlichen Urteilskraft, Frankfurt (Orig. frz.)

Bühl, Walter L., 1986, Kultur als System, in: SH 27 der KZfSS (*Neidhardt* et al., Hrg.), a.a.O., S. 118–144

Eder, Klaus, Hrg., 1989, Klassenlage, Lebensstil und kulturelle Praxis. Beiträge zur Auseinandersetzung mit Pierre Bourdieus Klassentheorie, Frankfurt

Elias, Norbert, [4]1995, Art. „Zivilisation“, in: *Bernhard Schäfers*, Hrg., Grundbegriffe der Soziologie, Opladen

Eschenburg, Theodor, 1983, Jahre der Besatzung 1945–1949, Bd. I der „Geschichte der Bundesrepublik Deutschland“ in 5 Bänden; Wiesbaden

Fischer, C., 1985, Tanz, in: Jugendliche und Erwachsene ’85, a.a.O., Bd. 2, S. 59–106

Gehlen, Arnold, 1993, Anthropologische und sozialpsychologische Untersuchungen, 6–7. Tsd., Reinbek bei Hamburg (zuerst 1986; Neuausgabe älterer rde-Bde.)

Glaser, Hermann, Kulturgeschichte der Bundesrepublik Deutschland, Bd. I: Zwischen Kapitulation und Währungsreform 1945–1948; Bd. II: Zwischen Grundgesetz und Großer Koalition 1949–1967; Bd. III: Zwischen Protest und Anpassung 1968–1989; München/Wien 1985, 1986, 1989

Glaser, Hermann, 1989a, Kultur und Kulturpolitik in der Bundesrepublik Deutschland, in: Deutschland-Handbuch. Eine doppelte Bilanz 1949–1989, Bonn, S. 413–430

Großklaus, Götz, 1989, Nähe und Ferne. Wahrnehmungswandel im Übergang zum elektronischen Zeitalter, in: *G. Großklaus, E. Lämmert*, Hrg., Literatur in einer industriellen Kultur, Stuttgart, S. 489–520

Haller, Max, Hans-Jürgen Hoffman-Nowotny, Wolfgang Zapf, Hrg., 1989, Kultur und Gesellschaft. Verhandlungen des 24. Dt. Soziologentages, Zürich 1988, Frankfurt/New York

Hradil, Stefan, 1989, System und Akteur. Eine empirische Kritik der soziologischen Kulturtheorie Pierre Bourdieus, in: *K. Eder*, Hrg., a.a.O., S. 111–141

Inglehart, Ronald, 1989, Kultureller Umbruch. Wertwandel in der westlichen Welt, Frankfurt/New York (orig. amerik. 1989)

Klein, Hans-Joachim, ^{4}1995, Art. „Kultur", in: *Bernhard Schäfers*, Hrg., Grundbegriffe der Soziologie, Opladen

Korte, Hermann, 1988, Norbert Elias. Leben und Werk, Frankfurt

Lenk, Hans, 1982, Zur Sozialphilosophie der Technik, Frankfurt

Lenk, Hans, Günter Ropohl, Hrg., 1987, Technik und Ethik, Stuttgart (Reclam 8395)

Lipp, Wolfgang, Friedrich H. Tenbruck, Hrg., 1979, Kultursoziologie, Schwerpunktheft 2 der KZfSS, Jg. 31, Opladen

Lipp, Wolfgang, 1986, Heimatbewegung, Regionalismus. Pfade aus der Moderne?, in: *Neidhardt* et al., Hrg., a.a.O., S. 331–357

Lipp, Wolfgang, 1988, Was heißt eigentlich Kultur – und wozu ist sie gut? in: Der Bürger im Staat, Heft 4/1988: Kulturpolitik, Stuttgart, S. 239–245

Lipp, Wolfgang, Hrg., 1989, Kulturpolitik. Standorte, Innensichten, Entwürfe, Berlin

Meier-Dallach, Hans-Peter, 1989, Weltweite Kulturprozesse – weltbürgerliche Kulturpolitik, in: *W. Lipp*, Hrg., a.a.O., S. 297–336

Müller, Hans-Peter, 1986, Kultur, Geschmack und Distinktion. Grundzüge der Kultursoziologie Pierre Bourdieus, in: *Neidhardt* et al., Hrg., a.a.O., S. 162–190

Münch, Richard, 1986, Die Kultur der Moderne, 2 Bde., Frankfurt

Muschter, Gabriele, 1993, Kulturentwicklung in den neuen Bundesländern, in: *W. Weidenfeld/K.R. Korte*, Hg., Handbuch zur deutschen Einheit, Bonn

Neidhardt, Friedhelm, M. Rainer Lepsius, Johannes Weiss, 1986, Kultur und Gesellschaft, SH 27 der KZfSS, Opladen

Schäfers, Bernhard, 1994, Soziologie des Jugendalters. Eine Einführung, 5. verb. und aktualisierte Aufl., Opladen, UTB 1131

Schatz, Heribert, 1989, Massenmedien in der Bundesrepublik Deutschland, in: Deutschland-Handbuch, a.a.O., S. 389–401

Silbermann, Alphons, Albin Hänseroth, 1989, Medienkultur. Medienwirtschaft, Medienmanagement, Frankfurt et al.

Spinner, Helmut F., 1994, Die Wissensordnung. Ein Leitkonzept für die dritte Grundordnung des Informationszeitalters, Opladen

Tenbruck, Friedrich H., 1962, Jugend und Gesellschaft, Freiburg

Tenbruck, Friedrich H., 1989, Die kulturellen Grundlagen der Gesellschaft. Der Fall der Moderne, Opladen

Vaskovics, Laszlo A., 1989, Subkulturen – ein überholtes analytisches Konzept? in: Kultur und Gesellschaft, Frankfurt/New York, S. 587–600

Vester, Heinz-Günter, 1993, Soziologie der Postmoderne, München

Wehling, Hans-Georg, Red., 1985, Regionale politische Kultur, Stuttgart
Welsch, Wolfgang, [2]1988, Unsere postmoderne Welt, Weinheim

F.II.: Bildungssystem

Anweiler, Oskar et al., Hg., 1992, Bildungspolitik in Deutschland 1945–1990. Ein historisch-vergleichender Quellenband, Opladen
Anweiler, Oskar, 1989, Bildung und Wissenschaft in der DDR, in: *W. Weidenfeld/H. Zimmermann*, Hg., Deutschland-Hand. Eine doppelte Bilanz 1949–1989, Bonn, S. 370–388
Apel, Helmut, 1992, Intergenerative Bildungsmobilität in den alten und neuen Bundesländern, in: Jugend '92, BD 2, Opladen, S. 533–570
Bildungsgesamtplan, hrg. von der Bund-Länder-Kommission für Bildungsplanung, Bd. I, Stuttgart 1973
Bruchhäuser, Hanns-Peter, Antonius Lipsmeier, Hrg., 1985, Die schulische Berufsbildung 1869–1918. Bd. 3 der Quellen und Dokumente zur schulischen Berufsbildung in Deutschland, Köln/Wien
Durkheim, Emile, 1972, Erziehung und Soziologie, hrg. und übersetzt von *R. Krisam*, Düsseldorf
Fischer, Bernd-Reiner, 1993, Art. „Bildung", in: *W. Weidenfeld, K.-R. Korte*, Hg., Handbuch zur deutschen Einheit, Bonn, S. 55–64
Friedeburg, Ludwig von, 1989, Bildungsreform in Deutschland: Geschichte und gesellschaftlicher Widerspruch, Frankfurt
Gagel, Walter, 1994, Geschichte der politischen Bildung in der Bundesrepublik Deutschland 1945–1989, Opladen
Geißler, Rainer, 1994, Soziale Schichtung und Bildungschancen, in: *ders.*, Hrg., Soziale Schichtung und Lebenschancen in der Bundesrepublik Deutschland, Stuttgart, 2., neu bearb. Aufl., S. 111–159
Geißler, Rainer, 1992, Die Sozialstruktur Deutschlands, Opladen
Giesecke, Hermann, 1977, Das Schulsystem, in: *H. Giesecke, A. Klönne, D. Otten*, Gesellschaft und Politik in der Bundesrepublik. Eine Sozialkunde, Fischer TB
Herrmann, Ulrich, 1991, Historische Bildungsforschung und Sozialgeschichte der Bildung. Programme – Analysen – Ergebnisse, Weinheim
Hilligen, Wolfgang, 1985, Zur Didaktik des politischen Unterrichts, Opladen
Hufnagel, Annette, Bettina Sommer, 1989, Ausbildung und Erwerbstätigkeit. Ergebnisse des Mikrozensus 1987, in: Wirtschaft und Statistik 2/1989, S. 65–73
Lichtenstein, E., 1971, Art. „Bildung", in: Historisches Wörterbuch der Philosophie, Bd. 1, Basel/Stuttgart, Sp. 921–937
Palamidis, Helene, Hubert Vorholt, 1988, Bildung, in: Lebenslagen im Wandel: Daten 1987, hrg. von *H.J. Krupp* und *J. Schupp*, Frankfurt/New York, S. 186–202
Picht, Georg, 1964, Die deutsche Bildungskatastrophe, Freiburg
Tessaring, Manfred, 1993, Das duale System der Berufsausbildung in Deutschland. Attraktivität und Beschäftigungsperspektiven, in: MiTTAG 2/93, S. 131–161

Vierhaus, Rudolf, 1972, Art. „Bildung“, in: Geschichtliche Grundbegriffe. Historisches Lexikon zur politisch-sozialen Sprache in Deutschland, Bd. 1, Stuttgart, S. 508–551

F.III.: Religion und Kirchen

Abromeit, Heidrun, Göttrik Wewer, Hrg., 1989, Die Kirchen und die Politik. Beiträge zu einem ungeklärten Verhältnis, Opladen

Bell, Daniel, 1976, Die Zukunft der westlichen Welt. Kultur und Technologie im Widerstreit, Frankfurt (orig. amerik. 1976)

Campenhausen, A. von, ²1980, Staatskirchenrecht. Ein Leitfaden durch die Rechtsbeziehungen zwischen Staat und den Religionsgemeinschaften, München

Fürstenberg, Friedrich, 1967 (u.ö.), Die Sozialstruktur der Bundesrepublik Deutschland, Opladen

Gabriel, Karl, Franz-Xaver Kaufmann, 1988, Der Katholizismus in den deutschsprachigen Ländern, in: *Kaufmann/Schäfers*, Hrg., a.a.O., S. 31–60

Hach, Joachim, 1980, Gesellschaft und Religion in der Bundesrepublik Deutschland, Heidelberg

Hartmann, Matthias, 1993, Art. „Kirchen“, in: Handbuch zur deutschen Einheit, hg. von *W. Weidenfeld/K.-R. Korte*, Bonn, S. 403–413

Henkys, Reinhard, 1989, Die Evangelische Kirche in der DDR, in: Deutschland-Handbuch, hg. von *W. Weidenfeld/H. Zimmermann*, Bonn, S. 193–202

Höllen, Martin, 1989, Die Katholische Kirche in der DDR, in: Deutschland-Handbuch, Bonn, S. 174–184

Kandil, Fuad, 1988, Der Islam in der Bundesrepublik Deutschland, in: *Kaufmann/Schäfers*, Hrg., a.a.O., S. 89–106

Kaufmann, Franz-Xaver, 1986, Religion und Modernität, in: *H. Berger*, Hrg., Die Moderne – Kontinuitäten und Zäsuren, Soziale Welt, Sonderband 4, Göttingen, S. 283–307

Kaufmann, Franz-Xaver, 1988, Staatskirchenrecht und Kirchenorganisation in der Bundesrepublik Deutschland, in: *Kaufmann/Schäfers*, Hrg., a.a.O., S.107–128

Kaufmann, Franz-Xaver, Bernhard Schäfers, Hrg., 1988, Religion, Kirchen und Gesellschaft in Deutschland, SH 5 der Zeitschrift Gegenwartskunde, Opladen

Kaufmann, Franz-Xaver, 1989, Religion und Modernität. Sozialwissenschaftliche Perspektiven, Tübingen

Lübbe, Hermann, 1965, Säkularisierung. Geschichte eines ideenpolitischen Begriffs, München

Lübbe, Hermann, 1986, Religion nach der Aufklärung, Graz et al.

Maier, Hans, 1989, Die Katholische Kirche in der Bundesrepublik Deutschland, in: Deutschland-Handbuch. Eine doppelte Bilanz 1949–1989, hrg. von *W. Weidenfeld/H. Zimmermann*, München (auch als Bd. 275 der Schriftenreihe der Bundeszentrale für politische Bildung), S. 165–173

Niethammer, Lutz, 1989, Posthistoire. Ist die Geschichte zu Ende? Reinbek

Oelmüller, Willi, Hrg., 1984, Wiederkehr von Religion? Paderborn

Opaschowski, Horst W., 1983, Arbeit, Freizeit, Lebenssinn? Opladen
Schäfers, Bernhard, 1988, Die Moderne und der Säkularisierungsprozeß, in: *Kaufmann/Schäfers*, Hrg., a.a.O., S. 129–144
Schilling, Heinz, 1988, Reformation und Konfessionalisierung in Deutschland und die neuere deutsche Geschichte, in: *Kaufmann/Schäfers*, Hrg., a.a.O., S. 11–30
Schluchter, Wolfgang, 1988, Religion und Lebensführung, Bd. I: Studien zu Max Webers Kultur- und Werttheorie; Bd. II: Studien zu Max Webers Religions- und Herrschaftssoziologie, Frankfurt
Weber, Max, Gesammelte Aufsätze zur Religionssoziologie, 3 Bde., zuerst Tübingen 1920/21 (jetzt als UTB-Bde.)
Wehling, Hans-Georg, Red., 1984, Konfession – eine Nebensache? Politische, soziale und kulturelle Ausprägungen religiöser Unterschiede in Deutschland, Stuttgart et al. (KohlhammerTB; Reihe: Bürger im Staat)
Wewer, Göttrik, 1989, Die großen Kirchen und das politische System der Bundesrepublik Deutschland, in: *Abromeit/Wewer*, Hrg., a.a.O., S. 49–98
Wilkens, Erwin, 1989, Die Evangelische Kirche in Deutschland, in: *Weidenfeld/Zimmermann*, Hrg., a.a.O., S. 185–192

G.: Ökonomisches System

Abelshauser, Werner, 1983, Wirtschaftsgeschichte der Bundesrepublik Deutschland (1945–1980), Frankfurt (es 1241)
Antoni, C.H., 1993, Rationalisierung durch die Einführung von Gruppenarbeit, in: Angewandte Arbeitswissenschaft, Nr. 138, S. 45–62
Armingeon, Klaus, 1988, Die Entwicklung der westdeutschen Gewerkschaften 1950–1985, Frankfurt/New York
Baethge, Martin, Herbert Oberbeck, 1986, Die Zukunft der Angestellten. Neue Technologien und berufliche Perspektiven in Büro und Verwaltung, Frankfurt
Baethge, Martin, et al., 1988, Jugend, Arbeit und Identität, Opladen
Beck, Ulrich, Michael Brater, 1977, Berufliche Arbeitsteilung und soziale Ungleichheit. Eine gesellschaftlich-historische Theorie der Berufe, Frankfurt/New York
Beck-Gernsheim, Elisabeth, 1976, Der geschlechtsspezifische Arbeitsmarkt. Zur Ideologie und Realität von Frauenberufen, Frankfurt
Beyme, Klaus von, 1977, Gewerkschaften und Arbeitsbeziehungen in kapitalistischen Ländern, München
Bolte, Karl Martin, 1979, Leistung und Leistungsprinzip, Opladen
Clark, Colin, 1940, The Conditions of Economic Progress, London/New York, (^{3}1957)
Conze, Werner, 1972, Art. „Arbeit“ in: Geschichtliche Grundbegriffe. Historisches Lexikon zur politisch-sozialen Sprache in Deutschland, Bd. 1, Stuttgart, S. 155–215
Czada, Roland, 1994, Das Unmögliche unternehmen. Die Treuhandanstalt zwischen Politik und Wirtschaft, in: Gegenwartskunde, 43. Jg., H. 1, S. 15–27; H. 2, S. 185–200
Düll, Klaus, Burkart Lutz, Hrg., 1989, Technikentwicklung und Arbeitsteilung im internationalen Vergleich, Frankfurt/New York

Ellwein, Thomas, Ralf Zoll, 1973, Berufsbeamtentum. Anspruch und Wirklichkeit. Zur Entwicklung und Problematik des Öffentlichen Dienstes, Düsseldorf

Endruweit, Günter et al., Hrg., 1985, Handbuch der Arbeitsbeziehungen, Berlin

Fischer, Wolfram, 1962, Der Staat und die Anfänge der Industrialisierung in Baden, Berlin

Fourastié, Jean, ²1969, Die große Hoffnung des zwanzigsten Jahrhunderts, Köln (orig. frz. 1949; jetzt in neuer Bearbeitung nach der „Edition définitive" von 1963, Gallimard, Paris)

Harborth, Hans-Jürgen, 1989, Dauerhafte Entwicklung. Zur Entstehung eines neuen ökologischen Konzepts, Wissenschaftszentrum Berlin für Sozialforschung (Arbeitspapier)

Hartwich, Hans-Hermann, 1989, 40 Jahre Deutscher Gewerkschaftsbund, in: Gegenwartskunde, Jg. 38, S. 449–461

Hillenbrand, Olaf, 1993, Art. „Umweltpolitik", in: Handbuch zur deutschen Einheit, Bonn (Bundeszentrale für politische Bildung), S. 656–667

Inglehart, Ronald, 1979, Wertwandel in den westlichen Gesellschaften, in: *H. Klages/P. Kmieciak*, Hrg., Wertwandel und gesellschaftlicher Wandel, Frankfurt, S. 279–316

Jänicke, Martin, 1986, Staatsversagen. Die Ohnmacht der Politik in der Industriegesellschaft, München (²1987)

Joerges, Bernward, 1988, Large Technical Systems: Concepts and Issues, in: *R. Mayntz/Th.P. Hughes*, eds., The Development of Large Technical Systems, Frankfurt

Kern, Horst, Michael Schumann, 1984, Das Ende der Arbeitsteilung? Rationalisierung in der industriellen Produktion, München

Kocka, Jürgen, 1972, Art. „Angestellter", in: Geschichtliche Grundbegriffe. Historisches Lexikon zur politisch-sozialen Sprache in Deutschland, Bd. 1, Stuttgart, S. 110–128

Kocka, Jürgen, 1981, Die Angestellten in der deutschen Geschichte 1850–1980. Vom Privatbeamten zum angestellten Arbeitnehmer, Göttingen

Krockow, Christian von, 1974, Das Leistungsprinzip als Strukturelement der Industriegesellschaft, in: Das Leistungsprinzip in der Industriegesellschaft, Köln, S. 41–60

Lash, Scott, Paul Bagguley, 1988, Arbeitsbeziehungen im disorganisierten Kapitalismus: Ein Vergleich von fünf Nationen, in: Soziale Welt, 39. Jg., S. 239–259

Lenk, Hans, 1983, Eigenleistung. Plädoyer für eine positive Leistungskultur, Osnabrück

Mauss, Marcel, 1968, Die Gabe. Form und Funktion des Austauschs in archaischen Gesellschaften, Frankfurt (orig. frz. 1925)

Meyer-Abich, Klaus Michael, ²1986, Wege zum Frieden mit der Natur. Praktische Naturphilosophie für die Umweltpolitik, München

Müller-Jentsch, Walther, 1986, Soziologie der industriellen Beziehungen, Frankfurt

Niethammer, Lutz, 1975, Das Scheitern der einheitsgewerkschaftlichen Bewegung nach 1945 in Westeuropa, in: Beilage zur Wochenzeitung „Das Parlament", 19.4.1975

Offe, Claus, Hrg., 1984, „Arbeitsgesellschaft“: Strukturprobleme und Zukunftsperspektiven, Frankfurt/New York
Ohno, Taiichi, 1993, Das Toyota-Produktionssystem, Frankfurt/New York (orig. jap. 1978)
Otten, Dieter, 1986, Die Welt der Industrie. Entstehung und Entwicklung der modernen Industriegesellschaften, 2 Bde., Reinbek (rororo sachbuch)
Perner, Detlef, 1993, Art. „Gewerkschaften“, in: *Weidenfeld/Korte*, Hg., Handbuch zur deutschen Einheit, Bonn, S. 331–337
Perrow, Charles, 1987, Normale Katastrophen. Die unvermeidbaren Risiken der Großtechnik, Frankfurt (orig. amerik.)
Simonis, Udo Ernst, 1988, Ökonomie und Ökologie, 5. überarb. Aufl., Karlsruhe
Streeck, Wolfgang, 1981, Gewerkschaftliche Organisationsprobleme in der sozialstaatlichen Demokratie, Königstein/Ts.
Teuteberg, Hans Jürgen, 1961, Geschichte der industriellen Mitbestimmung in Deutschland. Ursprung und Entwicklung ihrer Vorläufer im Denken und in der Wirklichkeit des 19. Jahrhunderts, Tübingen
Voigt, Dieter, Werner Voß, Sabine Meck, 1987, Sozialstruktur der DDR. Eine Einführung, Darmstadt
Weber, Max, 1956, Soziologie. Weltgeschichtliche Analysen. Politik, Stuttgart (Kröners Taschenausgabe Bd. 229)
Wehler, Hans-Ulrich, 1987, Deutsche Gesellschaftsgeschichte, Bd. II: 1815–1845/49, München
Womack, James P., et al., 1990, Die zweite Revolution in der Autoindustrie, Frankfurt/New York
Ziegler, Rolf, et al., 1985, Industry and Banking in the German Corporate Network, in: Networks of Corporate Power, Cambridge, S. 91–112

H.: Sozialstaat und soziale Sicherheit

Alber, Jens, 1982, Vom Armenhaus zum Wohlfahrtsstaat. Analysen zur Entwicklung der Sozialversicherung in Westeuropa, Frankfurt
Alber, Jens, 1989, Der Sozialstaat in der Bundesrepublik 1950–1983, Frankfurt
Bäcker, Gerhard, Die Zukunft der Sozialpolitik, in: Beilage zur Wochenzeitung Das Parlament, B 21–22/1988
Bäcker, Gerhard, Reinhard Bispinck, Klaus Hofemann, Gerhard Naegele, 1989, Sozialpolitik und soziale Lage in der Bundesrepublik Deutschland, 2 Bde., 2., grundl. überarb. und erw. Aufl., Köln
Baier, Horst, 1988, Soziale Klientele, in: ders., Ehrlichkeit im Sozialstaat, Osnabrück, S. 24–42
Benda, Ernst, 1983, Der soziale Rechtsstaat, in: *E. Benda* et al., Hrg., Handbuch des Verfassungsrechts der Bundesrepublik Deutschland, Berlin/New York, S. 477–554
Bethusy-Huc, Viola von, 1965, Das Sozialleistungssystem der Bundesrepublik Deutschland, Tübingen
Blüm, Norbert, Hans Zacher, Hrg., 1989, 40 Jahre Sozialstaat Bundesrepublik Deutschland, Baden-Baden

Braun, Hans, 1972, Soziale Sicherung. System und Funktion, Stuttgart et al.

Brück, Gerhard W., [2]1981, Allgemeine Sozialpolitik. Grundlagen – Zusammenhänge – Leistungen, 2. erw. und aktual. Aufl., Köln

Ferber, Christian von, Franz-Xaver Kaufmann, Hrg., 1977, Soziologie und Sozialpolitik, Sonderheft 19 der KZfSS

Fischer, Wolfram, 1982, Armut in der Geschichte. Erscheinungsformen und Lösungsversuche der „Sozialen Frage" in Europa seit dem Mittelalter, Göttingen (Kl. Vandenhoeck-Reihe 1476)

Flora, Peter, Jens Alber, Jürgen Kohl, Zur Entwicklung der westeuropäischen Wohlfahrtsstaaten, in: Politische Vierteljahresschrift, XVIII. Jg./ 1977, S. 707–772

Geissler, Heiner, 1975, Neue Soziale Frage. Zahlen, Daten, Fakten, Sozialministerium des Landes Rheinland-Pfalz, November 1975 (als Buch: Freiburg 1976)

Geißler, Rainer, 1992, Die Sozialstruktur Deutschlands, Opladen

Gladen, Albin, 1974, Geschichte der Sozialpolitik in Deutschland. Eine Analyse ihrer Bedingungen, Formen, Zielsetzungen und Auswirkungen, Wiesbaden

Gross, Peter, 1980, Reißt das soziale Netz? Wachstumsgrenzen der Sozialpolitik und mögliche Alternativen, in: *R. Brun* et al., Hrg., Wachstum kostet immer mehr, Frankfurt (Fischer TB)

Hanesch, Walter u.a., 1994, Armut in Deutschland. Reinbek

Hartwich, Hans-Hermann, [3]1980, Sozialstaatspostulat und gesellschaftlicher status quo, Opladen (1. Aufl. Köln und Opladen 1970)

Hauser, Richard, 1983, Alterssicherung in der Bundesrepublik Deutschland, in: *B. Schäfers*, Hrg. a.a.O., S. 127–150

Hauser, Richard, 1985, Verarmung durch Arbeitslosigkeit? in: *Stephan Leibfried, F. Tennstedt*, Hrg., Politik der Armut und die Spaltung des Sozialstaats, Frankfurt, S. 213–248

Kaufmann, Franz-Xaver, 1973, Sicherheit als soziologisches und sozialpolitisches Problem. Untersuchungen zu einer Wertidee hochdifferenzierter Gesellschaften, 2., umgearbeitete Aufl., Stuttgart (1970)

Kaufmann, Franz-Xaver, 1977, Sozialpolitisches Erkenntnisinteresse und Soziologie, in: *von Ferber/Kaufmann*, Hrg., a.a.O., S. 35–75

Kaufmann, Franz-Xaver, Hrg., 1987, Staat, intermediäre Instanzen und Selbsthilfe. Bedingungsanalysen sozialpolitischer Intervention, München

Keupp, Heiner, Bernd Röhrl, Hrg., 1987, Soziale Netzwerke, Frankfurt/New York

Landua, Detlef, 1993, Art. „Lebensbedingungen", in: Handbuch zur deutschen Einheit, Bonn (Bundeszentrale für pol. Bildung), S. 435–447

Landua, Detlef, Wolfgang Zapf, 1989, Folgen von Arbeitslosigkeit für die Wohlfahrt von Individuen und Haushalten, WZB-Arbeitspapier, Berlin

Leibfried, Stephan, et al., 1985, Armutspolitik und die Entstehung des Sozialstaats. Entwicklungslinien sozialpolitischer Existenzsicherung im historischen und internationalen Vergleich, Universität Bremen

Leibfried, Stephan, Wolfgang Voges, Hg., 1992, Armut im modernen Wohlfahrtsstaat, SH 32/1992 der KZfSS, Opladen

Lepsius, M. Rainer, 1979, Soziale Ungleichheit und Klassenstrukturen in der Bundesrepublik, in: *H.-U. Wehler*, Hrg., Klassen in der europäischen Sozialgeschichte, Göttingen, S. 166–209

Meusch, Andreas, 1993, Art. „Soziale Sicherheit", in: Handbuch zur deutschen Einheit, Hg. *W. Weidenfeld/K.-R. Korte*, Bonn (Bundeszentrale für pol. Bildung), S. 575–581

Nell-Breuning, Oswald von, 1984, Solidarität und Subsidiarität, in: Der Sozialstaat in der Krise ?, hrg. vom Deutschen Caritasverband, Freiburg, S. 88–96

Neumann, Lothar F., Klaus Schaper, 1984, Die Sozialordnung der Bundesrepublik Deutschland. Schriftenreihe der Bundeszentrale für politische Bildung Bd. 176, 3. aktualis. Aufl., Bonn

Nullmeier, Frank, Friedberg W. Rüb, 1993, Die Transformation der Sozialpolitik. Vom Sozialstaat zum Sicherungsstaat, Frankfurt/New York

Opielka, Michael, Hrg., 1985, Die ökosoziale Frage. Entwürfe zum Sozialstaat, Frankfurt

Opielka, Michael, Ilona Ostner, Hrg., 1987, Umbau des Sozialstaats, Essen

Pankoke, Eckart, 1970, Sociale Bewegung – sociale Frage – sociale Politik, Stuttgart

Pankoke, Eckart, 1983, Geschichtliche Grundlagen und gesellschaftliche Entwicklung moderner Sozialpolitik, in: *B. Schäfers*, Hrg., a.a.O., S. 23–40

Preller, Ludwig, 1978, Sozialpolitik in der Weimarer Republik, Frankfurt (zuerst 1949)

Reulecke, Jürgen, 1983, Sozialer Frieden durch soziale Reform. Der Centralverein für das Wohl der arbeitenden Klassen in der Frühindustrialisierung, Wuppertal

Schäfers, Bernhard, Hrg., 1983, Sozialpolitik in der Bundesrepublik, SH 4 der Zeitschrift GEGENWARTSKUNDE

Schelsky, Helmut, 1975, Die Arbeit tun die anderen. Klassenkampf und Priesterherrschaft der Intellektuellen, Opladen

Schreiber, Wilfrid, 1971, Existenzsicherheit in der industriellen Gesellschaft, in: *Külp, Bernhard, Wilfrid Schreiber*, Hrg., Soziale Sicherheit, Köln/Berlin, S. 276–309 (zuerst 1957)

Schulte, Bernd, 1990, Einführung in: Soziale Sicherheit in der EG, München, S. IX–XXVII

Spieker, Manfred, 1986, Legitimitätsprobleme des Sozialstaats. Konkurrierende Sozialstaatskonzeptionen in der Bundesrepublik, Bern/Stuttgart

Tennstedt, Florian, 1981, Sozialgeschichte der Sozialpolitik in Deutschland, Göttingen (Kl. Vandenhoeck-Reihe 1472)

Teuteberg, Hans Jürgen, 1961, Geschichte der industriellen Mitbestimmung in Deutschland. Ursprung und Entwicklung ihrer Vorläufer im Denken und in der Wirklichkeit des 19. Jahrhunderts, Tübingen

Vortmann, Heinz, 1989, Die soziale Sicherheit in der DDR, in: Deutschland-Handbuch, Hg. *W. Weidenfeld/H. Zimmermann*, Bonn (Bd. 275 Bundeszentrale für pol. Bildung), S. 326–345

Zapf, Wolfgang u.a., 1987, Individualisierung und Sicherheit. Untersuchungen zur Lebensqualität in der Bundesrepublik, München

J.: Soziale Ungleichheit

Autorenkollektiv *Joachim Bergmann, Gerhardt Brandt, Klaus Körber, Ernst Theodor Mohl, Claus Offe*, 1969, Herrschaft, Klassenverhältnis und Schichtung, in: Spätkapitalismus oder Industriegesellschaft? Verhandlungen des 16. Dt. Soziologentages (Frankfurt 1968), Stuttgart, S. 67–88

Beck, Ulrich, 1983, Jenseits von Stand und Klasse? Soziale Ungleichheit, gesellschaftliche Individualisierungsprozesse und die Entstehung neuer sozialer Formationen und Identitäten, in: *R. Kreckel*, Hrg., Soziale Welt, Sonderband 2/1983, S. 35–74

Beck, Ulrich, 1986, Risikogesellschaft. Auf dem Weg in eine andere Moderne, Frankfurt (es 1365)

Belwe, Katharina, 1989, Sozialstruktur und gesellschaftlicher Wandel in der DDR, in: Deutschland-Handbuch, hg. von *W. Weidenfeld/H. Zimmermann*, Bonn, S. 125–144

Berger, Peter A., Stefan Hradil, Hg., 1990, Lebenslagen, Lebensläufe, Lebensstile, Sonderbd. 7 der Zeitschrift Soziale Welt, Göttingen

Bolte, Karl Martin, Stefan Hradil, 1988, Soziale Ungleichheit in der Bundesrepublik Deutschland, 6. Aufl., Opladen

Dahrendorf, Ralf, 1957, Soziale Klassen und Klassenkonflikt in der industriellen Gesellschaft, Stuttgart

Dahrendorf, Ralf, 1961, Über den Ursprung der Ungleichheit unter den Menschen, Tübingen (Reihe „Recht und Staat", Heft 232; 2., überarb. und erw. Aufl. 1966)

Dahrendorf, Ralf, 1965, Deutsche Richter. Ein Beitrag zur Soziologie der Oberschicht, in: Gesellschaft und Freiheit, München, S. 176–196 (zuerst 1960; die Aufsatzsammlung „Gesellschaft und Freiheit" zuerst 1961)

Dahrendorf, Ralf, 1971, Gesellschaft und Demokratie in Deutschland, dtv TB Bd. 757 (zuerst 1968)

Datenreport 1987, Statistisches Bundesamt (Hrg.), Schriftenreihe Band 257 der Bundeszentrale für politische Bildung

Felber, Wolfgang, 1986, Eliteforschung in der Bundesrepublik Deutschland, 1986

Frauenförderpläne, 1987, Durchsetzung der Chancengleichheit auf dem Erwerbsarbeitsmarkt und in der Gesellschaft. Wissenschaftliche Dienste, Materialien Nr. 100

Geiger, Theodor, 1932, Die soziale Schichtung des deutschen Volkes, Stuttgart. Faksimile-Nachdruck mit einem Geleitwort von *Bernhard Schäfers*, Stuttgart 1987

Geiger, Theodor, 1949, Die Klassengesellschaft im Schmelztiegel, (dän. 1948)

Geissler, Heiner, 1975, Neue Soziale Frage. Dok. des Bundesfachausschusses für Sozialpolitik der CDU (als Buch: Freiburg 1976)

Geißler, Rainer, Hrg., 1987, Soziale Schichtung und Lebenschancen in der Bundesrepublik Deutschland, Stuttgart

Geißler, Rainer, 1992, Die Sozialstruktur Deutschlands, Opladen

Geißler, Rainer, 1992a, Die ostdeutsche Sozialstruktur unter Modernisierungsdruck, in: Beilage zur Wochenzeitung Das Parlament, B 29–30/92, S. 15–28

Gerhardt, Uta, 1987, Soziologische Erklärung gesundheitlicher Ungleichheit, in: *Giesen/Haferkamp*, a.a.O., S. 393–426

Giesen, Bernhard, Hans Haferkamp, Hrg., 1987, Soziologie sozialer Ungleichheit, Opladen

Glatzer, Wolfgang, 1977, Einkommenspolitische Zielsetzungen und Einkommensverteilung, in: *W. Zapf*, Hrg., Lebensbedingungen in der Bundesrepublik, Frankfurt/New York, S. 323–383

Glatzer, Wolfgang, Wolfgang Zapf, Hrg., 1984, Lebensqualität in der Bundesrepublik. Objektive Lebensbedingungen und subjektives Wohlbefinden, Frankfurt/New York

Glatzer, Wolfgang, Heinz-Herbert Noll, Hg., 1992, Lebensverhältnisse in Deutschland: Ungleichheit und Angleichung, Frankfurt/New York

Glatzer, Wolfgang, Hg., 1992, Entwicklungstendenzen der Sozialstruktur, Frankfurt/New York

Haferkamp, Hans, 1987, Angleichung ohne Gleichheit, in: *Giesen/Haferkamp*, a.a.O., S. 146–188

Haller, Max, 1986, Sozialstruktur und Schichtungshierarchie im Wohlfahrtsstaat. Zur Aktualität des vertikalen Paradigmas der Ungleichheitsforschung, in: ZfS Jg. 15, S. 167–187

Hanesch, Walter u.a., 1994, Armut in Deutschland, Reinbek

Hauser, Richard, Helga Cremer-Schäfer, Udo Nouvertné, 1981, Armut, Niedrigeinkommen und Unterversorgung in der Bundesrepublik Deutschland. Bestandsaufnahme und sozialpolitische Perspektiven, Frankfurt/New York

Hauser, Richard, et al., 1992, Einkommensverteilung und Einkommenszufriedenheit in den neuen und alten Bundesländern, in: *W. Glatzer/H.-H. Noll*, Hg., a.a.O., S. 91–138

Hörning, Karl H., Hrg., 1976, Soziale Ungleichheit. Strukturen und Prozesse sozialer Schichtung, Neuwied und Berlin

Hörning, Karl H., 1976a, Gesellschaftliche Entwicklung und soziale Schichtung, München (UTB 624)

Hondrich, Karl Otto, Hrg., 1982, Soziale Differenzierung, Frankfurt/New York, darin: *ders.*, Sozialer Wandel als Differenzierung, S. 11–72

Hradil, Stefan, 1987, Sozialstrukturanalyse in einer fortgeschrittenen Gesellschaft. Von Klassen und Schichten zu Lagen und Milieus, Opladen

Hradil, Stefan, 1992, Soziale Milieus und ihre empirische Untersuchung, in: *W. Glatzer*, Hg., a.a.O., S. 6–30

Kreckel, Reinhard, 1983, Theorie sozialer Ungleichheiten im Übergang, in: ders., Hrg., Soziale Ungleichheiten. Sonderband 2 der Zeitschrift Soziale Welt, Göttingen, S. 3–12

Kreckel, Reinhard, 1992, Politische Soziologie der sozialen Ungleichheiten, Frankfurt/New York

Lappe, Lothar, 1986, Erwerbstätige Frauen. Gewinner oder Verlierer der Krise? in: *H.-G. Thien, H. Wienold*, Hrg., Herrschaft, Krise, Überleben. Gesellschaft der Bundesrepublik in den achtziger Jahren, Münster

Leibfried, Stephan, Wolfgang Voges, Hg., 1992, Armut im modernen Wohlfahrtsstaat, SH 32 der KZfSS, Opladen

Lepsius, M. Rainer, 1979, Soziale Ungleichheit und Klassenstrukturen in der Bundesrepublik Deutschland, in: *H.-U. Wehler*, Hrg., Klassen in der europäischen Sozialgeschichte, Göttingen, S. 166–209

Lüdtke, Hartmut, 1989, Expressive Ungleichheit. Zur Soziologie des Lebensstils, Opladen

Luhmann, Niklas, Hrg., 1985, Soziale Differenzierung, Opladen

Markefka, Manfred, [5]1984, Vorurteile – Minderheiten – Diskriminierung. Ein Beitrag zum Verständnis sozialer Gegensätze, Neuwied/Darmstadt

Mayer, Karl Ulrich, Hans-Peter Blossfeld, 1990, Die gesellschaftliche Konstruktion sozialer Ungleichheit im Lebensverlauf, in: *P.A. Berger/St. Hradil*, Hg., a.a.O., S. 297–318

Miegel, Meinhard, 1983, Die verkannte Revolution. Einkommen und Vermögen der privaten Haushalte, Stuttgart

Mills, Charles Wright, 1956, The Power Elite, New York (dt.: Die amerikanische Elite, 1962)

Nave-Herz, Rosemarie, [4]1994, Die Geschichte der Frauenbewegung in Deutschland, Opladen

Ostner, Ilona, Hrg., unter Mitarbeit von *Christa Kessler*, 1987, Frauen. Soziologie der Geschlechterverhältnisse. SH 2 der Zeitschrift „Soziologische Revue"

Parkin, Frank, 1983, Strategien sozialer Schließung und Klassenbildung, in: *R. Kreckel*, Hrg., a.a.O., S. 137–162

Roth, Jürgen, 1971, Armut in der Bundesrepublik. Beschreibungen, Familiengeschichten, Analysen, Dokumentationen, Frankfurt (erw. und aktualisierte Ausgabe 1979)

Rousseau, Jean-Jacques, 1963, Quelle est l'origine de l'inégalité parmi les hommes et si elle est autorisé par la loi naturelle, in: Du contrat social, édition 10/18 (TB), Paris, S. 233–366 (zuerst 1754)

Sahner, Heinz, 1994, Der Dienstleistungssektor in der DDR und in den neuen Bundesländern. Zur Modernisierung der ostdeutschen Sozialstruktur, in: Gegenwartskunde, Jg. 43, H. 4, S. 527–554

Schäfers, Bernhard, Soziale Ungleichheit. Alte und „neue" soziale Frage, in: *M. Opielka, I. Ostner*, Hrg., Umbau des Sozialstaats, Essen [2]1989, S. 83–95.

Schäfers, Bernhard, 1992, Zum öffentlichen Stellenwert von Armut im sozialen Wandel der Bundesrepublik Deutschland, in: *St. Leibfried/W. Voges*, Hg., a.a.O., S. 104–124

Schäuble, Gerhard, 1984, Theorien, Definitionen und Beurteilung der Armut, Berlin

Schelsky, Helmut, 1965, Auf der Suche nach Wirklichkeit. Gesammelte Aufsätze, Düsseldorf, Köln; darunter: Die Bedeutung des Schichtungsbegriffes für die Analyse der gegenwärtigen Gesellschaft, S. 331–336 (zuerst 1954); Die Bedeutung des Klassenbegriffs für die Analyse unserer Gesellschaft, S. 352–391 (zuerst 1961)

Scheuch, Erwin K., 1961, Sozialprestige und soziale Schichtung, in: Soziale Schichtung und soziale Mobilität, Sonderheft 5 der KZfSS, S. 65–103 ([3]1968)

Schlomann, Heinrich, 1993, Die Entwicklung der Vermögensverteilung in Westdeutschland, in: *E.-H. Huster*, Hg., Reichtum in Deutschland, Frankfurt/New York, S. 54–83

Strasser, Hermann, John H. Goldthorpe, Hrg., 1985, Die Analyse sozialer Ungleichheit, Opladen

Weber, Max, 1964, Wirtschaft und Gesellschaft. Grundriß der verstehenden Soziologie, Studienausgabe hrg. von *J. Winckelmann*, Köln/Berlin (zuerst, posthum, 1922)

Zapf, Wolfgang, 1965, Wandlungen der deutschen Elite. Ein Zirkulationsmodell deutscher Führungsgruppen 1919–1961, München

Zimmermann, Gunter E., 1993, Armut: Konzepte, Definitionen und Operationalisierungsansätze in der BRD. Wider ein Ende der Grundsatzdiskussion, in: Soziale Probleme, H. 2, S. 193–228

K.: Siedlungsstruktur. Wohnungs- und Städtebau

Atteslander, Peter, Bernd Hamm, Hrg., 1974, Materialien zur Siedlungssoziologie, Köln

Bahrdt, Hans Paul, 1961, Die moderne Großstadt. Soziologische Überlegungen zum Städtebau, rde Bd. 127 (in neuer, ergänzter Aufl., Hamburg 1969)

Berndt, Heide, 1978. Die Natur der Stadt, Frankfurt

Bernet, Wolfgang, 1990, Wege zur Demokratisierung der Kommunalverwaltung in der DDR, in: (Wieder-)Vereinigungsprozeß in Deutschland, Kohlhammer TB 1092, S. 38–53

Beyme, Klaus von, 1987, Der Wiederaufbau. Architektur und Städtebaupolitik in beiden deutschen Staaten, München/Zürich

Boustedt, Olaf, 1970, Art. „Stadtregionen", in: Handwörterbuch der Raumforschung und Raumordnung, 2. Aufl., Hannover, Sp. 3207–3237

Brüggemann, Beate, Rainer Riehle, 1986, Das Dorf. Über die Modernisierung einer Idylle, Frankfurt/New York

Deutsch, Karl W., 1970, Soziale Mobilisierung und politische Entwicklung, in: *W. Zapf*, Hrg., Theorien des sozialen Wandels, Köln, S. 329–350

Durth, Werner, 1977, Die inszenierte Alltagswelt. Zur Kritik der Stadtgestaltung, Braunschweig

Durth, Werner, 1986, Deutsche Architekten. Biographische Verflechtungen 1900–1970, Braunschweig/Wiesbaden

Durth, Werner, Niels Gutschow, 1988, Träume in Trümmern. Planungen zum Wiederaufbau zerstörter Städte im Westen Deutschlands 1940–1950, 2 Bde., Braunschweig/Wiesbaden

Friedrichs, Jürgen, 1975, Soziologische Analyse der Bevölkerungs-Suburbanisierung, in: Beiträge zum Problem der Suburbanisierung, Hannover, S. 39–80

Friedrichs, Jürgen, Hrg., 1985, Die Städte in den 80er Jahren. Demographische, ökonomische und technologische Entwicklungen, Opladen

Friedrichs, Jürgen, Hrg., 1988, Soziologische Stadtforschung, SH 29 der KZfSS, Opladen

Friedrichs, Jürgen, Alice Kahl, 1991, Strukturwandel in der ehemaligen DDR – Konsequenzen für den Städtebau, in: Archiv für Kommunalwissenschaften, 30. Jg., S. 179–197

Hamm, Bernd, 1982, Einführung in die Siedlungssoziologie, München

Häußermann, Hartmut, Walter Siebel, 1987, Neue Urbanität, Frankfurt

Hegemann, Werner, 1963, Das steinerne Berlin. Geschichte der größten Mietskasernenstadt der Welt, Berlin et al. (Bauwelt Fundamente; zuerst 1930)

Herlyn, Ingrid, Ulfert Herlyn, 1983, Wohnverhältnisse in der Bundesrepublik, 2. verb. Aufl., Frankfurt/New York

Herlyn, Ulfert, Hrg., Großstadtstrukturen und ungleiche Lebensbedingungen in der Bundesrepublik, Frankfurt/New York

Herlyn, Ulfert, 1988, Wohnverhältnisse in den Neubausiedlungen der 60er Jahre, in: *A. Schildt, A. Sywottek*, Hrg., a.a.O., S. 513–536

Herlyn, Ulfert, Berng Hunger, Hg., 1994, Ostdeutsche Wohnmilieus im Wandel. Eine Untersuchung ausgewählter Stadtgebiete als sozialplanerischer Beitrag zur Stadterneuerung, Basel et al.

Jacobs, Jane, 1963, Tod und Leben großer amerikanischer Städte, Frankfurt – Berlin (Bauwelt Fundamente Bd. 4; orig. amerik. 1961)

Keim, Dieter, 1988, Stadtkultur heute. Gesellschaftlicher Wandel des Urbanitätsverständnisses, in: Neue Urbanität? Loccumer Protokolle 62/87, Loccum

Korte, Hermann, 1986, Stadtsoziologie. Forschungsprobleme und Forschungsergebnisse der 70er Jahre, Darmstadt

Krummacher, Michael, 1988, Sozialer Wohnungsbau in der Bundesrepublik in den 50er und 60er Jahren, in: *A. Schildt, A. Sywottek*, Hrg., a.a.O., S. 440–460

Lahmann, Herbert, 1988, Wohnen, in: Lebenslagen im Wandel. Daten 1987, hrg. von *H.-J. Krupp* und *J. Schupp*, Frankfurt/New York, S. 42–60

Lerner, Daniel, 1970, Die Modernisierung des Lebensstils: eine Theorie, in: *W. Zapf*, Hrg., Theorien des sozialen Wandels, Köln, S. 362–381

Mackensen, Rainer, 1974, Städte in der Statistik, in: *W. Pehnt*, a.a.O., S. 129–165

Mitscherlich, Alexander, 1965, Die Unwirtlichkeit unserer Städte. Anstiftung zum Unfrieden, Frankfurt (edition suhrkamp Bd. 123)

Mumford, Lewis, 1979, Die Stadt. Geschichte und Ausblick, 2 Bde., München (dtv) (orig. amerik. 1961)

Pehnt, Wolfgang, Hrg., 1974, Die Stadt in der Bundesrepublik Deutschland. Lebensbedingungen, Aufgaben, Planung, Stuttgart

von Petz, Ursula, Klaus M. Schmals, Hg., 1992, Metropole, Weltstadt, Global City: Neue Formen der Urbanisierung, Dortmund

Pfeil, Elisabeth, 1972, Großstadtforschung. Entwicklung und gegenwärtiger Stand, 2., neubearb. Aufl., Hannover (zuerst Bremen 1950)

Reulecke, Jürgen, Hrg., 1978, Die deutsche Stadt im Industriezeitalter, Wuppertal

Reulecke, Jürgen, 1985, Geschichte der Urbanisierung in Deutschland, Frankfurt

Rodenstein, Marianne, 1988, „Mehr Licht, mehr Luft" – Gesundheitskonzepte im Städtebau seit 1750, Frankfurt/New York

Salin, Edgar, 1960, Urbanität, in: Deutscher Städtetag, Hrg., Erneuerung unserer Städte, Stuttgart/Köln, S. 9ff

Schäfers, Bernhard, 1977, Phasen der Stadtbildung und Verstädterung. Ein sozialgeschichtlicher und sozialstatistischer Überblick unter besonderer Berücksichtigung Mitteleuropas, in: Zeitschrift für Stadtgeschichte, Stadtsoziologie und Denkmalpflege, Jg. 4, S. 243–268

Schäfers, Bernhard, Gabriele Köhler, 1989, Leitbilder der Stadtentwicklung. Wandel und jetzige Bedeutung im Expertenurteil, in: Beiträge zur gesellschaftswissenschaftlichen Forschung, Bd. 7, Pfaffenweiler

Schildt, Axel, Arnold Sywottek, Hrg., 1988, Massenwohnung und Eigenheim. Wohnungsbau und Wohnen in der Großstadt seit dem Ersten Weltkrieg, Frankfurt

Schmals, Klaus M., Hrg., 1983, Stadt und Gesellschaft. Ein Arbeits- und Grundlagenwerk, Bd. 1 u. 2 der Reihe Stadt- und Regionalsoziologie, München

Schmals, Klaus M., Rüdiger Voigt, Hrg., 1986, Krise ländlicher Lebenswelten, Frankfurt/New York

Schmidt-Eichstaedt, Gerd, 1993, Kommunale Gebietsreform in den neuen Bundesländern, in: Aus Politik und Zeitgeschichte, B 36/93, S. 3–17

Simmel, Georg, 1903, Die Großstädte und das Geistesleben; verschiedentlich wieder abgedruckt, z. B. in: Brücke und Tür (Gesammelte Essays), Stuttgart 1957, S. 227–242

Stoob, Heinz, 1979, Die hochmittelalterliche Städtebildung im Okzident. Stadtformen und städtisches Leben im Mittelalter, in: ders., Hrg., Die Stadt. Gestalt und Wandel bis zum industriellen Zeitalter, Köln/Wien, S. 131–194

Vaskovics, Laszlo A., Hrg., 1982, Raumbezogenheit sozialer Probleme, Opladen

Vogel, Hans-Jochen, 1994, Über den Zustand und die Zukunft unserer Städte, in: AfK, 33. Jg., S. 1–10

Wehling, Hans-Georg, 1994, Kommunalpolitik in Geschichte und Gegenwart, in: Kommunalpolitik. Informationen zur politischen Bildung Nr. 242

Wirth, Louis, 1974, Urbanität als Lebensform, in: *U. Herlyn*, Hrg., Stadt- und Sozialstruktur, a.a.O., S. 42–66 (orig. amerik. 1938)

L.: Europäische Sozialstrukturen

Alber, J., 1989, Der Sozialstaat in der Bundesrepublik 1950–1983, Frankfurt a.M.

Amt für amtliche Veröffentlichungen der Europäischen Gemeinschaften (Hrsg.), 1986, Soziales Europa, Heft 3, Die soziale Dimension des Binnenmarktes

Amt für amtliche Veröffentlichungen der Europäischen Gemeinschaften (Hrsg.), 1990, 1992, Europa in Zahlen, Luxemburg

Amt für amtliche Veröffentlichungen der Europäischen Gemeinschaften, Macbeth, A. (Hrsg.), 1984, Das Kind dazwischen, Luxemburg

Beck, U., 1986, Risikogesellschaft. Auf dem Weg in eine anderen Moderne, Frankfurt a.M.

Becker, U., 1989, Frauenerwerbstätigkeit – Eine vergleichende Bestandsaufnahme, in: Aus Politik und Zeitgeschichte, Juli

Berger, J. (Hrsg.), 1986, Die Moderne – Kontinuitäten und Zäsuren, Sonderband 4 SOZIALE WELT, Göttingen

Berger, P., S. Hradil (Hrsg.), 1990, Lebenslagen, Lebensläufe, Lebensstile, Sonderband 7 SOZIALE WELT, Göttingen

Bolte, K.M., S. Hradil, 1988, Soziale Ungleichheit in der Bundesrepublik Deutschland, Opladen

Bundesregierung, Presse- und Informationsamt (Hrsg.), 1993, Sozialpolitische Umschau Nr. 356

Bundeszentrale für Politische Bildung (Hrsg.), 1987, Informationen zur Politischen Bildung: Großbritannien

Central Statistic Office of Finland (Hrsg.), 1987, The European Population Conference: Plenaries, Helsinki

Deutsches Institut für Wirtschaftsforschung (DIW), 1988, Wochenbericht Nr. 22, Berlin

EG-Kommission (Hrsg.), 1990, Armut in Zahlen: Europa zu Beginn der achtziger Jahre, Luxemburg

EG-Kommission (Hrsg.), 1992, Eurostat. Bevölkerungsstatistik 1992, Luxemburg

Europäischer Regionalkongreß, 1984, Wirtschaftlicher Strukturwandel in Europa und seine Auswirkungen auf die Arbeitsbeziehungen, Wien

Franke, L., H.W. Jürgens (Hrsg), 1987, Keine Kinder – keine Zukunft? Boppard

Geißler, R., 1990, Schichten in der postindustriellen Gesellschaft. Die Bedeutung des Schichtbegriffs für die Analyse unserer Gesellschaft, in: *Berger, P./Hradil, S.* (Hrsg.): Lebenslagen, Lebensläufe, Lebensstile, Sonderband 7 SOZIALE WELT, Göttingen, S. 81–102

Giner, S. (Hrsg.), 1978, Contemporary Europe: Social Structures and Cultural Patterns, London

Haller, M., 1989, Klassenstrukturen und Mobilität in fortgeschrittenen Gesellschaften, Frankfurt/New York

Haller, M. (Hrsg.), 1990, Class Structure in Europe. New Findings from East-West Comparisons of Social Structure and Mobility, London

Höpflinger, F., 1994, Haushalts- und Familienstrukturen im europäischen Vergleich, (erscheint) in: *Hradil, S./Immerfall, S.* (Hrsg.), Die westeuropäischen Gesellschaften im Vergleich, Opladen

Hradil, S., 1987, Sozialstrukturanalyse in einer fortgeschrittenen Gesellschaft. Von Klassen und Schichten zu Lagen und Milieus, Opladen

Hradil, S., 1990, Postmoderne Sozialstruktur? Zur empirischen Relevanz einer „modernen" Theorie sozialen Wandels, in: *Berger, P./Hradil, S.* (Hrsg.): Lebenslagen, Lebensläufe, Lebensstile, Sonderband 7 SOZIALE WELT, Göttingen, S. 125–150

Hradil, S., 1990a, Epochaler Umbruch oder ganz normaler Wandel? Wie weit reichen die neueren Veränderungen der Sozialstruktur in der Bundesrepublik? in: Bundeszentrale für politische Bildung (Hrsg.): Umbrüche in der Industriegesellschaft – Herausforderungen für die politische Bildung, Bonn, S. 73–99 (Lizenzausgabe des Sammelbandes: *W. Cremer/ A. Klein* (Hrsg.): Umbrüche in der Industriegesellschaft – Herausforderungen für die politische Bildung, Opladen)

Hradil, S., 1990b, Individualisierung, Pluralisierung, Polarisierung: Was aus den sozialen Schichten und Klassen geworden ist, in: *Robert Hettlage* (Hrsg.): Die Bundesrepublik. Eine historische Bilanz, München, S. 111–138

Hradil, S., 1992, Die „objektive" und die „subjektive" Modernisierung. Der Wandel der westdeutschen Sozialstruktur und die Wiedervereinigung, in: aus Politik und Zeitgeschichte. Beilage zur Wochenzeitschrift „Das Parlament", B 29–30/92 (10. Juli 1992), S. 3–14

Institut der Deutschen Wirtschaft (*IDW*), 1991, Zahlen zur wirtschaftlichen Entwicklung der Bundesrepublik Deutschland, Köln

Institut der Deutschen Wirtschaft (*IDW*), 1993, Informationsdienst vom 14.10.1993, Köln

Kommission der Europäischen Gemeinschaften (Hrsg.), 1989, Soziales Europa, Heft 2

Kreisky Commission on Employment Issues in Europe (Hrsg.), 1989, A Programme for Full Employment in the 1990

Lee, W., 1979, European Demography and Economic Growth, New York

Londsdale, S., 1985, Work and Inequality, London/New York

Mitchell, B.R. (Hrsg.), 1975, European Historical Statistics 1750–1970, London

Monar, J., N. Neuwahl und *P. Noack*, Hrg., 1993, Sachwörterbuch zur Europäischen Union, Stuttgart (Kröners Taschenausgabe Bd. 426)

OECD, 1986a, Social Policy Studies, No. 3: Living Conditions in OECD-Countries, Paris

OECD, 1986b, Flexibility in the Labour Market, Paris

OECD, 1988, Social Policy Studies, No. 6: The Future of Social Protection, Paris

Petrich, H., 1989, Ideologie und Sozialstruktur in Europa, Berlin

Saunders, P., 1990, Social Class and Stratification, London

Schäfers, B., [5]1990, Gesellschaftlicher Wandel in Deutschland, Stuttgart

Statistisches Amt der Europäischen Gemeinschaften (Hrsg.), 1990a, Bevölkerungsstatistik 1990, Luxemburg

Statistisches Amt der Europäischen Gemeinschaften (Hrsg.), 1990b, Arbeitslosigkeit, Heft 12, Luxemburg

Statistisches Bundesamt (Hrsg.), 1989, Datenreport 1989, Bonn

Statistisches Bundesamt (Hrsg.), 1990, Statistisches Jahrbuch 1990 für die Bundesrepublik Deutschland, Stuttgart

Statistisches Bundesamt (Hrsg.), 1990b, Statistik des Auslandes, Dezember

Statistisches Bundesamt (Hrsg.), 1993, Die EG in Zahlen, Wiesbaden

Statistisches Bundesamt (Hrsg.), 1993a, Statistisches Jahrbuch 1993 für das Ausland, Stuttgart

Statistisches Bundesamt (Hrsg.), 1993b, Lange Reihen L 101, L 204

Tipton, F.B., R. Aldrich, 1987, An Economic and Social History of Europe from 1939 to the Present, London etc.

Toffler, A., 1980, Die dritte Welle, Zukunftschance. Perspektiven für die Gesellschaft des 21. Jahrhunderts, München

Vorholt, H., 1988, Arbeitseinkommen, in: *Krupp, H.-J., J. Schupp* (Hrsg.), Lebenslagen im Wandel: Daten 1988, Frankfurt a.M.

Weber, A., V. Leienbach, 1989, Soziale Sicherung in Europa. Die Sozialversicherung in den Mitgliedsstaaten der EG, Baden-Baden

Wellner/Schmich, 1986, Europäische Sozialpolitik. Entwicklung, Analysen, Perspektiven, München

Winkler, G., 1990, Sozialreport, Berlin

Sachregister

Das Sachregister ist eine **Ergänzung** zum Inhaltsverzeichnis. Begriffe, die im *Glossar* erläutert werden, sind *kursiv* gesetzt.